四川大学哲学社会科学出版基金资助

符号学译丛 ◎ 丛书主编 赵毅衡 唐小林

符号与传媒
Semiotics & Media

表意学是对普遍意义需求的自然回应，
这种需求不容置疑日益变得明显。

维尔比夫人与表意学：符号学的形成

Victoria Welby and Significs: The Birth of Semiotics

〔意〕苏珊·佩特丽莉（Susan Petrilli）/著

宋文 薛晨/译

四川大学出版社

项目策划：徐　燕
责任编辑：吴近宇
责任校对：宋　颖
封面设计：米迦设计工作室
责任印制：王　炜

图书在版编目（CIP）数据

维尔比夫人与表意学：符号学的形成 /（意）苏珊
·佩特丽莉著 ；宋文，薛晨译 . — 成都：四川大学出
版社，2019.1
　（符号学译丛 / 赵毅衡，唐小林主编）
　ISBN 978-7-5690-2788-4

　Ⅰ . ①维… Ⅱ . ①苏…②宋…③薛… Ⅲ . ①符号学
—研究 Ⅳ . ① H0

中国版本图书馆 CIP 数据核字（2019）第 026308 号

四川省版权局著作权合同登记图进字 21-2019-544

书　名	维尔比夫人与表意学：符号学的形成
	Wei erbi furen yu biaoyixue fuhaoxue de xingcheng
著　者	［意］苏珊·佩特丽莉（Susan Petrilli）
译　者	宋　文　薛　晨
出　版	四川大学出版社
地　址	成都市一环路南一段 24 号（610065）
发　行	四川大学出版社
书　号	ISBN 978-7-5690-2788-4
印前制作	四川胜翔数码印务设计有限公司
印　刷	郫县犀浦印刷厂
成品尺寸	170mm×240mm
插　页	1
印　张	21.5
字　数	409 千字
版　次	2019 年 10 月第 1 版
印　次	2019 年 10 月第 1 次印刷
定　价	86.00 元

扫码加入读者圈

四川大学出版社
微信公众号

目　录

第二部分　符号研究的路标

引言　符号研究的前瞻和发展

维多利亚·维尔比（Victoria Welby，1837－1912）（见图1）在她所处时代和出入的圈子中，被同时代人和传记作者称赞其在思想和行为方式上特立独行。她出生于英国贵族之家，在嫁给威廉·维尔比－格雷高利爵士（Sir William Welby-Gregory）之前，曾是其教母维多利亚女王的侍女。尽管显赫的社会地位使她的生活按部就班，但她的成长和早年生活却自成一格，这点与众不同之处主要是受到她格外放纵的母亲的影响。在和查尔斯·皮尔斯（1839—1914）的通信中，维多利亚·维尔比相信她看待事物的独特眼光主要是因为她从未受过正规教育（参见她在 1903 年 12 月

图1　维尔比夫人像

22 日写给皮尔斯的信，Hardwick 1977：13－14；Petrilli 2009a：第 1 章）。在她知识结构形成的最重要的几年（1848—1855）中，维多利亚和妈妈四处旅行，游历意大利、法国、西班牙、加拿大、美国、墨西哥、叙利亚、巴勒斯坦、摩洛哥、土耳其等国家，在旅途中常常陷入非常困难甚至极端困苦的情形（参见 Cust 1928）。在 1863 年和威廉·维尔比－格里高利爵士结婚后，由于对宫中生活毫无兴趣，维尔比便在婚后退居位于格兰瑟姆的登顿庄园，在丈夫的全力支持下开始研究工作。

维尔比的符号和意义研究来源于她对宗教、道德和神学排序的困惑。1881年她出版了第一本书《纽带与线索》（*Links and Clues*），并表达了对福音教会运动的同情。接着，她将对伦理－社会和教育学议题的兴趣融入哲学社会－语言学的研究中，表现在她于 19 世纪末发表的一系列论文中，包括《意义和隐喻》（1893），《感知，意义和解释》（"Sense, Meaning, and Znterpretation"）

（1896），反省之作《感知的微粒》（"Grains of Sense"，1897）以及她的专著《何为意义——表意学发展研究》（*What Is Meaning? Studies in the Development of Significance*，1903）（以下简称《何为意义》），《表意学和语言——表达和解释资源的连贯形式》（*Significs and Language*，*The Articulate Form of Our Expressive and Interpretative Resources*，1911）（以下简称《表意学和语言》）。造成如今表意学复兴的编辑事件就包括了这些作品的再版。多亏阿希姆·埃施巴赫（Achim Eschbach）的倡议，《何为意义》得以再次面世，而《表意学和语言》（*Significs and Language*），包括维尔比夫人1911年的专著，连同其他已出版和未出版过的作品的重要选集于1985年由H. 沃尔特·施米茨（H. Walter Schmitz）编辑出版。[①]

自此以后，一大批维尔比论文收录在2009年出版的《表意和理解：解读维多利亚·维尔比和表意学运动》（*Signifying and Understanding. Reading the Works of Victoria Welby and the Signific Movement*）（以下简称《表意和理解》）中（1048pp），本书属于由保罗·柯布利（Paul Cobley）和卡莱维·库尔（Kalevi Kull）主编的德古意特符号学，传播学和认知丛书系列（参见Petrilli 2009a）。本书收录的文章来自加拿大多伦多的约克大学档案室收藏的维尔比论文以及她生前流通的文本选集，但后者基本上已不容易接触到。维尔比作品的重要部分目前仍未出版。《表意和理解》特色在于汇集维尔比夫人的写作，她和同时代杰出人士通信，以及第一代表意学家文选，如弗雷德瑞克·范·伊登（Frederik van Eeden）、格里特·曼诺利（Gerrit Mannoury）、L. E. J. 布劳威尔（L. E. J. Brouwer）、大卫·傅叶谢（David Vuysje），连同约克维尔比档案馆可获资料的描述，一系列附录和更新的维尔比书目，她的符意学，荷兰符意运动及其发展。

维尔比引入了术语"表意学"（significs），以此作为她在19世纪末符号和意义研究的特殊方式。她的文章通过以荷兰诗人和精神病学家F. 范·伊登（F. van Eeden）为中介，激发了盛行于20世纪上半叶的表意学运动。然而，

---

① 另一项重要创举包括出版集体卷，施米茨编《表意学论文集》（*Essays on Significs*），以庆祝维尔比夫人诞生150周年。其次是《表意学，数学和符号学》（*Significs，Mathematics and Semiotics*）。荷兰发生表意学运动，是在1986年11月在荷兰举行的一次同名国际会议（Heijerman Schmitz 1991）上。撰写有关维尔比表意学和表意学运动中历史和理论方面的文章的作者，也出现在历年期刊或书的章节中，从事早期符号学家的作品中，继续研究下去（参见 Petrilli 2009；95899）。在意大利，我已翻译和推荐了维尔比夫人的三个著作选集：1985年的《意义，隐喻，解释》（*Significato，metafora，interpretazione*），2007年的《感觉，意义，意味》（*Senso，significato，significatività*），和2010年的《解释，理解，交流》（*Interpretare，comprendere，comunicare*）。

她去世后，她作为一个知识分子的身份却几乎被遗忘，尽管她的名字由于她和查尔斯·S. 皮尔斯通信而持续流传。[①] 维尔比习惯于探讨想法，为此目的，她和许多同时代人进行书信往来。除了皮尔斯，与她通信的还包括 M. 布雷阿尔（M. Bréal）、B. 罗素（B. Russell）、H. 詹姆斯（H. James）、W. 詹姆斯（W. James）、H. 柏格森（H. Bergson）、R. 卡纳普（R. Carnap）、A. 拉朗德（A. Lalande）、F. 波洛克（F. Pollock）、G. F. 斯托特（G. F. Stout）、F. C. S. 席勒（F. C. S. Schiller）、C. K. 奥格登（C. K. Ogden）、F. 范·伊登（F. van Eeden）、G. 瓦伊拉蒂（G. Vailati）、M. 卡尔德罗尼（M. Calderoni）等。查尔斯·K. 奥格登（1889—1957）在大学期间（1910—1911）就倡导表意学，在私下遇到维尔比夫人后，为传播维尔比思想做出了贡献。

意大利学者乔凡尼·瓦伊拉蒂（Giovanni Vailati，1863—1909）在看到维尔比夫人有关隐喻和意义的论文后，主动开始和她通信。在合作者马里奥·卡尔德罗尼（Mario Calderoni）的陪伴下，他们在 1903 年拜访了维尔比位于哈罗的家，恰是后者出版专著《何为意义》的同一年，一段硕果累累的学术友谊就此诞生。维尔比将瓦伊拉蒂的一些论文译成英语以供传阅，也正是由于她，瓦伊拉蒂发现了皮尔斯。通过维尔比协调，瓦伊拉蒂将皮尔斯的实用主义引介到意大利，结果他成为皮尔斯最精确的解释者。最终是由于和维尔比的联系，皮尔斯的著作得以面向意大利公众。这一独特的思路也引起了另一位著名意大利哲学家和符号学家费卢奇奥·罗西－兰迪（Ferruccio Rossi-Landi）的注意，施米茨邀请他为《表意学文集》（*Essays on Significs*）投稿。然而那时候，罗西－兰迪正忙于完成其他项目，于是将邀请通过我的导师奥古斯托·蓬齐奥

---

① 本书中《查尔斯·S. 皮尔斯写给维尔比夫人的信》（ "Charles S. Peirce's Letters to Lady Welby"）出现在 1953 年，由欧文·利布编辑，接着《符号学与表意学：查尔斯·S. 皮尔斯与维多利亚维尔比夫人的通信》（*Semiotic and Significs: The Correspondence between Charles S. Peirce and Victoria Lady Welby*）在 1977 年出版，由查尔斯·哈德维克主编（CharlesHardwick）。本书也囊括了维尔比写给皮尔斯的信件，这些内容在以前的书中都被排除在外。

（Augusto Ponzio）转交给我。① 蓬齐奥撰写了一篇关于维尔比和瓦伊拉蒂意义论和知识论的论文，我则写了一章关于维尔比和极有声望的俄国思想家米哈伊·巴赫金（Mikhail Bakhtin, 1895－1975）论述符号与意义的内容，就此标志着我们维尔比研究及表意学相关问题的开端。

《表意学文集》在 25 年前出版。标题和另外一本致力于表意学核心概念的书相同，该书由乔治·F. 斯托特（George F. Stout）与约翰·W. 斯劳特（John W. Slaughter）于 19 世纪初策划，甚至得到维尔比夫人本人的允许。这本书的撰稿人安排了一系列引人注目的作家，包括皮尔斯、哈拉尔德·霍夫丁（Harald Höffding）和费迪南·藤尼斯（Ferdinand Tönnies）。然而，当时其他论文都已收录完毕，为等待皮尔斯的文章，出版时间一再被延误，直到 1912 年维尔比夫人去世，整个项目被最后放弃。施米茨的版本是对当年项目的致敬（参见 Petrilli 2009a：38－40）。

我正在进行中的维尔比及其表意学研究也与我的合作关系有关，其中包括那些年和著名的美国符号学家和"总体符号学"的创始人托马斯·A. 西比奥克（Thomas A. Sebeok, 1920－2001）的联系。② 西比奥克曾为查尔斯·莫里斯（Charles Morris, 1901－1979）的学生，莫里斯对西比奥克投身符号学产生了极大的影响。然而，在其早年的学生生涯中，西比奥克也受到一本出版于 1923 年经典著作的影响——《意义的意义》（*The Meaning of Meaning*），作者为查尔斯·K. 奥格登（Charles K. Ogden, 1889－1957）和艾弗·A. 理查兹（Ivor A. Richards）。奥格登和维尔比关联密切。事实上，他是为剑桥大学麦格达伦学院学生时，就已热衷于表意学（Petrilli 2009a：7.1）。他对维尔比研究的兴趣使二者不期而遇并开始了近两年的大量书信往来（Petrilli 2009a：7.2）。奥格登也拜访了维尔比，并待在其家庭图书馆里查阅论文资料。稍后，

---

① 当时罗西－兰迪正在写他的书 *Metodica filosofica e Scienzdei segni*，这本书于 1985 年 3 月出版，就在同年 5 月他早逝。事实上，我遇到维尔比可以追溯到罗西－兰迪。当时，也就是 20 世纪 80 年代初，尽管维尔比的专著在 1983 年和 1985 年被重新编辑，但当时她的名字几乎不为人所知。罗西－兰迪从来没有研究过维尔比夫人本人，但他推广了意大利哲学家和数学家乔凡尼·瓦拉蒂（Giovanni Vailati 1863－1909）的作品，他是朱塞佩·皮亚诺（Giuseppe Peano）的学生。瓦拉蒂与维尔比和她的表意学有关。这就是施米茨邀请罗西－兰迪为《表意学论文集》写一篇文章的原因。在 20 世纪 80 年代初，罗西－兰迪已经写了一系列关于瓦拉蒂的文章，并收集了他的一些作品成集，标题是 *Il metodo della filorfia. Saggi di Cria del Languaggio*，出版于 1967 年（2000 年出了新版，由奥古斯托·蓬齐奥编辑）。

② 我在我第一本出版于 1988 年意大利巴里的专著《表意学，符号学，意义》（*Significs, semiotica, significazione*）中加入了有关维尔比的章节，借此机会请西比奥克为我写了序言（现参见 Deely 2012：150－152）。

在 1923 年，他在与艾弗·A. 理查兹合作的专著《意义的意义》附录里，收录了一封皮尔斯与维尔比通信节选，由此途径，皮尔斯的著作最终进入广大的英语公众视野。自 1969 年《符号学》（*Semiotica*）杂志诞生之时，西比奥克便担任其主编，同年国际符号学研究协会创立，直到他于 2001 年去世［自此《符号学》由马赛尔·达内西（Marcel Danesi）任主编］。考虑到这些令人愉快的联系和巧合，西比奥克委托我撰写一篇关于维尔比夫人和奥格登的论文，它于 1995 年面世，集中论述了两位学者的书信往来。

西比奥克鼓励我写作一部维尔比夫人的专著。起初打算在《符号学》期刊上发表维尔比特刊。该卷变成如今的《表意和理解》（Petrilli 2009a）。最令人遗憾的是，尽管西比奥克委托了该任务，却无法见证它的出版。我继续工作使之不断扩容，鉴于此，用一本期刊特刊已不足以呈现它。不过，它仍被同一出版社出版，只是以专著的形式呈现。此后，《符号学》维尔比与表意学特刊也已面世——《关于和超越符意学：维多利亚·维尔比（1837—1912）百年特刊》［*On and Beyond Significs：Centennial Issue for Victoria Lady Welby* (1837-1912)］，由弗兰克·纽斯尔（Frank Nuessel）和文森特·科拉彼得罗（Vincent Colapietro）和我本人编辑（2013）。该特刊如题所示，为纪念维尔比夫人逝世百年而出版。本书译者宋文也在 36 位撰稿人之列，借此机会，我想向她的杰出工作表示感谢。

蓬齐奥在这一特刊中的论文《论表意学》（*Essays on Significs*）（问世于1990 年，成稿于 20 世纪 80 年代早期）中介绍了"伦理符号学"（ethosemiotics）这一术语，在他语言哲学研究[①]中同时记录了维尔比和瓦伊拉蒂。"符号伦理学"的表述阐明了我们研究发展的一个方向，并对"符号伦理学"（semioethics）再提名。该表述也和发表于 2003 年的蓬齐奥与我的意大利文专著重合。但"符号伦理学"已经标志着人类符号过程中符号和价值的必然关系，所以也是符号学与价值论之间，符号学和伦理学之间的关系。在我们2003 年的专著之外，我们还合著了一篇题为《符号伦理学》的论文，受到保罗·科布利委托，并收录在其主编的《劳特利奇符号学指南》（*Routledge Companion to Semiotics*，2010）中。蓬齐奥在 2010 年 1 月 4-5 日的邮件中回应约翰·迪利关于"符号伦理学"一词时这样说：（Petrilli 2012：185-186）：

---

① 尽管蓬齐奥的文章最初是用英语写成的，但他的文章是在 1985 年首次出现在意大利译本中，在第一部（共三部）维尔比作品集中：是《意义，隐喻，解释》（*Significato，metafora，interpretazione*）（参见 Welby 1985，2007，2010）。

符号伦理学诞生于20世纪80年代早期，它的诞生与托马斯·西比奥克，查尔斯·莫里斯，和维多利亚·维尔比著作的意大利译本的引言（由苏珊·佩特丽莉撰写），以及我本人对米哈伊尔·巴赫金、费卢奇奥·罗西—兰迪，乔凡尼·瓦伊拉蒂和皮尔斯（参见文献书目）的译介和解释有关。和苏珊一起，问题关键在于要发现一个能够表明符号和价值、症状学（semeiotics）和符号学（semiotics）、意义（meaning）和意味（significance）之间关系的术语，在将维尔比"表意学"（significs）以某种方式翻译成意大利文时，我们创造的术语和表达包括"终极符号学"（teleosemiotica）和"etosemiotica""semioticaetica"，以便与"semiotica cognitive"相对照。[参见马西莫·邦凡蒂尼（Massimo Bonfantini）的皮尔斯的意大利译本，*La semioticacognitiva*，1980，艾奥迪，都灵]

符号伦理学的开端在于我自己和苏珊引介的西比奥克的意大利语译本（由苏珊翻译）（*Il segno e i suoimaestri*，巴里，阿德里亚蒂卡，1985），维尔比，《意义、隐喻、解释》（*Significato，metafora，interpretazione*），和H. 沃尔特·施密兹主编出版的我与苏珊的论文，《表意学文集》[阿姆斯特丹，约翰·本雅明（John Benjamins），1990]；在苏珊80年代的著作中，如《表意学》（*Significs*）、《符号学》（*semiotica*）、《表意》（*significazione*）（由托马斯·西比奥克作序，阿德里亚蒂卡，1988）和蓬齐奥的如《语言哲学》[（*Filosofia del linguaggio*），阿德里亚蒂卡，1985]。

渥太华卡尔顿大学比较文学系在1990年9月27—19日举办了名为"当代意大利70年代和80年代的文学批评，哲学和社会科学的折射"的国际会议（在发表"罗西—兰迪人文科学意识形态评估"论文后的讨论中），在这个会议的私人记录中，我使用了意大利文"semioetica"有意置换意大利单词"semeiotica"中的"e"：表明符号学源于症状学的古老职业[由希波克拉底（Hippocrates），和盖伦（Galenus）提出]目的是改善生活，使之更美好。

但与苏珊一起在澳大利亚佩斯科廷科技大学开设的三场讲座标题中，我们仍用了"终极符号学"（teleosemiotica）、"终极符号学和总体符号学"（Teleosemiotics and global semiotics）（1999年7—9月，澳大利亚讲座之旅：阿德莱德大学、墨尔本莫纳什大学、悉尼大学、佩斯科廷大学、达尔文市的北领地大学）。

《符号伦理学》（*Semioetica*）一书由我和苏珊合著，于2003年出版，是文本、概念、词语长期交叉的终极成就，是我们参考书目的成果。

不出所料，西比奥克鼓励我对维尔比夫人进行研究，并鼓励我写一本关于她的专著。我敢说，西比奥克会十分欣慰，《符号学》（*Semiotica*）特刊的问世促成了他所委托的专著的出版，并收录在由保罗·科布利主持的系列丛书中，并由其作序，我们现在正出版一本全新的维尔比中文专著。

我们和西比奥克还计划了另一个国际和跨学科研究项目。它致力于"光"，和维尔比项目有关。实际上，"光"是贯穿于维尔比写作的一个主题，且是其思考《圣经》的中心焦点，呈现在她 1881 年的著作《纽带和线索》（*Links and Clues*）中，并成为其表意学源头。我们的"光"项目产生了两个合订本，一本是意大利文，《光》（*Luce*），收录于由蓬齐奥主持的阿萨诺（*Athanor*）出版系列丛书（1997）。另一本为《符号学》（*Semiotica*）期刊而做，是用英文撰写的，名为《符号与光——符号网络的解释之路》（*Signs and Light: Illuminating paths in the semiotic web*），由我本人主编（Petrilli，2001）。这同样也是受到总体符号学创始人西比奥克的委派。事实上，许多撰稿人通常由汤姆本人指示，他一生主要致力于搭建桥梁去拓展元符号世界，传播人们的学识并促使他们彼此联系，以一种永远开放、不带偏见和慷慨的态度对待科学研究。正是该项目促使我于 2001 年写出论文论述维尔比夫人解释《圣经》中的"光"。

同一年，《符号学女人》（"Women in Semiotics"）一文，西比奥克邀我与之共同署名，出版在其专著《总体符号学》（*Global Semiotics*，他去世前几个月面世的最后一本）中。总体符号学这一标题的形成注定要为 21 世纪符号学研究制订议程。该合作论文的原版是为 1999 年以厄曼加德·劳赫（Irmengard Rauch）之名而出版的论文合集而作的，《交叉：厄曼加德·劳赫论文集》［*Interdigitations*，由 G. F. 凯尔（G. F. Carr），W. 哈伯特（W. Harbert），L. 张（L. Zhang）编辑］。劳赫被美国符号协会 2011 年选为第八届西比奥克学者（Sebeok Fellow），先前本人于 2008 年被荣幸选为"第七届西比奥克学者"。劳赫也为 2013 年《符号学》维尔比特刊撰文（Rauch 2013：229—242）。自西比奥克《总体符号学》始，我和蓬齐奥在《无限衍义：开放符号网络中的解释路径》（*Semiotics Unbounded: Interpretive Routes Through the Open Network of Signs*）中辟出一章专题讨论被称为"符号学之母"的维尔比夫人（2005）。

在写作 2001 年那篇论文之前，西比奥克早已将我纳入另一个跨学科项目之中，它与一般符号理论联系更为密切，特别关注符号科学和生命科学的结合，也就是符号学和生物学的结合。因为该项目，西比奥克又委托我为《符号学》撰写两篇论文，并一同发表于 1999 年。一篇有关维尔比的表意学，另一篇涉及查尔斯·莫里斯研究。这些主题一如既往地贯穿在我目前的研究中。

此时我要补充的是早年对维尔比和巴赫金的学习，这不仅标志着我对维尔比夫人研究的起始，而且也为蓬齐奥关于巴赫金的研究（始于 20 世纪 70 年代中期）和致力于传播其思想开启了新的旅程。研究焦点在于符号和价值之间关系，不仅重视维尔比和美国符号学，特别是参考了皮尔斯、莫里斯和西比奥克，而且考虑到所谓的"巴赫金圈子"（Bakhtin Circle）成员，包括瓦伦丁·N. 沃洛希诺夫（Valentin N. Voloshinov）、帕维尔·N. 梅德韦杰夫（Pavel N. Medvedev）。此项研究思路的最新体现是 2012 年出版的莫里斯作品选集《符号美学与伦理学选集》（*Scritti di semiotica*，*etica e estetica*），我本人将之译成意大利文并作引言，以及同样在 2012 年出版的我的巴赫金专著《语言哲学，文学批评和翻译理论：从巴赫金谈起》（*Altrove e altrimenti: Filosofia del linguaggio*，*criticaletteraria e teoriadellatraduzione in*，*con e a partire da Bachtin*），目前已被译成葡萄牙文和巴西文（2013）。

这些研究中重要的符号大师们，除维多利亚·维尔比外，还包括在引言中提及的标杆式人物，如查尔斯·S. 皮尔斯、乔凡尼·瓦伊拉蒂、查尔斯·K. 奥格登、米哈伊·巴赫金、查尔斯·莫里斯、费卢奇奥·罗西－兰迪和托马斯·A. 西比奥克——他们都共享同样的研究方法来探究符号、语言和传播。这些学者每个人可被看作是西比奥克所认定的符号学"大传统"的倡导者，和我们命名为"解释符号学"的"小传统"（参见 Sebeok 1979）形成对照（参见下文 6.2）。不予考虑意义和说话者、符号和能指，尽管它们在实际交际语境之外被一次性地固定和明确下来，因而和某种符号拜物教相反，符号和能指、意义和对话者都是在运动、变化、不断研究、意指流动的符号之间跌宕和无限衍义的过程中建立起来的。莫里斯在 1938 年划时代的《符号理论基础》（*Foundations of the Theory of Signs*）中说道："意义不存在于符号过程中的任何地方，而是以整体过程为特点。'意义'是符号学术语，而非物－语言（thing-language）的一个术语；说自然界中有意义，并不是说有一类与树木、岩石、有机体和颜色相提并论的实体，而是这些物体和性质在符号过程中发挥的功能。"（Morris 1938：45）

符号、能指和意指过程是以与其他符号、能指和能指过程相互关联的持续解释现象出现的，而不是将意指宇宙及其各种不同方面简化为在交际语境之外预先定义和构成的抽象概念的状态。这一符号生命研究方法证明了表达和交际的公众性、社会性和主体间性，至少能确认它们的诸如物质间性、对话性和未终结性等可辨别属性。

需要重点强调的是，这些作者在他们的语言和交流研究中所共有的一个相关特征是他们共同关注符号和价值之间的联系。再次回顾莫里斯，我们这里的暗示是指意义的不同方面，可以在两个标题下识别——"表意"和"意味"，这也在他另一本 1964 年出版的专著《表意和意味：符号和价值关系研究》(*Signification and Significance: A Study of the Relations of Signs and Values*) 的标题中所引用到。这一区别（不是分隔）在于意向性与非意向性意义、明示意义和隐含意义、表达意义和未表达意义、说出的和未说出的、字面和修辞意义、公共和私人的、外部和内在、外显和内涵意义、语言学意义和符号伦理学意义。此外，莫里斯对"表意"和"意味"的区分让人可以联想到维尔比对"感知""意义"和"意味"的三分，皮尔斯对"直接解释项""动态解释项"和"最终解释项"的划分以及巴赫金和沃洛希诺夫提出的"意义""实际意义"和"主题"的划分。

维尔比和皮尔斯，瓦伊拉蒂和奥格登通信，习惯于参考、试探他们的意见，继而发展、完善她的思想。她先是遇到瓦伊拉蒂，后是奥格登，一直和他们各自保持密切的通信联系。她把巴赫金或莫里斯这样的作家拉入其中是为了建立一种联系，即在现实生活中从未遇见，但在理论方面建立联系，在理念上邂逅彼此。本书中的女性学者也同样适用。

在上述提及的论文《符号学女性》引言中，西比奥克将苏珊娜·K. 兰格、玛格丽特·米德（Margaret Mead 1918－1978）、埃塞尔·M. 艾伯特（Ethel M. Albert 1918－1989）和厄门加德·劳赫（b. 1933）称为"20 世纪四个出类拔萃的开拓者"(Sebeok 2001：145)。在这四位学者之前，他提出第五位——生活在 19 世纪的英国符号学之母，维多利亚·维尔比夫人。他将她描述为"世纪之交的（及其后的）符号学中'表意学'和'感知学'（sensifics）物种的传奇般的先驱和发起者"(Sebeok 2001：145)。在这五种情况下，都可以从不同的方面追溯到西比奥克自己在语言和交际问题上的融合。我相信玛丽·E. 布尔（Mary Everest Boole，1832－1916）可以作为另一位开创性的女性符号学者，添至女性思想家的万神殿中。

该论述也是我组织的作为第九届世界国际符号学研究协会一个圆桌会议的名称（2007 年 6 月，赫尔辛基－伊马特拉，芬兰），向 20 世纪伟大的符号学大师西比奥克致敬，他同时也是女性符号学者的灵敏的解释者，并一直乐衷于推广她们的著作。我在符号学女性方面的研究继续专注于维尔比，布尔和兰格，以确保在《符号学》（2010）发表一篇专题论文。布尔和维尔比的观点相互对照，留下引人入胜的通信交流（Petrilli 2009a：167－173）。她们在理念上和兰格相关联，尽管显然由于出生时间先后顺序，她们在现实生活中从未能够谋面。

维尔比的表意学在 19 世纪向 20 世纪过渡之际的符号和哲学研究中逐渐得到官方认可。这种认同通过一系列的期刊论文，包括和她同时期出版表意学相关词典和百科全书词条而得到体现。此外，维尔比研究与荷兰表意学运动产生共鸣，前者从源头上影响了后者。随后，表意学运动在国际范围内得到实质性的发展，并在 20 世纪的上半叶独立于维尔比。

超越逻辑同一律的限制，表意学向他者开放，有助于伊曼纽尔·列维纳斯所描绘的"他性人文主义"的发展（Levinas 1972）。维尔比的方法是证明符号和语言连接价值和责任。沿着符号伦理学的方向，她的著作提供了一种当今全球化世界人类关系和传播的批评性讨论方式。表意学/符号伦理的传播方法意味着谴责目前疏离了他性逻辑的资本主义阶段，而要还原罗西－兰迪所教导的不仅是社会疏离，特别是语言疏离的适当矫正（Rossi-Landi 1992a：253－270）。

维尔比关于的科学写作很大一部分是借助于一般隐喻和意象来建构的，她通过隐喻为理论的发展提供直接见证，证明修辞语言的智性力量。隐喻和修辞语言的表达力量一般需要语言的批判性和表意学教育。维尔比提醒需要注意在语言和知识习得的初始过程中发展适当的语言意识，因为它在孩童教育中极其重要。

隐喻在他性和超量逻辑中，涉及一种位移的运动，它把意义引向同一领域之外，一种司空见惯、朴实无华的意义。隐喻化过程激活了符号网络中可能相距遥远的解释轨迹，有利于符号间的解释和翻译过程中的意义迁移。基于皮尔斯所理解的亲和力和吸引力的相似点，符号网络创立了关联和互联。此类关联不仅类型相似，而且具有同源性。如维尔比和本书中所呈现的作者所示，隐喻对于知识习得和推断性过程具有结构性意义，是人类语言系统生成感知之处。最近符号和语言研究表明，隐喻不仅仅是装饰性的，而且是和人类创造、革新和娱乐能力相关联的。

除了从档案馆和她的出版物中选编论文外，这本书的结尾是维尔比在 1907 年由《泰晤士报》编辑委托为第 11 版《大英百科全书》（见下文 3.15）所做的"Significs"条目。这一编辑事件标志着表意学史上的一个根本性进步，官方认可了维尔比长期以来一直投身的符号和意义的一般理论，她将其视为通过语言、知识和交流来实现理解和人性化，从而为她毕生的努力加冕。

第一部分　表意学方向下的符号研究

1　表意学：符号和语言研究新方法

1.1　表意学范围或"符号伦理学"范围

维多利亚·维尔比夫人于 19 世纪末创造出新词"表意学"，用以命名其符号和意义理论，以及指明该理论在连接符号与价值之间的特殊定位。表意学超越了纯粹的描写主义，呈现一种打破逻辑认识论局限的符号分析方法。维尔比尤其关注语言，意在证明符号与价值之间的关系——除了研究严格意义上的语义、句法和语言学价值，她还从伦理、审美、实用等方面对表意行为进行了深入研究。在研究被理解为认知论术语的意义之外，表意学还关注意味问题，因而也关注了诸如责任、自由、方言性对话的可答复性、创造与创新能力等相关问题。维尔比将自己的表意学描述成一门与"解释""翻译"和"意味"有关的哲学。如今，"符号伦理学"（Semioethics）作为一个新造词，源于 20 世纪80 年代早期出现的"伦理符号学"（Ethoesmiotics）一词，2003 年我和奥古斯托·蓬齐奥（Augusto Ponzio）合著的（《符号伦理学》 *Semioetica*）将其引入。我们之所以提出这一新词，是因为我们考虑到维尔比独特且广阔的视角，以及她在符号理论与价值之间关系上的侧重点。

维尔比使自己的理论区别于诸如米歇尔·布雷阿尔（Michel Bréal）开创的文献学兼史学语义学中的传统术语（Petrilli 2009a：253－300）。她没有将注意力仅仅局限在今天我们所知的言语行为理论或话语语言学。而是同时也将兴趣放在表意行为的生成、表意行为产生的过程，表意行为发展与转化的动态能力上。她将这些过程主题化，使之作为人类经验、认知以及表达能力发展的一个条件，与价值的关系不亚于结构性的。维尔比特别指出，价值发展是符号化过程发展所固有的。将符号和意义的研究同对价值的研究结合起来，由此便获得了对连接符号和意义研究价值研究的特别关注，而由费卢西奥·罗西－兰迪（Ferruccio Rossi-Landi）于 1985 年提出的术语"表意方法"（significal method)，或"原则"（methodics）正源于此。这一结合不仅是表意学研究对象，而且也正是其研究观点。表意学关注与语言、意义、交流问题以及一般的符号过程问题，因此，它与生活的各个方面也有所关联。

尽管维尔比对人类世界的表意过程，尤其是口头语言特别感兴趣，但她关注的是整个表意宇宙。然而，她知道，为了充分地处理自己的特殊兴趣，有必要使其融入更大的总体语境中——她的视野能够做到去整体化，超越语言从而延伸到非语言，超越人类从而延伸到非人类，超越有机有机体从而延伸到非有机体，因此见证一种符号系统与另一种符号系统之间的相互联系（Petrilli 2013：22－25）。维尔比的表意学则是当今符号学的原型，诸如托马斯·A. 西比奥克（Thomas A. Sebeok）以及他提出的"生物符号学"（biosemiotics）对当今的符号学的构想，因为它深入探究了符号过程与进化，符号过程与生命之间的联系，并提问"符号过程与符号学：他们的未来将会是怎样的？"（Sebeok 1991b：97－99）。此外，考虑到维尔比的表意学对人类行为"意味"的特别关注，我们可以将其看作一种向"新形式的人文主义"的努力，这与以认知论术语进行的专门性符号学研究相反（Petrilli 2010a：第七章）。

1.2　语言和术语问题

要想进行充分的研究，口语作为我们可以自由支配的主要工具，须做到井然有序。因此，对维尔比而言，对一般的语言与意义的思考立刻便呈现出双面性。它不仅是研究对象，而且是话语表达的可能性。她所面临的难题是如何建构一种能够充分表达自己观点的语言，因为她很快便意识到，在对语言和意义的思索中，语言本身便是一个根本问题，因为语言是进行语言和意义反思的媒介。维尔比认为供她支配的语言装备是过时且夸张的，它受制于她想要克服的局限和想要纠正的缺陷。在她所承诺的逻辑再生、表达再生、行为再生和审美再生中，她提倡需要创造一种"语言意识"来对抗"用词不当"，因为后者会使理性变得薄弱，逻辑运用不当，论证缺乏条理。"表意学"这一术语，正如维尔比在与法国学者米歇尔·布雷阿尔（Michel Bréal）和安德鲁·拉郎德（André Lalande）在通信中讨论法语中的翻译，以及和意大利学者乔凡尼·瓦伊拉蒂（Giovanni Vailati）在通信中讨论在意大利语中的翻译一样，很难翻译成其他语言。"表意学"这一术语的创造本身就显现出哲学语言学发展在术语上存在着障碍。维尔比是一个典型的身处充满知识变革与创新的革命年代的思想家：她面临的任务是要传播新思想，这其中就包括更新她正在用来交流的语言。

维尔比对日常语言问题很敏感，在提出"表意学"一词时，事实上她一直考虑日常表达"意味着什么？"考虑到其将重点放在符号的终极价值与超越语义的意味上。考虑到已经存在"符号学"（semiotics）和"语义学"（semantics）这两种说法，维尔比致力于使用"表意学"这一说法便具有了风险，因为这表现得就像是异想天开地想要追求标新立异一样。和很多人一样，查尔斯·皮尔斯（Charles Peirce）和乔凡尼·瓦伊拉蒂（Giovanni Vailati）最初也不能理解她的想法，他们认为应该避免使用新术语。但是，维尔比很快使得查尔斯和乔凡尼转而支持自己的观点，她证明属于的可用性实际上是显而易见的，因为在可用的词语中，没有一个能够充分解释她自己对符号和意义的特殊研究方法。虽然维尔比倡导使用新词来描述语言研究，但是她却没有落入技术主义的窠臼。这就如同尽管她一直努力使表达尽可能准确，但她却没有企图去消除（欺骗性地）单词的含混，即单词的一词多义，事实上维尔比将语言和交际中模棱两可的基本作用理论化并且始终加以强调。维尔比想要对语言、表达以及表意过程的难题进行详尽描述，而这些方面从未被或大部分没有被传统研究方法认真思考过。更准确地说，维尔比是在建议从一个全新角度来重新思考相同问题，即表意学视角。

维尔比在努力创造一种全新的语言工具时，对已经约定俗成的术语提供了另一选择。她引入"所感的"（sensal）一词作为人们普遍接受的"感知"（sense）一词在直觉意识方面的修饰语（尽管这也使人想起表意价值的概念），与"口语"一词相对，它和语言符号或口语符号在形象和声音上由其相关。"解释"（interpretation）一词于 1896 年出现在维尔比一篇文章的标题里，起初是用来定义表意过程中一个特定的阶段。维尔比逐渐认识到"解释"实际是一项贯穿表意过程各个阶段的活动，因而用"意味"（significance）一词替代了"解释"。这个变化向我们展示了维尔比在术语方面的探索是如何通过表达方面的具体问题而得以发展的。"表意学"不同于"语义学"（semantics）、"语义学"（semasiology）和"符号学"（semiotics），它完全与技术无关。照此，"表意学"这个名字似乎对维尔比而言是适合的，因为它是一门主要研究符号与意义、意识和价值（实用价值、社会价值、审美价值和伦理价值）之间联系的新科学，正如维尔比在与德国哲学家和社会学家费迪南德·藤尼斯（Ferdinand Tönnies）的通信中解释的一样，后者曾于 1896 年因一篇关于表意问题的最佳论文获得"维尔比奖"。

另外一些与"表意学"有关的新造词包括："表意学家"（significian）、表意学的实践者、"表意的"（significal），作为表意学的修饰词。动词"表意"
（to signify）和"使表意化"（to signalize）则分别特指最大化的表意价值和授
予一个符号以意义的行为。维尔比在 1896 年的文章中提出给"表意学"一词
创造一个对应的动词"感觉化"（to sensify）。但这些词由于与感官世界太接
近而逐渐被弃用。但是，维尔比在使用已有的词汇，包括"感知"（sense）、
"意义"（meaning）和"意味"（significance）这三个构成她的意义三分理论的
术语时，这也是在一种明确到使人印象深刻的理论工具语境中进行的，这个理
论工具能够阐明她对这些术语的特殊使用原因。

1.3　表意学与意义理论

　　"感知""意义"和"意味"代表着在人类经验的各个领域都保持活跃的表
意过程中的三个不同方面，它们同时也是表现力、解释力及作用力的发展中三
个主要相互作用的方面。除了这个三分体，维尔比还描述了其他的三分体，包
括"表意"（signification）、"意向"（intention）和"理想值"（ideal value）三
分素，这三个术语分别与"感知""意义"和"意味"相对应。此外，维尔比
还认为，引用感觉是普遍地本能的或"所感的"（sensal），引用意义是"一致
的、故意的"（volitional, intentional），而引用意味则是"道德的"（moral）。
"意识"一词还被用来表示一种表达的整体含义，即其表意价值。但是在维尔
比的意义三分中，"感知"表示的是理性生活之前最原始的水平，即知觉的初
始阶段，人类对自然的应激反应以及人类对符号的实际使用所产生的应激反应
的初始阶段。因此，"感知"是所有经验的必要条件，"意义"关注理性生活，
表意的意向方面或意志方面，"意味"则隐含了感知，虽然未必隐含意义，并
且关注符号对我们每一个人都具有的含义（import）和最终价值以及与符号整
体的关系、关联和含义（也可以使用"感知"一词）。在维尔比 1911 年出版的
《表意学和语言》（*Significs and Language*）一书前言中，她将表意学描述成
"对一切形式和关系中的意味本质的研究，因此是对其在人类利益和目的每一
个可能领域中的作用的研究"［1985a（1911）：vii］；她将解释功能描述为"自
然先于人类交际，并且恰好是人类交际的条件，正如它是人类掌控自己世界的
条件一样"［1985a（1911）：vii］。如同她所有作品一样，维尔比在《表意学和
语言》一书中关注价值生产，并且将其看成是意义生产的一部分。人类与现实
世界、自己和他人建立关系的能力，以及不断地将我们的解释从一个知识领域
翻译为另一个领域，并在实践层面将我们的解释从一个行为翻译为另一个行

为，这些都通过符号与价值之间的联系得以发展和调整。"意味"是指评价的倾向、意义的价值、重要的条件、表意过程中最大化的参与或暗示能力。这一观点可能与查尔斯·莫里斯（Charles Morris）在他的《意指和意味》（*Signification and Significance*，1964）一书中"意味"（significance）的概念有所关联。

维尔比认为，当街上的人开始无意识地问出"……是什么意思呢？""这意味着什么？"等哲学问题时，符号过程的认知、实用以及伦理角度便显现出来。的确，为了积累知识和经验，各行各业的表意者都被要求去提出这样的问题："……的意思是什么？""我们……的意图是什么？""……的意义是什么？""我们为什么对诸如美、真、善之类的事情感兴趣？""我们为什么要赋予经验以价值？""某个经验的表达价值是什么？"这些问题及其回答都将重点放在表意过程的感知、意义和意味上，它们诱使表意者对一切经验的价值进行反思。所有认知冲突、审美冲突、伦理冲突以及宗教冲突便都依附在这些问题之上。

表意学方法可应用于生活的各方面以及各种知识领域，这并不是因为像一些人声称的符号学无所不知，而仅仅是因为它将注意力放在其表意的复杂性上，这种价值为一切实践经验与思辨经验所共享，同时也是实践经验与思辨经验的条件。尤其是表意学的意义理论将表意他性的维度理论化，因此，对严格意义上理解的意义而言，表意能力过剩与意向性有关。人类具有表意、解释和区分符号的逻辑能力和伦理能力，或者终极符号学（teleosemiotic）能力，这使人类与世界上其他动物有所分别。这种能力能够立刻通过经验和知识的持续积累及其定量转化，使动物的本能、感觉和情感得到最大发展。

《何为意义》（*What is meaning*，1903）可能是维尔比关于符号和意义问题最为复杂的作品，在这本书中有许多关于她的意义三分理论的描述，以下便是众多描述中十分有用的一段：

> 人类提出问题，问题也在等待被解答……他必须要首先发现、观察、分析和评估他自己通过触觉、听觉、视觉获得的感知，并且认识到它的重要性，即这个感觉实际上对他表达了什么意义？其次要认识行动意义（意图），行为动机以及各种效果的成因。这样，他最终才会明白其中的意味，即极限承载力，中心价值以及至关重要的含义。来源于什么呢？来源于一切经验，一切知识，一切事实和一切思维。[Welby 1983（1903）：5—6]

1909 年 3 月 14 日，在一封写给维尔比的信中（Hardwick 1977：108—130），皮尔斯将维尔比的感知、意义和意味三分法同自己的解释项三分法，即直接解释项（immediate interpretant）、动态解释项（dynamical interpretant）以及最终解释项（final interpretant）之间建立起对应，以此来辨别自己"动态解释项"和维尔比的"意义"的主要差异。通常解释者在使用皮尔斯的"动态解释项"时会涉及意义；因此，正如维尔比所言，感知涉及解释者对符号的直接反应。"动态解释项"涉及符号在特殊语境中的意味，因此，和维尔比的意义一样，动态解释项涉及符号对解释者的效力（effect）。然而，对皮尔斯来说，指称是由符号产生的实际效力，而维尔比则强调指称是由符号学产生的预期效力，即发送者的特定意图。皮尔斯在他的"最终解释项"和维尔比的"意味"之间建立起的连接更加有趣（参见下文，第六章）。皮尔斯认为，最终解释项涉及处于最大解释限度的符号。换言之，它涉及在潜在无限解释项序列中的符号引起的所有可能的回应，这就暗示了符号的无限创造潜力。此外，由于皮尔斯在自己的"最终解释项"和维尔比的"意味"之间建立起的对应已被证实，因此，对皮尔斯而言，表意潜力与评价态度也有所联系：

> ……现在我发现我的划分与你的划分几乎完全一致，就像本该如此划分一样，如果我们都正确的话。
>
> 让我们来看看我们的观点有多一致吧，最大的差异在于我的"动态解释项"与你的"意义"之间。如果我对后者的理解是正确的话，它是由"符号发送者"（无论是说出还是写出）试图对解释者的心灵产生的效力构成的。我的"动态解释项"是一个符号对其解释者所实际产生的直接效力。我认为，"意义"和动态解释项则是符号通过相互的独立作用从而对一个个体心灵或许多实际个体心灵产生的影响。我认为，我的"最终解释项"和你的"意味"完全一样；也就是说，它们是符号会在任何条件下对任何心灵产生效力，使其能够充分发挥其全部的效力。而我认为，我的"直接解释项"与你的"感知"几乎是相同的；因为，在我的理解中，"直接解释项"是符号旨在产生的完全未经分析的效力；而我则习惯于将其定义在未对某一个符号产生任何思考前，该符号首先对一个心灵产生的或可能产生的效力。我不知道你是否曾经试图给你的"感知"下定义；但我通过阅读了解到，你所说的"感知"其实是符号对能够完全理解它的心灵所产生的第一效力。因为你说感知是"所感的"（sensal）而不存在"意志的"（volitional）成分，所以我推测它是"印象"的本质。因此。在我看来，它就是我所说的"直接解释项"。（Pierce/Welby 1909 年 3 月 14 日，Hardwick 1977：109－110）

1.4　语言与知识的像似性与翻译过程

维尔比用"翻译思维"来描述人类的表意能力，即"一切事物都暗示或提醒我们想起其他别的事物"的自发过程［Welby 1983（1903）：34］。在符号学术语中，我们可以认为翻译思维是一物代表另一物的符号过程，在此过程中，不同符号系统之间相互联系，一个符号都是通过另一个符号被充分发展、被丰富、被批评、被远离、被引用、被拙劣或简单地模仿，以及在任何情况下被解释。正因如此，维尔比才认为翻译是调查与发现的一种方法，用以证实和获得新知识以及发展批判性意识：

> 因为语言涉及一致与差异（一致是真实的，而差异则是隐含的），所以人们必须要认识到它本身就是发现反差与联系的一种手段，而联系是构成这些一致要素，或者至少完全排除最终差异的观点……无论是从更低的意义还是从更高的意义来说，一个事物有意义，是因为它相应的是通过基本的符号或图像规约符或代表性动作表达出来的。在更高的意义上（至关重要的、道德的或理性意义）来看，一个事物因为能够在越来越多的思考阶段或科学分支中表达自己或是被翻译成越来越多的思考阶段或科学分支而具有重要意义。在获得新知识、新真知的起点的意义上，对符号的运用越多样和复杂，我们在思考的不同阶段中相互联系、相互翻译的能力以及越来越接近事物本质的能力就越强。（Pierce/Welby 1909 年 3 月 14 日，Hardwick 1977：150）

上述知觉可以在最新的语言与符号理论中得到发展，其指出，符号过程，即某物作为符号发挥功能的过程，如果离开翻译就无法维持，因为符号过程是一个翻译-解释的过程。翻译对符号结构起结构性作用，包括语言符号和非语言符号，因此在其意义决定上起着结构性作用。当我们使用可替代性范畴作为符号表意的必要条件时，当符号不仅被认为是一物代一物，而且也被视为可被其他事物替代时，符号与翻译之间牢不可破的联系便是显而易见的（参见Ponzio 1981：15-42）。解释项是把一个未充分发展的被解释的符号变成可能替代物的现实化，在此过程中，意义可以被定义为一类可能会相互替代对方的语言符号材料和非语言符号材料。也就是说，正如皮尔斯教导我们的那样，一个符号得以存在，是因为另一个符号在充当其解释项，因此当一个符号被翻译成某个发展程度更高的符号时，意义便产生了。意义仅仅在符号的相互翻译和相互替代的关系中才会活跃，在此过程中，原始符号不会自动给予，也不先于解释项符号。

维尔比强调："语言自身就是一种符号系统，因此语言方法大都是图像的。"［Welby 1983（1903）：38］她求助于皮尔斯最著名的符号三分法，即规约性、指示性和像似性（CP 2.247－2.249；Hardwick 1977：22－25），如果口头语言可以被描述成一种处于主导地位的规约符号系统，我们可以将这个句子"翻译"或"重述"成语言的方法大都是像似性的。这种说法对像似性在表意过程的产生中所起的作用以及在经验发展过程中假设的相似性关系都给予了充分肯定。

在这里提及维特根斯坦（Ludwig Wittgenstein）所著的《逻辑哲学论》（*Tractatus Logico-Philosophicus*）大有裨益（参见 Ponzio 1991：185－201）。维特根斯坦对名称和命题加以区分。名称和"简单符号"（simple signs）［维尔比所说的"基本符号"（bare signs）］之间获得的一种在命题以及目标或意义上的规约关系。实际上，使符号与对象联系起来的规则或符码是任意的，仅仅通过猜测是无法发现的。符号任意性也是由费尔迪南·德·索绪尔（Ferdinand de Saussure，1916）提出的一个范畴，用以描述某些类型的符号——语言符号或单独使用的词，以及非语言符号。另外，所有的命题或"命题性符号"，即维尔比所说的"图像规约符"和"代表性行为"，和他们所表达的东西，也就是它们被解释的符号之间具有的相似关系也就是像似性。维特根斯坦的"命题"，同维尔比的"图像规约符"和"代表性行为"一样，是具有很大符号潜力的表意单位。

在《哲学研究》（*Philosophical Investigations*）一书中，维特根斯坦将情景语境设想为命题代表能力和表意能力的一个功能。虽然命题无疑都是规约的、符号性的，但它们都主要是再现关系的表达，即像似关系。与皮尔斯的"存在图"（existential graphs）相似，这一像似关系具有比例或结构秩序。维特根斯坦认为命题是一幅逻辑图像。他认为，要了解命题意味着要去了解它所代表的情景。此外，要了解命题不需要解释其意义，因为"命题本身就可以显示自己的意义"（4.022）。因此，"必须""用我们所了解的命题……""来解释简单符号（词）的意义"（4.026）从要更好地理解语言生产的动力和表意过程来说，维特根斯坦的图像理论显然很重要，这一理论也可以运用于维尔比自己的意义研究方法。作为一种逻辑图像，它再现强调了像似性在命题发展的调节中所起的作用，解释了语言是如何通过命题性符号从而避免成为纯粹的惯用名称，否则就会使表达完全重复。鉴于思想是事实的逻辑图像，而且思想是被赋予意义的命题，这个问题认为表意过程涉及了思想的生产和发展，（参见《逻辑哲学论》*Tractatus Logico-Phiolosophicus* 的命题 3 和命题 4）因此，经过概念化的"命题"类似于米哈伊尔·巴赫金提出的"表述"（utterance），巴赫金参考了俄语单词"vyskazyvanie"（巴赫金 1986；沃洛希诺夫 1927，1929）彻底分析了这一范畴。在一句话中，解释项符号和被解释符号之间的起主导作用的像似关系，是一种在或低或高相异程度上的"应对理解力"的对话性关系。因此，巴赫金的"表达"、维特根斯坦的"命题"或"命题符号"、维尔比的"图像规约符"或"代表性行为"——这些都具有批评能力、翻译能力、认知创新力以及创造力。

对维尔比和维特根斯坦来说，分析不应局限于对思想、语言以及表达进行笼统的表面描述，而应该说明和解释这些现象的产生过程。由此看来，我们也能与费卢西奥·罗西－兰迪（1921—1985）建立起一种理想的关联，尤其是与他的"日常用语""语言学工作"以及他研究后期提出的"社会再生产"的概念。(1968，1972，1978，1985，1992a)

维尔比的意义理论类似于维特根斯坦的理论，有助于说明更为复杂层面的解释过程，而没有将目光局限于信息和讯息交流的模式。维尔比强调语言中像似性再现的重要性，强调表意过程的他者性，符号间持续翻译过程的作用，并且强调超越系统边界的能力。正如上述引用中维尔比所说的那样，如果从相关性、互动性和相互依存性，以及从"一致和差异"之间的相互关联这些角度来解释符号，那么符号的辩证性和对话性本质便会清楚地显现出来。就语言来说，巴赫金则会这样描述过程：它们发生在语言的"向心力"（centripetal forces）与"离心力"（centrifugal forces）之间，发生在"中心化"（centralization）与"去中心化"（decentralization）之间，发生在"单一性语言制"（monolingualism）与"多样性语言制"（plurilingualism）之间，发生在"单一性话语"（monologism）与"多样性话语"（polylogism）之间，以及发生在"一致性"（identity）和"他异性"（identity）之间（巴赫金 1981，1986）。在这样的理论框架中显现出来的未完成性、不完整性、不确定性以及模糊性成为符号过程的特征，因而是知识与真知的特征，这些特征从未一次性给定过，相反地，它们频繁地接受质疑并不断完善，总在不断地更新，并适应不断更新的传播语境。

1.5 地球符号学、太阳符号学、宇宙符号学

维尔比对意义、表达和知识的进化论观点在很大程度上不仅表达出她对行星和有机生存维度的兴趣，而且还表达出她对太阳和宇宙维度以及研究这些维度的科学的兴趣。正如我们之前所观察到的，维尔比提出的"感知"概念在其本质上是有机体的。但是，她同时也将"所有'感知'中的感知"（sense in all "senses" of the word）一词作为一个恰当的术语，用以描述地球或许更高层次的生命经验中符号过程的表意价值。

维尔比将她对符号和感知之间联系的定义，和有机体对环境刺激而产生的直接且自发的反应联系起来。在进化中的这一过程被导致符号产生意味，也赋予了符号超越系统边界的暗示能力与参照能力，并引起直接或间接的反应。有机类比强调可塑性、适应性价值以及符号所具有的表达潜能的转化。专门针对语言符号而言，维尔比旨在恢复这样一些品质，它们由于语言与逻辑使用不当而缺失，同时也受到语言理论的忽视。话语与语境相互适应，就如同进化过程中，有机体与环境之间的相互适应一般。

维尔比反对人类中心说，更加反对目光短浅的语言本位主义。除行星、有机物和生物的生存维度以外，她还将关注扩大到全宇宙中的宇宙表意过程。因为维尔比坚信，人类的表达能力只有在更大的宇宙力量的语境中才能够被理解，因为表达能力是宇宙的一部分，同时也反过来促进宇宙的发展。伴随着人类表现价值和心理发展的增长，为了传播在进化过程中整个宇宙的表意力量扩张观点，维尔比定义了"意识的三个层次"（three levels of consciousness），即符号复杂性以及表意能力增加的三个层次，维尔比借用宇宙学与天文学中的术语来表现："行星意识"（planetary consciousness）、"太阳意识"（solar consciousness）以及"宇宙意识"（cosmic consciousness）。这些术语与其意义三分有关，分别与"感知""意义"和"意味"相对（参见 Welby 1983, 1985a）。在一个持续扩大的宇宙域（cosmosemiosphere）中，包括地球域（geosemiosphere）和太阳符号域（heliosemiosphere），宇宙通过符号和感知的产生/发展而得以发展和扩大。在此语境下，进化发展不仅是通过解释真实世界里所谓的客观现象和真实事件，而且是通过推测未来发展、展望可能的或虚构的世界，因此，通过接受"沉思游戏"（play of musement）作为存在的、符号过程和话语交织的各个层面的挑战。

"沉思游戏"是皮尔斯引入的表达（CP 6.460−465，486），后来西比奥克

对其加以发展，并将其作为他 1981 年出版的著作标题，用来证明游戏和幻想以及创造和创新的想象力的重要性。沉思游戏包括翻译能力、试推能力和模拟能力。西比奥克将其与约翰·洛克（John Locke）的"人性理解"（humane understanding）（参见 Sebeok 1991：97；Petrilli 2014：15.4）联系起来。下面从档案中引用的"游戏与工作"（追溯到 1906 年 11 月 11 日，现在出现在 Petrilli 2009；Welby，2009）证明了游戏在促进人类表达与理解方面的重要性。

我们无法提出、引导、发展和组织人类的潜能——简言之即我们无法培养人类的潜能，这对我们而言是一个灾难性的失败，也是导致我们疏忽和无知的原因。因此，我们忽视的地方就是无法理解表达的极端重要性以及价值的多种等级和模式，这也是我们对真实的自然以及"游戏"与"工作"之间关系的无知。我们认为是工作、是生活的正经事，娱乐是工作的事后想法，是它的休闲。我们将其称为"游戏"是因为"赌徒"（gambler）一词，它是对"工作"最拙劣的模仿。正如我们将运动称为运动（sport）是因为我们在模仿真正的运动本能（sporting instinct），杀戮的乐趣在于"公平竞争"（fair play）的条件之下。在最后一种情况中，我们规定"比赛"在一定程度上是公平的，当运动员没有"机会"打赢"比赛"，我们会斥责他们，与收获相距甚远。

但是，人类将杀戮饲养的动物或者仔细找寻本地野生动物作为"运动"，这是人类的污点。对自然最令人敬畏的工作形式，对拥有最高级和最复杂能量的宇宙游戏，我们却堕落到加以虚度，甚至残忍狂暴以及浪费的地步。

当然，现在"游戏"就是"工作"。同时，自然"法则"（law）的运行意味着对自然"力量"（forces）的使用。但是我们需要区别"工作者"（worker）有目的、有纪律、训练有素的工作，以及他对"文本"（text）艰苦地编织，或钻挖、搬运、砍劈和拖运等，我们称这些为"劳动"（labour）。我们在孩童的"游戏"中经常看到自发性、明显偶然性的有机活动的爆发，之后便被组织为有秩序的"游戏"（games）。

1.6 母性感知、建模、逻辑

20 世纪初，维尔比在一系列未发表的手稿中详细阐述了"母性感知"（mother-sense）的原始概念，"原始感知"（primal sense）一词及其变体词"初始感知"（primary sense）随后便替代了"母性感知"（第 28 盒，24 号 *Subject File*，Petrilli 2009a：670—715）。维尔比认为，这一概念在表意过程和解释过程中以及在世界观的建模中发挥着重要作用。她一方面将"感知"或"母性感知"区别开，另一方面又对"智力"与"父性理性"有所区分。维尔比这样划分是为了展现产生感知的两个占主导地位的模态之间的基本区别，只有抽象才能将它们区分，使之跨越性别差异的障碍。

母性感知，或像维尔比一样将它称为"种族感知"，是指感知的产生源，它决定了我们批评与创造的能力。这种感知是以他性逻辑为导向的，因此决定了能否通过感觉、知觉、直觉和认知飞跃来深远地和创造性地了解事物。用皮尔斯的观点来说，就是未经被掌控的或尚未掌控我们的凭直觉获得的想法。母性感知在皮尔斯的概念里即"圣爱的"（agapic）或"引起共鸣的理解"（sympathetic comprehension），在巴赫金看来则是"回应性的理解"（answering comprehension），它作为获得知识的能力，是人类所独有的。维尔比认为，母性感知没有性别限制，是"人类所共有的一项遗产"（an inheritance common to humanity），尽管出于社会文化的原因，主要是由女人在守护和传播它。

如果和西比奥克提出的（1986，1991a，1991b）"语言"（language）或"建模工具"（modeling device）联系起来，"母性感知"（或"原始感知"）概念的含义便会更加明晰。初级建模工具同母性感知一样，是人类符号过程世界中通过各种各样的语言和非语言人类行为符号系统获取和生成知识的一个必要条件。语言符号过程起源于并且植根于初级建模工具，特别是作为对交流需求的回应而产生的，尽管它也在进化的过程中起着二级建模功能。另外一个提出"语言"和"建模工具"的是"写作"（writing）一词，即按规定（ante litteram）来写作，在文字之前的写作（Petrilli，Ponzio 2005：第 9 章）。二级表意行为或衍生表意行为包括"言语"（speech）或语言符号过程、"脑力劳动"（intellectual work），都是由原始问题、母性感知和被称为语言的人类建模工具产生的。母性感知作为一个建模程序，在潜在无限的解释过程中创造了无限的新世界或可能的世界观。

维尔比理解的"智力"（intellect）一词主要涉及属于归纳和演绎型的推理过程，也就是涉及同一性逻辑支配他异性符号之间的联系。相比之下，"母性感知"则涉及由他异性支配的表意过程。根据皮尔斯对符号的分类，即将其分成规约符（symbol）、指示符（index）、像似符（icon），"母性感知"与符号的像似维度息息相关。"母性感知"涉及感觉的创造力与生成力，其能力因将像是毫无联系实际上却相互吸引的事物联系起来而得到增强。因此，"母性感知"同时也涉及识别符号之间类比关系与一致关系的能力。从论证角度来看，"母性感知"属于试推型的逻辑过程，受到他者价值、创造性、对话、自由以及渴望的约束。此外，"母性感知"还包含了"父性意识"（即使是潜在的），而"父性意识"却不包含"母性感知"。鉴于此，"母性感知"和智力都需要恢复在其系统与个体发生角度的辩证和对话的相互关系中的原状。

维尔比认为逻辑必须以广阔和衍生的感知维度为基础——原始水平、初始水平、母性感知、种族感知和"矩阵"（matrix）——以一种与智力、父性理性辩证性相互依存和相互授权的关系为基础。的确如此，表意学的一个主要目标便是恢复巴赫金所说的"回应性理解"，或皮尔斯所说的"泛爱的或引起共鸣的理解"的关系。维尔比认为只有当逻辑过程在原始感知和理性生活方面得到发展时，这种关系才能够得以恢复。这一关系针对所有经验的批评意识、最大价值、意义和意图的全面发展而言是必不可少的条件。可以将维尔比夫人对逻辑的看法与皮尔斯的看法联系起来，因为皮尔斯将宏大逻辑原理称作"自我屈从"（self-surrender）。他阐明自己这样说并不意味着自我为了最终的胜利，必须耐心地保持低调，即便获得了最终的胜利也不能将其作为行为的指导原则（CP 5.402，批注 2）。

1909 年 11 月 21 日，维尔比在一封致皮尔斯的信中写道，对于他的观点，她最为赞赏是皮尔斯认为逻辑是"智力伦理"（ethics of the intellect），这也支持了我们对维尔比"批评伦理"（ethics of criticism）的描述。推理中的科学严密性为了要配得上这一描述，必须是起源于泛爱的逻辑程序、"原始感知"以及为了符号、主体和意识的进化而承认不精确、不稳定和危机的结构必要性的勇气（参见 Welby/Peirce 1909 年 11 月 21 日，Hardwick 1977：91）。

1.7 爱与主体性

与皮尔斯观点很相似，维尔比认为人类是一个由各不相同却不可分离的部分组成的一个社群。这些部分或自我不是相互排斥，而是相互依赖，也就是说，它们以对话的他者逻辑和差异中的非中立逻辑为基础。这排除了各个部分之间发生无差别混乱的可能性，以及将差异——他者——变成独白式自我的可能性。维尔比还认为，混淆就是以牺牲区别为代价。换而言之，各个部分之间存在相互关系并不意味着要以牺牲独特性为代价，独特性也不要求牺牲对话相互关系和交流的可能性。正如维尔比所言（参见维尔比的文章，《我与自我》，1907 年 6 月，现见 Petrilli，2009a：647−648），我或"自我"（ident）（维尔比未发表的手稿中的另一个新造词）代表其部分总量的超额。我并不是与其他部分分离的"个人"（individual），而是代表着"独一无二"（unique）。维尔比认为"独特性"（uniqueness）——这里的"独特性"和施蒂纳（Stirner）的独特与唯一这两个一元分离主义概念无关——可能与伊曼纽尔·列维纳斯（Emmanuel Levinas）的"非相关他者性"（nonrelative otherness）或"绝对他者性"（absolute otherness）有所关联。

爱指向具体而不是抽象；爱指向人、指向邻居，即"生活在我们附近……与我们感受相同"的人，并不一定是空间上，而是在亲密程度上的靠近。爱是由试推、像似性和创造力主导的逻辑过程中的驱动力。从扩大的意义来说，心灵的发展很大程度上是通过爱的力量而到发展的，可被视作绝对他者的取向，正如对他人的关心，这与皮尔斯对圣约翰的解读一致。正如皮尔斯 1892 年在他的一篇文章《心灵的法则》中指出，由连续论（synechism），即连续的理论，所预见的进化类型是通过爱得到进化的，而爱最基本的特征便在于从可恨的事物中辨认出美好以及使可恨的事物变得美好（CP 6.287−289）。

皮尔斯将两种争议进行对比：根据"基督福音"（Gospel of Christ），进步是通过邻居之间的同情而获得的；而"贪婪福音"（Gospel of greed）则反映了当代的主流意识形态，并且鼓励个体将自己的权力和权利、自己的个体性和自我认同看得高于他人（CP 6.294）。可将皮尔斯和维尔比做一比较：皮尔斯批评了个体至高无上的地位，维尔比则对"我"和自己之间的动态进行分析，她批评自我将"自性"（selfness）转换成"自私"（selfishness）和"唯我主义"（selfism）的倾向。皮尔斯认为，达尔文的《物种起源》（*The Origin of Species*）（1859）及其自然选择、适者生存、为生存而斗争的概念，是对从政治经济到生命科学，从经济发展到生命体发展中个体概念翻译的一个重要示例。皮尔斯自己选择了进化的泛爱理论，他实际上认为对自己学说的强烈向往就是对其有效性的一个合理证明（CP，6.295）。

皮尔斯回顾了亨利·詹姆斯（Henry James）的观点，提出了自爱与创造性之爱的区别。只要他者与自己相同，自爱便可以指向他人。而创造性的爱则指向与自己完全不同的事物，甚至是对自己有"敌意与消极"情绪的事物；正如利维纳斯（Levinas）所言，只要另一个人是任何人，创造性的爱指向他者。在这个基础上，人们可能会提出一个爱的类型学，这个爱的类型学以他者为衡量尺度，以从高度相同到高度差异为尺度。但是正如维尔比和皮尔斯所认为的那样，真正的创造性之爱是受他者性逻辑控制的爱，是对他者的爱，只要另一个人是绝对他者时就朝向其他人的爱。他者逻辑是一种泛爱逻辑。绝对的、非相关他者性、像似性、爱、对话以及试推共同构成了符号与意义的生成核心，因为它们翻译的是跨越的真实世界、可能世界或仅是虚构世界的世界。

2 解释的横向性

没有人点灯再用器皿盖上，

或放置床底，乃是放在灯台上，

叫进来的人看见亮光。

因为隐藏的事没有不显示；

隐秘的事没有不露出来而被人所知。

所以，你们应当小心如何得知；

因为凡有的，还要加给他；

凡没有的，

连他自以为有的，也要夺去。

（路加福音 8：16—18）

一种哲学式的特性逐渐渗入意识中；

历史上无时无刻不被人所认可，

在此之后，十分光明。

（CP 2.392）

2.1 宗教、哲学、科学之间的解释路线

那些引导维多利亚·维尔比开始关于意义与解释的基本理论研究，即她所称的"表意学"，逐渐成熟并体现为她的两本专著《何为意义》和《表意学和语言》，源于她接触的《圣经》。查阅卷宗可以发现，《纽带与线索》（1881）是维尔比关于《圣经》思考的文集，是她 19 世纪 80 年代的早期作品，表达了她对基督教教条最新解说的质疑，以及超越传统思维方式的批判性解读，对教条主义、正统观念、普遍主义的批判，以及关于教育界已经将视角集中于表意和

翻译实践之间关系的相关忧虑。这个特殊的解释路线都成了她后续作品中关于符号、意义以及解释研究的基础。维尔比深信，与注释相关的概念性问题都源于不充分的构想而后者则源于对一词多义性的普遍无意识，即它们本质上的含混，同样，也源于这样一种倾向：将宗教话语从趋向于更高级知识的对话和科学进步中分离。这便阻碍了宗教话语的更新与再生。

对意义的含混本质的忽视，甚至是否定都会造成单一性的解释。这些都强加于文本，即强迫其臣服于教条和正统说法的"暴政"之下；反过来，词汇和表达的含混，也就是它们表意或语义的可塑性，正如维尔比所说，增强了它们的表达力与可理解力。维尔比将会话多语制与会话易变性理论化，并用以显示语言符号和非语言符号的表意价值。作为表意和解释实践发展的先决条件，也是知识和理解进步的前提，她指出发展一种良好的"语言意识"的需要，也就是批判性洞察力，避免陷入"语言陷阱"，以及认可语言及表达的表意多样性能力。在《何为意义》中，她描述了表意学中的"诊断"任务：

> 很不幸，人们习惯性地将诊断这个词条归类到病理学范畴，而且很难找到一个更好的词语去描述这种"知根知底"的能力，尽管在表意学中将会对这种能力加以训练。我们一定理所当然地被教导成诊断者，我们都被培育极其强大的能力去分辨各种差异，去读懂各种符号，不论其多么模糊，我们都有能力去揭示感知和意义。可以说，诊断法是表意学里的一个典型过程，正如翻译是其基本形式；这些组合必定有利于发现潜在疑惑或似是而非的论断，用形式逻辑学的方法间接地、简单地提供帮助。但这种形式的研究，非但没有将注意力从已被关注的学科上取代、替换甚至转移，反而会更奏效，因为更重要的意义往往更为显著地与日常经验和兴趣相互关联。这将带来对传统和语言未来的更高敬意的道德价值，实际上会为扩展至今仍难以想象的清楚表达限制而准备平台，它也倾向于创造出一种对思维反应有利的语言意识；从而逐渐达成一致的定义，为需求增长的可能性以及知识扩展提供一种有序的自由。［Welby 1983（1903）：51—52］

表意学是维尔比发明的一个新词语，用以为她的符号与意义理论命名，更具体地说，表意学是一门关于意味、翻译与解释的哲学［Welby 1983（1903）：161］。在《纽带与线索》中，关于解释这个问题，她已经提出了四个要点：字面意义问题、同源化的风险、语境的重要性和作为统一的条件辩证法、矛盾和补充在思维体系结构中许多不同意义层面所扮演的重要角色（参见

Welby 1881：31－36)。维尔比将一词多义以及意义的可塑性主题化，并批判"普通共同感知意义"概念，也即将意义降低为"普通明显意义"的倾向，以及她所称为"神秘意义"的倾向。在其他的作品中，"共同感知"这个表达方式同样被维尔比定义为语言的先天积极词汇，但这是另外一个概念。相反，当她写下"普通共同感知意义"时，她把这种表达理解成一种负面意义的表达，因其指出朝向表意还原主义的趋势。她认为，把包括《圣经》在内的文本从带有偏见的解释中解放出来，将文本减少到只有单一意义十分必要。她反对文本意义固定、静态的谬论，反对通过单一的、绝对的、决定性的阅读即可识别一个文本且被认为永远有效这种谬论：在她所有的研究作品中，对"普通意义"谬论的批评是永恒的主题。正如她在其 1903 年的书中所说："关于一个事物，意义并不是在任何时候任何地点，对所有人而言都是同样的那么'普通'。"[1983（1903）：143]

　　一个单一文本可以有多种解读，需要在可选的意义范围内进行实验，也需要提升其洞察力。但与此同时，这并不意味着文本意义可以任意通过解释文本这一过程强加在被解释文本上的解释所决定：从这一点来看，维尔比证实了在我们的术语中称为文本的"表意"或"符号物质性"，也就是关于任何规定解释的他者性（Petrilli 2010a：第 5 章）。例如，在《纽带与线索》中名为"有生命的词汇"的一章中，维尔比批判了这样一种倾向，即根据"如果我们是作者，我们内心自然的想法是什么"来解释修辞（Welby 1881：54）。她对文本意义结构的分析，一方面根据在规定解释之前文本间意义的辩证关系，如"符号他者性"；另一方面，意义通过新的、不同的解释过程作用于文本而产生。她的分析将她的思考与当前关于"解释的局限性"——正如翁贝托·艾柯一本书的标题所写的那样——的争论联系到了一起。

　　维尔比意识到解读并更新关于所有人类生活与研究方面的宗教话语的必要性，由此就涉及科学与哲学进步的方面。不同于意识形态一元论，即教条和已知真知无条件、无疑义接收的趋势，她把宗教设想为一种在这个持续变化的世界中，与其他思想系统进行对话式互动的思想系统。她一直坚持对宗教话语展开批判式地重新解读的必要性，因此关于教会强加的教条问题（英国国教教会权力和国家权力相同），一直是维尔比和她的众多通信者之间所交流的问题（参见 Welby to Rev. F. G. M. Powell 1885－1886，Cust 1929：134；Welby to Dr. J. W. Farquhar 1888－1890，Cust 1929：218）。

　　在与当时许多名人的通信中，维尔比表达了自己的批判性思维。这些语料中的一个重要部分已经被收录在她的两本书中，《更广阔生活的回响：维多利亚·维尔比夫人早期通信选集》（*Echoes of Larger Life: A Selection from the Early Correspondence of Victoria Lady Welby*），这本书涵盖了从 1879 年到 1891 年的通信文件，以及《他者维度：维多利亚·维尔比夫人后期通信选集》，此书跨度从 1898 年到 1911 年，两本选集都是由她的女儿亨利·卡斯特夫人负责编辑，并在维尔比夫人去世后分别于 1929 年和 1931 年出版。《纽带和线索》是在第一本选集作品中经常被讨论的对象。维尔比提出对《圣经》的批判性重新解读，这也是她在 1879 年到 1882 年间与反基督教有神论者查尔斯·沃伊奇之间通信中所讨论的一项工作与一项挑战：

> 你说你"并不嫉妒我这项任务"（1）即不嫉妒我去颠覆当前对《新约》的最盛行解释，（2）不嫉妒我用我们的理性和良知去调和所有精神与意义。但我们若都活着，我祈祷看到你不仅仅去颠覆，还会去发扬与扩展这些流传的解释。要提高、净化与深化真知都很困难，普遍的真知，表面的概念当然是不言自明的；同样，即使是对你来说，去实施那些在思想和生活层面上过于明显、即时、直白的真知，也是十分困难的。去接受不断进步的、不断扩大的真知的感知条件是在智力上和道德上的忍耐，而不是虚假或邪恶，应是一种未完成的，是对充实时间的忠诚等待。请记住，思想的发扬与扩展（也就是你所说的颠覆，并且在某种意义上你是正确的），伴随着进步的光芒，在自然层面和精神层面一样必要。（Welby to Ch. Voysey，Cust 1929：39—40）

在早前 1888 年的一篇作品《科学与宗教的真实性》（"Truthfulness in Science and Religion"）中，维尔比分析了在科学与宗教联合中的"真实性"概念。她认为科学与宗教之间不可能划分界限，不是因为这两者互相认同，不是因为两者共享同样的研究对象，也不是因为共享同样的研究方法（参见 Welby 1888：103-104），而是因为统一科学与宗教的关系具有解释性的延伸与互相促进的特性。维尔比一次写到"科学与批评的时代"，认为其很大程度上由进化论以及随后我们对于人类与生命世界颠覆性观念而决定（参见 Cust，1929：202-207）。

她批判了社会制度的方方面面，指责其通过阻碍科学、艺术、哲学思想以及历史的进步，故意维持一种对不断出现新真知的忽视状态。相反，从她 1881 年作品中的标题中可以看出，维尔比证明有必要通过"纽带和线索"在不同知识和研究领域之间的关系展开工作，直至结束再生所有的话语形式，包括宗教话语。她谴责教会权威对科学知识和理解的模糊化，并提出以一种批判性和创新性的框架去重新审阅基督教价值观。正如她在一封与 W．H．斯米克教士（Reverend W．H．Simcox）的信件中所说：

> 我真希望能够收到像你那么多的信件！教堂的发言人似乎常常将她自己放在一个错误位置上。有时候，她甚至在上帝的意志面前表现出盲目与顽固的抵抗，那个意愿，已经而且正在通过科学与批判，给予我们对其教学方法、精神和目标如此奇妙且与日俱增的了解，正如她作为一个活生生的、正在呼吸着的、生长着的、充分意义上的"有机体"。问题始终是，那些传道者、先行者，以及教父们现在应持什么态度？他们都曾是开拓者与领导者——他们是第一批去吸收、同化以及解释事实的人。我们孜孜不倦地去研究他们在那些日子里所说的话。但是，除开在其永恒的核心，正视他们现在将首先可以超越的，带着一个新生的、正在扩大的荣耀之光——不是正在毁灭，而是逐渐应验那句古老的话。如今我们知道了以前从未知道的东西，超越所有我们视为"固定的"或"静止的"，我们发现在每一个分子里都有运动，正如在每一个太阳系里都有运动一样。因此我们关于精神的想法变得千疮百孔。这个隐喻的世界并不与上帝创造的世界协调，因此并不能真正地为我们代表他的意志。 （Welby to W．H．Simcox，Cust 1929：202）

维尔比谴责了意在反对"开拓者"和"革命者心灵"的"异化"和"疏远"机制（参见 Welby 写给 R．维尔及 H．哈顿的信 1886—1888，Cust 1929：203-204）。相反，她赞扬求知的勇气，即使古怪与不完美，因为那是朝着新领域探索求知的精神。她批判由教堂的官方机制、神职人员以及教会机构代表所实施的审查制度，批判他们目光短浅，用不予人启发的想法维护正统、教条和传统经典，让"反叛的"思想者被禁言。事实上，她甚至认为只有通过与各领域研究的先锋思潮不断对话，才能够找到解决特定神学和教条问题的适当方法。在与玛丽·E．布尔〔Mary E．Boole，数学家乔治·布尔的妻子，著有《爱的逻辑教育》（*Logic Taught by Love*）、《学习的象征性方法》（*Symbolic Methods of Study*）、《为激情注入力量》（*The Forging of Passion into Power*），被认为是精神分析的先驱者，参见 Cust 1929：86，n．1 的通信，维尔比同样谈到了这个问题。布尔对科学十分感兴趣，并且和维尔比一样，受到了教会权威的挑战（维尔比的朋友和通信者，弗雷德里克·波洛克 Frederick Pollock，是一名法官，批判"教会主义"）。布尔加入维尔比的队伍，寻求互相理解，兴趣融合，批判偏见以及在整个群体层面最大限度地反思基督教垄断式的教条主义，其中

专门提到了正统的英国国教。（参见她们在 1882—1885 年间的通信，Cust 1929：86-87，90）

维尔比一直主张将《圣经》从历史与其偏见的瓶颈中解放出来，并与当代生活的各个方面建立生动的类比关系，由此可以让这些文本吸收更为广阔的新生活：《圣经》的解释潜力由此便被发掘与更新，用以巩固其自身的感觉与意义，最终呈现对真知的追求。从方法论的层面看，维尔比主张选择科学推理作为她的模型，因此也通过推理的力量获得超越自身想象力限制的能力。

在 1886—1888 年与林恩·林顿［LynnLinton，小说《克里斯托弗·柯克兰》（*Christopher Kirkland*）的作者］的书信往来中，与信仰名义下的神秘主义和唯心主义截然相反，维尔比将光芒与知识的关系主题化，也由此引发她在 1886 年撰写了一篇名为《光芒》的文章。她从宗教话语开始了对神秘主义的批判，她的批判也被来自南非大学的克里斯托·兰博（Christo Lombaard）于 2013 年在一篇文章中（名为《维尔比表意学中的神秘主义与心灵》"Mysticism and Mind in Welby's Significs"）所采用并发展，在这篇文章中他认为维尔比可被视为"我们时代的先驱者""一个非传统的人物：一个真诚寻求宗教与科学之间（或精神与自然之间）富有成效的相互关系的支持者"（Lombaard 2013：375）。但我们可以先阅读直接摘自维尔比的作品中众多关于该话题的其中一章：

> 我同样担忧神秘主义与唯心主义，从对我们看起来像一个不可思议谜团的意义上说，因为我相信令人困惑的神秘正是上帝为了使其更加清晰而显现出来的光。上帝就是光，这难道不意味着每一个可理解的问题后面都隐藏着一个可理解的答案？我们难道不应该在找到答案之后才满意？如果我们不能够接受一个答案，那么我们也不能去构想一个相应的问题。在光的照耀下我们心中所追寻的每一个"为什么"的过程，都至少有一个机会去学习那个答案。
>
> 我们对光可以帮助我们什么的权衡，不论从道德上、精神上，还是理智上，都显得过于贫乏与狭小，因此，觉醒的人们逐渐进步，以及在科学、历史与通用知识的进步领域，趋向于剥夺我们仅有的微弱的光；我们颤抖着，不敢面对上帝这一事实；我们在一种误称为信仰的黑暗中颤抖。然而，对于有时候我们无法看见的东西，如果我们仍拥有上帝的恩赐，我们甚至可以进行推断。天王星和海王星都是通过推理发现而不是直接被发现的。真知的整个世界都隐藏在有生命的话语深处，等待着耐心而忠诚的探索者，无所畏惧地运用上帝给予他的工具，正如那光所赐予他们的力

量，去发现与探索。(Welby to L. Linton，Cust 1929：175)

维尔比的作品大量提及光，光与生活的关系以及光与爱的关系，光与真知，知识与公义的关系等。事实上，她的哲学观点可以被看成一种"光的哲学"，或者用她自己的分类来说，是一种"太阳哲学"。在《纽带与线索》里一篇名为《爱之光》的文章中，维尔比发展了宗教类比中她所认为的最重要的东西，即将上帝比作光：上帝的出现就像是光与爱的王国。因此，任何不支持这种价值观的事物都属于黑暗的王国，因此就是罪恶、邪恶、愤怒、轻蔑、愤慨、憎恶、怨恨、仇视、咒骂、苦涩、与毁灭。任何与光不相融的状况，问题不在于光，即不在于上帝，而在于无法再忍受它的那些人，就像生有眼疾的人，最终会因为自己的疾病而失去接近阳光的机会。维尔比仔细参考《圣经》，思考将上帝比为光的隐喻，爱、美德，正如《纽带与线索》中很多章节所描写的生活，正如以下所引用的段落所展现的一样。

2.2 关于光的隐喻，维尔比作品节选

以下为维尔比作品中以光及对光的相关解释为主题的文章节选。作品集《表意与理解》中，收录了维尔比关于宗教问题及其与语言、哲学和科学之间关系的文章。（参见 Petrilli 2009a，第 1 章，第 2 章）。从这些文章中可以看出，维尔比早期的作品与她后来关于意义、知识、理解的作品存在紧密联系，后者从更为严肃的角度，并超越宗教以及神学范畴，去讨论语言和哲学术语的意义、知识以及理解。在以下选文中，尤其是《纽带与线索》的节选中，维尔比将光与影之间的联系主题化，一方面将真知与理解之间的关系隐喻为光；另一方面，将谬论、错误意识、神秘主义隐喻为影。她的作品中常常使用隐喻，如她用在不同体裁的话语，包括寓言、短篇小说、散文以及对话中。对于大众将任何一种概念视为普遍真知而不承认它的偏袒性时，维尔比一直持批判态度。光即是知识和真知，真知的统一性是多面体和声音多元性的，它"包含多样性，因此也包含各种路径汇聚时的明显矛盾"。（1881：245）正如她在后期作品中所强调的，这种真知概念的多样形式，即与她批判的自我向心力，同一性逻辑相关，都受到科学知识领域的发现所支持。在 1886 年发表的一系列散文《光》（"Light"）《光与其意义》（"Light and Its Meaning"），以及寓言《太阳学的演变》（"The Evolution of Heliology"）中，维尔比继续讨论类似问题（参见 Welby 1897b，1897c）。她无差别地批判各种形式的蒙昧主义，特别针对那些对"真知"和"宗教"强加监禁的官方力量及其在宗教环境下的权力滥

用。她的批判态度常常令人难以接受——不仅是因为体制性的解释权威被质疑，而且还因为她是一名女性，以及她的社会地位（英国贵族的最高阶层）。

维尔比使用"上帝是光"这一意象批判独裁主义、强加的教条主义以及体制化的知识，因为这些都可能会使人们忽视、蒙蔽真知和真知可能出现的条件：声音多元性、对话主义和批判性评论。维尔比证实了真知、知识、信仰的假设性和动态性，以及在追求真知的过程中必须使用到推理方法的特性。将真知和知识比作光的隐喻暗示了超越知识求知的可能性，即超越体制化知识，看得比视野更远，推理得比有形数据描述的更多。正如维尔比在她的作品［参见札第格（Zadig），Welby 1881：251－252］中多次提到的，追求真知的过程包含一个后退的过程，即在研究假设（皮尔斯所建立的试推推理行为理论）的基础上，沿着证据的痕迹所进行的理性回溯过程：天王星与海王星的发现就是凭借推理的力量凭直觉推断出来的。知识的进步不能被权威主义所引导，而应该存在于开放的，无偏见的解释过程中；知识获取是无止境的、过程化的。因此，知识与真知从来都不是固定不变，也不是一锤定音的。

《感知的微粒》（Grains of Sense）是维尔比 1897 年的一本作品集。这本作品集中的文章，以格言警句、小故事和寓言的形式，围绕语言、交流和教育相关的问题展开。维尔比讨论了术语的精准度问题，认为这对于概念化十分必要。在这个框架下，她证实了"光"这一术语的不同意义，记录了科学发展以及哲学话语中无法避免的暗含意义。1886 年，维尔比发表了个人随笔《光及其意义》，随后该文章也被收录在《感知的微粒》中。而在 1886 年首次在《旁观者》（Spectator）上发表的文章《太阳学演变》，也同样被收录在《感知的微粒》中。因为知识比作光的隐喻和太阳之谜的评论，这篇寓言在维尔比的同时代人中颇具争议，这一点在其通信文集《更广阔生活的回响》中有所证实（参见 Cust 1928）。

在《何为意义》（1903）中，维尔比将"太阳知识"与光联系起来，因此就有了"太阳意识"与"太阳经验"，在这里太阳被描述成"双目的"与"间接的"。她从宗教领域解释了自己对于光这个意义的思考，涉及了人类在智力、理性和道德需求，到哲学领域和知识理论。"太阳知识"是"三分"中的第二项，其他两项分别是"行星知识"和"宇宙知识"。维尔比将该"三分"与她自己的意义三分相关联，作为她的意义理论或表意学的核心。

维尔比关于光的话语是她翻译方法的实际应用。运用该方法，她假设了符号通过在不同文本间的迁徙——在这种情况下，是从《圣经》到那些哲学和科学话语之间的迁徙——从而提高了自身的表意能力和表达能力。翻译实践被描述为"包含转换，演变，变形，由半透明变为透明，被认为是所有媒介中的媒介，哎！我们已经太过满足这种表达，以至于从某种意义上无法脱离愚钝和晦涩，我们几乎可以说它把我们限制在前视域的局限里"［Welby 1983（1903）：153］。从表意学视角来看，意义理论是一种关于解释、翻译和意味的学说。

爱之光

"从将到来的愤怒中逃脱出来。"

我们要逃脱什么？我们总是要逃脱罪孽、邪恶，逃脱愤怒和恼火，逃脱仇视与恶毒的王国，逃脱暴躁与狂怒。我们要逃至哪里？到我们的天父那里：到生命的源泉里，就是爱，是和平的君王，是所有美德的天父。我们总是从憎恨的世界里逃离至爱的世界，从远离天父的黑暗世界，逃离至光的国度，也就是天父的世界。让我们把他看作是公义的太阳。在太阳里没有寒冷与黑暗，只有光与热。因此，在公义的太阳里，只有光和爱，只有生命与美德。然而，如果我们背对太阳那里的光和热，住在极地冬天的冰冷阴影中，也仍然能够发现所有的一切都属于它，只要我们不再提起离开太阳后的"苦寒"。我们一定不能说，"太阳已经冰封"。因此，如果我们自己选择进入诅咒、怨恨，和毁灭的领域，远离我们灵魂的太阳，我们可能就会真正地发现黑暗的东西；但是，让我们谨防那些认为黑暗属于太阳下生活的假设。

如果我们离开被保佑的光与空气的世界，落入地面之上，在那里（远离太阳），我们又可以发现黑暗的东西，尽管那不是严寒的苦涩。我们发现使人窒息的、有毒的气体，但是，我们仍然不能说，这些东西就存在于我们所离开的空气与日光中，它们并不存在这些东西中（Rom. ii. 8）。是的，愤慨和暴怒——羞耻与恐怖——只属于邪恶。如果我们屈服于邪恶的势力，而不是听从那个完全和唯一善良的上帝，那么，我们必须要得收获、尝报应、享属性。因为我们已经为天父选择了暴怒，我们已经背离了上帝，因此我们将无法得见其面。只有纯洁的内心才能够看得到他；那么他们看到什么了？祝福与诅咒、甜蜜与苦涩、爱与恨、生与死？

让我们再次将上帝看作是光。一个人若有眼疾或脑疾，必须要始终待在黑暗的房间里，如果有一束光照近房间，他就会受到折磨、伤害。但没有人会因此说："太阳是对人有伤害的。"或者说："阳光令人致病。"因为人们知道是这个人身患疾病，而那被祝福的阳光总是一样的。区别就在于，是谁接触到了阳光。只要让这个病人的眼睛或头脑痊愈，他就能重返光的国度，不被疾病所放逐。

"每一个完美的人都是他自己的主人。"

我们都渴望在某一天变得完美。我们都多少忽视了十字架的教训，将之视为是持续一段时间的事件。就像草地枯萎凋零，最终只会让位给生命的复活。我们把这种情况看作是对永恒荣耀和光荣的例外的、暂时性的中断。真正的主人都像是地上的君王，曾经穿上奴隶的服装，用以避免某些灾难。

我们当然都很高兴，能够"作为"一位君王，能够成为我们这里的皇室，在奢华与辉煌中感到荣耀。我们中的哪一个人没有应对过某种方式的诱惑呢？

确实，最初"时刻"的磨难与自我否定使我们胆怯。但是，即使是一名股票经纪人，也可能并确实过着一种死板的自我否定的生活，同时也看得到这样的生活前景：在他年老时，成为一个丰富的、伟大的人。

我们想要成为"像上帝一样"的人吗？

我们想不想要被他不加限制倾注的爱所牵绊，乐意离开任何荣耀，离开任何我们可以想象到的天堂的冠冕？为了拯救一个倾颓的世界而付出被钉上十字架的代价？当一个世界被拯救，我们是否准备好新的肉体形式，即生来就不具备神圣的，不受苦难的盔甲，却总能感受到被造物的缺陷，因此承受剧烈痛苦。我们是否真想以上帝的眼睛来观察？认识到最高的荣誉，就是为了纯洁和完美的道德，去清洗最底层人的双脚，并不只是此时此地，而是直到永远？我们真的要满足于那些没完没了、默默无闻、让我们无家可归的工作？完美？人子连枕头的地方都没有。他在的地方，我们也在——如果我们愿意！他的话永不落空，一次是真实，永远都是真实。什么时候，他会踏着荣耀的祥云而来（不是我们假冒的世俗的荣耀）？对于我们自私的，充其量幼稚的灵魂来说，这实在是太过于耀眼，那时天使既热切又感恩地同他一起朝觐，却同我们一样不被允许分享他极度的神圣牺牲。天使唱道"荣耀归于至高神"，当我们处于那个位置，我们应该哭泣，我们应该恸哭，这难以启齿的在马槽边蒙羞出生的基督的荣耀的灭绝。荣耀！在升天的地方，是的。但绝不是，在有限的生命里极度无助之下无法发声的屈尊。

你心目中的他是个怎样的人？他有没有真正达到这个高度？当然，否则你也不会到来，也不会让牺牲的寓言成真，并展现给我们看，可以说这是真实生活的核心。

而你的圣民已经显示，尽管到目前为止，他们似乎还无法看见，是无私让他们靠近你的心，他们又饥又渴，倦容满面，是你永恒天性的表达，是你不灭的光芒照耀着他们。

现在你已经真正拜访了作为神子的人子，我们甚至可以知道他所知道的东西。

"通过你的美好，为神注入了人性。"

"上帝就是爱。"他给予我们的所有指令，难道不都是以爱达到顶点吗？要不然，为什么圣保罗对于慈善的描述如此神圣？这就是对于基督的描述。因此，在这一切之外，"要心存善念"（歌罗西书，3：14），尽管我们似乎已经做到了他所吩咐的一切。看上去这实在是没有必要，但这却恰好是与完美相关的东西——充实并涵盖所有部分。所以保罗说："总要披戴主耶稣基督。"（罗马书，13：14）因此我们"存着善心"——基督，即神赐给我们的爱。"保佑你的降临，哦！上帝之心。"这是写在一个墨西哥寺庙上的一句话。是的，上帝之心为我们跳动，赐予我们，为我们受苦，为我们流血，宽容我们的罪，以及我们一切的痛苦、伤心、哀恸与苦难。"所以爱是律法的实现"（罗马书，13：10），爱的化身说，"看，我来顺服你的旨意，哦上帝！"因此，这其中包含了我们可知的其他属性（那就是，在"你们要完美"的范围之内），只有这些才能说是爱。在我确定上帝就是爱之前，在这种更博大、更有包容性的特殊意义表达之前，他就已经是公正、纯洁、强大等的代名词。我过去无法明白，为什么说没有爱我们不仅是不完美而已，而是一无所有。不论我们有多么天赋异禀，我也曾经无法明白，为什么善心——爱心要超越一切，为什么不与真知、公正、纯洁一样？为什么是最高的天赋？当然应该是预言与信仰，能够洞察上帝所有隐秘的事情——一定是一样的高度，或者没有什么可以相提并论。但现在我似乎明白，最高意义的爱，包括我们所能抓住的任何事情。神圣的爱，一定要真实、纯洁、神圣、公正、美丽、忠诚、质朴、耐心、慈悲，以及其他我们所能理解的美好的品质（这当然是关键思想）。考量其中任意一种品质，我们都会发现，在内部，它并不包括或暗示其他任意一种。比如说，正义没有必要一定可爱，也没有必要耐心纯净或真实慈悲（或谅解）。从这个概念来说，爱的最高概念包含公正、纯净，真实等。重申一次，难道爱不是唯一你们可以不假思索，便可认为那是一种可以同时作为解释者和被解释者，作为启示者和被启示的事物吗？

当然，正是我们认为上帝无所不能（这是不可知的）的思想，使我们的心灵在接受宝贵的真知时并不是一帆风顺的，但事实上，他确实是完美的，无尽的大爱。我们多少次听见，甚至有时带着撕裂的流血的渴望愈合的心呐喊："全能的力量，无边无际的力量，可以做任何事情。那为什么不在这里管理事物，因为美德可以在不受苦、无罪恶的前提下统治一切。上帝本可以做完一切，如果他已经做了，那一定是正确的，因为他已完成。拥有一种制造完美结果，且不会将我们置于罪恶与苦难中的能力，上帝有意选择用邪恶来惩罚我们。为什么我们不像天使一样呢？——没有痛苦不堪，没有十字架，没有犹大（没有苦难，没有死亡，没有罪恶）？"

然后就是无用的哀嚎，令人生厌的疲惫与令人丧气的黑暗，无疑源于上帝的力量而不是出自爱。这首先来自将意志、权力、主权强加于我们关于上帝的想法，这更像是一个统治者，而非是圣父。但是，圣子可以揭示圣父，而不是统治者，因为人类已经逐渐将上帝塑造成这样，并且未能真正认识上帝；因此上帝不为我们所知——超越了我们的认知范畴。我们总将至高的意志，无边的权力以及全知全能放于首位，却将爱放于第二位——甚至与其他"品质"或"属性"放于同一等级。但是，如果我们将爱放于第一位，我们就可以无所拘束地说："不可能是其他（我们甚至可以依稀说出原因），'一定有'罪恶或邪恶的可能性，不然则没有选择，没有尝试，没有胜利，没有爱。这里是我们主的考验：——'到底是来自天堂，还是来自人类？''这究竟是上帝的特点，还是人类的特点？"我们还是如此昏昧吗？以至于尽管这世界的光让我们睁开了眼睛，我们却依然无法看到，因为爱，用卑微与软弱去代替征服与统治；因为爱，引导意志与权力，并将它们看作工具；这是一种人类自身永远无法进化出的思想（人可立刻变得毫无爱心，一个自然而然的权利崇拜者），因此这就变得十分神圣。上帝可以单独告诉圣约翰，他就是爱——到我们这里——而不是追逐权力。上帝是权力，是力量，是人类对至高神的自然概念，这一说法，源自对人类统治者的类比：什么会比强势的力量和至高意志的统治来得更为明显？人类就算以自己比较下层的本质，甚至不谈美德，也具备认知和做事的能力。但是，为了爱而去主宰，乐于将权力与荣耀抛弃，带着极大的牺牲力量来帮助我们，服务我们，给了我们一个王国——这个想法难道不该被祝福，富有生命力，超越其他，就像天堂超越地球？当我们正在考虑时，会无法避免地形成这样一个想法："无所不能"看上去无法实现（那么这个词肯定就是具有误导性）。比如说：上帝无法"颠倒"是非，或者至少我们可以肯定地说，"无所不能"不能毁灭它自己。但是，在抽象的"无所不能"的词典里，应该没有"不能"这个词，否则这个词就变得没有意义。当然这一类的词对于我们来说都像是《圣经》思想一样，它们的构成给我们的舌头发音带来困惑，给我们的心带来困惑。对权力来说，所有的"不能"都属于"能"。可以说，爱没有"不能"，没有限制：爱的力量也许有极限和不能，从某种意义上说，一直也是这样；但是爱本身可以看作是无边无界的。因此我们可以得到很多。权力本身并无必要去慈爱，它或许是放纵的，难以和解的，甚至是不公正的。意志也是一样，至高的意志已经决定了我们的毁灭。将"专横的""任性的"与"慈爱的"几个表达进行对比，我们就能够在关联中获得很多。当我们考虑到邪恶"有可能会避免"——我们忘记了，我们所知道的最高类型的神圣就是胜利，也就是说，到目前为止我们可以设想到的，在没有胜利的情况下我们不可能得到——然后我们的以爱之名就变得徒劳。什么是感受不到的诱惑——不知道的痛苦——遭受到的死亡？只有天使。什么是战胜的诱惑——经过的痛苦——被征服的死亡？那就是上帝的儿子。我们其中有多少人知道，他作为爱的化身，为我们只用，并且永远用善良战胜邪恶，将邪恶感化为美好；为我们在镜中反映出被恩宠的模样；他，跟随在上帝身边，我们所跟随的君王和主，将自己看成是最贫穷和最柔弱的，穿着奴隶的衣着洗脚，甚至连他所知道的背叛者和谋杀者的双脚也洗了，向他而去，将他背叛至死亡？

为什么我们要拥抱心灵深处（当我们的意志变得真实，就像一根针的顶端，而且不被自我和罪恶打偏），拥抱完美的意志？因为这是被祝福的爱的意志。可以说，这是宇宙的心脏而不是精神，是我们不会被那光刺瞎而敢于直面的，将我们的心灵所统一。所以正是"你应该去爱"是这两条伟大诚命的本质核心，这包括其他的所有，有赖于根源、关键、缩影："你们都要完美，像你们的天父那样完美。"光，生命，爱——这三种思想是怎样结合在一起，帮助我们确定一种三位一体的完美，真正三合一的荣耀！但是在这三者之间，单单爱包括了其他任意两项。我们可以设想没有爱的光芒，就像知识；没有生命的光，只是揭示与显露。但是我们谈论光，谈论爱的生命，与光或生命的爱相比，这是一种更为丰富的思想——所以光和生命，从某种意义上说，都包括在"完美的结合"中。

爱的最大荣耀将会向我们走来，却仿佛它并不存在，除非我们认识到它真实的一面，那么，所有完美的根源与领悟将全部呈现在我们面前；所以他是我们清晰的光，通过他，我们便知道，他就是爱。

忠诚预设了信仰。那么信仰能够预设什么？上帝就是爱的认知；正是因为这个原因，我们可以完全绝对地信任上帝。（Welby 1881：7—18）

爱与公正

公正到底是与爱远离，还是完整的爱的一部分？

对于我们来说就是如此。但在上帝那里，我看到爱在公正里完美地发展——不可阻挡地以热情的形式。

对我来说，在看上去层次较低的概念中，比如分离，即爱与公正之间的对比（两者相互平衡，又相互牵制），我们确实已经陷入其中——那就是最高层次的爱可能会被认为是不公正的，就算不是主动的，至少也是被动的。这就显得十分荒唐；而且这难道没有立刻暴露出我们对于那超常完整性的最自然想法的坏的方面准备有多么不充分，多么彻底的拟人化？如果真的是这样，那圣约翰肯定早已给了我们关于"上帝就是爱"最必要的补充——"上帝是公正的"。

如果一位母亲兼具"公正"和"慈爱"，但要分开分配公正与慈爱——如果她被要求顺从她的孩子，或者如果任何可能的干涉都可以使她顺从于他们的罪：那么这一点便可证明，她只是一个并不完美的被造物，并不是造物主，也不是完美的神。

为什么没有人告诉我们，上帝是公正的？难道不正是因为公正已经包含在爱与光中间并且是它们的内在体现？

我们的爱可能包容邪恶，但上帝的（神圣的思想）不可以宽恕任何一丁点的罪恶，因为那就是火。我们中有些人所谓的"爱"是那种伤感的、多情的、残酷的放纵。而当我们将之应用于神圣的爱，或者任何一种和它相近的东西，就只是对一个母亲，对自己软弱的虚伪与信任的背叛神化而已，而这也应用到她那被宠坏的孩子身上（多么有表现力的称呼）。

最纯洁的爱无法做到不公正，这不是真的吗？除了存在其内或走出其外，纯洁的公正难道就没有必要去体现爱了吗？

"你是完美的正如"……让我们真正地去接受它，然后我们就可以知道，人们不可能去创造和想象出一个长期指责和责备他们的上帝形象，而且上帝的完美也映衬出人类的羞耻与自我恐惧，人天性中的骄傲不愿被羞辱。因此他总是试图打压或者降低对这种荣耀的理解；上帝最高的启示对于我们的个人主义来说太过于痛苦。如果我们想要更接近并且看到更多神圣的真知，我们必须打起精神，用心努力——甚至更糟，它通过暗含的贬低来打击我们的骄傲。我们常常能够听到，在坦白一些关于完美生活研究的更高道义时，我们的推理并不够严密，"因为并没有用太多词汇去规定"……很容易能感觉到，我们能够理解和解读《圣经》，只要它并没有超越一个自然的标准，一个"以恶报恶"的等级；但是一旦等其超越这个极限的时候（正如在永久轮回说中的以德报怨，给予所带来的永久的愉悦，"连一个母亲都可能忘记"的永久回忆），然后我们立刻到我们的"无知"中避难……哦，在十字架的教训之后，我们还是一样盲目无知，我们本该从中学到上帝是什么。有人已经说出了更神圣的概念："是的，这就是纯洁、高尚、真实，但对很多人来说，却只是对牛弹琴罢了；这世界并未准备好去免除更低的措辞与等级（十字架的冒犯，往往都太过精神主义而触不可及）。其他人（怀疑者和旁观者）说：这都是纯正的金子，它扳平并获胜——如果你可以证明给我们看，像这样的思想不只是你的，而是来自基督和上帝，然后便可赢得胜利；但只是比我们所教导的更为纯洁的福音书。"

这片土地上存在着严重的饥荒。但是，手握谷仓钥匙的人，在我们将他最年幼的弟弟带到他身边之前，是不会让我们见到他的面的。敢于面对他的，拥有特别勇敢的心的人，并不从外表认识他，而与他之间的分离与疏远其实是我们早已犯下的错误行为。

哦，我们那致命的盲目无知啊！无法看清我们中的一群人，像驱赶羊群的牧羊人一样，驱使着最纯洁的心灵和最忠诚的灵魂到荒野里去，通过否认他们，我们达到最高点，专门托付给我们（以他的名字命名）财富。我们能不信任他并尽我们的最大努力吗？

想想那珍珠中的珍珠，在那些卑鄙的人面前打磨，那些小偷，谋杀者，嘲笑者，戏弄者，践踏者，宣泄者——把最神圣的东西给了豺狼，给那些叫着"远离他，送他上绞架"的人。确实，直到我们已经看到珍珠，我们才知道那不是我们心中的卑鄙……"而且许多人拍着他们的胸脯宣布……""确实这就是上帝的儿子"。

我们总是被"打倒"。当我们引他发怒，使他嫉妒，让他变得喜怒无常，怀恨在心——被打压到与我们同一个等级。当他变得冷漠、无情、残忍、孤立——甚至比我们还要低级。但是，"是他自己让自己变得与我们一样低下"。是的，为了使我们处于光之中，为了使我们的生活更高尚；然后我们只好匍匐在我们自己的世界里，在他的光芒下阅读。让我们不要在闪烁的、烟雾缭绕的昏暗灯光下阅读，而是在他无遮盖的阳光之下。有时候，尽管想要表示更高或更低两种不同意思，我们所选择的词语竟然是相同的，就像"He forgot himself（他完全忘却自己，表示忘我牺牲）"和"He forgot himself（他忘了自己是谁，表示不顾颜面无节操）"。（Welby 1881：18—22）

永不放弃：保持改变

若你产生一个对人类影响深远的想法，并且在舍弃这一想法之后它仍以一种新的形式出现，那么，问问你自己，这一切预示着什么真知呢？永远不要把注意力固定在滥用上，以致对事物或想法盲目应用。永远不要因为漫画而讨厌绘画。不要仅仅满足于抗议与否定，因为它们本身就是死亡或者死亡制造者。确认并且建造——所有背离事实的事物，当你接近它们时，生活便会崩溃，由此邪恶压倒正义。

最明亮的光造就了最黑暗的影。所以，不论什么时候，当你看到一个人的心中存有迷信与物质主义深深的阴影时，请去寻找这引起阴影的光。

似乎有这样一个趋势，很多人都愿意去抗议一个真知的低级方面，而没有人会为这真知发展提出更富成效的建议。因此许多看上去美丽的精神准则和生活的公平建造被清理和装点，净化它们也许需要经历很多错误、愧对、扭曲或者受辱。即使是以一种诗意的图画般的解释去装饰与美化，留下的却依然是空虚。

这一负面原则，看上去十分致命；它是毁灭性的，而不是令人满意的。而且这一生成的空隙必然也要遵循自然的空间规律。它需要以无可抗拒的力量吸入任何呈现它自己的东西。这也许会比已驱逐的邪恶更糟糕七倍。我们承担不起丢失任何一丁点的真知，不管这真知曾经被丑化、歪曲、滥用，或不相称地表达和解读过。不断困扰开拓者们的诱惑就是要去摆脱任何阻碍前进的困难和问题，在光芒中有序前行，去忽略或免除那些置于应有位置而最高形式的珍贵事物——确实，这点至关重要。

一艘不适宜海上航行的，或者一艘漏油的船，常常需要除掉桅杆、扔掉超载的货物、装备、绳索、配件等，而且为了能够漂浮起来，不管被拆成怎样的船体，只求能够轻快地漂浮。一艘强劲的大船，在遇到风浪和难关时，不需要拆掉任何东西便可渡过难关，它只需要掌握好平衡便好。其压舱物、货物、装备，所有东西都各在其位、各司其职。

因此我的愿景就是，希望任何人在任何时间，任何地点发现的那些好的、真实的、有用的、有成效的东西，都能够与其他美好的东西和平相处，都能被允许以最纯洁的方式存在。对我来说，这就是神圣方法的运用。上帝以我们的本源看我们，用最卑微的方式显示着他的荣耀；对他来说，没有什么是过于低微而无法去俯身、去触摸、去改变的。

而我们需要知道的趋势是，在牺牲高度和深度的情况下，去增加教堂的宽度。教堂实际上是基督实体的存在，因此也必须要扩大再生的存在形式——真实人性的形式——也就是完美的对称。两臂伸展长度必定相等，但却不会过长，这就是对一个人体型的正确测量方式。不论她的宽度是多少，她必定要有相应的高度和深度来与之相配。我们需要的，不仅是扩大表面的宽度，还需要将根基打牢、打深；然后抬高我们思想大厦的天花板和屋顶，为其添砖加瓦，从而得到一座真知的宏伟建筑。（Welby 1881：233—234）

只有一个太阳

曾有一个人十分担忧我们应该知道只有一个太阳——太阳只有一个。所以他否定太阳光芒的存在，一直说这与太阳的统一相矛盾，随着阳光流淌下来的热量也是这样。所以他只蜷缩在冰冷黑暗的角落，用以确保他除了太阳之外别无所有；当然，不幸的是，他被发现在角落里饱受饥饿与寒冷。

比起自然崇拜我更能理解对太阳的崇拜，因为自然只是活的灵魂，而太阳则是给予生命的原动力。

如果没有太阳，"自然"只会冰冷冻结、死气沉沉，但如果没有了我们所谓的自然——这世界以及所在的一切——为其他需求提供的阳光普照，那么愿他能像一个伟人一般庆幸自己，自生自灭。（Welby 1881：238）

真知

我们所能看到的最纯正的真知将会是我们的首要目标。那这是什么呢？我们可以把真知看作是完整的和不完整的。除非只有一种形式，完整的真知一定要超越当前我们的视野范围。我们找不到至臻完美的全能者（约伯记，11：7，8，9），但是对我们来说这不过是一种观点（富有表现力的单词），一种在我们看来经常被歪曲的真知的碎片而已。因此，是否有一种形式的真知，在某种意义上，我们可以将其视为总体真知，并且能够帮助我们解读其他所有影响我们更高天性的东西，并且经扩展使其更加高贵？难道爱不是这种形式的真知吗？在这里，我们不必因其限定状态而备受阻碍；在这里，我们可以运用神圣机能去领会充满的神圣真知。从其他方面来说，我们的概念可以说是最好的镶嵌图案；所有的图像与主题就是全宇宙。我们要怎样回顾才能够全面审视这项工作？但是在没有缺陷的、没有限制的、全面的爱里，我们也只能做一件事情；我们也只有假扮基督，正如我们被告知我们可能也必需的：我们也只有假定真实的生活就是用他的眼睛去观察，用他的耳朵去聆听，用他的双手去触碰，用他的"慈爱"的心去爱，然后我们就可以真正地生活，所有事物将是我们的。

因此我们会看到一个无限的真知；那种爱会立即变成生命的源泉之水，净化和燃烧之火，宇宙的丰饶和加速力量。

大自然是多么的真实啊！没有似是而非，没有格外恳求，没有权宜之计，对丑陋事实绝无遮掩，没有光彩假象，没有"哦，那可能是真的，但却十分危险，远离他"这样的言论；只有简单的、永恒的、可怕的、赤裸裸的真相。看呐，她似乎是在说，我在这里，这就是上帝的忠诚的工作；没有转换，没有暗箱操作，没有聪明的权宜之计（即使是为他服务），没有夸大之辞。我必须要冷静客观，不为所动，同时也要温暖鼓励；但不管是在太阳下燃烧还是在月光下结冰，我一直都是完全真实的我。向我学习吧：抛开你的逃避，你的世故，你的关于"危险"的托词，"最真实的，就是最安全的"［库特耐（Courtenay）名言］。

只有上帝才是真知。

对于包罗万象的伟大真知，我们的理解极其不够充分。想象一下，一群人单独用各自的望远镜在地球上观望——每个人都以自己为圆心在有限的半径范围内，守着自己的一亩三分地，看不到别人，也不会与别人交换望远镜。一个人竟会如此执着地坚持着自己的理论（尽管它如此真实）而排斥其他所有人！一个人可以宣称，地球被水所覆盖，另一个人也可以说，地球覆盖着森林或大山：每个人都会坚持着自己的观点而与他人的观点相矛盾，因此，双方的观点都不会是真实的。他们之所以会这样只是因为那个小小的词语"所有"，而不是"我所看到的"……（Welby 1881：242−244）

危险

任何动摇邪恶或错误根本的东西一定是危险的，因为一棵树可以在一个意想不到的方向倒下，而且无论如何都会压垮许多东西。

愿上帝可以帮助我们拒绝任何领域，不仅仅是因为它是片面的、扭曲的、堕落的、邪恶的、错误的，而仅仅因为它看上去是"危险的"。我们需要知道：世界所知的最危险的教诲是干扰现存的里程碑，从而引起人们对广泛接受的观点生疑，继而彻底改变当前思考方式。我们的心会回答我们……鲜活的真知一定是危险的。说它安全的也只是一时的一种权宜。为什么真知是危险的？我们不会把房子建在岩石上，因为没有发现可以动摇它，没有批评可以毁灭它；我们会把房子建在流沙上，因为它会给我们让路。我们的信仰就像一株微弱的植物，经受不住任何新鲜空气，或者它只是依靠着另一个词语的支撑：外部权威。

来自四面八方且相互对立的事物在核心真知下联合起来，如果要通过中心，就会携手走到对立面。真知的统一必须要包含多样性，因此也要表现出融合多种路径的明显矛盾。

那些极端分子们如此不和谐，如此分裂，难道不是因为他们走得还不够远吗？（也是因为对与我们发现真知的力量来说，他们就是不自信的极端主义者！）极端主义思想者如此反对，难道不是因为意识不到自己是处于真知圈子的两端吗，这一曲线是如此之大，以至于我们根本注意不到；这样一来，他们如果一味继续向前，那么他们是不是最终都能发现结合点？但是我们需要知道，这个圈子自身有一种向心力，不然我们都有危险会飞离这圈子之外。有人会说，在真知的世界里，就像我们自己的世界一样，只有一半会是阳光，如果你继续往前，你将会走向黑暗；确实是这样，但不要停下，这只是一种防护措施而已，之后你会重新回到光明，并最终明白其中的价值！当我们看见前方的光芒（正如一直以来的真知那样），我们就会知道，我们不会后退（Welby 1881：245—246）。

对立

当两种真知看上去互相矛盾的时候，难道不是可以用三种正确的方法来协调和解吗，或者是三种错误的方法？正确方法如下：（1）试着找出两者结合点的关系；（2）找出两者共同包含的东西；（3）试着确定上帝试图要解读出的东西（即发出最神圣光芒的，能看到他者的，且最能引发我们思考的）。错误方法如下：（1）将两个真知各取一半，然后拼凑成一个毫无说服力的整体；（2）除非通过吸收直接地替代另一个，否则只接受其中一个而抛弃另外一个；（3）以最接近我们的普遍标准去解读那个最高、最难、最接近基督的真知。（Welby 1881：246—247）

光

当我们说起，这个或那个启发了无知，或者阐明了晦涩、难懂的事物，我们是否明白，一贯需要的展现力量是什么？上帝是光。

如果我们十分相信这一点，我们需努力彻底地理解物理光的性质，它从何而来？它能为我们做些什么？是怎样做到的？然后将其启迪的力量应用到类比和寓言故事中。让我们学会从迷惑性和困惑性的意义来看"神秘"，对我们来说，"神秘"看上去仅是一个难以理解的谜语，正是上帝为了使其清晰而所显现的光；在上帝那里，任何事物都不会有黑暗；黑暗只会在我们心中，因为我们不会为了追求信仰投射的闪耀的光而去靠近他，因为甘愿屈从于黑暗，黑暗会使我们的眼睛变得虚弱，最初无法承受那闪耀的光。"人拿灯来，岂是要放在斗底下，床底下，不放在灯台上吗？因为掩藏的事，没有不显出来的；隐瞒的事，没有不露出来的。有耳可听的，就应当听！"（《马可福音》，4：21—24）。那什么才是光呢？着重来说，可以是我们所能察觉到的任何东西，对我们来说显而易见的东西，并且能够使我们去发现，去识别，去注视，去沉思。然而实际上我们的很多人否定只有通过上帝才能看见光，甚至从阴影方面去谈论上帝，认为这就是对他的尊敬。

正因为上帝是光，而且是众光之父（《雅各书》，1：17），而且靠他，我们生活，我们动作，我们存留，这难道没有遵循每一个智性问题隐含着一个智性的答案，而且我们应该在发现它之后才善罢甘休吗？如果我们无法获得答案，我们就在一开始也没有能力设想相应问题。通过最终所了解到的答案，每一次寻求"为什么"都是全心投入，借以智慧的光芒而最终找到答案。因此上帝确实警示我们说："你们所听的要留心。你们用什么量器量给人，也必用什么量器量给你们，并且要多给你们。因为有的，还要给他；没有的，连他所有的也要夺去。"（《马可福音》，4：24，25）

关于光能为我们做些什么，我们的衡量方法不管是道德上、智力上，还是精神上，都显得过于狭隘与贫乏；因此，人类觉醒能力的快速进步，科学、历史和通用知识的增长领域，趋向于剥夺我们所拥有的小小光芒，我们战战兢兢，不敢直视上帝所拥有的事实；我们在黑暗中颤抖，却美其名曰为信仰。有时候尽管我们无法看到，我们仍使用上帝的天赋去推理。首先是"天王星"，然后是"海王星"，都不是直接被发现，而是通过推理所得出结论的。因此，希望太阳是我们存在中心的灵魂"系统"，并不是组成部分，而是等待通过推理对启示领域进行鉴别。真知的完整世界确实都隐藏在"永活的道"的深处，等待着耐心和忠诚的探索者，无所畏惧地使用上帝真诚地给予的工具，就是那光芒，去探索，去发现真知。同样，作为光芒，他也是我们的父。而我们，也凭借我们的童真，以圣子的名义，成为任何形式的光和热；每一盏"燃烧的闪耀的灯"，存储着太阳所有的光芒，在圣灵的照耀下，燃烧着，发出光芒，将真知散播至各处，将谬论消灭殆尽。（Welby 1886a：1）

太阳学的演变

这世界正在更多地学习，更多地思考，并激发出新的奇迹。这里出现了一位令人放心的老师。他目光炯炯，诚挚热烈，但奇怪地局限于一种特有的目光短浅。他无法识别超越地球表面的东西，因此他从未看到太阳。他以具有太阳意识的有机体系进行说理，并试图去证实它所有的表达形式源于地球。"追随它们的足迹，"他说，"那么你就可以在任何地方发现其形式——颜色，运动，生长，甚至是思想，全部都是依靠地球进化而转化的能量。当它们在发展，当活动增加，当功能变多时，你能够意识到它们的存在并最终可以考虑并进行推理，你假设——但这是致命的错误！——它们不知以某种方式源自在其根源之外的土地。因而也带有光和热的感觉。它们单独地由有机胚胎生长而来，或者来自它的地球环境。有一种观念认为，光和热源光线来自遥远太空的某个巨大'太阳'，不依赖于地球（尽管地球依赖于它并在其中旋转），但这种观念是完全的错觉。若能够写一篇关于'太阳光线主义演化'或者是'太阳学'的文章，将会是十分有用的，这文章同样也可表明，将太阳作为光、热、以及化学力量的来源的想法是怎么形成的——去追根溯源，也就是其历史与起源。很明显即使存在关于太阳神话起源的任何根据，那一定也超越了我们的大气层；而我们学习它的构成或者运转和行动，并更多地有意识地去接受它散发的光彩和影响，必然在事物本质上是毫无根据的。在科学愚昧时期去展现这一自然过程将会很容易，如地球中心的热量通过火山活动、间歇喷泉等来表现；在深矿钻探中由摩擦产生的光和火焰，由动物和矿物荧光所产生的磷光现象，以及自发光气体的漫射光，都已经被幼稚的容易轻信的人类推崇，并演绎为强有力的传递生命、散发光芒的启示氛围，也就是地球上所有活动、我们存在的所有丰富而复杂现象的起源与根源。"

一个蛋壳包裹着的胚胎加入了一个群体，它观察到："同样道理，我给我愚蠢的兄弟胚胎上了一课，他坚持相信被'孵化'的老旧观念。很显然他们也继承了那一套被美化了的幽灵理论，在这一理论中，他们自我鼓吹，认为自己并不是起源于可被证实的生长微粒，而是来自蛋壳外面的某种神秘资源，在他们周围形成一种壳体，等待着某一天破裂，超越升华自己，但那就像你所说的大气层一样，像障碍物一样阻碍着我们，即使是思想也无法超越。所以我和他们解释，所有寻求后破碎蛋壳存在的理论都是纯属幻想；这一点我们越早理解越好。正如你我所知道的，这种'亲子关系'的想法其实是因为我们的尊严与命运的膨胀梦想，这其实是一种病态的起源。确实，这种将夸张的神话幻想变为细节的趋势十分强烈，以至于甚至某些人宣称，一旦跳出壳外，他们不仅要获取控制地球的力量，还要获得翅膀，在天空翱翔。"

这里，一粒桔籽和一颗麦粒展开了一段对话。"我们非常同意你们，"桔籽们说；然后继续，"根据我在我族的经历，我可以贡献几条奇特事实。"我们中的一些人声称具有设想概念的微妙能力，具有感知的内在力，具有反思的接受性器官，通过这些，即使是最疯狂的故事或传奇也具备了可信度，可以代表最严肃的事实，可以揭示已证实的原则。其中一粒想象力丰富的桔籽认为，它自己本来是生长于连在一棵树枝上的金球里面，周围被叶子所包围——不管这情形代表着什么——后续的想象是该金球生长于许多芳香叶子包围的花冠中心，也就是一朵花的花瓣。它对这样一系列的痴心妄想并不满意，这粒桔籽坚持认为，在它自己心灵的圣地上，躺着一份承诺与潜能，这是一株植物对自己的承诺，它由根、茎、枝、叶、花组成，已经准备充分，等待着太阳的能量来将它唤醒，最终结出果实，并再一次成为种子。它主张，这一过程的特别之处在于，它将腐烂，逐渐分解，作为一粒种子，在地球上消亡。"

这时麦粒打开了话匣子："我可以打包票，我们中的一些人干过更为愚蠢的事情。他们不仅想象自己能够感知麦子之外植物的生命，而且有一个还用死亡企图给我们上关于生命'牺牲法则'的一课；并且断言，麦子的至高命运就是合并入一种其他植物都不知道的更高级别植物体中。这是让我们抛弃作为一粒完整种子的所有自我保护，兴冲冲地投入肥沃的泥土，在黑暗中，忍受疼痛，逐渐分解，我们的心脏会慢慢发芽，朝着阳光的方向渐渐长高，但在这粒种子有一种特权，一种典型的荣耀。它会被研磨，变成面粉，被揉捏，在高温中烘烤，之后会被一个更为复杂的有机体食用并吸收，帮助它形成由无数细胞所构成的组织，就像我们自己的一样，但却带有意识与行为合成的不确定的更大能量。一个大好的前程，可能发生的问题，真的！"

"那么，"桔籽若有所思地说，"朋友，说到那个掉落时被切开的金球，它被带到一个我们无所知的有机区域，用以帮助建造一个精细结构。"

这里，该自诩为师者在一种有些惊讶的氛围下记下笔记，并喃喃自语道："这一点必须要有人进行负责。我必须要纠正这一错误推理，因为没有阳光来制造和促进这些过程，所以它们并不存在；我必须要写一篇《论生物伦理学科学》的文章，用来表明，所有真实存在的一切，却完全是来自地球力量。"

一粒碎冰和一片雪花结晶躺在一起听完这一切。在它们不远处，还有一粒煤炭。碎冰对雪花说："我们要把这一切放在心中。我们以前认为，靠近我们的温暖都是来自太阳，如果我们融化，尽管我会失去自己的闪烁冰凌，你会失去自己的精致形状，但我们会化为一股清流，滋润肥沃的土地，从而找到生命的更广阔天地；不，抛开现在的所有限制，我们应该在来自地球的朦胧水汽圈中上升，回到太阳那里，帮助太阳给地球带来滋养生命的阵雨。但很明显，温暖是来自地球，并且是致命的；我们融化了，我们也没有融化。""我赞成"，煤炭略带悲伤地回应，"我突然想到，尽管我又迟钝又丑陋，也许有一天我可能会变成人们所说的'钻石'，进入闪闪发光的荣耀状态，我会散发出五彩绚烂的光芒，反映出他们传说中的太阳光辉。"很快，窃窃私语负起抗议和遗憾的重荷。似乎事与愿违，自然将一半给了天堂，另一半给了地面；从四面八方传来了一个声音——"注视那太阳！我们需要见证的是什么？"但那师者微笑着说："迷信的增长是怎样在任何地方都遵循同样的法则，这确实使人感到好奇。像其他杂草一样，这杂草很难彻底除根。珍视许久的想法，不论多么毫无根据，都趋向存在于在个人和种族中（通过遗传），将他们投射与一种谬误性的客观中。"你将会听到很多人说，他们看见了太阳，常常狂喜地看着这热烈的、光芒四射的圆盘躲在五彩斑斓的云彩后面，并将其称为日出和日落。很多人认为，日夜交替，春夏轮回，见证了这一极端的大气层发光体，而不仅是节奏、行为和反应的通用法则特殊形式，例如声音现象。我们也可能会将其归因于潮汐涨落的影响，我们自己呼吸的起伏！是时候将有关太阳的神话全部丢弃。即使感觉到痛苦，明智和理性的人都应该认识到，他们的知识和视野的限制。正是那些朴实的共同感知让我们了解到，超越大气范围的东西是什么，穿透空虚，阴暗深渊的东西是什么。让我们对自己所处的地球感到满意（Welby 1897c：129—136）！

《何为意义》节选

已经有人提到过，在这里还要重复，我们所处的已经完全发展清晰的世界是行星的，也是卫星的。因此，通过比较感知世界与行星世界，意义世界与太阳系，意味世界以及包含两者的可见宇宙，让我们看看这种观点是如何证明自己的。

所有的行星知识都是要么直接通过观察实验获得的，要么通过归纳或演绎过程获得的。我们充分"接触"我们所居住的世界。相反，关于"太阳的"知识却不是如此。我们可以间接探索太阳和姐妹行星，这在以往将太阳称作固定的恒星，甚至超过不可测量深度的情况下是不可能的。"宇宙"知识从某种意义上具有双重间接性，就好像我们需要第三方和光谱仪类似的工具来给出发现的恒星光谱，以记录在属于望远镜上的照相底片。

一个思想系统也许可能是一种关心、解释或者释放的手段。除了从特别角度或特定意义上，也可能通过承认其他系统的有效性或认识到自身的不足来吸收其他系统。这里所有可简洁陈述的体系都可假定是行星的；举证责任多指向思想者。该证据需依赖于任何体系的预测性、和谐性和吸收能力。它必须在每一方面都要赢；必须能够吸引所有健康的直觉和正当理由；需要每一年都能够提高自身在光之子之间的影响，引领他们任何可能的特定趋势……

无论我们对（整个）这一可认知的观点是怎样的——不论是一元论的，二元论的，还是多元论的——不论我们是物质主义者，现实主义者，还是理想主义者——至少，我们都被迫谈论精神和物质，仿佛他们属于不同领域。由于类比的任何认可标准的缺席，因此隐喻标准的缺失，带来事物比较的同等困惑，两者兼具说明性，而这仅带有修辞性，趋向于将反射和折射两种概念混淆，或者仅是一张不比人类婴儿照片或者不错的星座标志更具价值的图像。

　　因此，尽管这里必须要说，首先，意识（经验）的三种等级在这里被认为是人类遗产，一方面，是物理上的等级；另一方面是心理上的等级，这种建议一定要在上述指出的意义上进行理解。这样我们也许要推迟误用"精神"这个词，因为：（1）它假定太多东西，（2）它包含关于自然的废弃概念，尽管绝不只是这些。带有这些附加条件，我们便可重复一次，为了所有实际目的的行星意识都得到充分的发展。不管我们是否意识到这些，这个世界就是我们的平凡经历、平凡观点、概念以及理论的判定。生存斗争已经保证了这一点。在这里唯一需要持保留意见的是由于我们对于这世界理性思维非常落后，所以我们被文明语言的虚伪所背叛和培育。在远古时代，人们的思想只需精确地跟随符合自己的物理概念；这与当前人们关乎宇宙的观点、关乎物质、光、热量、生命等认可观点十分一致。如今，就像语言所表现的那样，我们的思想已经或多或少已被那些事实所误导，以科学方法为中介，我们知道我们从未了解过它们。

　　这个"太阳"是对科学活动的回答，文明的保护和休闲使之成为可能，也受到越来越复杂的脑力劳动要求的刺激。天体物理学家已经成为太阳中心学说的代表；但他并不满意于止步于此。他总是试图去探索，去解读那宇宙空间的深邃和内容。因此他也成了我们极为重要的教训之一。

　　奇怪的是，人们忽略了一个事实，基督教一直因相信地球中心学说而被谴责，我们也一直被提醒，哥白尼是如何彻底地怀疑，这小小的地球竟会成为如此神圣的中心。现代心理学取代他的位置，且自始至终都依据"心灵"的确起源于这个星球这一假设来进行研究。如果这成为至今仍无相对空白的研究成果的原因会怎么样？如果那个假设——仅仅是为了那个论点——"心灵在本质上是派生的"，其状态是对那些光和重力以及对应词语发现的回应，是否应该给予我们一个到目前为止十分必要的线索，并进一步去解释，在人类"信仰"的漫长历史故事中，在精神上和启示上，什么是简单的反常现象？如果这里像在别处一样，我们所需要的是就广义而言的解读——去掌控许多不同语言思想的能力，通过学习不同思想语言，使不同的人之间相互交流，那又会怎样？

　　到目前为止，据我们所知，生活的最直接（立即）状态，正如我们所处的当下处于"太空的"世界，但只处于这一种"大气层"（光和吸引力世界 VS 呼吸世界）。因此宗教世界首当其冲，无可避免地成为"精神的"世界。它属于我们生命中的"呼吸"，而哲学世界里"精神的"这一想法的使用在本质上是宗教的。因为这是人类最重要的世界。但之后你就仅需要肺和心脏来适应呼吸——灵感和呼吸的脉搏，记住想法属于器官的律动。在仅有呼吸的生命里，你不需要拥有任何特殊感觉——尤其是视觉。你不需要去看、去听、去嗅、去品尝，只需要去感觉、去呼吸。可能你常常是一个非常低等的动物，作为动物，你将那些低等动物称为野兽；你的宗教也许不过是一种文明的、美化的、"精神上的"万物有灵论；那么，也许你的哲学，尤其是当其自称为"先验的"或终极的时候，也会是这样。但是当人类开始居住在视觉的高贵世界里，那么那些仍然在至关重要世界，即呼吸世界里的东西，"精神上的"东西，将会立刻受到引诱，称其为神秘主义者或无神论者，在任何时候都是一个异教徒。每一个表现出使用自己生命力趋向的思想者，由他的呼吸或精神所代表，看得见那深度和远方；那些真正看见上帝的人，知道有很多可能观点的人都是某些真知的护卫者，还能教给我们一些道理（"物质主义者"和"精神主义者"）；每个思想者都明白"事实和现实"在他们的眼中并不仅是美好，而是在所有真实的眼睛里显得更为真实，这些思想者不是被人看成是爱幻想的，就是淘气的。然而在所有宗教寓言中，最高级的处于"上帝是光"中。若没有那神圣的光，我们都无法看到上帝的爱。

很容易记住，我们用"光"去表达智力上，理性上、道德上需求，这一点与"太阳的"用法的提出十分一致。这并不是一个故意选择的图像，它代表了依赖于自然群落表达方式的一种内在适合性。从这层意义上来说，一种十分有效的"哲学"，或者思维模式，对我们来说一定是"太阳的"，一定是对我们来说权为重要的能量，因此也是极为重要的抱负以及理想；只要我们知道这种解答世界的语言，就一定要回答我们所有的问题，我们准备好等待那最真实的回答。

因此，在表意学中，我们并不是要在现存的历史体系或思想方法中增加什么。其实它旨在表达所有通往真知模式的同化与翻译——成为所有解释和协调方式中的一种。这解释了广泛的普遍性需求的原因，也解释了在某种程度上，不仅在捍卫我们的认知上，而且在构成任何待检验真知的有效性中都占据重要位置。正是由于该中介的秘密工作，人们会本能地认为，哲学站在智力一边，而宗教属于情感，若真的称得上名副其实，那就必须要给我们带来经科学方法审核和经实际经验总结而来所有事实的意味，必须要作为可以检验观念的全自动磨炼。还必须要记住，尽管各方面都有无限丰富的意味，要屈从于微妙反应一词，用以应对种族、社会、个人的各种不同思想的复杂性。但是，我们已经认识到，意味一定不能与行为或事件的意义和目的相混淆；相反，它们带给我们的价值，使其对我们表达了意义，而这构成了它们对人类的重要性，它们的瞬间，以及它们的结果。

因此，哲学和宗教这两者，绝对可以自由地在任何程度上改变形态，只要他们忠诚于那些不是"基本的"特定条件（因为智慧和美德是不能像注释系统，机械系统和法律系统那样，仅仅靠精神上的砖石来"建造"的），而是那些原始的萌芽——思想和感受的生成细胞的能量。［Welby 1983（1903）：94－100］

3　理解和误解

事物的状态是否真如我们大多数人所想的那样？这个问题不可避免。当然，如果我们满足于居住在愚者的天堂，认为只有那些变态的、有偏见的、愚蠢的或者无知的人才会误解我们的意思，认为我们对他人的误读仅仅是因为他人"默默无闻""含糊其辞"或者文化能力不高，那么我们就会想尽办法使自己对这种情况感到绝望。但是这个问题没法简单处理，它可以说是对未来的希望。从意义、它的条件及其变化上来看，它是最有实际用处的问题之一，因此这个问题应该被认真对待。[Welby 2009（1893b）：422]

3.1　表意学和"语言弊病"

千变万化的多元经验和交流，无论是普通的还是科学的，都可能会集中在符号和意义的问题上，而这反过来又为存在和交流提供了一个统一视角。这就意味着要研究符号和意义的生产过程，研究这样的过程就包括分析形成表达和转化的各种可能情况。这些过程在一个共时和历时的轴上展开，并且与语言和非语言活动有关，一般与语言符号过程和非语言符号过程有关。这是维多利亚·维尔比的观点，维尔比为符号和意义理论引入了"表意学"这一术语。她研究了普通生活、普通语言、科学、人类解释和表达的潜能以及整个人类符号过程的多样表达形式的表意过程。感知（经历、认知）是以符号为中介，如在解释进行过程中，说话主体和他们所在的世界之间的以符号为中介的关系是间接的、近似的。此外，假定我们对所谓"客观"现实的关系是一种符号中介的关系，包括表达、解释和传播的表意过程，那么我们所有人——无论是普通人还是知识分子——都是潜在的"表意学家"。我们一起产生表意过程，并且反过来我们也在形成人类符号学的符号网络的表意过程中被生产出来。维尔比专注口语，即包括普通人的口语和知识分子的口语，她参照一个更加广阔的语境，我们当下也许可以称之为伟大的"生物符号域"——语言在其间产生，从而避免了掉入以人类为中心的还原论的陷阱。

她利用来自有机世界的意象来抨击主要由于使用过时的修辞和类比而造成的"语言弊病"和"语言学病理",简单来说,她反对使用过时的语言。在逻辑层面上,这种使用与错误问题,误解和混乱推理的产生密不可分。语言和表达不尽如人意的现状导致"语言治疗"和发展"语言批判意识"的需要。但是一个"语言学病理"的正确诊断必须要以一个完善的符号和意义的理论为基础。人们理解符号、感知和意义之间共性和差异的能力必须要提高(参见Petrilli 2009a:第4章)。因此,表意学承担了理论分析和治疗方法的双重任务,并尝试为表意问题的解决途径提供实用的建议。

3.2　歧义和"定义的万能药"

维尔比区分了两种歧义:(1)词语因一词多义引起的歧义,是一种多重现实观的积极属性,也是表达和理解所要求的必要条件;(2)由于晦涩、表达不充分而造成的含混。这种歧义导致了语言的混乱和含糊。维尔比列举了大量的例子抨击由歧义造成的消极影响(Welby 1985a,XIII:37-38)。由于维尔比需要强调可塑性,"表达性歧义"的可能性以及因此而形成口语显著特色的"适应性",所以她在讨论语言时会求助于富有特色的有机体类比。例如,一方面维尔比把联系词语和语境的双方适应性机制比作有机体与环境之间的关系:"我们必须假设一个语境与环境关系的类似情况。词语对于语境的适应性,正如有机体对于环境的适应性,另一方面,词语也会反过来对语境产生影响。如果我们在一大堆'语境词'中推崇一个最佳词语,这将有所不同。人们或是会驱逐、消灭,或者采纳它。"[Welby 1983(1903):注解40]

在《意义和隐喻》(1893)中,维尔比从教育学和理论性的角度批判了"普通意义"的概念,强调了去认识语言的符号特性,类比和修辞的广泛使用(尽管经常是无意识的),以及象征系统和符号表现之间的关系。借由"符号化",维尔比特别在口语符号过程(包括指示性和规约性)的例子中明确提到皮尔斯所理解的符号过程的像似维度。换句话说,她暗指皮尔斯常规意义的规约性,但是在不断变化的平衡中注入了高度的像似性。维尔比说:"刚开始,我们也需要好好了解在表达习惯中象征手法所起的作用,问问自己除此象征之外语言本身还是什么?它又象征着什么?然后,我们应该重新界定'象征'与'真实'之间的关系,意象、图形、隐喻与我们称之为字面上的或者实际的事物之间的关系,与我们每个人都息息相关。可以说,意象在'象征世界'和

'真实世界'之间进进出出、来来回回。"（Welby 1983b，Petrilli 2009a：511）正如维尔比所描述的表意的象征维度，使人回想起由符号所实现的表达的无限可能性的条件，因为这些意图意义是在特定的交际语境中逐渐被明确的。

维尔比将符号和意义的动态的、结构性的、生成的概念理论化，使其成为符号过程的一部分，其特点是多价性、可变性和模糊性。在这一理论框架下，她对"普通共同感知意义"和"普通明显意义"的迷思进行了批判。维尔比反对着重于不变性、一致性和单音性的描述，这些描述倾向于定义词和语句，就好像它们是受到一致同意的数字、标签或符号一样。她强调我们需要把文本——任何文本，从限制性解码的解读偏见中解放出来。因此，一方面维尔比承认了"我们真正的意义是什么？"这一问题的重要性，要借着评判符号意义的邀请，表意过程致力于领悟根本意味、语言输入和终极意义；另一方面，她认为"普通意义"概念就是一个谬误。维尔比批判了简化法和过分简化的倾向，也批判了一个文本可能会变成一个单一性读物，变成一个无论何时都适用的绝对的解释项的谬误（参见 1985b：513；1983：143）。同时，维尔比通过对多重声音、多逻辑的语言输入的重新评定，抨击了因意义自身的简化描述而产生的歧义。① 符号的可塑性和歧义性这两个特性使得符号在新的、变化中的语境、行为习惯和知识进展中的适应性过程成为可能（Welby 1985a：ccxli，ccliv）。同样，这些特性可以被看作是语言和非语言表达的必要发展条件的一部分，这标志着后者善于引经据典的查阅能力。从语言编码方面的互动来看，表意过程维度一方面对于主体间的交流是非常必要的；另一方面，其对于不能简化为解码过程的创造性解释也必不可少。

---

① 1892 年，维尔比匿名在国际实验心理学大会上提交了她的小册子，名为《在心理学中使用内与外：隐喻是否有用？》。她向与会者分发了小册子，并与之进行了讨论。该书从心理学和哲学的各种著作中收集了一系列文章支持她的论断，认为糟糕的语言使用损害了观念的清晰性和精确性，并导致了错误的问题。维尔比对这些段落进行了评论，并对修辞语言的使用进行了批判性的反思，特别是隐喻和类比。她给出了负面认知结果的证据，例如，错误地使用了"内/外""内部的/外部的""里面的/外面的""在内/在外"等多对词汇；正如隐喻中也会之处其对立面"心理/身体""主观/客观""思想/事物""有意识/无意识"等。维尔比在这次大会上见到了詹姆斯·M. 鲍德温（James M. Baldwin），他们二人的通信直到 1908 年才停止，她还会见了弗雷德里克·范·埃登（Fredrik van Eeden），后者在韦尔比的思想影响下发起了荷兰的"表意学运动"（Petrilli 2009：第 7 章）。维尔比将《心灵》（1876 年 1 月至 1892 年 7 月）、《自然》（1870，1888—1892）、《自然科学》（1892）中选取部分选段，集合成她（1893）出版的另一篇文章，她在此文章中继续批判语言，强调语言对于成功的人际沟通的重要性。在这些整合（1891）先于《术语的模糊性》（1893），并在 1893 年的《意义和隐喻》（现见 Welby 2009）中有了进一步的发展，在这篇文章中，维尔比在理论上对意义问题进行了更广泛的思考，此后她的《感知，意义和解释》才问世（1896，参见 Welby 2009）。

　　"明确的""普通的"以及"令人信服的"话语经常暗示简化的、令人困惑的简明性，这反而造成了晦涩的和"不通情理"的话语。我们常用的一些表达，如"普通意义""共同感知""老生常谈"就是这样。如果是为了简单化和清晰化，那么以上的表达则能够有效地把潜在的多元意义简化为单一意义。例如，当一个修辞意义被调换为一个单一的、固定的以及确切意义时，就会出现这种情况。（Welby 1893；Petrilli 2009a：422－425）。神秘化是由于因为没有意识到符号学的符号一致性和推理论证作用的结果，即那些在话语中未说明的，隐含着的，可能会变化、发展甚至消失的东西，以及没有意识到话语和符号一般来说就饱含造就自身表意历史的意义。理解和交流依赖于那些没有明说的话，隐含的意义，以及已被领悟的内容。

　　在历时轴上，词语和符号的意义和价值，无论是隐含的还是明确的，一般都有可能会累积、部分重叠、变化、消失以及发展。在共时轴上，某个说话者的独特经验影响着词语和其他符号的感知和解读的形式。不同的因素在一个不同的结构中来决定意义－价值。这些因素包括特定的交际语境、生活情境、社会环境、语言语境、历史社会文化因素，对话者的文化和智力背景、推理过程、个人情感、思想、心理氛围、注意力程度和重心、交流目的、联想、典故、假设、暗示、省略推理法、回忆、环境、语言使用、象征和描绘的倾向，语言的先验条件等（Welby 1893；Petrilli 2009a：422－423）。语言的动态生成和结构化特征，语言内在的创新潜力以及已经列举出的那些可变因素，所有这些都使得对语言神秘化而使用一种定义作为绝对的和决定性的补救措施无效。

　　除了质疑词语歧义的是非标准之外，维尔比从这一视角也分析了一系列特定的语言学问题，比如定义对意义的决定作用，字面意义与修辞意义之间的关系，修辞、类比以及同源性在丰富语言的表达潜力中所做的贡献。在努力探索所指的共性和差异的过程中，可以通过开发语言资源来达到表达的准确性；例如，为了区分看似相同实质不然的词语的不同意义，或是为了确定意义看起来似乎不同的词语之间的相似性。但是，从致力于语言形式上的准确性来看，成为一个表意学家并不意味着成为一个效力于"语言机械性精确的"人。相反，意义是具有内在歧义性的，如果没有注意到语言的这种特性，将会导致表意实践的单一性，从而造成教条主义和正统观念专制的局面。尽管维尔比已经准备好在必要的时候为语言和意义的研究提出新的术语，但是她刻意与创建元话语层面的技术主义诱惑保持距离。此外，在评价消除词语的歧义谬误时，维尔比尽力使她的表达精确。她意识到在不确定性和确定性、模糊性与准确性、多元性与单一性、语言中的离心力和向心力——归根结底在他异性与同一性之间存在着辩证的互补性和相互依赖。

"语言意识"的发展一般暗示着抵制语言使用中的教条主义，迂腐和混乱状态的批判和解释能力，以及发展逻辑推理以及符号行为。正如维特根斯坦说的那样，语言从所谓的阻碍语言的发展和表达的"语言困境"中的解放，是人类掌控环境的条件之一。维尔比尽管认同为了特定目的，定义是有其价值的——例如在特定的话语语境中为了确定词语和命题的意义时——但是她认为这种运用不是绝对的。最值得表达和解释的东西通常不是定义［Welby 1983（1903）：10］，定义的有效价值只局限于特定利益需求，定义不能解释和表达语言的歧义，它的他异性被认为是意味和成功的交流的先决条件。正如哲学家亨利·西季威克（Henry Sidgwick）在与维尔比来往的信件中所提到的那样，当把定义作为一种解决意义和表达问题的方法时，其中最为重要的是定义的过程而不是最终的实际制定。

维尔比区分了"僵化定义"和"可塑的初始定义"。她认为前者总是次要的，因为它趋向于使意义固定化，静止不变，成为单一的、明确的意义。但是，"可塑的初始定义"能够记录生动语言的特性，因此有能力适应新的表意语境。意大利哲学家和数学家乔凡尼·瓦伊拉蒂（Giovanni Vailati）也对定义看得较为深远。他不是将定义局限在某个单词，而是强调其决定命题意义的实用性。在语言学以及在命题本身的语境下，单个词汇常常由和其他词汇的关系所决定。为了例证其观点，瓦伊拉蒂指出像"存在""行动""产生""代表""证明"这样的词汇。这些词汇的语言学语境意义本身也常由涉及形成那个语境的单个词汇所决定。（参见 Vailati/Welby，12 July 1898，Vailati 1971：140 −142，Petrilli 2009a：408−409；参见，Welby/Vailati，27 February 1907，Petrilli 2009a：415）

为了解决语言问题，维尔比提出，无须依赖定义，我们可以从完善的意义理论开始。比如她提出的将意义三分为"感知""意义"和"意味"，和别的区分一起，一方面包括"普通""实际""字面""直接"意义，另一方面是"修辞""间接"或"联想"的意义。只有依据完善的意义和符号理论，定义才有用处，尽管这无法纠正语言一词多义的老难题。但其超越性价值是能有效揭示在技术语言的限制下，定义趋向于消除单词的可塑性表达，以枯燥和惰性来回应词汇的内在的活力（参见 Welby 1983：2；Petrilli 2009a：第6章）。和瓦伊拉蒂一致，罗西−兰迪、亚当·沙夫、巴赫金这样的学者随后认识到，如维尔比也相信的，除不可避免之外，多义性是单词的积极一面。

在表意视角下的意义概念，不是要回应区分两极的二元观——"隐喻，间接或联想意义""字面，直接或实际意义"。事实上，维尔比认为"字面"比"隐喻"更具修辞性和歧义性（1893，Petrilli 2009a：422）。不采纳二元思维，她假设意义的第三域由表意实践，意义的"第三价"（third value）构成，后者既非完全字面的也不全然是修辞，而是"隐喻"和"字面"意义在不同程度的结合。［参见 Welby 1983（1903）：139，292；Rossi-Landi 1985：115-120；见第13章］

维尔比以意义的"第三价"的假说，将缺乏精确界限的符号接触区理论化，它们继续互动并产生新的解释过程。维尔比承认修辞意义在意义和知识的生产中具有结构性特色，这不仅体现在文学语言中。实际上，意义这一未定的第三价贯穿语言的整个部分，包括普通语言，实际的与象征性的、真实的与理想的、直接的和反映的意义都在语言中交融，如同在一幅画中一样。维尔比展示了在不同的情况下，如用在有效实际情境需要的实际且直接的语言中象征性的语言中或是一些混合形式的语言中，同样的表达会具有不同的意义。

隐喻意义的有效影响是随处可见的，即使我们还没有意识到这一点。隐喻和符号化过程没有体系上的以及类型上的界限，相反，它们渗透于整个符号网络中。在符号网络中追溯修辞的表意路径，这些路径深深根植于发出者和解释者的语言和意识之中，以至于它们似乎被赋予简单的、固定的、明确的意义，与"普通意义"一致。但是有的表意路径由其创造性和革新能力而立刻得到公认的，这些符号化途径是由那些即使相隔很远，但却关联着的解释项产生的，因此产生的表意过程完全是全新的、出人意料的、不可预测的，甚至是惊人的。尽管我们是在"字面"和"隐喻"之间进行程序化的选择，但事实上这仅仅是一个伪选择，这一选择能够隐藏因人为夸大而产生的危险。

3.3　"意象批评"：走向"表意教育"

类比和隐喻在日常语言和科学哲学语言中不知不觉地起着作用，因此，根据交际中对话者的效力标准，维尔比认为经过对这种意义产生机制的研究不断实践检测之后，必须要系统地引入教育规划中去。"表意教育"以及"表意方式"的习得是学校教育开始时需要传授的。正如维尔比在1911年给奥格登的一封信中所说的那样："表意教育必须从托儿所和小学开始，如今被惯例和惰性压抑着的开拓本能会因为惯例的最终失败而必然得到鼓励和激发。表达、了解和推论的渴望总是被激发和引导；这样的话，无法则的和教条的倾向将会慢慢反转为解释倾向。因此可以说应该根据我们真实的意向，说我们想说，做我们想做，这便是目标。"（Welby/Ogden，1911 年 3 月 24，Petrilli 2009a：714－775）

为了达到这个目的，维尔比和完全肯定她的研究方向的瓦伊拉蒂都坚持强调我们需要批评意象和类比，总之，需要养成分析、分类、验证表达方法的习惯，尤其是语言符号（最好的符号）。这些习惯应该从婴儿时期开始慢慢培养。为了防止语言出现混乱状态，瓦伊拉蒂也强调了对于语言的批判性反思应该从儿童时期开始，在他们以过激方式互相连接、论证和求知的过程中，他提倡养成思考"所说语言问题"的习惯，或如维尔比所说的"口头语言问题"。瓦伊拉蒂在 1898 年给维尔比的一封信中这样写道：

> 我相信语言谬误的说明和分类，尤其是它们的讽刺（在《文字游戏》中）是创造辨别语言歧义的习惯的最为有效的教学方法之一。这有点类似于古斯巴达人使用的方法，他们为了让儿子们永久认识到醉酒的可怕，强行要求儿子们去注意令人讨厌的醉酒行为和关于醉鬼的语录。（Vailati/Welby，1898 年 7 月 12 号，瓦伊拉蒂 1971：142）

维尔比分析口头语言不仅是为了描述语言，也是为了解释它，以期能使语言转化、更新、被有意识地和批评地使用。儿童是这一项工作的合适人选，因为儿童的天性是充满了探究欲，也充满了好奇心和质疑精神，因此儿童是最好的批评者。维尔比把提出问题与约束话语秩序的自说自话相对比，强调不同的观点、相互关系、辩论以及对比的重要性。

语言与逻辑之间的关系，以及语言使用中的符号与推理过程中的符号之间的关系被认为是不可分离和相互依赖的。因此，语言滥用包括逻辑滥用，而逻辑滥用会给符号过程的进化发展带来负面结果。为了推广"语言研究"，维尔比强调我们要进一步关注语言、思想、行为和价值观之间的相互关系，她认为不好的或者错误的概念和错误的问题大部分是来自语言问题和语言的用词不当。

瓦伊拉蒂是维尔比最忠实的读者之一，如他在一封给维尔比的信中说的那样，他与维尔比研究的目的一致，他就他们共同认可的地方列出了以下三点：

（1）你强调对于意象批评的需要以及对类比和隐喻进行检验的需求（尤其是当它们在被无意识地或者半无意识地使用时，常用在当前通俗的情形下）。

（2）你通过抑制那些有机体生长条件的自发变异来提醒人们提防卖弄

学问的倾向以及阻碍语言资源发展的学校学习。

（3）你把语言实际的和可预测的重要价值从非理性的、本能的层面提高到理性的和意志的层面。在这一过程中，它作为一种手段或发明来使用特定的功能（代表、推理、传播等）和达到既定目的。（Vailati/Welby，1903 年 3 月 18 日，Petrilli 2009a：410）

在维尔比和瓦伊拉蒂的通信中，他们讨论了语言表达、意义和论证问题以及语言和思想之间的关系（参见 Welby/Vailati，1907 年 2 月 27 号，Petrilli 2009a：415）瓦伊拉蒂 1905 年的一篇叫作《修辞逻辑》（"I tropidella logica"）的文章是受维尔比 1903 年《何为意义》这本书的直接启发而创作的。这篇文章专注于讨论来自物理世界隐喻的使用问题。（Vailati 1905b：21）但是，瓦伊拉蒂在他的文章《若干观察》（"Alcune osservazioni"）中分析了知识发展过程中类比和对抗所扮演的角色。瓦伊拉蒂研究的问题类似维尔比在 1896 年的论文《感知、意义和解释》中提出的问题（Vailati 1899：71-72）。瓦伊拉蒂从理论上说明符号以及不同的符号学领域之间比较和对抗的方法。这一理论在强调不同学科、不同知识和文化领域中的融合和分歧方面意义重大。在 1905 年另一篇文章"不可能"（La ricerca dell）中，瓦伊拉蒂把道德话语和几何学公式进行比较。在他 1908 年的文章《代数法则》（"La grammatica dellalgebra"）中，他着眼于口头语言和代数语言的对比。

瓦伊拉蒂提出的方法毫无疑问是对维尔比解释性翻译法的应用，这一方法是对表意学研究的一个重大贡献。瓦伊拉蒂和维尔比认为，为了克服我们推理和解释能力的不足，我们对逻辑语言机制的无意识使用必须转变为有意识的使用。正如维尔比一直重复说明的那样，"感知能力"和"表意能力"的提高必须通过增强我们对意义问题的理解来实现。这一点在以下这篇文章中说得很清楚。这篇文章讨论了"事实"与"观点"这两个词之间意义的不同。

一般看来，"事实"与"观点"从英语语感上来看终究有什么区别呢？它们的本质意义是什么？如果其意义变化了，还需要一个新词来表达我们失去的东西吗？答案当然是肯定的。如果我们假定的事实是错误的，从某方面看来是不现实的，或者从另一方面看来是不真实的（这些从不会混淆），它就不再是事实。事实不可能是既未实现也不真实，只有我们的观点会如此。否则，我们不妨立刻说实际的可能是虚妄的，或是真实的会欺骗人。当然，由于我们自己不完善的推论，也由于我们不太发达的解读能力，"实际"慢慢变得虚假，真实带来欺骗。但是，当我们已经把"感知"

意义和"意味"作为我们的中心话题，当我们已经提高了我们的感知和表意能力，我们就必须要对此加以完善。[Welby 1983（1903）：40—41]

3.4   "通用语言"和共有言语的谬误

维尔比批评试图通过一种通用语言来克服相互理解的障碍，从而抵消语言的多样性。无论这种尝试是迫使一种自然语言高于其他自然语言，还是主张要去建构一种人工语言，这些对于语言和交流问题的解决方案来说都是虚幻的。维尔比认为语言、方言、行话、俚语等的丰富多样性有利于我们的语言-认知资源的发展。语言的差异和多样性以及与之有关的实践是表意、解释和传播过程的一种珍贵资源；反之，人为地强加一种通用语言则会破坏我们的文化、语言和精神遗产的多样性。在维尔比的符号观中，语言和非语言的差异性（造成持续进化过程中的去总体化的总体性中的一部分的其他差异）并不会造成分裂和沉寂，相反，这种差异有利于相互联结和表意延续的可能性。[Welby 1983（1903）：212]

在维尔比的术语中，"共同意义"暗示着表意材料，而表意材料决定着表意过程的个体性或奇异性和，它们的特异性和他异性以及它们的通用有效度，正如罗西-兰迪（1998）和他的"共有言语"（parlare comune）的观念，维尔比也认为"共有言语""共同语言"或者"共同意义"的表述与被英国分析哲学家理论化的"普通语言"或者"日常语言"并不相关。"日常语言"是语言表达的一部分，整体看来，它包含在"共同语言"和"共有言语"之中。在维尔比语言和意义的理论中，意义其实是一种常见的表意材料，它在语言和行话的多样性中起作用，并形成一种单一的自然语言，也会贯穿形成整个符号体系的不同的语言和文化。在大约 1882 至 1885 年间，维尔比写给托马斯·H. 赫胥黎的一封信中，她说那些材料组成了"言语不同分区基础，却不过是技术上或次要的意义"。（Welby 1929：102）

作为所有语言和人类的某种参照，"共同意义"和"共有言语"表达了康德的一种先验思想。"共同意义"和"共有言语"暗示着一系列的运作，这些重复的固定材料为人类表达能力提供了前提条件。而这些常见材料可以在人类生物的和社会的结构中找到相似之处，这些相似性使不同的人群超越了历史文化的差异，相互联系在一起。这种社会交际技巧的共同遗产使得一种通用话语能够传播，也使得不同自然语言之间的交流成为可能。正如罗西-兰迪所说，我们必须重视交际的基本过程并且必须要去确认所有语言中所有话语使用者在

翻译、教学、学习或者仅仅是谈话时使用的经验方法。（参见 Rossi-Landi 1961：204ff）

"共有言语""共同语言""共同意义"和"共同感知"没有忽视语言的多样性，这些术语没有简单地把多样性语言追溯到一种神话性起源的语言，即一种原始语（ursprache），追溯到逻各斯的通用语言结构，也没有追溯到支配和统一所有人类语言的生物学定律。要认识共性，即根本一致性，并不意味着重新联结差异性和同一性；相反，维尔比和罗西－兰迪都认识到了多元语言和多元推论价值，他们也都避免单一倾向。例如，这些在乔姆斯基的语言学理论中是内在的。乔姆斯基的语言学理论没有很好地解释语言的交际功能以及语言社会的和主体间的维度。罗西－兰迪解释说，共有言语的概念并不与多种语言和多种声音同时呈现相对立；相反，它提及的是不同语言中的功能相似性，其满足不同语言中相似的表达需要和交际需要。因此，共有言语有助于从不同的经验和表达性传统需要的角度来解释语言间的差异性、可变性以及多样性，这就有助于发展不同的方法、解决途径和资源来满足所有人类社会共同的表达和交际需要。

3.5　批评共同感知主义和实效主义

根据皮尔斯和维尔比的看法，被现今科学观点认为合乎需要的科技术语，应该开始对共同经验、共同感知和共有言语进行一种批评性的阅读，因为这些科技术语自身在科技语言中广泛流传，而且常常是无意识的，因此这些科技语被理解为日常用语和意义，例如，时空关系的表达（参见 Peirce/Welby，1904 年 12 月 16 日，Hardwick 1977：48）。任何一种研究，包括哲学，必须详细解释其单一的、确定的意义，即为该领域的专家所普遍接受的专业术语。（CP 5）① 根据皮尔斯的伦理观术语，一个打破个人习惯和倾向并且得到专家一致同意的科学且真实的术语必须有道德准则的支撑，同时必须要能够激发出人的得体感和敬意。如果要在哲学中引进一个新的概念，就需要创造出可接受的术语来表达这一概念。科学界本该一直根据这些术语的本义（CP 5.413）来使用这些术语，代表同类事物的新专业术语是不应该被引进的。

与其他学科相比，哲学是一门相当特殊的学科。因为它呈现出对于普遍意

---

① 在皮尔斯 1905 年的文章《实用主义是什么》（CP 5.411−437）中题为"哲学术语"的段落。这是皮尔斯在《一元论》杂志上发表的关于实用主义的三篇文章中的第一篇。

义中的常用词汇的需要，并不是把常用词作为它自身术语库中的一部分，而是作为其研究对象。因此哲学语言需要特殊的术语，例如亚里士多德、康德和其他学者提供的术语。这些术语要有别于生活语言。皮尔斯说："哲学很机智地选择了很偏僻的词汇以至于那些不严谨的思想者不会轻易借用。"在皮尔斯看来，康德，一个糊涂的实用主义者，犯了一个错误，他没有把形容词"主观的"和"客观的"在专门化意义上用足，因而使这两个形容词都在哲学中失去了价值。基于此，皮尔斯在"伦理观术语"这篇文章中，列出了有关理想的哲学术语和逻辑符号系统形成的七条规则。（CP 2.223-226）

根据皮尔斯的批判性共同感知主义①，当涉及一个人内心的秘密时，没有人具有绝对可靠的自省能力，没有完美的方法可以了解一个人的信仰或者质疑。但是他也相信，不容置疑的信仰差不多也经常存在。这些信仰从广义上来说带有直觉的性质。它们关注关于原始人的非常模糊的事情（火烧）。皮尔斯说，一位哲人只有在系统而全面地努力去解除疑惑后，才能认为一个重要的命题是不容置疑的。需要记住的是，真正的疑问并不会单凭意志努力接踵而至，但它必须是经验的表达。一个不容置疑的命题可以是假的，但只要我们不怀疑这一命题，那我们就必须把它当作是真实而确定的。虽然认识到某些命题是完全可以肯定的，我们也必须承认它们中的一个命题或者更多的命题可能是假的这一可能性（CP 5.498）。无论如何，共同感知主义者提出的"怀疑"与牛津学者设想的"怀疑"从不相同，前者的"怀疑"是为怀疑而怀疑，而后者则是为了纯粹的论证乐趣。聪明的实效主义者不爱暴力的虚幻力量，而是注重理性的创造力。这种创造力可以征服所有其他形式的力量，并且可以以知识和爱的名义统管他们。作为"理性"的支持者，实效主义者很看重"怀疑"的作用，他们把"怀疑"理解为具有很高的道德价值的批判性力量。

批判性的共同感知主义与实效主义者有关，因为实效主义者证明了信仰的条件特征，"他认为，物质是有先决条件的"，并且，追求真知是满足愿望的唯一方式。（CP 5.499）实效主义者是开放的、无偏见的，因此他对信念保持着最开放的态度，并且他会最谨慎地去区分真与假，可能与不可能。实效主义者

---

① 《实用主义和批判的共同感知主义》（CP 5.497-501）一文与 1905 年原名为《实用主义的基础》的手稿相对应，本文是以"儒勒"（Jules，其典故是意大利实用主义批评家朱塞佩·普雷佐利尼）和"回应主义"（皮尔斯本人，实用主义者）之间的对话形式进行阐述的。对话的形式被选择为试图代表思想本身的有效表达，这本身就是对话性的。接着是另一篇发展它的文章，《批判共同敏感主义的后果》（CP 5.502-537）（这是 1905 年一篇题为《实用主义，普拉格》的手稿的复制品）。后一篇论文分为四个部分："个人主义""批判哲学与常识哲学""可能的一般性"和"评价"。

探讨那些推断与其基于的事实之间的关系，并建立它们之间紧密的关系，即，思想和行为之间的一般关系。基于行为主要是由本能驱使这一设想，实效主义提出了信念是一种本能和欲望的问题（例如，皮尔斯指出，憋气五分钟一般是不可能的，即使对于知识分子来说）。而且可以肯定的是，随着物种的进化，因为受到不同程度的自我克制的限制，本能就不能完全占据主导地位。因此，由于不可抗拒的本能欲望的熟悉度和几乎不变性，实效主义和批判性共同感知主义之间的相互联系是不可避免的，也是毋庸置疑的。

3.6　模糊性和一般性

实效主义唯一重要的替代物是传统逻辑，对此皮尔斯起码是感到不满的。传统逻辑认为，思想除了自身以外毫无意义，而物质属于一个不合常规的多元化功能范畴（CP 5.500）。逻辑学家已经阐述了许多不同的范畴，但他们都同意这些范畴的概念都是简单的，并且这些只存在简单概念。某个物体可能属于一个范畴，而不属于另一个范畴这一事实并不意味着这些差异构成了这一概念的可识别的特异性："每一个与所有其他都不相同，其间的这种差异是不可规则化，因此是不确定的。同时，概念本身也没有任何不确定性。"（CP 5.501）皮尔斯继续建立有关概念的差异以及不同的感觉性质之间的亲和关系。这些差异是为人所感知的，正如我们感知不同花朵的不同香味一样。但是依据每种香味的不同特色根本不构成香味，也不会成为气味本身的一部分。关于它们的关系，除了能知道每一种与所有其他都不同，我们没有什么可以断言的。因此，这些关系是不确定的，但其中涉及的感觉是确定的。根据皮尔斯的叙述，由逻辑学家分析的概念不过是另一种感觉特性，尽管逻辑学家永远不会承认这一点，理由是概念具有一般性而感觉则不然，但是逻辑学家却不能证明这一点。相反，皮尔斯则坚持以下观点：

> ［概念和感觉］毫无疑问是不同的，但是其差异是完全不确定的，就像是气味与颜色之间的区别。一定是这样，因为在一开始他们就以感觉特性来定义概念。他们认为概念所具有的不是那些词，而是那些词本身的意义。他们也把概念定义为直接对象，概念所拥有的所有特征存在于概念本身，而不理会其他任何事物。（CP 5.501）

个人主义的支持者会同意，现实与存在是同延概念；换句话说，关于每一个主题，现实与存在既可能是同样真实的，也有可能是同样错误的；他们具有相同含义或内容。许多逻辑学家会反对个人主义的反证法立场，两种意义在他们看来显然不一样："现实不依赖于思想，因此性质上是可以认知的，而存在则意味着对环境的反应，因此它在性质上是动态的。"个人主义者常见的一个误解是他们相信其他所有人也都是个人主义者，包括相信"普遍性存在"经院哲学的现实主义者。事实上，过去许多伟大的思想家不相信"一般性"是存在的，因而他们视之为"个人决定模式"，这样的模式被公认为思想的本质。皮尔斯说，实效主义形而上学的观点试图通过接受"真正的一般性"而解决问题，也去寻找一个问题的答案，即"一般性怎样才能不受任何关于它的想法的影响"？（CP 5.503）

皮尔斯澄清的另一个误解是：对实效主义者来说，对一个概念最终的解释是包含在"行为习惯"或"有可能形成的任何程序的一般道德判断"中的。任何词汇的输入（也许除了代词）并不限于发送者的实际心理，相反，甚至不是它在脑海中的习惯性，而仅是潜在性。每一种动物都有习性，因而具有先天性的一些东西。如果动物有认知能力，它还必须有"潜在的先天的认知习惯"，这就是皮尔斯天赋观念的解释。实效主义者与共同感知性的批判哲学共享这些观点，实效主义者不应被视为形而上学上的或者认识论上的个人主义者。

和批判性共同感知相符，皮尔斯认为所有的信念都是模糊的。的确，越是不容置疑的信念，就越是模糊。皮尔斯继续讨论被模糊性（vagueness）被误解的重要性，甚至在数学思想中也是如此。模糊性是信仰的构成部分，是信仰固有的，是表达它的命题也固有的。模糊性是"一般性的对立相似物"。

> 一个符号在客观上是一般性的，迄今为止，还没有确定的关于符号的有效解释。符号屈服于解释者自己完成意义确定的权利。"人终有一死"。"什么样的人？""任何你喜欢的人"。一个符号在客观上也是模糊的，到目前为止，其解释或多或少是不确定的，它为一些其他可能的符号或经验保留了来完成其确定性的功能。年历上说："这个月会发生一个伟大的事件。"什么事件？"哦，我们会看到。年历上没有说出来。"一般性可定义为不适用于排中律。一般的三角形既不是等边的，也不是等腰的，也不是一般非等边三角形。模糊可定义为不适用于矛盾的原则，因为动物（在一个模糊的意义上）不是雄性的，也不是雌性的这一观点是错误的。（CP 5.505）

一般性和模糊性不会同时发生。事实上，虽然在形式层面上它们等同，但是它们仍然互相对立。符号不可能同时既是模糊的，又是一般的，"至今，决定权仍没有被明确赋予解释者，这项权利仍然掌握在说话人的手中。此外，一个未定的符号可以避免归类为模糊性或者一般性，但是没有符号会是绝对和完全确定的。"根据皮尔斯的逻辑关系[①]，没有哪个命题只有一个单一主题，它们都会有不同程度的指涉。所有命题一定会涉及一个真知，即使只是含蓄地涉及，即"所有宇宙的宇宙"。因此它们指的是同一个确定的话题，为发送者和解释者所理解，并被所有人假定为真实。在一个更受制约的和较为直接的水平上，所有命题皆指非一般主题。

在《批判共同感知主义的结果》这篇文章中，皮尔斯进一步思考了模糊性的作用。话语者之间的交流永远不可能十分确定，完全不模糊。因为变异的可能性是存在的，所以绝对的精确是不可能的。皮尔斯除了表示他希望有一天生理学家会去比较不同的人之间的感觉特性，从而使感觉特性不再造成误解，他也确定误解的一个原因在于传播的知识旨趣和不同的人的经验的多样性。传播一定是模糊的，"因为没有人对话语的解释是基于与其他人完全相同的经验"（CP 5.506）。因此，正如当我们端详一幅画的细节时，我们失去了其整体感，我们越是试图达到精确，似乎越是无法实现精确，我们处理知识概念时也是如此。

模糊性是传播中的常见之事，交际构成了传播本身成为可能的一个条件，是被传播的命题的一个先验条件。这种模糊性是完全依赖于我们每个人不同的生活经历，无论是有机体本能的生活还是精神生活。皮尔斯正如维尔比一样，不仅假定模糊性是误解产生的原因，他还认为模糊性使传播成为可能，因为模糊性可能会产生或实施让我们传播对话的命题。此外，传播是通过对话来进行的，无论是个人内心的对话还是自己与他人的对话。个人经验的不同意味着言传程度的不同，当然其中也会存在着意会。因此，传播中的理解和对话深深依赖于模糊性、变异性、含蓄性和潜台词。理解可能是要归功于被理解的东西，因此理解始终是模糊的。风险在于，我们越是试图精确，越是不了解对方。为了解释不确定的东西并使它易于理解，我们建立新的解释过程、新的表意路径，从而引入新的含意、新的变量，因此也引入了一种新的模糊性。归根结底，传播是一种对话式研究，在话语的指称物方面（包括一般的指称物，真知以及限制性的和直接的指称物）近似于参与的对话者。说话、解释、确定以及理解，所有这些都深深根植于被理解的，没有明说的以及隐含的意义，根植于

---

①　这里引用了皮尔斯于 1892 年在《公开法庭》（*The Open Court*）上发表的一篇文章，《读者被介绍给亲属》（"The Reader Is Introduced to Relatives"，CP 3.415—424）。

不确定性和模糊性（Petrilli 2010a：第 2 章；2013：第 5 章，第 8 章）。符号过程中的所有这些因素共同作用才使得传播成为可能。

3.7　语言和教育

> 为了未来，我们尽最大努力甘愿耐心、全心地工作；确保自己的工作准备充分，目的在于尽量去影响未来的父母和老师，而不是突然改革现有的方法。（Welby，"Significs in Education" 2 月 6 日，5 月 25 日和 6 月 30 日，1908，档案盒 30，案卷 45，WCYA，Petrilli 2009a：4.17）

在维尔比对表意学的研究中，教育一直被放在首要位置。她提倡表意学教育，这首先理解为与意义和表意价值有关的发展批判意识的教育。表意学教育预先涉及的是质疑意义的能力。正如维尔比在《何为意义》里说道：

> 表意学使我们能够以一种实际的方式去重新处理古老的问题，因此它必须首先被考虑作为一种心灵训练方法，尽管在所有的教育观中都隐含着这一观点，但是这一观点尚未被实际确认或者系统性应用。从特殊意义来说，表意学旨在聚焦智力活动，我们心照不宣地默认其为所有研究的主要价值，我们把它模糊地称为"意义"。表意学的启发价值和学科价值一定是次要于它的，因为它们最终都依赖于它。[Welby 1983（1903）：83]

教育是文化革新的方式，它是一项通过使人们获得批判意识而形成社会变化的长期工程。维尔比认为，只有通过批判性语言意识的发展以及批判性责任的思维训练，这样一个过程才有可能产生。维尔比认识到，社会发展与教育改革是同时进行的，并且她坚信把这两者联系起来是很有必要的（例子参见《何为意义》中的第 28 章和第 29 章）。在 1885 维尔比打印了（仅用于私人传阅的）名为《给老师的问题》（"Questions for Teachers"）的文章（现见 Petrilli 2009a：111-114），这篇文章专注于讨论神学的末世论问题。作为一个研究者，维尔比终其一生都在研究有关各类知识和经验的教育问题。在她写于 1885 年的文章中，她提出了关于宗教的五十个问题，她的目的在于引导教师去质疑书本。这一做法的意义在于提出，没有文本是应该被动接受的，无论语言的或是非语言的，相反，读者和解释者必须积极参与到文本中来，与文本进行对话，学会去质疑文本，并且能因此提出关于价值体系、行为模式、信仰体系、神学以及末世论的问题。维尔比一生都在对语言进行探索，逻辑和意义是她一直感兴趣的话题。逻辑和意义被理解为表意价值中的教育和批判性思维和批判性责任的方式，这与我们幼年到成年的生活的各个阶段、各个方面都息息相关。

根据维尔比的观点，教学和学习过程在很大程度上都是基于同一种能力，即在不同的事实、现象、经验与表达之间建立联系，进行对比，找出相似点和对应点的能力。诚然，第一个类比与所有其他的类比一样，是基于自己与他人心灵上的差异。以上引自维尔比指出的《我们忘了，如果我们假设我们与他人的心灵没有相似性，我们将无法与同伴进行一句话的交流》的那篇文章。[Welby 1983（1903）：43]

类比和隐喻在日常语言中经常被使用，即使在大多数情况下，它们不由自主地，不知不觉地，隐性地和间接地被使用。然而，鉴于类比和隐喻对强化知识和意义的重要性，维尔比认为这种权宜之计应该作为教育理论和实践中的系统研究对象，也应该作为实证研究和传播效果检验的研究对象。无意识的逻辑语言机制必须表现为有意识生活，以此来充分应对推理和解释的不足和交际中的缺陷。从维尔比的角度来看，如上所述，这意味着要培养一种从童年早期就开始的对于意象和类比的批判倾向，并且应适当习得分析习惯以及对于表现手段验证和分类。

关于意义的教育意味着发展区分和建立不同学科、想法、问题以及研究领域之间的联系的能力，连接日益成长的经验的各个部分，从而能应用翻译（这里理解为跨系统和跨学科的翻译）原则。翻译意味着用另外一类知识和经验来说明一类知识或经验，从另一个符号系统来审视一个符号系统，并且用新的指称物来解释未知的东西，以此来巩固我们含糊地称为"意义"的东西，这不仅是在语际翻译中才有的情况。一个表意学家要学会做各行各业的人的学生，学会去提出问题，去询问自身的表意价值，这是非常重要的。儿童典型的质疑精神比回答问题的能力更为重要，质疑精神意味着有兴趣去提出新问题。表意学教育的目的在于使人们学会发现问题和提出问题，而不是去获得最终真知。问题本身的动态现实把我们的心灵带入一个新的、更广阔的视野中去，使之无止境地运动。表意学教育的重点在于发展我们的解释能力以及从不同角度表达事实的能力。学生——无论是儿童或成人，都要学会辨别和发现谬论、错误和混淆，不管是有意识的还是无意识的。在认知方面，提问能力是从日常生活到精神生活的不同领域的研究和经验中获得知识和实践能力的前提条件。维尔比坚持强调语言教育对实际能力的习得和对批判性思维的发展同样重要。

在维尔比的信函中，教育的价值是一个永恒不变的主题，尤其是一个好的语言教育的价值。培养解释能力以及学会关注语言、逻辑和意义之间的关系问题是非常重要的，最好是从童年早期开始。维尔比揭示出孩子的心理发展研究的重要性，并批判了她所处时代的教育制度没有充分认识孩子特有的去询问事物的缘由，以及提出逻辑上相关问题的能力，而且在系统上降低了孩子对语言的兴趣，也削弱了孩子对语言的控制能力。正如预期的那样，教育改革是社会改革的必要条件。教学方法需要根据语言和意义以及它们与价值和翻译原则的应用之间关系的研究加以修订和更新。以下摘录内容来自维尔比给查尔斯·惠布利（Charles Whibley）和皮尔斯的信函，其中讨论了类似问题：

> 正如您所赞同的那样，我们所希望的无非是未来的孩子们能够拥有敏锐的感知能力，去学习意义意味着什么，符号又表示了什么，被训练去翻译和解释生活用语的特征。为此，我们必须停止去关注和打动父母的心灵，他们自己从来未受过这样的训练。在语言的丛林中毫无目的地徘徊着的，那些一半被洗脑、一半挨饿的更聪慧的人类心灵，只有在新一代中才能找到自己想要的读者：去了解更深层次的，目前只有纯粹天才的力量才可以理解的东西。对读者来说，那些更深层次的东西可以说将给他们带来更充实的生活，但是目前却倾向于野蛮，使得生活变得狭隘和粗鲁，扼杀文学的希望，也因为它牢牢控制思想而扼杀了艺术的希望。

> 在语言的现状中，无结果的争论一直在不断增加。我决不否认这种无休止的讨论和由此引发的流产的争议在一定范围的讨论和分析是有益的。我只是斗胆建议，应该有一个可以提供的选择，有一致而又无异议的运用，其中都要从小就得到训练；并且每一代人都应该被鼓励去使他们的表达方式更清晰、更精细、更简单、更充分。我们迫切需要的是，一致用途和语境，不惜一切代价去采用最有启发性的语言形式，热衷于去培养每一个孩子（不同程度上的）与生俱来的适应和自由的教育。我们中至少有一些人朝着美丽、优雅和高贵方向努力；我们必须意识到这些天赋条件在意味方面无可限量地更深刻，更丰富，更权威，但人类中罕见的天才并不会满足于此。甚至这样的人常常因为他们同伴难以企及他们思维的广度和缜密度而受挫，也由于眼下失败地表达使得他们本该在看得最清晰时却了解得最少。我们对于适应和后果的感知——不仅是追随什么而是探寻由什么导致，与目前相比更加残缺，对于我们大多数人来说仍然保持的，无奈容忍着的，被强加的又不被承认的混乱习惯用法，这是一种背叛。（Welby to Peirce，21 January 1909，Hardwick 1977：87—88）

意义教育对维尔比来说就是感知、意义和意味的教育，也就是健康、自

由、美丽、优雅和尊严的教育。正如她 1909 年给皮尔斯的信中所说，也是对
《何为意义》呼应（参见 Petrilli 2009a：第 6 章）。此外，所有的人，无论男
女，都隐约具有维尔比称为"母性感知"或"原始感知"的东西（参见下面第
6 章），即批判意识、创新能力、责任心的先验条件。维尔比认为母性感知可
以通过正确的表意学教育发展，并谴责她所处时代的教育系统倾向于"诱导教
育"而不是"教育"。以下关于她对自己的教育的思考来自她写给 W. J. 格
林斯特里特（W. J. Greenstreet，曾任数学报多年的编辑）的一封信：

> 不，你不能认为我是一个传播神谕的女巫"西比尔"，这真的意味着
> "一种狂热"——也许是一份激励，但却从来不具备分析性或批评性：只
> 有施法的符咒和热烈的情感。恐怕我使弗里德里克·梅尔斯失望了，当他
> 二十年前来到丹顿时，他发现我那时热衷于掌握事实和筛选证据。

> 不，我想你会认为我是一个在所有有效的原始感知的开放体系中的一
> 个幸存者——不，截至目前，是一个谜。在童年和青春期，我受过一系列
> 独一无二的教育：我从未接受过诱导教育。我知道我不会有所损失，因为
> 我不得不开始去学习别人已经在学校里被诱导训练过的东西，因为我的生
> 活一直缺乏系统的学科训练。嗯，那个学科必须是能自我应用的，因此我
> 长时间训练自己要传播的不应只是情绪上或者是预言性的信息，而是我到
> 处去发现人：比如在日常生活中，在实际的利益中，在工作、商业、艺
> 术、科学、宗教和哲学中，在社会和技术中，在商业和诗歌中，尤其是在
> 教育中。（Welby to W. J. Greenstreet 1907−1910，Cust 1931：245−
> 246）

乔治·斯托特质疑了维尔比的"母性感知"和"原始感知"概念，而维尔
比在给斯托特的答复中，她不仅坚持了自己的立场，而且说道，如果原始感知
一直是在女人中比在男人中更重要，那也仅仅是因为女性更能摆脱"高度文明"
和"传统教育"的影响。（Welby to G. F. Stout，1907−1910，Cust 1931：250）

维尔比批判了她所处时代的学校系统提供的是"陈旧的"或"干巴巴的知
识"[1983（1903）：第 XVI 章，n. III]。对意义的批判性和创造性思考的系统
化培训有必要从学校的早期教育开始，为此她立志于说服家长和校长，让他们
意识到我们首先需要的是把教育的中心放在"意义及其传播"这个问题上，正
如《何为意义》的第 18 章中所说的那样。这样看来，我们都应学习成为表意
学家，包括孩子和形形色色的普通人。此外，教育和语言的正确使用也被视为
与道德无关的一种责任。事实上，质疑感知、意义和意味的能力被维尔比作为

一种伦理上的承诺以及一种为全面提升人类的生存状况的责任行为。

相对于 18 章，《何为意义》的附录中的第 22 和 24 个注释呈现了不同的作家关于教育观的文章的节选。这些参考资料被维尔比用来支撑和巩固她的立场，例如教育改革的迫切需要，足够的教师培训和学生培训策略的重要性，在学习过程中学生的动机和兴趣以及想象力的重要性，关于初级教育目标争议、教育系统中古典文学的地位，最后还有语法等。

在第 28 章中，维尔比在表意学训练——表意价值，推理发展以及预测能力中的教育——和翻译原则之间建立了一种联系。她再次强调了从童年时期就要开始表意教育的重要性，她也提到翻译原则作为连接所有主题的"公分母"，尽管每个部分都不尽相同，但是我们可以用它们相互解释（参见 Petrilli 2009a：5.4）。游戏和想象被认为是学习过程中的一个重要组成部分，也是教育方式中的一个不可或缺的部分。［见 Welby 1983（1903）：222］下面的文章来自《何为意义》的第 28 章：

> 那么，我们假设我们的父母，或者我们自己被教养成能够认识到保护和利用语言的重要性，这将为了：（1）方便和经济；（2）清晰、优雅、音乐性、尊严和美；（3）表达现在看来已经超出表达构成和区别的范围和复杂度的能力。接着，我们假设两代人，理所当然地从很小的时候已经被教导，如果不用大部分现存的表达方式而想要做成在道德上是错的某事的话，从社会角度看是不可能的，实际上来看的话几乎是愚蠢的。同时，也让我们假设，我们因此被教导，事物的感知（它们对于我们的吸引）的真实的地位和价值，事物的意义（它们的意图，在任何情况下），事物的意味（它们的时刻，它们对我们的重要性）。让我们进一步假设，这一典型的表意三分，所有的行为和知识都依赖于此，显然其中的大部分都值得投入我们的注意力和兴趣：这会有什么不同吗？
>
> 我们必须记住，如果依据事实性质就会影响经济、简洁和效率，实际上有吸引力的就是在一定的成本中把利益最大化，做事情时全力以赴，从而得到最有用的结果。如果求助于想象力特性将会影响更为真实的概念，无论是抽象或具象的概念，无论是道德上的或艺术上的概念，无论是关于真、善或美的概念。追求实际的人通常是从经济角度来看问题，他们希望以最小的付出获得最大的回报，并将其看作一个关于成功或失败、赞扬或责备，奖励或惩罚的问题。富有想象力或情感的人会把罪过、愚蠢、残缺或毁损看成是最珍贵的礼物，他们认为从饥饿中能够培养真正重要的生命能量。诸如此类的东西将会丰富我们的生活积累。因此，一代人从生活早

期开始形成的整个心理气氛和态度将会改变。他们的重心将会改变，其世界也会随之扩大，共同利益的区域也会增加和集中，人生的价值也将会彰显和提升。

这样的一代人将会发现他们掌握了问题的关键，但是事实上，目前由于缺乏足以前瞻或预言的思想表达，我们无法充分解释出问题的关键。它会在孕育中失之于简单，目前它仍迷失于一个无效的解释中，秘密主宰死亡并为通过真知而到达的生命赋予了一个新的帝国……

让我们考虑一下，未来的老师由于自己就是这样被训练的，因此他能够完成这一"改观"的研究。目前孩子对语言以及对语言控制的自然兴趣已通过直接和间接的途径系统地被削弱了，尤其是过早教学正规文法；而孩子的本能，即去询问事物的原因，提出问题，没有被充分认识到其是真正教育以及真正的心理成长的主题……

以各种各样的形式去呼吁主张教授感知、意义和意味方面的知识，其结果是孩子的能力得到了极大的发展，他们能够欣赏和加以区分，也避免混乱和谬误。孩子还会受益于翻译原则，受益于所有学科中学习到的"公分母"。尽管各个科目各有不同，但是总可以发现一些共同之处。因此在可变的范围内，我们可以让它们相互解释。对孩子的表达能力的呼吁将会使表达之路从图像转变为抽象，而抽象思维能力是年轻心灵的自然天性……

这一本能促进孩子在每一个关键时刻去问为什么的天性，从第一次开始就全心投入。我们应该至少关注孩子关于任何事物都寻求"为什么"的自然倾向，并且把孩子的成长经历的所有部分都联结在一起。所有的乐趣和玩笑和所有的机智和幽默一样，取决于感知或意义，或意味的转变；正如滑稽是因为不合时宜，我们的不协调感取决于我们对于协调一致的掌控力，这样未经努力地尝试过的教育方法，将会使孩子对学习很感兴趣，充满激情，甚至痴迷于学习。那么我们应该知道，由于神奇的、不懈的、智能的神经系统不断完善着有机体的活动，因此大脑可以不间断地连续工作。这一自然的大脑工作完全单调地消除了单调乏味的痛苦，甚至是从苦差事中消除了单调乏味的痛苦。[Welby 1983（1903）：212—218]

在维尔比对类比和翻译被理解为"交互表达"的反思语境下，她在《何为意义》第 29 章中也针对教育话题进行了一些有趣的思考，即把不同领域的人的经验之间的意义转换、重新评价和翻译作为一种检验意义的有效性、表意价值并最终加以提高的方式。维尔比一直在寻找适当的教学方法，并为此不断地咨询、引述和上课。她详细阐述了课程的模式和计划，并且在实验试点的基础上给她八岁的孙子授课。在第 25 个附注和第 29 章中，她展现了一系列为儿童设计的 12 个课程计划中的 6 个，下面是导论：

> 以下节选的内容来自一个祖母给其八岁的孙子上的一系列的十二个熟悉的关于"符号和感知"的课程的摘录，并逐字逐句地记录下来。这些课程带来了很多欢乐，不是因为老师方面的能力，而显然是因为对于课程的天然喜爱和那些对于年轻的心灵充满魅力的问题。但是，到了孙子该去上学的时候，这些课不得不停止了。我希望这样以更有价值的形式呈现的课程能够早日得到认可，能够引入学校课程中去。［Welby 1983（1903）：306，n. XXV］

"歧义表意学"的文档（见附在下面的 4.15 节），含有 1892 年至 1912 年期间写的文章，展示了维尔比一系列关于"说出我们的意思，我们所言即所想，已经理解我们所听或所读到的义务"的课程笔记。这些文章关注的是语言、意义和理解之间关系的问题。在她不断地寻找合适术语的过程中，维尔比还介绍了"元词根"（metalemma）这一术语来命名语言隐喻。

她对于歧义性、修辞性的语言和意象问题的思考与她对于教育思考，以及有必要教导人们反思这些问题紧密相连。正如相应的，她关于意义和教育的理论与她的翻译理论紧密相连。对意味的研究被认为是教育中的重要元素，因为它是所有的经验与表达之间的纽带。意味教育表明要教会人们把一个领域的经验和表达翻译应用到另一个领域中的原则。从教育和教育方法的角度来看，维尔比强调关于（通俗的、诗学的、哲学的和科学的）意象原则和操作训练的重要性，并以该论识为导向的理论化和教学策略说明。意象批评被认为是抵制混乱和谬误的推理过程的手段。［参见 Welby 1983（1903）：第 29 章］

以下节选自维尔比写给惠布利的另一封信，这封信的内容让我们确认了维尔比关于教育的开放的、动态的和进步的观点，这些观点是从语言和更普遍的文化秩序角度来思考和阐述的：

> 目前关于希腊教育的争论几乎触动了我。希腊的胜利当然可以是一种修辞，可解读翻译或应用。这是一个更好地指导未来胜利的保证。这是一个理想的人类表现力的具体例子。如果唤醒一个希腊的思想家和作家，他会气愤地提醒你，重要的不是他做过的事情和几千年来卑躬屈膝地傻眼看过和死记硬背过的东西，而是他现在会做些什么。如果他是"欧洲人"，他会去从文化的最高意义上总结欧洲人能够表现出来的最美好的东西。事

实上，我们一直坚持对语言及文学作品的研究，这自然而然就意味着事实上我们已经继承和发展了自己独特的表达方式和掌握了清晰的、敏锐的，有力的以及精致优雅的思想。

正如我们现代科学实际承认的那样，这与当代"物质"世界奥秘的渗透存在着一种微妙的和谐关系，如果他们不自觉地吸收和复活我们所说的"精神"而进行转化的话。我记得有的希腊学者曾经对我说过，在希腊的繁荣状态中，艺术所创造的和谐与语言中的善与美结合在一起，这正是源自思想的纯净和忠诚。它们都有完全象征和高贵的意义。这种力量潜伏在人性中，我们可能生而拥有。让我们以希腊典范为启发，更好地受其指导。实际上，这一定是可以做到的，否则我们本不应该得到即使现在拥有的东西。

另外，我们绝不应该忽视我们的表意困境。如果我是正确的，我将永远无法传播我的"意义"——我打算让你来推断的意义——我只会拐弯抹角地或者暗示性地去表达。如果我可以，我本该不需要像我现在这样写作！事实上，我要反驳自己的论点，挖自己案例的墙角。我的文章中唯一还可用的论述是那些极少数的案例，使用了我们实际上已经废弃的，不再使用的短语或术语，或是因为新的经历而获得的短语或术语。事实上，新的短语或术语自身不能强迫我们过度联想。

这一切听起来绝望，但语言奇妙的可塑性，在一个真实训练模式下，会通过增强简单性和直接性而本能地平衡所有的改进和扩张。有时我们已经以此为目标，例如在电报中（通常是为了降低成本）。此外，速记节省了时间和力气，但它只是影响了机械层面。我们需要的是更为接近的，警句和谚语的层面，似乎是缺乏智慧，后者通常明显暗示说俚语形式在变得流行。有用的俚语的起源和真正价值，表达中蕴含有危险的因素，当然是表意学要研究的问题。（Welby to Whibley，1908－1910，Cust 1931：273－274）

查尔斯·K. 奥格登在 1911 年 2 月给剑桥大学的异教徒协会递交一篇文章，题目为《表意学的进步》（"The Progress of Significs"，奥格登，1911 见以下章节）。在这篇文章中，他引用维尔比 1911 年为《大英百科全书》写的文章（参见附录 1 中），认为表意学最迫切的借鉴和最有前途的领域在于"教育的方向"。奥格登的论文于 1994 年出版，其中有一段实际上致力于谈教育问题，并把教育问题作为表意学中最重要的方面之一。

下面的文章，《教育中的表意学》（"Significs in Education"，写于 1907 年

8月21日和1908年6月30日之间)，《人类的进步》("The Human Ascent"，1908年11月8日) 和《表意学与教育》("Significs and Education"，1911年3月) 选自《表意学－教育》("Significs-Education"，1903－1911，第30盒，45号文档) 这一文件，被收藏在约克大学档案馆维尔比文档中。它们证实了她在这个领域进行研究的重要性。事实上，维尔比声认为表意学的问题比其他任何问题更算得上是一个教育问题。关于这一主题的完整的文件可以在《表意和理解》("Signifying and Understanding") 中找到 (Petrilli 2009a：494－514)：

> 我们整个教育制度是基于初始的谬误。正常的或典型的孩子从不需要靠激励去学习或探询，或者坚持不懈地去发展所有健康和自然的功能以及能力。让他发现自己处在一个智慧的环境中——在这个环境中，智力（不仅仅是新闻）总是有价值的——由此让孩子发现他周围有着不竭的奇迹，然后他一定会展开自我教育，并通过不懈的自我训练发展到极致，继承过去所有人的大脑发明和应用潜在资源的能力。

> 事实上，人类本质上就是一个探索者、审查者、侦察者、先驱者、实验者和鉴定者。对于孩子，我们只需要自然地向他们展示我们已经完成的工作，他们将不仅愿意，甚至渴望把事情进一步做下去，或者发现新的方法去运用。这一情况对于语言也同样适用。这是我们所有的要求中最为正向指标的东西。从这个意义上说，它本身就是我们渗透的、有价值的、解释性的工具中的"孩子"。

> 这个孩子需要我们做的主要是：
> (1) 努力规范经济；
> (2) 获得巨大的、积累起来的记录、经验和知识的储藏财富。

> 也许最重要的是孩子还需要在长辈的帮助下培育出自身礼貌、无私和诚实的潜在的种子，因为这是人类成长中最新的同时也是最高的要求。这些"种子"是需要处于监护人地位的长者来培养。("Signifying and Understanding"，1907年8月21日，Petrilli 2009a：407－498)

> 在文明世界的工作中，尽管我们实际上没有意识到这一点，未经检查的病态能量已萌芽，在精神的癌症中不断扩散。

> 它在我们精神和道德敏感微妙中越来越广泛而残忍地传播，而且总是倾向于采用疾病形式。总之，未发现的毒性因子随处可见，影响着我们所有更高层次的能量，尤其是通过语言表现出来。

> 我们中有些人否认这一事实，其他人则声称它是不可避免的。我们中

有些人坚持认为，即便这是真的，这种激进的缺陷只能通过老学究式和形式主义招数来补救，并会带来难以想象的牺牲，尤其是在言语的流畅、自然和可塑性方面。

其他人直截了当地否定它的真实性，并把任何对文明人类提出这样的指控的人——或者冒险去做这样的诊断——仅仅当作是一时冲动或梦想的俘虏。现在可以证实，如果有一个迫切呼吁理由的指控或诊断，它就是这样。因为我们无论做或不做，语言一直是我们掌握的所有知识和经历的关键的敲门砖。就语言而论，我们可以与朋友交流和分享，并可能使我们成功地分析、解释和应用。在我们精神生活的宿命之旅开始之时，我们不能根据指南针篡改旅程，即使没有罗盘，我们也不能忽略太阳和星星位置的准确读数可能会为我们弄清方向，我们也不能使用腐烂的帆或生锈的发动机。

事实上，没有意象能够全面包含这一情况，在这一点上比任何地方都显而易见。直到弊病出现为止，谴责或告诫并没有什么实际警告的权利。如果不把它彻底揭露（因为这需要一组最能干的学者深入探讨），那么至少应该以多年累积的关于疾病和其治疗的存在和性质作为指导证据，用稳定的柳叶刀进行深入探查。这样的尝试已经做过，但是它只代表着临时或暗示价值。

这一课题首先敦促教育界的认可和研究。这一领域的所有改革者已离初衷太远，他们忽视了或者没有意识到基础课的存在。因此，从长远来看，我们都或多或少地对结果感到失望，尽管我们还未认识到失败的真正原因。为了未来，我们最好致力于耐心又投入地工作，并且确保自己的工作应严格认真准备，目的在于能够更多地影响未来的父母和老师，而不是突然改革现有的教学方法。

在这一方面，很多事情都能够悄然进行。我们可以注意到许多目前例子在经受不必要的损失或干扰。所有解释都能够呈现出表意特征。孩子自己的言论，不是被视为纯粹"低级错误"，而是可以被使用，但不是以一些错误和时髦的方式。孩子的兴趣将很容易在语言中被激发，他将很快被发现正试图用他自己粗糙的方式使语言更具表现力，正如目前他使用的那些学校俚语和暗号。

让我们再看一下孩子心灵中的解释能力和表意能力上升的趋势。

（1）孩子（所有其他孩子的父母）的第一个反应能力是感知。如今这是最广泛和最全面的术语之一，从现在被描述为"趋向性"的藤蔓的"敏感性"（在感性世界又被认为是"非自愿的""无意识的"或"自动的"的冲动），延伸到"良好的感觉"和"理智"的人类世界，还有"敏感的"以及"感性的"人，他们在趋势上往往几乎是相反的，而且经常被混淆。这种初始感知包括根据经验去解释所有的它所产生的所有报告。

超出这个上行线的第一个阶段至少可以被简称为"原始感知"。尽管从严格意义来说，称为初始感知可能更好一些，这才能传播所有的"承诺和效力"中最丰富的内涵，即从意义的胚胎发展到意义的有机体。

原始感知会有选择性地发展成一个相对来说准确无误的"本能"。它的高级形式，不仅仅是一个有机体的反应或是危险的"猜测"，而是成为一个有效的"直觉"。在这个更高的层面上，自然界的事物和事物的本质之间仍有一种亲密的"联结"。通过多次失败和错误，终于有一线成功和正确的希望；有效推理不是通过复杂的逻辑讨论（紧急需要时是不可能的）而得出的，而仿佛是通过恐惧有机地促发迅速逃离危险或对意指生命主要供需的符号的迅速解释得出的。我们常常发现爆炸、地震等事故的幸存者会说："那时候，我发现正在自己奔跑，跳跃等，其方式和速度似乎是不可能的，超越了我的极限。"

这种冲动接着快速而深入地发展为感受点和反复暗示的轴心。它讨论的焦点是"解释"的功绩。我们必须培养、教育这样一种生动而真实的感觉来无畏地应对所有正在发生的事情、已经发生的事情和产生的变化。教师必须成为脑和手，成为小提琴琴瑟和鸣的弓弦；他必须作为创造画像或塑像或演奏一种复杂乐器的大师。只是，也不尽然如此，老师培养的学生有可能会超越他，并开始独立于他，尽管依赖于种族。真正的老师是去发展学生的传承潜力的人。

教育者此时必须仔细区分两种错误，即习惯性错误和因经验缺乏而产生的错误。他们必须从无知中分辨出叠加的和表面的东西。在这种情况下，文明和孕育恐怖与渴求的迷信，或曲解的或仅仅出于好玩的"幻想"（仿效建设性的可解释的"想象"）同样是强大的敌人。

从第一个孩子起，我们就必须向他展示感知的价值和其丰富内涵以及其广泛的指涉。揭示的条件之一是尽可能地采用自然方言。对于自然方言，目前我们采取的是鄙视、嘲笑和消灭的态度，而不是去认可和培育，自然方言代表的是一个必要阶段，它往往比我们能够想象的天才的成功表达关系更为密切。

在婴儿阶段，孩子是很简单直接地受到启发和激励的。所以对于孩子，我们必须在官能层面上，清楚地显示感知的提升价值。孩子通过他们的皮肤感受周围的一切并做出回应。我们必须指出，在简单的故事或行为中，我们都要坚持赞美一些共同感知性的东西，以及善良和理智。我们经常给一个词下定义，并且强调这个词的感知。但是为什么要这样做呢？因为感知始终是被放在首位的。没有感知的话，我们将不能生活或行动。这儿不需要对孩子做过多的阐述，但是我相信孩子们将完善我们的教导。我们不会冷漠地批评他们所见到的事物是没有意义的。我们可以从他最天真的抗议中学习到一些东西，除非他已在实际上被要求保持沉默。

（2）在询问过对我们所有人来说感知是什么之后，我们得到了一个自然的回答，也随之打开了"意图"和"目的"之门。生活的奇迹和困惑激发了人们探索原因的渴望，在这一阶段，也唤起了人们问一连串"为什么"的热情。这个或那个经历指的是什么呢？解释它吧！①

然后我们去问他的意思，这就是他通过无论是正确的或是错误的陈述、问题和答案，希望以及想要我们去了解的东西。他已经开始像我们一样，使用如"我的意思是（我想要）"这样的句子。为什么呢？因为他以"我想要"开头。通过"想要"这一词，他和我们一样将要做的事情转换为语言。他"想要说的是"这个或那个。我们很有必要将他源于一直被尊重也被批判的需要感，一种欲求和需求的冲动，与想要获取和传播，探索和利用，实验、推断和使用的目的联系起来。因此我们会第一个得到结果，然后得到"行为"的意义和"词语"的意义，以及它们狭义上的意图和目的，以及"制作"出来的机器或"制作"出来的任何事物。

（3）因此，我们随之有了更高层次的螺旋式增长，顺序是通过进入人类利益的至高领域而重新开始自我完善，对此最好的表达是意味，即最广泛、深刻、高尚，或是集中和完善的形式，以呈现一些行动、事件和探索秩序或事实的益处或价值。

但是对于孩子来说，这些都听上去过于正式和庄严了，如果不是过于浮华和夸张的话，这种情况经常出现。因此，尽管意味这个词不断在严肃的创作中被使用，但是它在本质上，在热切的爱探究的儿童思维里，它代表的是生活中最精彩和最引人入胜的时刻。

它意指什么？它会带来什么改变？它与你的旅程或我的生日和母亲的

---

① 不幸的是，这里记录的一个孩子的抗议是有代表性的："只要你不解释的话，我会理解得很好"；这是含蓄的，而且常常是值得谴责的。

黑色礼服，或父亲的远离，或用枪射击有什么关系吗？这些"为什么"变得越来越复杂，内容也越来越丰富，如同在池塘中扔小石子激起圈圈涟漪，如同彩虹被树木或山峦遮盖而中断。他们仔细拓展和完成曲线，使这个精彩的世界越来越广阔，这个朦胧的世界正在孕育着引人注目的令人印象深刻的"意味"。（"Significs in Education"，1908 年 2 月 6 日，5 月 25 日，6 月 30 日，Petrilli 2009a：503—505）

从实际中提升的人类阶段是什么？

（1）符号化的实际。

（2）字面的—铭刻的。

（3）翻译的、比较的与类比的。

（4）修辞的或想象的（视网膜成像的翻译）。

（5）概念的和因此也是创造的。

（6）抽象的、推论的、辩证的，或者分析的与批判的。

（7）意味的充分展现，这在第六阶段几乎完全丧失，导致有争议的死结，并且使应当明确的问题神秘化，令人困惑。

现在，以上方法该如何运作？它们的功用是什么？

（1）其符号是一个"提示"，代表着行为和事实。

（2）"字母"和"写下来的东西"是一个"记录"。

（3）翻译是把行为和事实从一个领域转移到另一个领域。因此，（从这一点来看）经验可以无限次地转移。在这个意义上，每种模式的经验都（至少在某一点上）可以在另一个模式中复制。

（4）修辞涉及的是把视网膜图像转换成心理影像，这种抽象图像与实体图像一样值得信赖。如同幻想和神奇，这就是想象和（如平静水面上的倒影一样的）反映的对比。

（5）这种上升在人类伟大的头脑中发展壮大或集中，主导并启蒙了"概念"，尽管"概念"很少会上升为创造。它提供了原则和理论，给予人们的力量和灵感。

（6）理性智力以抽象方式作用重返符号阶段，在摆脱了曾经是"客观"现实和图像之后，进入并征服一个新的有着度量、数量和所有其他抽象序列逻辑形式的世界。但到最终，纯粹理智的阶段一旦达成，就不仅变得专横，而且专制，从某种意义上说往往会抑制早期阶段，而无法不断地、一贯地提升转化。对此的惩罚是关于直接意味和普遍意味的丧失。这个世界充满了令人困惑的、神秘的或无止境的、或多或少循环的讨论，只有批判的那一方处于强势地位。最初的问题从来没有被问过，因此人类总是得到不可调和的结论和无法解决矛盾的结果。

首先，很难表明人类真正的遗产是有效地解释和有效地翻译经验的每一个可能形式的能力，所有的讨论、论证、分析和概括必须妥善服务于那个重要结果。现代物理学的方法是针对于此的准备和训练。它是在较高的前两个阶段上的转换，实际的（实践的）和符号化的。你仔细精确地观察事实，耐心地做实验，并且用符号来标记那些结果。

那么，现代科学方法的兴起想必是解释、翻译和协调能力大幅度提高的必要准备和前奏。这就必须要恢复对于真实要求的原初敏感性，我将其暂时命名为原始感知（即人类特有的对于所有的挑战和刺激的反应）。这将不可估量地提升人类改变整个环境的能力，而环境也必然会改变人类。正如原始材料和各种自然力量都助了机械发明家，使他们创造出效能更为复杂的机械和工具，所以目前似乎所有用以反抗的，具有令人绝望的破坏性因素，都将会为解释者所控制。

但是目前的解释者（除了机械的）并不去解释，他们半睡半醒，翻译处于悬而未决的状态。解释者及环境和整个大自然的胚胎期控制者（把自然秩序提高到更高的水平大自然的代表），还没有明白，解释能力的直接培养对于世界和经验的传播是非常重要的，这是目前迫切需要的东西，也是一个真正教育的中心目标。只要研究指示性和含蓄性以及解释条件的表意学被完全忽视，那么此时逻辑是没有任何用处的，我们在现代语言中也看到了一些自然且令人感到可悲的后果。

我们含糊其词、前后不一地去讨论对真实的或有用的事物的感知的意义，声明的意义或某些事件的意味。但我们甚至不按让人理解的方式去做。我们毫无打算地给事物赋予一个意义，尽管这个事物本身可能意味深长。我们把重要的意义赋予一个可能完全不重要的事物。我们认为这样随意使用，即不用来表意，是可以忽略的。但它意指我们理应清楚的一系列事物主题意味的遗漏。它表示在我们实际掌握自然、心智范围和丰富经验的前提下，心灵处于奇怪的空缺状态。首先符合孩子利益的探索领域完全被忽略。这些孜孜不倦的探索都归属于表意学。关于年轻人的每一个细节都意味深长，有些东西需要学习和了解，不仅是对单词的疑问，更是对行为的探寻。这探索性的疑问给他们带来了困难、甚至危险。这一切都是表意学关注的东西，也是能代表表意学的东西。

当一个成年探险者准备去"探险"时也是如此。表意学统筹所有形式的探究和发现。其首要问题是一个很普通的问题——这意指什么？即对我们来说，它是什么？它存在于什么时候？它的起源是什么？有什么关系？其可能的结果是什么？

如今，这个问题实际上是整个动物世界的问题。当对象被感觉到、看到、听到、闻到，动物就会采取相应的行动。在这个意义上，我们已经对符号进行了解释。表意学应该要考虑对青春期到成年的人类思想者进行识别的"意味"的相同点和不同点。教育目前存在的问题是恢复识别和解释符号的能力。这一能力现在已经是过于微弱的、间接的或生疏的，或者人们觉得太理所当然反而不去注意的能力。并且也要恢复引起解释功能并使其为逻辑处理和利益开发总能提供新鲜材料的能力。

从一个更高的层面上来说，表意学问题是一个恢复失效能力的问题。这一能力即回答自己无意识的问题的能力，这个问题本质上是人类的问题。人类与他们的世界比其他任何事物更具有表意特征。表意和探索，问题的提出和解决，深入剖析和清晰化，以及调查和发现的能量，这些都在正确问题的能量中得到总结，从而我们能得出正确的，并且被正确解释的答案。（"The Human Ascent"，8 November 1908，Petrilli 2009a：509－511）

我们不能把由于缺乏控制或者目前情况下的失败而导致的推导能力的丧失，与由于幸存的语言或曲解使表达自身失效而导致的丧失混淆。目前我们一直在这么做，不然的话，我们就往往变得迂腐，这种情况更为糟糕。

熟悉度令我们看不见我们自己对语言的混乱使用，这使得即使拥有最清晰、最出众的思维的人也趋于使一些表达无效。这样的语言障碍有可能会被人们所接受的那些用法成功掩饰，以至于有关于此的任何抗议看起来仅仅是一些吹毛求疵或无知的反常。对于说话者和作者来说，这往往是不公平的评价。但总有一种的神秘力量常常用错误的用法腐蚀众人。在所有的语言中都是如此，正如我们现在忍受的那样，不被承认的建议在纯洁幼小的心灵中明确掺入了杂质。此外，在很多的例子中，我们使用的短语和词汇的意义仍然是混乱的和不统一的，以致我们不能提供一个能满足并激励人们的真实的回答，也无法给出一种最有意味的形式。

在科学意义上，自然能够有效地服务于解释。但是即使那样，语言障碍和我们经常混乱的使用使得我们现在迫切需要表意学的全面训练。当然，在任何情况下，事物都不决定于他们的发音和标记，而是决定于它们使用的语境和在语境中的意义，尤其是它们的隐含意义。感知是一个内涵丰富的词。它是我们生活中给所有请求的第一个回应，如压力或约束感，障碍、释放或开放感，推进和成就感，总之，还有所有"意味"和"为什么"和事情要点的意义。想要掌握感知的话，需要我们发展孩子所继承的原始感知或种族感知。

在我们开始对兴趣、训练模式和学习模式、发展和学科等主题进行探讨之前，我们先来关注表意学的核心问题。孩子们进入学校是要保留和促进其解释能力吗？他们有被鼓励去深入探索和揭示问题吗？又或者他们受渴望冒险和原始本能驱使去恶作剧吗？或者他们仅仅以秩序之名被压抑了本性？他们发现当他们天真地给我们传授经验的原始秘诀时会受到欢迎吗？我们可以充分认识，甚至享受尝试使他们的洞察力引发惯例性的插科打诨，但是那些惯例往往不符合他们所感、所看，也不是他们想要表达的东西。

但是我们能够辨别他们自然洞察力的脉络吗？难道我们是不愿意把形式强加给他们吗？教他们形式的话最多可以说是方便的，而且只能表达一半的意义，如果形式实际上歪曲了意义的原始样态，即歪曲意向和目的，被隐藏的东西大部分会通过态度、面部表情、语调和手势表现出来。

我们英国人不是用姿势表达意思，总体上我们可以由此达到更高层次的语言表达，虽然我们在传播我们的所思所想，我们的怀疑，我们的猜想和我们全心全意的赞誉时，其原始模式在衰退中会失去很多。

与语言相比，手势至少更具自发性，也不太复杂。当然，它不能表达太多东西，这一本质特性是所有自然的源头——神圣的自然。表达的规范和标准应当一直提高。我们应该也必须在某种意义上比目前更充分、更恰当地表达事物，让已经有原始形态和神秘方言的孩子们能够辨别。

我们对于"最"的尊崇使得我们为那些被称为人类最基本经历的东西所激励和启发（如此激励和启发，是因为这是唯一考验），我们对于表达的一些特定例子独特价值的认同应该让我们打开视野，认识到自己对一直等待着充分肯定的事物的无视。这些事物一直等待被我们从奇妙神圣的大自然幽深中发现并认同。有些东西，小孩在说话还结结巴巴时候就试图表达出来，但孩子的长辈却只能明白由于不善表达的口吃，或是不符合传统语言表达规范而造成的磕磕巴巴和荒诞不经。

伟大的上帝了解孩子并告诉我们应该要像他一样。但我们却认为孩子会慢慢失去自然赋予他们的识别和展现的本能，并成为像他们长辈一样的人，舍本求末地仅仅满意于表达的各种模式。当然，在这里通过纯粹的专横力量去取得胜利是完全不需要的。我们中的其他人则成为人类丰富的表达财富的倡导者、守护者。但即便是天才也会畏缩不前。演讲者、作家、听众和读者，会受自身挫败的表达习惯所影响。事实上，天才从来没有真正值得钦佩的观众。他有的主要是有敌意的、冷漠的或卑躬屈膝的群众，最后一点也许是最糟糕的。然而，观众来到世界上，去理解并受到启发，并且不同程度地回应他人。但是我们的共通本性的核心很少有赏识性接纳的种子。

近来，在科学意义上，自然对于解释有所贡献。然而即使有语言障碍和混乱（大多是非常没有意义的），许多最为重要和恒定的指数表明在所有训练中，表意学的训练自始至终是最为迫切的。

只有这样，才能得到充分相互理解的回报（"Significs and Education"，1911 年 3 月，Petrilli 2009a：512—514）。

4　对话中的生命科学和人文科学

4.1　表意学的跨学科旅程

维多利亚·维尔比在其表意学中形成了她关于意义和表意过程的理论，并持续记录她所处时代的新理论视野以及科学发现。表意学对科学中的进步相当敏感，尤其关注生命科学甚至更为关注生物学。在此语境下，表意学回应的是进化论及其对整体星球生命概念的影响。作为符号和意义，无论是实践的还是智力的，表意学关注一切生命领域和整体经验。维尔比在 1903 年的《何为意义》一书的以下段落中很清晰地表明了她的态度：

> 因为科学是这一哲学的条件，通过向这两种思想的追随者解释，它将相互关联并包括所有其他的思维模式；它将把区别提升到最高点，以丰富最终的统一性；它永远不能把区别与分离或分裂混淆。简而言之，科学专注于"意味"，以及我们在延伸和转化时未曾使用的方法，或是被其同化和成长，它会让人们意识到能够具备能力和行业领域经验，从而必然在任何衍生的意义上揭示这种生命和世界，可以和太阳的力量以及太阳系进行比较，而科学和哲学都属于浩瀚的宇宙。[Welby 1983（1903）：26—27]

> 科学再次警告过我们不要依赖工作经验，在事实观察中找寻"意义"，如同获得真知，将成为她调查和实验的"价值"以及感官信息的解释者。正是科学最终给我们施加印象，让我们意识到科学性想象的权利与义务，这种想象敢于尝试所有事物，因为它可以控制所有事物，因此向我们指出事物感官之外的要点，甚至超越事物的意义，为我们指出它们的意味，它们最高的价值。[Welby 1983（1903）：30]

表意学跨学科的使命在《何为意义》一书中透过多种描述而清晰地呈现出

来，维尔比的其他作品也是这样。表意学分析了经验和表达的"表意属性"，无论它是间接或直接，是言语或非言语。比起当下的新独立科学，表意学像是一种方法论，其任务是连接和强化现有科学的解释和创造潜力，指出理论趋势和实践应用。不仅如此，表意学将目光不仅转向经验的科学－哲学领域，也转向其共同性：

> 表意学声称能够集中和协调，解释并联系，关注并实现所有真正教师们的努力，来得出所有形式下的经验意义，并以此将各种表意属性的运用清晰而确切加以分类——展现出感知、意义和意味的区分不仅是合理，也孕育了实际问题。[Welby 1983（1903）：54]

4.2　进化论视角下的感知问题

除了她的意义三分语境下的价值——另外两个术语被称为"意义"以及"意味"——术语"感知"被赋予了不同意义，从有机的到无机的，从行星到宇宙，从社会人类学到生物符号学，从语言－语义学到语用学和伦理学都有。在对"感知"的范围和含义的不同描述中，维尔比将经受环境刺激后有机体直接和自发的反应主题化：符号由解释有机体产生，因为它对其他具有一个特定含义，一个特定指涉的符号做出反应，转而又直接或间接引起新的回应。有机体的感知基于表意过程的发展以及人类世界中符号秩序的感知和价值特点，在动物层面或者更广阔的生物层面做出回应。维尔比将有机体与符号相互联系的状况在意义的不同层级中主题化，并且认识到有必要充分理解人类行为和经验价值之间的相互联结：

> ……生理学家和心理学家都告诉我们，有机体就是我们将其称为物质或物理世界的"环境"息息相关的能量丛，不仅如此，它借助调整过程而生存与坚持；由此可见，不适应者将会被淘汰（这种不适不会被调整，不能使自己适应周遭环境或使周遭环境适应自身）。我们会充分"接触"自己生活的世界（包括所有感官），由此我们生存并繁衍。现在当感知变成这种适应的典型手段，我们可以说，在任何意义上讲，感知这个词是描述此生以及这一星球上的"经验"的价值的一个恰当用语。
>
> 然而，我们与次于人类甚至是生命的原始形式共享这种有机体形式的"感知"。在人类起源中，凭借什么去和这个星球或者太阳系中的其他行星的整体单位做比较？它的更高形式不但可以体现在词语含义，或理智的人

或共同感知中，而且可以用意义（如果用词准确的话）来表达，从后者的角度来说，那是一种意志、意图、立意、合理性理想化的感觉。人类看到并处理意义，因为他是比这颗行星的次等世界更伟大的集团成员；他意识到其"意义"，与它之外，周围和在它内部事物之间的联系。整个动物"王国"（如果植物不算的话）共享这个感官世界；意义感知的出现——最高级的一种感知——标志着一个新起点——它开启与众不同的人类纪元。

科学在这里又一次成为启示者。科学想向我们显示我们全部的"能量"都来源于太阳；它必须涉及为什么是"超越"，什么确实"超越"了我们这个世界的界限以及我们的交际手段和途径。不仅如此，若没有宇宙间传递的"震动"，我们就不会说话……［Welby 1983（1903）：27—28］

维尔比已在早期的工作中预料到自己的立场。"意义和隐喻"以及"感知，意义和解释"已经分别出现在 1893 年和 1896 年的《心灵》（Mind）期刊上。在她 1897 年的《感知的微粒》中，她证明有机体感知和人类感知之间，特别涉及语言、智力、审美和道德层面意味相互间的密切关系：

感知？何为感知，我们研究它又意味着什么？看见、听见、闻到和碰触？或是说，它属于某些单词或者词语？或是某种我们欣慰地表示彼此珍惜的属性，那是一个理性的人，一件理智的事，我可以看出那种意义来吗？或者它是一种微妙的我们称之为相聚的意义，一种否决感、责任感，一种关乎时代或种族的宗教或哲学意义？当这个问题被第一次提出时，有一种反对声音认为"触感"和"语感"之间没有任何可寻的联系。现在穆雷博士（Dr. Murray）已经证明这种联系也许存在。所以，当我们追问感知为何物时，也许会得到一些新答案。我们需要一种新意义上的理性之人。（Welby 1897：7—8）

"感知""意义"和"意味"是维尔比提出的意义三分的三个术语，她根据这三个术语对符号进行了分析。她的考虑令人想起查尔斯·莫里斯的将符号秩序的生物学基础理论化，正如他 1993 年出版的《象征主义和现实：心灵本质研究》（Symbolism and Reality: A Study in the Nature of Mind，是他 1925 年的博士论文的已发表版本，参考 Petrilli 1999）书中提到的。鉴于此，维尔比在《何为意义》一书中提出，有机体感知和符号感知这一感知的双重指称，是人类行为横跨智力、道德和美学领域表意连续性的前提。艺术家将生活素材塑造成一种有效的美学复合体；而文学作者则大都欣赏和增强口头语言的"感知资源"。将理性和论证相互联结，他们同时都与智力和理智相关。这就表明

"意味"通过推进感知"与"意义"，必然与理智有关联，因而被置于表意潜能的最高层。用维尔比的话来说：

> 在所有意义上，感知都可能被称作智力、道德和美学世界之间的连接或关系。因为所有意义只有凭借感知才能发挥可能的作用。双重指称就是指这种状况。人们可以料想，未来老师和考官会看到这一工作的必要性（发展成为意义和意味），即从新中心向外发展为向内的新圆周。我们把两种事物称作无感知：（1）无意识的，（2）无意义的。因此，我们实际上确定了通过意识第一次昏暗感觉，提升到了智力，伴随着从最广义上的表达的感知（当然是从动物世界先开始），上升到表达的意义（例如，它的意图意指），并最终到达它的意味；由此成为感知和意义的最高形式。例如，再一次，在新的意义上说，思想中没有任何东西是没有意味的；"除了智力本身"，我们无须添加感知的延伸感知，因为无感知永远不可能是智识；也永远不可能合情合理。它本质上不仅是无意义的，而是微不足道的，"可以忽略"的；这也是无须考虑的。
>
> 从这个意义上讲，智力存在于感知，尽管是通过潜在的保证和效力，正如感知反过来存在于（不是指物质而是）"运动"和"变化"中一样。通常我们需要语言来描绘我们所见的物理"运动"形式。当我们说我们被深深感动或鼓动，我们讲的是满满的能量，敏捷的思维。我们暗中承认物理运动能够被翻译成我们视为"更高级的"事物。但是存在的两种模式不能被混淆，就好像"实在"或"存在"一样必须被仔细区分。智力的定义始于"意义"阶段，本身可被理性超越。然而在这里，我们必须谨防将理性的优越性压在智力或"理解"之上，在对理性的似是而非的呼吁下，采用一种反抗逻辑自然法则权力。为了表明理性主义和理想主义，感觉主义只有把感知包括在意义－感知里。我们需要一个词来符号化因此达成的综合整体。反之，不仅是理性主义，而且是柏拉图主义都只有将充分意义上的感知包括在内才能吸收感觉主义。令人欣慰的是，在英语用法中，理智远未超越智力，它与感知同属一系；而它与理性同样紧密结盟，这不仅是事物的最高意味的不可或缺的条件，而且也是事物的可理解的意义的不可或缺的条件。[Welby 1983（1903）：48－49]

维尔比致力于意义的一般理论，尽管她的主要兴趣在人类世界中特定交流的口语。她描绘口语是我们掌握的最有表现力的人类符号体系，尽管她的方法不至于有人类中心论角度的简单化倾向，也不会走向语言中心论、语音中心论或种族中心论的极端。维尔比通过和生物世界的类比来讨论口语，因为要证明其生物属性，即被描述为表达和交流的基本特征的"可塑性"。听上去似乎似是而非，可塑性被认为是确保精确度的条件。

> 我们确实想要真正可塑的语言。生物学家告诉我们生物的僵化活动永远不能确保精确，实际上毁了它。有机体只有在适当处理好每个愈加复杂的紧急状况才能存活。只有类型持久性与最高程度的可塑性相容才能具备在种种情况下都能应对的适应特性。[Welby 1983（1903）：60]

此外，人类和非人类表意行为，在有机－生物世界中的语言与表意现象，以及感知的不同领域之间的生成的和功能上的相似性，被描述为超出类比幸福的同源相似性。单词和语境是一种相互调适的关系，从这点来看，也是一种类似于有机体和环境之间的同源关系。语言的可塑性是表达潜力和意味发展的必要条件，在使用"坏的语言"而造成语言可塑性确实时，它就应该被恢复：

> "坏的语言"这个词组应该获得更为广义的应用，包括话语的浪费和误用，语言滥用，表达混乱，艰难习得的语言退化和缓慢提高的语言标准……语言是人类最珍贵的"工具"，……和其他智力活动相比，语言依然令人奇怪地落后，……无论是干涉经长期而艰难习得的表达财富，或是在最低程度上滥用它的区分能力，都被看作是道德上的瑕疵。[Welby 1983（1903）：63－64]

维尔比的立场得到了哲学家费尔迪南·S. C. 席勒（1864—1937）的赞同，她于1900年与这位自1897年起就在牛津大学教书的实用主义者相会。她与后者的通信始于1900年，一直持续到1911年。席勒同样将可塑性原则置于他构想的称为"人本实用主义"思想体系的中心（1907）。他也认识到和口头语言有关的可塑性原则方法论的重要性。然而，和维尔比不同，他不相信语言可以被完善，无疑不会到她预示的程度。他虽说是维尔比最尖锐的批评者之一，但大致说来其理论与维尔比的意义理论和传播理论一致。除了分歧，维尔比和席勒都批评了他们那个时代甚嚣尘上的牛津哲学，尤其是由弗朗西斯·H. 布拉德雷、阿罗德·H. 约阿希姆、伯纳德·博赞基德构想的形式逻辑。席勒（1912）也批评了伯纳德·罗素的思想体系的某些方面。

依据他们从过程、能量、活动、移动、变化和行为方面来形成的思想－语言构想概念，维尔比和席勒同时批评了"纯粹思想"的论点。因为根据普遍和永恒法则，无论思想、语言和意义都不能固定。在1920年的"'意义'的意义"牛津研讨会上，学者们围绕意义问题展开了公开辩论，主要发言人包括席勒、罗素和约阿希姆，也有阿尔弗雷德·西季威克（Alfred Sidgwick）和《心灵》期刊执行主编 C. A. 斯特朗（C. A. Strong），后者在期刊上以同名标题发表了辩论结果。

宇宙中人类的出现和人类时代的历史，是一个从原始生命形式向更先进表达的进化发展的阶段，它归功于发展趋势，被科学进步增强，如人工智能、机器人等，超越了意义的界限。依据进化理论，维尔比讨论了人类的知识和领悟能力（她以开放和批评的思维进行阅读），她不仅记录与生命科学相关的进步，而且关注宇宙学和天文学的进步。与她提出的"感知""意义"和"意味"的意义三分相一致，她将意识和认知分为三个阶段——"行星的""太阳的""宇宙的"。从与视觉相关的隐喻出发，智力作用、美学和道德扩展，涉及从"直接"和"双重间接"的过渡。从直接可见的到想象隐形的，运动的超越，再到无形的运动，这不仅要归功于"演绎""归纳"类型，还包括被皮尔斯称为"试推"的推论过程：

> 所有"行星"知识都是直接通过观察和实验或是归纳演绎过程来获得。我们和所居住的世界充分"接触"。相反，"太阳"知识与此不同。我们可以间接探索太阳及其姐妹行星，这在以往将太阳称作固定的恒星，甚至超出这些的不可测量其深度的情况下是不可能的。"宇宙"知识从某种意义上来说是双重间接的，就好像我们需要第三个和光谱仪相当的工具来绘出发现的恒星光谱，以记录附属于望远镜的照相底片。

> 思维体系可能是关系、解释、解放的手段。也可能吸收其他承认可信的体系，也从特别角度或特定意义上觉察到自身的不足。这里形成的所有体系都可假定是行星的；举证责任多指向思考者。该证明必须依赖于预测以及任何系统的协调和吸收能力。[Welby 1983（1903）：94－95]

除了人文科学，维尔比在硬科学和自然科学方面紧跟最新进展，其语言可证明。事实上，维尔比使用的全部意象都源自人体生理学，她特别讨论了眼睛。以下段落中，她在视觉的"专注于无穷"和人类思考无穷的倾向之间进行了类比：

> 当然，我们必须记住两件事。第一件事指当我们类推性地运用视觉的生理过程，我们一定会注意一切可能所知的真实事物。因此我们没有权利说眼睛，仿佛它只是调整观察近物，需要拼尽全力应变来识别远的事物（我们也常将哲学和科学或实际生活对立起来），相反，眼睛"专注于无穷"；我们需要肌肉努力来感知视觉。另一件事是我们不仅要通过感官窗

口注视和我们自身世界一样真实的广袤恒星宇宙，一个不仅是望远镜揭示的深邃没有极限的宇宙，而且是我们用机械眼（感光板）应该"观察"和记录的超出望远镜展示给人眼的更远的恒星和星云世界。［Welby 1983（1903）：103］

表意学的任务是发展一种新理论，能够根据自然科学的进步而重读人类历史——即符号和语言，行为和信仰的发展。结果是维尔比超越了米歇尔·布雷亚尔从"语文－历史"语义学角度的意义理论研究界限。事实上，她没有将注意力局限在如今涉及的言语行为理论或文本语言学。维尔比表意学关注表意过程的进化发展，以及人类的感官、认知和表达能力发展。在此框架下，维尔比意义理论解决了意义和语言问题，同时记录了语言和非语言符号，人类和非人类的符号，有机体和无机体之间关系。就此而论，维尔比的研究可以被描述为今日由托马斯·A. 西比奥克代表的生物符号学先驱，后者探讨了符号过程和进化，符号过程和生命之间的联系。

维尔比的语言、意义和知识概念都和哲学传统相关，该传统可以追溯到赫拉克利特和巴门尼德，她重新考虑了这一传统，根据一方面可变性和转换性，另一方面不可变性和稳定性之间反差形成的现代争论。我们知道维尔比对其时代的智识氛围和自然科学进步很敏感，这主要是由查尔斯·达尔文的进化论引发的，她阅读了其中关键部分。文化革新由进化论决定，引发一个彻底的人类新概念。在维尔比时代，这一世界的革命观达到顶点，和她描述的"科学和批评时代"的历史－文化史的阶段相一致。

达尔文的划时代著作《物种起源》出版于 1859 年，在批评者和拥护者，科学家和传统神学家之间引发了激烈辩论。托马斯·H. 赫胥黎（1825—1895）站出来支持达尔文理论，其批评态度为维尔比所欣赏。他们之间的通信从 1882 年持续到 1885 年，节选编入《更广阔生活的回响》中（Cust 1929：81－82，102－103）。达尔文生物变异学说和附加的自然选择学说动摇了奉行神灵论者和坚信神性统领世界不可置疑信仰的基础。人类只是自然秩序的一部分，服从于调控地球生命的进化法则。

如上所预测，依赖来自有机体世界的修辞性语言是由进化论统治的时代文化氛围的反映。这是欧洲文化价值观的一个深刻转变的时刻，一个过渡时期，维尔比不仅将之比为哥白尼式革命，而且和培根派哲学相比较。实际上，神学偏见是既过时又脱离常规的概念术语暴政，是一种倾向于教条主义的语言工具，且始终具有威胁性。正如维尔比在《表意学和语言》的开篇说道（1911）：

可能有许多人模糊地认识到，而且会初步承认，我们目前在机械力量和控制方面的巨大发展可以用心理学术语来解释。这想必不仅会影响怀有强烈和无限目的构想和运用这一能力的人，而且关系到思想者精神领域本身的内容和范围。

我们即使不是实际推断，也会觉得人类思想正处于相应力量发展的门槛上——19世纪"新生"的科学方法只是这些发展的序曲和预备。实际上，我们如果否定这一结论，或者反驳这种说法，我们可能最终会阻止这一发展，或者冒着以不良形式出现的风险，就像三百年前一样，科学发展精神就在接近成就伟大事业时遭遇羁绊。部分解释和如今的情形类似……因为在前培根时代的现象研究中，对"事物起因"的探询，被神学的成见和公开指责阻挠，将现实排除在宇宙之外，取而代之的是进行人和自然的所有研究或讨论中自信地占据主导的知识术语。向前跨出的一小步主要是突破传统术语障碍的结果，排除虚构的公理，直达事物本身，以理解它们为"自己"所要展示的"全部"。所有条件——尤其是至高条件，一个迫切需求——都存在于第二且相似的前进步骤中，但它们处于另一层面且朝向更高的目标。迫切需要的全新进展即将来临，它应该不仅是培根式研究的延续，或者是通常理解的有关物质系统特性的一系列推论的数据积累，而且是解释对于生命和思想合理条件的、大量获得的知识的最终转化。但是人们没有成功实现这一转化——将宇宙知识道德化和人性化，将此统一并和他自己合为一体——他的思想拖了后腿，在精神层面上他落后于其经验。我们在这个时代的确远远落后了，没有成就这一伟大而普遍的转化。这一失败主要源于我们都忽略了清楚表达及其本质、条件、形式和功能范围，及未实现的潜能和全部价值或意义。因此如今被称作表意学所要传递的第一个信息就是我们必须修复这一实在不人道的错误。我们如今必须要学习准确表达，就像我们一直以来研究"本性"和"心灵"这两个术语的不同范畴那样。[Welby 1985（1911）：1—3]

对维尔比1890年之前十年研究起决定性影响的东西来自《已故的威廉·金顿·克利福德的讲稿和文章》（Clifford 1879）。其时维尔比发现了"归纳推理"方法，这种方法可以与乔凡尼·瓦伊拉蒂（Giovanni Vailati）称作"假设性演绎推理"的实验法和皮尔斯的"试推法"或"溯源法"联系起来。受到克利福德《讲稿和文章》的影响，维尔比在追寻经验的主要因素时，注意力从哲学和心理学转向了生物和物理。在维尔比努力解释语言发展、意义和表意过程中，她放弃了演绎推理并采用试推法，遵循从结果到逆推到后面的情况，也就是通过生物学从哲学和心理学到生物学，再到生存的基本要素的过程。用维尔比的话说是：

> 两三年前，我发现我是从错误的（就解释来说）—演绎的—事物的结束而开始的。所以我强迫自己一步步改回来，直到得到被大家都接纳的最主要的东西才满意。从生物到物理甚至是经验因素，其都起源于哲学和心理学，我发现甚至到处依然存在需要优先考虑的问题：时间和空间、运动和质量、身体和意识等意味着什么？"思维"和"自我"，"理性"或"道德感'指什么？让我惊讶的是，我仿佛发现没有人像我一样提出过这个问题，或者公开认识到变化可以说是构成所有延续的基础。科学家们承认遇到这样的问题，只是重述一般立场还不够，无论这些立场有多强大有力，它们值得留意的地方只是假定可能源自经验的更深层，带给我们新的重要信息。所以作为预备，为我们提供现实的真知识的"序言"，我们需要新科学，变化中的意义科学，或者"语义学"（Cust 1929：268）

在现实中，维尔比对在她所处时代中正式实施的语义学持批评态度，她在拒绝一系列术语后，引入并创造了"表意学"一词来表明自己的符号和意义研究方法。"语义学"以外，这些术语还包括被阿尔塞纳·达梅斯特泰（Arsène Darmesteter）理解的"语义学"（Welby/Lloyd Morgan 1889－1891，Cust 1929：276），"语理学""规约性""感知学"（参见 Welby/Norman Pearson 1888－1890，Cust 1929：239）以及"符号学"为她提供了参照。根据明确的生物－哲学或生物符号学的方法，今天我们会说，表意学意图作为一种详尽探讨生命中感知，意义和意味的表达的科学，人类世界中的口头语言被认为是我们掌握的最具有表现力的符号体系。

4.3　新哥白尼革命

从 19 世纪 80 年代末到 90 年代初，维尔比的通信更多地集中在对科学和哲学的辩论上。与其通信的著名人士包括弗雷德里克·哈里森（Frederic Harrison）、弗朗西斯·H. 布拉德雷（Francis H. Bradley）、查尔斯·梅西耶（Charles Mercier）、休林斯·杰克逊（Hughlings Jackson）、乔治·J. 罗马尼斯（George J. Romanes）、沙德沃思·霍奇森（Shadworth Hodgson）、安德鲁·朗格（Andrew Lang）、奥古斯托·沃勒（Augustus Waller）、奥利弗·洛奇（Oliver Lodge）、乔治·克鲁姆-罗伯逊（G. Croom-Robertson）、弗雷德里克·波洛克（Frederick Pollock）、劳埃德·摩根（C. Lloyd Morgan）、约翰·廷德尔（John Tyndall）。那些年维尔比就科学议题写了一系列论文，并分发给通信者以求得到批评反馈：在写于 1886 年的"三阶段法则"中，她将进化法则运用到行为习惯、思维发育、伦理和玄学问题，以及思想、情感和行为关系上（F. H. Bradley/Welby，1886−1888，卡斯特 1929：167−168；W. K. 克利福德夫人/维尔比，1886−1888，Cust 1929：168−169）；《太阳学的进化》也写于 1886 年，引发了关于的宇宙日心说论缺乏对认知条件进行相应的思考基础的讨论；维尔比同时期的其他文章和其通信讨论的有《心灵进化有中断吗？》（1890a，"Is There a Break in Mental Evolution?"）和《思维进化中的明显矛盾》（1891a，"An Apparent Paradox in Mental Evolution"）。

维尔比所处时代的科学发现促成的新哥白尼革命的产生了更为深刻的、对于宇宙动态秩序的理解。维尔比的目的是将规范其发展的规则应用于人类宇宙，特别是关于认识论、认知和伦理秩序的问题。她写信给林恩·林顿（Lynn Linton）：

> 过去我们认为万物以地球为中心，如今我们认识到了这种错误。如果我们要领会或掌握太阳系的特性和法则，则须从太阳开始，而地球不过是其中一员……
>
> 为了坚定地宣扬那些似乎令我们失去希望的对于真知的忠诚，而这真知像哥白尼天文学一样，从我们的思想世界脚下撕裂和动摇曾被视为永远固定的信条，这是我们可怕的责任和负担。我们必须接受这艰难的教训，而不是苛求支持信仰世界的基础，我们不得不寻找地球万有引力平衡，寻找吸引力节奏，即整个世界围绕着"太阳"，处于一个巨大的、无"根基"又无止境地螺旋式上升运动过程中。（Welby/Linton，1886−1888，Cust 1929：177）

如上所示，维尔比在写作和通信中常常强调内在联系的条件。生理和生物科学知识的进步被运用于社会和心理问题，显示存在于不同领域的关系，精神生活在其各种表达（精神活动、大脑活动、社会和个人的"精神有机体"发展）和物质世界之间的关系，例如物理学和形而上学之间的关系：

> 要知道我们的使命和作为细胞单元的局限，是最珍贵的品质之一，但如果没有和生物感知互补的话，这会成为最大误导之一……经验显示，除非在最表面或传统层面上，你无法将精神活动领域隔绝对待。而在生理学领域，这肯定尤其如此。我们不能在物理学和形而上学之间建立无法穿透的混凝土墙。固然我们不能划界限说，在这里视觉神经—行为结束，而在

那里开始——不管你为什么喜欢称元－神经。如你所说，双眼视觉是最后的身体接触。但当"知识""记忆"以及其他叫作"心理体验"的术语一旦流行起来，我们立刻感触到海洋像水或像空气，遍及并流淌我们之中，吸进去或吐出来。（Welby/Waller 1889－1891，Cust 1929：262）

宇宙的动态性和多维度是由节奏和曲线以及天文科学所确定的引力所推动的。所有这些都使基础的和绝对的观念，决定性的和不可逆的观念陷入危机。连真知都以新见解出现，它也会受到审问和遭遇不稳定的影响。在一个动态宇宙中，一切都处在运动中，并不断修正："在之下"易于转变为"在之上"，"物质"变为"运动"，"神经活动"转为"心理活动"。关于后者，维尔比正确地指出缺乏一个分界线：伴随的"物质"身体心理活动，不亚于和身体本身的微妙和敏感相关的表达。

　　假定（像我一样充分）细胞中期分裂和运动是不可分的，不是绝对的但实际上和相对不同：在哪一裂变点我们可以假设它会发展为心理活动？假定分析手段比我们称为物质身体的最终构成要素要精妙和透彻一百倍，而且通过最新进展的辅助手段，我们重新发现，身体要远低于或高于目前感知范围的所有组成部分：我们不该期望相随的心理活动只是更为细腻敏感？因为微妙而超出我们视野之外，甚至像肉眼观察忽视了石英纤维？（Welby/Morgan 1889－1891，Cust 1929：276－277）

在《何为意义》中，"语言"是符号系统，因而"意识""智力""心灵"三者都被描述为在人类社会中他者的生命动态表达的运动："语言如今被承认首先是可识别的'运动'；它起初代表行动而非物体。尽管有例外，语言主要的象征性是活跃的。所以我们可以说是达到一个真正的'中期中裂'，在被称为'意识''智力''心灵'的特别形式中持续存活。"［Welby 1983（1903）：192］

从宇宙符号学角度来看，无论我们关注宇宙微观世界或宏观世界，原子化物质或原子俘获的宇宙能（参照德勒兹，加塔里 1999），物质的固态性和实质性不久就会显示是错觉。事实上，物质是运动和行动，究其本身来说属于存在的动态阶段，以致物质的连贯性和反抗力由自身的能量和活力决定。维尔比在属于初阶的思维和行动和属于二阶的物质之间建立了联系。在此框架中，她抓住了精神的物质性，最终是能量的物质性，她将此描述为"抵抗力"一词。在此她超越了唯物主义和唯心主义的局限。正如她在给林顿的信中所说：

　　……你还未把握我的关于唯物主义的想法。我不相信有这样的东西，尽管毫无疑问有这样一种东西一种土质，甚至它也可能是肥沃的，一个专利过滤器和除臭器。但也存在具备口头表达性功用的土壤。……我们对物质所知的一切是抵抗。如今作为精神的终极能量，它暗示了抵抗：也就是物质的想法存在于"精神"中。（Welby/Linton 1886—1888，Cust 1929：175）

根据物质的动态本质，物质和运动和转化能力的关系，维尔比证明了观念的"物质"本质和我们可以称之为她的哲学的"唯物主义的"特性。她声称她的"唯心现实主义"变成了"真正的唯心主义"。精神、观念、表达都是能量，而能量像物质一样具有抵抗力，因此我们才可以谈论精神的和观念的物质性。更有趣的是她的物质、精神、观念概念和"抵抗力"，这里我提议理解为"他异性"之间的建立的联系。

翻译为符号学术语后，我们可以将"抵抗力""他异性""符号他异性""表意他异性"等概念联系起来理解为"他异性的抵抗"（Petrilli 2010，第5章，2013：59—62）。符号、语言和意义被赋予他异性，由于他异性的物质性，因此它们能够抵抗任何解释项的全面把握。符号总能呈现他性界限，而就解释项符号而言是符号的他者。这使得人们对先前符号进行不同解释成为可能，并使表意潜能得以提升。物质的"抵抗"，精神、观念和"口语使用"的抵抗都是他异性的抵抗，也就是符号他异性的抵抗。在给埃德蒙·麦克卢尔的信中，维尔比说明了其唯心主义和唯物主义关系问题立场，这是那个时代的核心辩题：

我的立场是唯心的现实主义，吸收、消化唯物主义，并将其转化为生命组织。这一部分是核心概念从物质转化为运动，从次等、临时、偶发、辅助的静态过程转换到原初的和独创的、指导的和结构的、进化和执行的动态过程。因此，我的唯心现实主义变为真正的唯心主义。它拒绝圈于以下"观念"，自我标榜，藐视大量事实，因自以为是而受罚，因沦为悲观主义或教条主义的自然猎物而受罚，或因纯粹疯狂的自我崇拜而受罚。它触及科学唯心主义的内核，将归纳尊崇为和现实的思维连接和知识的圣礼：归纳的神圣仪式是观察，假说和实验验证。（Welby/Maclure 1888—1890，Cust 1929：232—233）

在给麦克卢尔的另一封信中，维尔比根据她有意施行的七条原则来描述一项研究计划：

……我很明确在我一生或是接近一生的时间中，我有过一些想法，每天都在和科学发展的前沿出乎意料地不谋而合（我想我已告诉你，这是由克利福德教授的论文最先引发的，可谓是从另一端开始我的所有思考）。

以下是其中一些原则或是观念：

（1）反转。将任何思想和观念当作可逆转的工具或机器，将它反过来用于检验。我也是在仅仅几天前才发现，物理学家告诉我们能够反转的机器才是完美的。

（2）翻译。经验的每一部分，尽管围绕自身发展，应当能够被转化为他人经验，并由此方法来检验。

（3）"心灵"的三层次或三等级；据我所知由休林斯·杰克逊博士（Dr. Hughlings Jackson）的神经系统观拟定并运用到心灵中。

（4）强制力或推动（或温和提示）力的有机层，在字面和隐喻义的边界起作用（参见"有机记忆"，是哈特曼所说的"无意识"）。这让我们回到《新科学》的

（5）语言——修辞、隐喻等——它再次将我们带到人类的思想史和思想过程。

（6）空间曲率。我总是感觉曲线是个比直线更基本的观念，因为如果你画出一条明显的直线，只要够长，它便被证明是曲线；而你如果画一条曲线，无论多长都不会变直。我也总是视曲线为第三类或最高类型的运动，且是形象描述的秘密所在，因为有机体都是曲线，只有无机物才有角度。因此我关于人性或历史图解总是曲线的和开放的。

（7）用动态代替静态。任何地方一块叫作"物质"的东西可理解为是能量的复杂体。这"东西"总是次等的、临时的；而动作总是主要的、永恒的。这里有身份秘密、"形式"秘密以及"特征"秘密，凭此我们逐渐认同和认识个性（我总是感觉我不是一个块状物，而是一个运动；我因为氧化的旧概念而苦恼。现在我知道我是熔炉，而不是燃料，我感到了满足）。

这样我们就回到"道路，真知和生命"。除了过渡手段原则，"道路"是什么？是方法。留下的命题，被充分又正确地使用——作为前行的道路？那真知呢？它是取代进步的固定产物，是道抵达终点的静态目标？它是块状物，是物，是不变地存留在无情的僵死中的某种存在？不，它是不断变化的活动的复杂体……那生命呢？它不是将生命从"无生命"中区分出来的活动吗？生命不是一阵脉搏、一次心跳、一个震撼、一次呼吸、一次显现，一个表达，一个词语吗？

在所有地方和所有方面我发现，这些思想尽管粗糙，但都和先驱者们的科学发现相吻合；如克拉克·麦克斯威尔（Clerk Maxwell）、汤姆逊（Thomson）、赫兹（Hertz）；或像伯登·桑德森（Burdon Sanderson）和门捷列夫（Mendeléeff）——更不用提其他如雷贯耳的名字——如赫胥黎、廷德耳、卡尔·皮尔逊。（Cust 1929：265—267）

4.4 人类表意过程和理解力发展

通过对心理学家、哲学家、伦理学家、人类学家和科学家的研究，包括查尔斯·达尔文、C. 劳埃德—摩根、麦克斯·缪勒、赫伯特·斯宾塞、威廉·詹姆斯、乔治· H. 刘易斯、托马斯· A. 赫胥黎、A. 兰格、A. W. 豪伊特、泰勒、詹姆斯·G. 弗雷泽、约翰·杜威和其他人，维尔比发现了人类物种进化中的一个悖论。进化看起来是有机体和外部世界动态关系的开放的和未完成的结果。这一相互关系彼此回应，世界将"实际意义"赋予有机体，继而有机体改善这一世界。然而矛盾的是，这种互惠会因被认作是"脑力或智力"新形式的"有机能量"逐渐出现而终结。人类参与世界的发展，开展包括人类动物一系列实践。但是这些实践特点是浪费，表现在时间、工作、健康、能量、食物、庇护和受害者——人类牺牲，为了并不存在的实体、神灵、死者、"鬼魂"和相对应的利益。结果是有些和想象生命相关现象似乎在表达上呈现退化的趋势。该倾向可能因一种错综复杂的过程而造成，此过程分散了直到那时用于生存和发展的能量。比如，某些原始部落实行的死亡崇拜有时是如此繁杂以至于让生者的生存很困难。有些"畸变"和"反常"的人类行为在实践中演变为极端惯例。在以上提到的两篇论文中，《思维进化有中断吗》（"Is There a Break in Mental Evolution?"）和《思维进化的明显悖论》（"An Apparent Paradox in Mental Evolution"）以及后者摘要中，维尔比审视了这些议题，另两篇值得一提的论文是《民俗的意味》（"The Significance of Folk-Lore"，1892）以及《何为意义》的第二十二章和第二十五章。

主流人类学理论认为原始宗教是人类心智发展的早期阶段的重要表达，如上所述，预设并概念化有机体和环境相互关系中的一个可能的断裂；相反，维尔比批评和拒绝了这种假说，并着力表明其立场。她将有机体和环境关系的连续性进化加以理论化。为了支持其论点，维尔比确定思维发育分为三层或三个中心：感知层、想象层、智力层。最初，维尔比将貌似和连续性原则相悖的社会文化实践（如死亡崇拜）（Welby 1890a）解释为原始人"糟糕的翻译"运作。但当她继续其研究时，她寻找从对环境反应角度解释原始人仿佛自我毁灭行为（参见《何为意义》第二十二章和第十五章）。原始人的"感知框架"必然比"意义"和"意味"占优势，并受制于对环境的解释/翻译，如其实际反应所示：

> 有人建议，原始思维的感知框架显然完全占主导地位，其后可以被认为是对自然的不同领域有更为微妙的吸引并产生的反应（在特定大脑反应中增加的脊椎反应），而如今高度发展的意义框架，仍处于萌芽期；而我们默认的意味因素尚未被吸收。换句话说，智力的原始形式可被假设为对某种模式的能量敏感，这些模式被它以某种方式转化为某种崇拜，然后形成正式的教义；正如它被迫使将饥饿感转化为食物，在更高的阶段将整个经验转化为明确的陈述一样。只是在最后一种例子中，因为性命攸关，翻译表达必须是正确的；在间接形式刺激的例子中，表达是纯粹试探性的，因而可能错得离谱。即使其原则幸存下来，一方面是我们时代的高度科学化，另一方面是高度宗教化的、诗意的或者哲学的思想，而其早期运用仍然是既令人反感又难以置信的。
>
> 但从表意学角度来看，这会是我们所期待发现的。人的感知世界包括许多需要理性解释的意义－感知的学科训练。这种感知，这种对意义、意图、主旨、目标、经验"终端"的敏感，都直接和间接的感知——如今成为对意味的认可——在含义、重要性、终极价值、所有经验和知识的终极时分的感知中达到顶点。[Welby 1983（1903）：193－194]

最终，维尔比认为原始人的世界观和行为是他们对自然和宇宙整体的直觉和本能理解的实际转化。此外，我们在以后章节会详细谈到，维尔比深刻地批评了由哲学家、人类学家和批评家进行的对于原始思维的一般分析，她主要认为没有依据科学事实。

在这些讨论语境下，维尔比建立了原始人和儿童犯错倾向之间的比较关系（她的典型方式）。她在《思维进化的明显悖论》一文中说：

> 无疑（婴儿）常犯许多错误，成年人要求其改正。但这些没有在古老迷信中那样的偶然、一致和详细，也不会包括对死亡现象的病态担心和虚妄推理。只要是具有孩子的"泛灵性"，如赫伯特·斯宾塞指出，这就明显属于戏剧性范围。孩子生而是"模仿者"和"演员"。可以解释为人类在其孩童时代没有其他长者更好地教导他，他只能将想象定型，成为习惯倾向，将其组织和固化。然而即使这样，我们必须表明为什么较早的联系

会如此无效以至于允许这样的固化；为什么初期的修辞力会如此误入歧途。[Welby，Petrilli 2009（1891a）：212]

原始人的行动和观念是他们对于环境的感知的转化，是向更高、更复杂活动发展的前提，多亏"事物和思想间的坚定的一致性"（同上）。但如我们所见，描述为有机的或生理层面的发育无法在想象和情感生活中找到对应。这些反而会有所偏离而得不到改正的可能。从思维发育角度看，人类到达一个阶段就不再能够辨别对立事物，如幻想和现实、声音和回声、物体和阴影、事物和镜像、能量和物质，所有这一切都在梦中有所反映，这些对照是"普遍经验"的标志，至少有时候也会导致观念和行为规范的离谱和怪异："鬼魂"，死者的影子，相信在上帝和人类之间存在某种联系，共同形成自然家庭，以及受呼吸、回声、阴影、镜像和梦境启发的宗教崇拜。

维尔比质疑为何存在原始状态从一开始就没有转化为心智发育过程，在这个过程中，想象力和再现的新生力量在积极的、创造性的意义上得到了平衡和调节。[Welby，Petrilli 2009（1891a）：212]依据与一般进化过程的类比，她假设心智进化会开始于受共同感知激发的实践阶段，再通过意向生产传播到修辞阶段，到想象力、再现和意指。但和一般进化过程相反，维尔比在1890年的论文《思维进化有中断吗？》中声称，"鬼魂论"试图忽视实践阶段，将一般想象力转化为无联系的想入非非，即刻固定为持续甚至有害的行为实践，且削弱了现代时期的精确性（Welby 1890a, Petrilli 2009a：208）。在《思维进化的明显悖论》一文中，她引用了弗雷泽《金枝》（*Gloden Bough*）中的例子，观察到该研究似乎突出了一个悖论，即详细论述了浪费的形式，如"可能伤害一个社群未来母亲的不自然的处理"（Welby 1891a, Petrilli 2009a：220）。这在自然的、经济的趋势性预计中运用特别抑制力的情况也是如此。所有这一切的发生想必是和人类历史上更高层次的文化和文明成果基本上相反，而代表人类文明的有火与冶金术的使用，武器和工具的锻造，以及美学领域的成就［维尔比回忆了克罗马尼翁人（欧洲史前人种）的山洞壁画］。

这种类型的报告由不同领域的学者传承下去，并从不同来源进行汇报——科学论文、旅行文献、传教士记录。然而，维尔比对于这些报告在观察方法论后的回应是彻底批判性的，她对人类系统发生论中的明显矛盾的解释采用与主流方法不同的手段。她从进化角度主要关注表意过程及发展，特别是语言符号。换句话说，她是从表意过程视角探讨人种学-人类学-语言学议题，涉及三个话语层面：原始群落的语言和非语言话语、学者解释原始群落话语的话语、她自己的话语，也就是说，她质疑她对其他学者解释的解释，连同她对解释的直接研究对象的解释，以及原始群落话语以及他们对真实——或许是真的，或许是想象的——的解释。

维尔比强调"普遍推论的不一致"，即在错误前提下建构的推理。从这个角度看，她警告读者不要偏好在不能相互说明的范畴中来解释文化和人：

> 那么何处是缺失的一环？我们的心理和精神在崇高意义上的内在交融是最新的心理产物。

> 然而我们没有遭到语言歧义的背叛吗，并把这些想法归结于受到原始感知束缚的心灵？（Welby 1891a，Petrilli 2009a：221）

心智进化中断的假说可以解释由于牺牲时间、工作和受害者而被认为是荒谬和怪诞的祭礼的扩散；然而出于同样的原因，它无法解释"正确思想"的发展，或者是针对这类祭礼的批判能力的发展（Welby1891a，Petrilli 2009a：221－222）。维尔比摒弃了原始人类感知世界突然中断的假说。这一突变假说朝向一个非感知世界的转变，忽略了一种自然固有的"正确反应"倾向性，和在有机体和环境之间的创造性"一致"的可能性。相反，维尔比认为对于正确反应的倾向要能够欣赏、充分认可，并作为进化发展的驱动力加以理论化。她相信思维发展的突变假说和逆转并不正确，并导致宇宙中的进化运动形象遭到曲解。就后者而言，"真实的"和"重要的"被描述为突然让位，转而青睐"无依据的""无意义的"。相反，维尔比在有机体和环境发展和一致问题上，超过偏离假说，她支持连续性理论：

> 难道到目前为止，所有的先进理论实际上暗示着原始思维抹去了所有前－智力祖先的所有符号，遗留给我们可以找到踪迹的最早的后代，也就是一块实际的"白板"？难道它们不是全都包含着假设原始人会从一开始对环境做出反应，而不是从原生质时期和在原生动物温床中继承固有的正确反应或是回应的倾向，这种倾向只要在发展的每一个全新阶段都必然会得到延续和使用。（Welby 1891a，Petrilli 2009a：221）

在个体发展和种族发展的双重层面上，维尔比的心智及其进化概念可以和皮尔斯联系在一起，特别是他大约在 1905 年为《论坛》（*The Forum*）期刊所写的论文《逻辑和唯心主义》（"Logicand Spiritualism"，CP 6.557－587）。皮尔斯坚持意识和理性只是形成通常是无意识或半－意识的人类思维或心理活动的表意过程的表象层面。事实上，和维尔比一样，他相信无意识或半－意识过程，也就是他称之为心灵"模糊部分"形成了意识的主要部分，成为表层认识和推断的前提条件。与被描述为完全呈现在自己身上的笛卡尔的哲学概念相反，皮尔斯坚持"生动的意识，受制于注意力和控制力，包含我们在任何瞬间心理活动的一小部分"。在他对有全－意识的共同存在的无意识或半－意识的分析中，皮尔斯提出了三个命题："（1）心灵的模糊部分是主要部分。（2）它远比其余部分都准确无误。（3）它在感受能力上几乎无比微妙。"（CP 6.569）

在《思维进化有中断吗？》一文中，维尔比提出了假说，原始人对存在物施行的"糟糕的翻译"是由于他们掌握的分析和表达方法不够好。然而，她坚持认为，现代人能够对原始人进行客观化分析，却显露出完全缺乏对原始文化的理解力，也就是说，无法理解"他者"和"异质"文化。据维尔比说，现代观察者必须通过批评语言和意义来提高自身的解释能力，以及更好理解知识不同领域的最新发展，包括心理学或语言的心理侧面（Welby 1890a，Petrilli 2009a：208）。在《思维进化有明显悖论吗？》一文中，她构想并确定相对人类物种系统的两种解释；她明显倾向于后者，因为我们可以从她对"悖论"一词的描述中推断出"明显的"一词。

> 或者（1）我们假设心智进化的绝对中断或逆转；一个没有必要的前后矛盾阶段，发育中的想象力忽视拥有者这样的所有有序的反应能力，继而创造一出宇宙的滑稽闹剧；
> 或者（2）我们即使不假设，至少也要询问在原始宇宙学和自然史中是否存在外在事实的真实的"心理影子"的基本元素；与一系列完整结构、功能和有机反应相吻合的不中断的意识连续性反应；仿佛是一口含有合理建议的矿藏，继续促成越来越明确的表达。（Welby 1891a，Petrilli 2009a：223）

维尔比下结论说，如果我们必须提到"悖论"，它取决于原始人对于存在物的错误转化/解释；与此同样的是专家学者对原始部落表意过程和表达形式的错误转化/解释。从她预测全文的（心智进化的明显中断）"摘要"第16点中，维尔比得出结论，对以下两点解释进行评价：

> 如果我们选择前者，由此断定，原始人主要将注意力集中和利益牺牲都放在祖先精力往往会忽略的所有事物上。复杂的文明的确和外在自然疏于直接联系；但通过其最高产物——科学思维——会重获明显失去的联系，并给予我们如今称为科学真知的事物。
> 但如果我们接受后者，会发现许多看似完全没有根基或病态的事物可能是基本事实的错误转化。自然联系的连续性实际上是不间断的：我们所要做的是根据现代心理学发展，对意指进行更好地研究；特别是在最普遍

意义上的语言和表达方面。(Welby 1890b，Petrilli 2009a：210)

维尔比和德国社会学家费迪南·藤尼斯(Ferdinand Tönnies，1855－1936)都坚持需要一个共同术语工具作为批判性讨论不同思想、原则和理论趋势分歧的工具。藤尼斯参与了《心灵》(Mind)杂志的1896年举办的比赛，发表了论文《哲学术语》("Philosophical Terminology")，荣获"维尔比夫人"奖(Tönnies 1899－1900；Borrelli 2013)。维尔比和藤尼斯都批评一种理性式和机械式解释思想和语言的倾向，该趋势主要受到物理学和还原论的影响。藤尼斯发现对此趋势的批判式的反应源自生物学界新出现的生命论动向。

在《维尔比奖论文说明》(1901)中，维尔比就藤尼斯获奖论文进行评论，并提到她1887年的一部未曾发表的论文，《精神生物学》("Mental Biology"，Petrilli，2009a：464－476)。该文从现代的角度对灵魂和意志的概念进行了预测。此外，维尔比指出在藤尼斯和她自身立场之间对应关系，她从藤尼斯的论文中引用道：

> 灵魂中的精神有机体，如同身体中的大脑，由连接感知的可能和实际的复杂组织体构成，该组织的基本功能就是区分异同，同化和分隔，接受或拒绝，肯定和否定，在人身上通过拥有判断功能和思想的话语符号系统而得以完善自我。(Welby 1901，Petrilli 2009a：242)

在1890—1892年间维尔比与生物学家乔治·J. 罗马尼斯(George J. Romanes)的通信中，她从不同层面的符号过程方面描述了动物世界思维过程。而且揭示出动物世界的符号过程和人类符号过程在某些层面的相似性。维尔比在各个出版物中考虑这些公共辩论话题，有些部分成了她《何为意义》中的章节(第21至26章)。在后者的书评中，皮尔斯标出了这些章节，甚至建议读者在阅读全书时首先阅读它们。在上述论文中，维尔比正在研究的是人类智力进化理论。通过批判性阅读，她考虑到心理学和人类学的最新发展，继而阐述自己的语言和表达的生成－动态理论，实际上就是在最广泛意义上的表意过程。在此阶段，维尔比说明的"感知"概念预示了1907年后将系统理论化的概念，如"母性感知"，"原始感知"或"种族母性"。

从进化论角度，维尔比把心灵，或人类大脑看作生命形式的分支和进一步发育的结果。和其他生命形式不同，它的独特特征和特权是"言说"能力，或者说是"清晰和逻辑表达"能力。维尔比也在此框架中引入了她的语言批评，即符号和意义理论的一个重要方面。为赋予其特别的表意能力，维尔比将言语或口语描述为生命进一步进化的起跳板。这就解释了维尔比把评判、语言和概念化能力特别归因于人类以及所涉能力带来的责任。据维尔比说，通过不同符号系统的阅读、实验和翻译等解释活动，直达意味的表意能力得到了极大提升。她要求按意味来解释和推动"表意"经验，并通过实验手段而赋权于该经验。

4.5 感知、意义和意味的生物基础

就维尔比所描述的"感知、意义和解释"的立场，她在 1902 年完成的字典词条："表意学"（与詹姆斯·M. 鲍德温，乔治·F. 斯托特为合著，现见 Petrilli 2009a：195－196），进一步明确规定了她早期著作中的意义理论的三个基础层面。维尔比提倡用符号－解释方法处理意义分析，超越了传统方法囿于形式和概念关系的局限。就她而言，韦尔比用类似于查尔斯·皮尔斯的符号理论和解释的方法，将符号与其可能解释项的关系具体化。

在 1902 年完成的字典词条"所感"（sensal）中（与斯托特为合著，现见 Petrilli 2009a：195），维尔比强调表意过程的生物基础，特别是"感知"。"感知"一词被理解为其意义三分论的第一个术语，涉及"感官"领域；带有表意含义的感知全面指代目的论、价值论，伦理和美学能指领域的层面。它在两个例子中都具有生物基础，尽管在第一个中更为明显：

> "所感"［拉丁文为 sensus，即感觉］（1）感官的（参见该词条的外文对应术语）；属于或源自感知。J. 格罗特（J. Grote）论及"所感"直觉和知识；他也用到了"感觉的"一词（*Explor: Philosophica*，156，158）。

> （2）不涉及声音或形式，即严格意义上的单词，句子，问题的口头特性，而是其意义或目的。

> 亚里士多德的"口头的"和"真实的"定义划分更适于翻译成"所感"和真实"。J. S. 密尔（J. S. Mill）争论（*System of Logic*，第 6 章第 4 节）中的"一个基本命题……是纯粹口语的"，比如只涉及其所使用意义，"口头的"会是"所感的"。本人表达的就是这一意义，比较"口头的"（该词条意义的外语对应术语）。（Welby，Stout 1902）

在接下来写于 1908 年的论文《表达的社会价值》（"The Social Value of Expression"）中，维尔比也描述了感知的生物基础。这里她在"感知"和"所感"以及"口头"之间进行了区分。

然而，"口头问题"的使用的一个例子就是过于控制我们作为表达前提的无意识态度，所以需要加以注意。

如果我们将最为紧迫的社会问题即感知，仅仅称为一个口头问题，那又如何？如果我们此处一直在造成实际上灾难性的混乱又如何？难道我们不曾考虑"感知"一词，从原始有机体的反应性颤动到共同利益或是兄弟情谊的意义，或是与其他和"感知"一样使人类社会成为可能并使之超越高尚希望的责任和荣誉感？难道我们不仅忘却共同感知价值，甚至是单词或词组的意义价值？如果我们只为屈就于实际后果，比如脑力劳动的纯粹经济性，而注意这些事情，我觉得我们应当需要一个单词"所感"。我们必须承认"口头问题"只是语音的，图形的和字母的，至多是语言历史方面问题。这些不是我们所说的所感问题，而是关于我们或先辈们在单词词组使用中的意义问题（不知不觉中变化）。（Welby 1985g，现见 Petrilli 2009a：261）

在《感知，意义和解释》中，维尔比已不再考虑"表意学"一词的可能替代术语。她弃用的单词包括"感知学"和对应的动词"感知化"，因为它们和感觉世界有直接关系，有过于简单化的风险。和表示语言形式、声音、写作的术语"口头"相反，术语"所感"让人想起有机领域和单词的表意价值，超越了严格意义上的口语。另一个维尔比借用的关键词是"解释"，来自论文标题。最初，她使用这一术语来命名她的三分意义中的三层面中的一个，其他两个为"感知"和"意义"。然而，维尔比很快用"意味"代替"解释"，因为她考虑到了解释活动呈现表意过程的三分层面，而不仅是其中一层。

意义三分中的一个术语，"感知"在初始意义上对应前－理性生命，也是意味的原始层面，那种解释者－解释项的对环境的无差别生物－本能反应。这样理解的"感知"概念本质上是有机的，包含所有有机世界的生命形式经验；这样描述的感知和适应世界的能力有关，在直接经验世界的范围内，一个"感知"到的世界。另外，考虑到它涉及总体的生物世界，而不仅是动物世界，和"意义"能力不同，"感知"能力不只是人类特有的："整个动物'王国'（如果不含植物界）分享感知－世界：感知的最高种类——意义感知的到来标志着新起点：开启了独特的人类时代。"［参见 Welby 1983（1903）：28］从有机到智力以及价值论的解释能力、表意行为、经验，所有这些都以感知为前提，"感知"也预示着表意过程的实用方面，表明在符号使用、环境、精神状态、指涉的限度内，即使只是在前意识层面上。

"感知"一词被广泛地用来表示"该词'在所有意义上的感知'"，符号的

"价值"，它在地球上的生命经验领域内的普遍方向。我们已经观察到，就经验的价值而言，感知也关系到智力、伦理和美学世界。"所有意义上的感知可被称为智力，伦理和美学世界的连接或联系。因为在所有意义上，感知都身在其中并借此使它们成为可能。"[1983（1903）：48]从这个角度看，"感知"假定由"在什么意义上"问题引发出一种特定意义，以及涉及单独符号对个体解释者/解释项的相关性。

所有对人类有价值的事物都被赋予意义，该意义不仅超越了意图，预见并发展成意味，也被理解为人类产生更多事物的能力，是一种相对已知、已给、向他者开放的表意盈余。维尔比将表意、解释、区分多重意义的逻辑能力以及表意过度、批评和创造能力理论化，由此发明了一个人类特有的新世界。如她所述的能力根植于有机体，继而和人类世界在相互促进中发展。维尔比描述的生物符号过程与人类符号过程之间的连续性和相互/回应关系，解释了不同生命领域的相互关系，在这一认识增长过程中，其意味也随之增加：

> 人提出问题，等待回答。但他首先必须学会说话，才能真实地"表达"自己和世界。要这样做，他必须学会表示和标示。通过触觉、听觉、视觉等，首先完全弄懂感知，认识对他意指什么，他必须发现、观察、分析、评价；然后是行动的意义、意图、行为动机、每个效应的原因。如此他最终会了解"意味"，其终极影响，核心价值和重要含义——来自哪里呢？——所有经验，所有知识，所有事实，所有思想。[1983（1903）：6]

在写于1903年11月18号致皮尔斯的信中，维尔比特别描述了自己和瓦伊拉蒂（Vailati）的相互支持，阐明了她理解的表意学、逻辑和符号之间关系。

> 瓦伊拉蒂教授，……与你一样，都认为逻辑特有的工作和领域——我已将之称为表意学——的实际延伸是重要的。后者在我看来，接受这样的延伸就会给这样的时代带来，任何一个稍有理智的人都不会再说"喔，我不喜欢（或不能够）学习逻辑。我不在行"。因为那样不仅表示对有理性层面的漠然，而且可说是对将人性价值赋予生命的属性本身的漠然，也就是说，（1）从生物到逻辑的所有意义上的"感知"和感知力；（2）意图，意识和愈发明确的和理性的，我们称为"意义"和（表示）运用语言来表达；（3）"意味"，它对所有其他宇宙事实的影响，地位和解释。（Hardwick 1977：6）

维尔比早已在1886年的短篇论文《三重法则》（"Threefold Laws"）中献

上意义三分秩序，该论文不仅涉及有机体世界，处处呈现出赋予生物现象的符号过程，而且还包括无机世界和物理世界、智力世界、推理世界，因而带来难以觉察的错误后果（参见 Tarasti 2013）。在 1903 年 12 月 22 号写给皮尔斯的信中，维尔比附上了她的《三重法则》，强调有必要更为细致地研究作为"表达模式"或"表达秩序"的普遍倾向。

> 关于三分法，我意识到错误也可能会呈现三分形式，这样实际上获得似是而非的价值。对我来说，这是为什么该问题必须被提出的另一个理由。我犹豫了很长时间，是否要给你随函附上极不连贯的尝试求证三分论的文稿，使之作为表达模式或是一种表达秩序。然而，你可以轻易推测其一般意义。我希望一些有识之士开始在更广泛的层面上就此问题继续研究。很显然，类似的三分秩序在物理和生物现象中都是客观存在的。在广泛的科学阅读中我受到很大冲击，也很惊讶地发现这点似乎尚未引起人的注意。（Hardwick 1977：14）

4.6　意义的相似性和修辞性

维尔比从表意过程的生成角度分析人种进化、历史、文化形式发展、科学和知识的普遍进步。从不同程度的直接经验到间接经验，过渡为不同程度的"从字面的"到"实际的"意义，有机体的感知到通过符号、表意过程的感知和知识，再到高度"隐喻的"或"修辞的"意义。其主要作用在于我们使用隐喻和间接看待事物的能力。概念化的生成在很大程度上得益于隐喻化过程，以及在我们习得知识和新经验时不断的意义转变（参见第 13 章）。现仅举几例维尔比提供的例子："太阳升起"在现代时期有着和前哥白尼时代不同的意义价值，正如单词"感染"自发现微生物后承载了不同的内涵。同样，依据科学研究的最新发展，像"太阳""行星""宇宙""天空""大地""思维""物质""灵魂""身体"都获得了新的意义和意指内涵。总之，符号价值不断地随着意义分层而变化。

另外，意义在通常命名的"字面意义"和"隐喻意义"两极之间摇摆，这些表达经理论抽象化后得以确认，考虑到真实的表意过程既不会是纯粹字面的，也不纯粹是隐喻的。正因为如此，维尔比也警示我们不要倾向过于简单化：

> 就通过科学方法习得的知识来说，我们知道在感官—感知的简单直接

性之外，我们有不同形式获得的间接知识。可能最明显的是视觉……

目前我们习惯于推断就好像在追寻行为或真知时，只能有两个可能的选择一样。我们处理的要么是字面的，要么是实际的，要么是隐喻的。前者是事实，后者最多仅是有用的例证，本质上是随便和偏颇的，因此不能当作证据。

然而，假设我们仅仅视隐喻的东西在某些情况下是间接感知，即便不得不以类比方式表达的事实？假设有中间地段，我们既不涉及纯粹字面也不是纯粹隐喻，而是运用直接，间接和双重间接的经验呢？［Welby 1983（1903）：139］

维尔比赋予隐喻和修辞性语言的表意以优先地位，基本上对应于皮尔斯赋予像似性以表意的优先地位，而非指示性和规约性的。她走在语言起源的现代研究的前沿（参见 Sebeok 1991b：第 5 章），认为想象能力和产生"图像"能力是"规约"能力的补充和条件。就其本身而言，与人类语言的首要性和非派生性相比较，也是一种物种特性。从种族发育到个体发育角度，言语次于"图像"产生能力，因为间接的表意过程有助于创造和发明。因此，言语是由人类建模能力决定的，因此，它是次要于后者的。同时，人们赋予言语及口语进一步发展了修辞性表达的能力和想象力，从而增强了人类在符号秩序的表现力。由此，不同于其他动物，人类的独特特征，既表现在建模和传播上，又相应地在创造力和想象力（建模）中得以表达，一方面是言语能力，另一方面是符号化（传播）能力。

言说时刻，即产生解释思维的标志瞬间，同时也是生成图像的标志瞬间。在言语时代来临之前，图像先处于萌芽期，然后才诞生了。"那"一时刻具体何时成谜。我们轻视"纯粹的"图像。我们因此轻视人和动物间的区别。没有动物能够用词语来想象宇宙。它更不可能用符号表示。（未标日期手稿，30 号盒，44 号卷宗，"Significs-Ambiguity"，维尔比收藏，约克大学档案，Petrilli 2009a：478）

援引能够区分浅表或表面相似（类比性）和生成结构相似（同源性）生物科学，维尔比在表意过程和知识获取中，确认她称为"更强的"更有效率的"类比"（同源性）类型。用她自己的话说，"所有比较方式，从最荒唐不可运用的，到最实在完整的，都在'类比'中集中到一起；然后我们被严肃地告知，在类比上无可争论。但是有些含糊被叫作类比的比较实际上是同源的；有些实际上是等同的；当然争论可以就此顺利开始了"［Welby 1983（1903）：

21]。维尔比预言了类比和同源的区别，确定了心灵、语言和世界的同源类型的相似关系。此外，两种相似性反过来也可以与不同类型的推理相关——演绎、归纳、假说，也就是说，试推的特点是创新能力和创造力的程度越来越高。

4.7 母性感知，原始感知，种族感知

如上所述（1.6），在一系列写于 1904 年到 1910 年的未发表的手稿——《论文小册》和笔记、书信中，维尔比提出了完全原创的概念"母性感知"。这一概念对于表意能力的发展和世界观建构发挥了核心作用。"母性感知"一词形成于 1890 年，随后被"原始感知"和其变体"初始感知"代替。之后她在社会学协会对两篇由优生学的创始人弗朗西斯·高尔顿（Francis Galton）所写论文（分别于 1904 年 5 月和 1905 年 2 月）撰文进行反思，维尔比又于 1904 年左右对这一术语彻底加以完善。（Welby，1905，1906c）

维尔比在"母性感知"和"父性意识"之间做出区分。这是跨性别的规范：母性感知不是女性专有，正如父性意识也并非男性特权。母性感知表示通过感情和感知获取知识的能力，具有人类特征。然而尽管它不为女性专有，却出于社会-历史原因，通常是由女性——其主要的监护人而得以传承；而父性意识则和逻辑思维相关，指通过陈述、论证而获取知识，以及科学和逻辑方面的概括和实验能力。尽管一般和男性相关，但父性意识也根本上不是男性专有。母亲意识可以理解为"思维"和"感知"双重意识。感知早就了解且详细"品味"过智力，可谓是后者必须效力的对象。智力要努力发现的，身体早已明了。另外，智力要全面发展必须获得母性感知的滋养。母性感知是培养辩论和批评能力的基础和前提。

维尔比没有根据感知的概念建立起性别纯粹的差异。"母性""母性感知"不能和"女性"或"女性气质"相混淆，不能等同于"女人"。母性不一定暗示心理的或生理上的母性，尽管这些内容也包含在它可能的表达之中。与此相反，母性这一概念被理解为具有感知、意味和批判的能力，是对性别认同的一种先验概念，它暗示了一种对两性都有影响的条件，事实上，它以不包含女性气质的"父性"方式包含了男性气质。

根据当时流行进化论——加上她对此的批评——维尔比颠覆了圣经故事，坚持认为女性代表了再生产的力量、繁衍法则，而男性则引入了变异法则。相较于男性，女性是人类种族的最佳代表。母性感知在女性身上得到了最大程度

的表达，而不是为她所独有。男性气质的、智力的、女性气质的、感知（母性感知）的，都是智力的来源，它们在每个体中共存，至少是潜在地共存。

人类，无论是男性还是女性，如果否认其女性成分或是"母性感知"，便无法成为完整意义的人。在一篇题为《男人的母性》（"Motherhood of Man"）文章中，维尔比认为母亲中的女人（woman）特质是被动的和同化的，而她含有的女性（female）气质是异化的，是营养的主动来源。作为母亲，女人融入男性，其间男性与女性成分积极地相互关联。"人（Man）是整体的术语，它意味着人类。"母性感知一词既是分析性的，又是综合性的，它被赋予在量和质上认知发展的能力，引发了态度和观点的改变并完成认知飞跃的能力。"计算得出有用结果，但如果没有质性的感知和判断，就只是在描述事实而已。"在这一解释框架下，男性和女性的主体不是分裂的、单独因子的，相反是他们的初始辩证关系得以恢复。两性都有以开放和连续为特点的螺旋形发展潜力，而不是循环和毫无创造性的重复。

此外，维尔比将感知定义为："本能的宗教。""宗教"可被理解为"与太阳关系的感受意识"。她指的是所依存的宇宙意识，尤其是在女性身上发展的，对伟大事物的依赖意识，普遍倾向于更广阔的世界、高尚的世界、由其他渊源和关系构成的世界。母性感知表明一种人类在官方秩序限制下的适当超越。上述的感知可以明确由他性逻辑来定位。正如维尔比在其论文中所强调的，母性感知不是指向拟人论，而是一方面更多指广泛的有机形态论，另一方面则是指宇宙形态论。

母性感知（或是维尔比后续倾向于的"原始感知"）概念的含义显然和由西比奥克理论中的"语言"或"建模系统"一脉相承。（1986，1991a，1991b）和母性感知一样，建模语言（不是交际）是通过语言和非语言的不同符号系统，构成人类行为的知识习得的条件，这一切相应地嫁接到上述语言中。除"语言"和"建模"外，维尔比提出的另一个术语是"书写"，即是说书写先于字母和文字（Petrilli，Ponzio 2005：第9章）。仅次于或源于表意行为，一般包括"言语"和脑力工作，由原初性质形成，尽可能地是世界观的表达和体现。作为建模程序，母性感知是一代人在不断变化中可能的表达和表意过程创造无穷新世界的前提，本身以他性逻辑和创造力为基础。

费尔南迪·席勒于1907年10月2日致信维尔比，建议她用"共同感知"（commonsense）一词代替"母性感知"，这样可以在解读其立场时避免过于简化。他担心"母性感知"会被错误地解释为有意将男性排除出去。用席勒自己的话说：

　　但是为什么你不把母性感知和共同感知等同，并主要使用后者呢？共同感知实际上表明你的意思——即比圣人聪明的"大众"智慧，这遍布在社会和发展历程中，但在固定的逻辑术语中人们少有规定，更不用说得到充分表述。它未经由某位"父性"创始人提出，的确是"共有的"，且是社会"共同"生活的基础；就其生长的逻辑敏锐性来说，它也是"母性"的。我愿意相信只要女性得到管理事务的自由，她们一般不再表现得像表面上那么轻浮与愚蠢，而是保持和这种力量的紧密联系，比如，以"母性本能"的意愿（尽管所有迹象看起来相反）战胜"种族自杀"的诱惑。因此你有充足理由将"共同感知"称为"母性感知"，你前者使用得越多，对于区区男性来说就会越容易理解。（Schiller/Welby，1907 年 10 月 2 日，现见 Petrilli 2009a：632）

　　不管怎样，席勒都误解了维尔比。他分析直觉并没有否认逻辑，而是对逻辑重新表述，他相信自己在表达和她不同的立场。尽管"母性感知"和"共同感知"在多处一致，以至于听起来像是老生常谈，维尔比选择避免使用"共同"，因为它具有负面和还原的联系。但她的确同意，"母亲"一词有可能在解释时存在被还原的风险，例如将它仅仅等同于有机或生物意义。相反，"母性感知"或"原始感知"指的是原初的表意材料，是原始的、前性别的，它先于男性和女性原则统一的性别区分。通过"原始感知"概念，维尔比要求我们思考人类普遍存在的母性成分，将其描述为产生原始感知，衍生逻辑能力的前提。维尔比在写于 1908 年 6 月 30 日的文章中说：

　　　　（出于深思熟虑）我把"母性感知"改为"原始感知"（它的变体"初始感知"）。感知，是因为我们忽视了表意学而造成的困难例证。在"我"的语境里，人们应该立即明白，母性感知不可能是"主要指"，也不仅仅是"意味着"，从实际或有机体意义上，对典型"母亲"一词的精明、务实的看法。

　　　　"我"自然意味着原始的、开端的、先天的感知意义，它需要被滋养，能提示危险、激发兴趣。"母性"实际上或是应该是宽泛的、普遍的术语，"父性"则是专有术语。前性别的有机体是母性的，也包含父性成分。我们已经在哲学和科学层面认可"母体"一词的使用。相应地，我们从未使用"父体"一词；这是对的。通过刺激，"母亲"能确保孕育、发育、滋养新生命。（Welby 1908，现见 Petrilli 2009a：710）

　　种族的、原始的或母性感知（维尔比也提出从"母体"衍生的"母性基质的"感知）在本体论和进化史上都是人种进化的必要条件，之后是历史和社会实践的条件。维尔比在 1904 年 5 月 16 日在由社会逻辑协会举办的会议上，宣读参与高尔顿优生学辩论的未发表文章《研究哪些影响可以改善和发展人种的内在素质使之最优化》。她反思了女性在社会领域的责任，因为她被赋予了种族感知，并被要求传给后代。由此，"种族感知"或"种族母性"唤起的一系列诸如"直觉""判断""智慧"的模式化印象，如今被描述成男女共有的一种感知形式："人类共有的遗产"。尽管从社会历史角度看，它主要仍是由女性传递给下一代的。她们在日常社会实践中，比如作为妻子和母亲，照顾和培育、关爱代表子孙和后代的孩子。这种做法是建立在给予他人和对他人做出反应的逻辑基础上的。

维尔比将上述这一切铭记在心，给自己规定了任务（在分析的论文中描述）去举例说明"女性不同于男性的特殊心智活动"。然而，"母性感知"或"种族感知"的雏形可以追溯到维尔比所说的"内－感知"或"前－感知"，很大程度上受到以文明为特点的人为社会条件的压制。比如，母亲的形象被儿子的暴力行为所压倒。同时，从历史－社会的角度来看，特别是女人对种族感知，种族母性的感知的反应，维尔比表明了女性的责任应该致力于恢复古老的智慧，并以此作为批判和创造性的能力。除了指出女性日常履行的社会惯例和功能，由自我给予的逻辑、他者反应和关爱他者为导向，维尔比也强调女性在言语或口语发展中，以及建构符号秩序和社会秩序中的重要作用。然而矛盾的是，女性通常受到一点点偏离的社会实践抑制。

事实上，按照维尔比的观点，人类历史也是社会发展不断偏离的历史，一个失去分辨和批评意识的历史，最为严重的偏离是诱导人满足于现状。相反，人类要发展和完善到底，就要有一种永不满足的状态："我们所有人，无论男女，现在都懂得满足……甘心忍受现状。但我们所有人来到这个世界，恰是为了对它感到不满足。"

在母性感知、种族母性概念的基础上，维尔比指出人类需要恢复智力的批评能力，这是一种转化、解释、翻译、预言、创新的能力。母性感知强调需要为了后代而发展超越社会、道德和宗教传统的社会批评意识。正如她在未标日期的，对席勒 1907 年 10 月 2 日来信的答复中所说：

（A）那么，母性感知从未"心仪"任何"偏爱假说"：如果它曾在原始时期这样做过，那么你我都不会站在这里，人类早已灭绝了。不，它采纳了一个又一个假说，对待"喜欢"的假说比其他学说更加严格细查，毫不妥协。母性感知的拥有者和其孩子的生命正是仰仗怀疑和测试的本能。

就像杜威、皮尔斯和詹姆斯一样，这是纯粹的母性感知——智力危险的本能——在你身上发出了实用主义的回应。一对夫妻或部落的孩子遇到危险，对这种原始危险符号的敏锐意识的直接后代，留给的是相对较弱的人。但是，让实用主义者们谨防用一种谬论或一种过度劳动的方法来交换另一种谬误，也许恰恰相反。

（B）是的，所有半一词（尽管有些貌似是完整的单词）都是有缺陷的。从一开始它们就让你不由自主地陷入二元对立。对于"大多数女性"，处于主导地位的男性用其专横的智力，已经数不清在多少个世纪践踏女性原有的天赋：托儿所（这里也被占领啦）以外所有活动都被男性化：语言，这一原先女性用来看护营地、开创事业、训练下一代的工具，如今也全然"男性化"；整个社会秩序明文被制定出来，女性被规定只能听从于男性。比如，有谁想到要征求女性意见来改革婚姻法？好吧，这终究徒劳无益——你夺走了所有智力因素，只剩下毫无逻辑的偏见和情感执着，这些东西促使她们心仪偏爱假说，或者死抱僵死的教条，就好像它们还具有生命力一样。这确实是一个犹豫不决的心灵的最后避难所。

轻浮而愚蠢！除了这两个词，还有什么用来形容那些"坚持己见"的女性呢？她们已被视为厌恶和鄙视的代名词。当被压抑的种族能量在我们女人身上"突飞猛进"时，在目前状况下，除了流产和缺陷之外，她们的结果又会是什么呢？

当前模式的"大学"或"技术"训练至多是让女性成为二等或三等男性——她进一步失去原本拥有却所剩无几的种族天赋——她解释、解决问题，建议和改正错误的自然且互补的能力。再看一眼她纷繁复杂的创造力，比如说编织。女性当然是最早的织工——看看她们编织针、钩针、梭和针的逻辑性和数学性；看看那古老的蕾丝和刺绣。我自己就"发明了"仅凭一个钩针，一枚针就能"缝制"精巧的图案。显然没有一位男性曾经了解女性天分的重要性，并将之运用到他的发明创造上，或者用在对学生的培训方面。实际上只有水手和渔夫懂得网的编织工作。

"共有"母性感知对我来说是老生常谈。当然这很常见。只是"共有"一词在使用中有几层意义。一方面是可恶的且外加"不洁的"，另一方面，洛布（Loeb）的向性理论也是共有的。我所提出的原发的、创造生命的、可再生的、解释性的——我的母性感知，对于整个生命领域来说都是共有的，它超越生命，并透过生命而得以延展。（Welby 1907，Petrilli 2009a：634）

在注明为 1907 年 4 月 15 日的一篇题为《原始感知和表意学》（"Primal Sense and Significs"，原标题为《母性感知道和表意学》〔"Mother-Sense and Significs"）〕的文章中，母性感知，原始感知或种族感知被描绘为感知和意义的产生源泉、解释力和创新力、解决问题的能力、洞察符号和人类生命之间多重意义、最终的批判能力的来源。维尔比并不否认占据主宰地位的逻辑，已然建立的符号秩序，认知方法等，相反，她认可其具有的极大价值，但从表意学宗旨来说，她鼓励批判意识。维尔比呼吁建构针对我们的逻辑使用本身，认知工具和解释模式进行批判。在这篇论文中，"原始感知"被描述为"母性感知"，表明一种全面和同源的能力，一种心理－生理反应和协调能力，一种人类历史性幸存需要的知识的有机形式。那么我们重复一遍，母性感知是智力理性化的源泉，因而是人类的批判力、创造力和建构力的源泉。表意学的任务是：

> 不仅要批评，而且要从原始感知的论据、警示、洞察力和预见能力、启示、价值的敏锐解读、对现实的穿透性深刻认识方面进行推理和建构。

> 正是从这里，在这一刻，我们可以确立表意学的位置和工作。它是在母性感知持续的"给予"和智力（在所有意义上）的持续"建构"之间必要连接，而不仅是解释的传播媒介而已。（Welby 1907，Petrilli 2009：704）

在某些方面，皮尔斯和维尔比在关于心灵和主体的问题上采取了相似的处理办法，尽管他们是各自独立详细论述的。比如从他们观察所谓的心灵的"晦涩部分"，或是由直觉、意识、"母亲智识"主导的行为——这些是皮尔斯的表达。对照维尔比的著作，来思考皮尔斯"逻辑和唯心论"（CP 6.557－587）中的选段：

> 大量事实让我们确信受注意力和控制力支配的生动的意识在任何时刻都只是接受些我们心理活动的碎片。这里提出三个论点，它们和当前目的无关，也无意经过详尽解释而精确表达：（1）心灵的主要部分是晦涩的，（2）其运作比其余部分更加精确无误，（3）它在感性上的微妙几乎是无限的。除了停留在算术和机械工程的测量上，人类具有完全意识的推论，不具备定量的精密度；它们几乎有可能成为彻底的错误。然而母亲智识的无意识或半意识做出的未经深思熟虑的判断，就像野蛮人的本能推论，奇怪地精确回答了"多少"问题；也甚少完全错误。（CP 6.569）

维尔比表明了恢复智力的理性维度和原始感知之间的联系，是提升一切经验的价值观、意义和重要性的明确方式。事实上，维尔比赋予表意学的主要任务之一就是一方面恢复母性感知的固定论据，另一方面是对智力的持续建构。

原始感知为我们提供了"觉察到的和解释性的即刻认识"的材料：从进化论观点来看，它代表着"动物本能在价值上的更高阶段"。由此，原始感知既是"初始的"又是"普遍的"，以不同程度出现在人类发展的所有阶段中；（Welby 1985d：ccxxxviii）同样的，它也成为意味发展的条件。原始感知是如此关注真实，因为它是所有人类实践一部分，也如此关注理想的，因为它是人类渴求臻于完美和进步的条件（基于皮尔斯和维尔比的智慧和创造力概念，参见 Colapietro 2013a，b）。

将原始感知和理性行为联系起来，我们就可能恢复孩童时期拥有的活跃的符号相关性。维尔比将孩子热衷调查的心理倾向描绘为成长中的认知模式。这一批评性工作不可避免地由语言来进行调节，此处理解为严格意义上的口头语言。维尔比的语言批评是其表意学的核心。语言和意识不可分割，共同构成原始感知的基础。她强调发展"语言的批评意识"的重要性，即在语言使用中提升一种"回应性理解"的敏锐的人类能力，也就是巴赫金所说的"对话性和批评性理解"能力。

对于皮尔斯认为逻辑是"智力伦理"的这一观察，维尔比以超越认知论的伦理维度的原始感知概念作为回应。在这一方面，有趣的是维尔比在一封于1909年1月21日写给皮尔斯的信中再次思考了她对"表意学"一词的偏爱，将此作为其符号和意义理论的名称，而不是"符号学"：

> 当然我完全能够理解，"符号学"可能被认为是科学和哲学形式的研究，对此研究我希望它被普遍称为"表意学"。尽管我没有接受你提出的"符号学"——它更为抽象，在逻辑上深奥，在哲学上深刻，我认为你完全不必感到失望。当然我也赞同你对逻辑推论的定义，并同意从单词使用最深远、最高级意义上，逻辑实际上是道德运用，这和"原始感知"的见证完全一致。唉，没有比道德更危险的词了（除了宗教）。（Hardwick，1977：91）

表意学的主要目标之一是充分恢复逻辑和原始感知，这一感知母体之间联系，恢复它们之间相互的依存和增强关系。这表明要唤起表意反应从生物本能到意味层面的共同感知。通过恢复逻辑和感知、感知和价值之间的关系，表意学进一步探索了人类的本质，使逻辑得以拓展，以超越严格的认知界限。表意学意图一方面将逻辑和生物逻辑重新连接，另外将逻辑和表意过程的伦理和美学领域重新连接，从而预示了如今我们提出的符号和意义研究中的"符号伦理学"的转向。（Petrilli 2014b）

5　翻译，解释和共同意义：
从维多利亚·维尔比的表意学视角

事实上我从那些与我的普遍基础天生不同的思想者身上受益最多，始于那些高于生活经验的潮流，我发现我可以翻译我的对手；我可以知道他为什么这样想，尽管我思想的论调与他不同，也可以在我的思想中找到他的思想。但对我来说"没有人是异类"，为什么会存在于每个人身上呢？

——Victoria Welby to Bertrand Russell，1905 年 2 月 12 日

5.1　翻译作为方法

翻译就其自身而言不仅是一种练习，而且还是一种解释和理解、调查和发现以及获得新知识并去证明它的方法。如此一来，翻译也是一种批判方法。翻译理论和符号及意义理论紧密相连，事实上它不可避免地通过后者被发掘。从符号理论中找寻翻译理论有助于更好地理解翻译。这些是由维多利亚·维尔比在她的关于符号、语言和传播的研究中提出来的。①

在其专著《何为意义》（1903）中，维尔比提出意义理论"表意学"是"意义的哲学""翻译哲学"以及"解释哲学"，并提出既强调相互区别又有内在联系的三重维度表意过程［Welby 1983（1903）：161］的说法。维尔比取得了新的突破，她将"翻译"的含义纳入考虑符号和意义的领域，提出了一种被理解为涉及所有表意过程的认知解释方法的翻译理论。我们认识到她开始专注于表意和解释的实践之间的关系是在她 1881 年的早期作品《纽带和线索》一书中［Welby 1983（1903）：161，第三章］，在这本书里她确定了解释的四

---

① 如本章所述，维尔比把自己文章的脚注放在方括号内。我的引文主要来自维尔比 1903 年的专著《何为意义》，她关于翻译的未发表论文已从加拿大多伦多约克大学的维尔比馆藏中被检索到，并附在本章之后。（另见 Petrilli 2009：第 5 章）

个原则为：（1）字面意义的问题；（2）提升感知的风险；（3）语境的重要性；（4）作为统一条件辩证问题。她还认识到不同层次的感知在思想体系结构中的矛盾和互补的重要作用。（参见 1881：31—36）

维尔比将翻译描述成"互译"，一种解释和理解的方法，将对符号和意义的思考联系起来。[Welby 1983（1903）：120] 鉴于翻译过程在发展跨越系统和类型边界时是结构化的符号过程，表意角度的翻译问题不亚于结构化的意义理论。因此，维尔比还确定了翻译理论和修辞语言之间的内在紧密联系，强调在形成思维和交际过程中类比的重要性。心理活动是自动翻译的过程，维尔比的这一主张与皮尔斯相符。事实上，维尔比产生了一种新的同构应用的想法，可以被称作延展感知的翻译。通过维尔比对皮尔斯的理论发展，我们可以证明所有的符号和表达在它们在接受新的翻译或解释过程之前都是自身的翻译。（Petrilli，Ponzio 2005：第一部分，第一、二章）

表意学是一种增强意义和提高意识的方法，是通过结构化理解和解释的翻译过程来大体上揭示表意行为意味的方法（Petrilli 2003b）。表意学有助于证明意味、解释和翻译之间的关系，因此，在人类世界翻译和道德维度之间的表意过程有意味的观点被强化了。在不忽视考虑所谓"语际间的"翻译的情况下，"翻译"一词还包括在罗曼·雅各布森的术语中，可以被称为"符际间的"和"语内的"翻译过程（Jakobson 1959）的后验。维尔比未发表的论文收录在《维尔比选集》（*Welby Collection*）中，放在约克大学档案馆的一个专门解决翻译问题的文件里。将"例如，定义"作为文件标题的《表意学——翻译（例如，定义）》一文如今已添加进现在的文章里。在维尔比看来，翻译只部分地对应雅各布森所言的"语内的"翻译或是"重构"。参照雅各布森模式，所谓语内翻译或重构决不会使维尔比的翻译概念受损，只是回应了一个我们可能描述为她非常广阔的，表意的以及生物符号过程的翻译理论及实践方法的方面。[参见 Welby 1983（1903）：121—129]

在一封 1908—1911 年间写给女儿尼娜·卡斯特的信中，维尔比写道："我工作的一方面是找寻优化翻译的秘密。我们随意说起类比，不以为然；确实只有少数我们的意象，隐喻和比较仍然健全和真实。"（Cust1931：346—347）从表意角度看，翻译包括不同领域知识经验以及不同符号系统内的比较、联想和类比。因此，翻译超越通常意义上的从一个历史自然语言转到另一个的转变，维尔比的理论化翻译就解释而言即是用一个符号解释另一个符号。知识、意义和经验的生成和发展多亏了解释–翻译过程，及由此而描述的不同符号系统的符号、语言和非语言符号，不同的历史自然语言和同样的历史自然语言之中的特殊语言和语域等之间的偶然相遇。事实上，所有的符号系统和所有的语言在我们描述它们的时候早已处于解释－翻译的过程中。

维尔比被委托为《哲学和心理学词典》三卷本（鲍德温 1901—1905）编辑词条"翻译"，另外还有条目"感觉"（和乔治·斯托特合著）和"表意学"。（与乔治·斯托特和詹姆斯 M. 鲍德温合著）条目"翻译"发表于 1902 年（Petrilli 2009a：196），如下：

> 翻译：〔拉丁文，trans＋latum，part. of ferre，to bear，carry〕. 德语：Uebersetzung；法语：traduction（transposition）；意大利语：traduzione.
>
> （1）在字面含义上，将一种语言翻译成另一种语言。
>
> （2）就另一个主题说明这个主题，特定的一段论点从一个领域转到另一个领域，使用一组事实描述另一组。例如，一篇关于物理或生理的文章可能被试验性地"翻译成"美学或道德文章，一份关于生物的陈述被"翻译成"经济事实。
>
> "'卡纳克夫人'在约书亚爵士的眼中是最好、最有价值的主题铜版画；有趣的是了解这幅画的坠饰，康斯博罗的神奇的'罗宾逊夫人'刚好被最有成就的现代艺术复兴者之一杰拉尔德·罗宾逊先生用同样的方法转化，他是铜版画雕刻协会的主席。"（《泰晤士报》，伦敦，1900 年 6 月 23日）"罗斯伯里勋爵，我们已经说过在显著程度展示我们可能称作帝国状况的理论知识。如果他觉得自己有能力和能量去将知识转换成实际项目，摆在他面前的方式很简单。"（《泰晤士报》，伦敦，1900 年 11 月 19 日）参见《表意学》（Welby）。

正如维尔比在《何为意义》一书中所述，因为术语"翻译"这个词已经在使用，但事实上它只包含所暗示的部分意义。其他术语使用开始于前缀"trans"，它表达了过程的更深层面。维尔比描述的表达有"转移""转换""变化""变形"以及"使清晰"，尤其是"重新评估"。〔参见 Welby 1983（1903）：126，n. 2，第 153 页〕

在一封给埃德蒙·麦克卢尔的信里（写于 19 世纪末期），维尔比描绘了一个她秉持了终生或几近终生发展思想的研究课题，且大体上符合时代进步下的科学发现。在形成她研究的原则和概念中，翻译被列为有以下特殊的关键点："翻译即每个部分的经验，在发展自己的方言的同时，都应该能够翻译成其他的，而且能被这种方法检验。"（Welby to Maclure，Cust1929，1889－1891：265）

维尔比在学习语言和表达的早期制定了她的翻译理念。当时，她特别关注的是有必要就近来科学发展更新宗教信仰，也就是说，就科学话语翻译、更新、验证和评估宗教话语。我们可以说她的解释－翻译方法得到了详尽阐述，并与她所称"类比的"方法，在某些情况下被称为"同源的"方法紧密联系（参见下文）。然而，同样重要的是突出翻译。根据维尔比的理解，这不是给予作为"目标语"的既定的特殊语言以高于其他语言的特权。随后这种还原方法被科学运动统一体，逻辑经验主义或者说新实证主义所采用，并通过维也纳文化圈与后者相联系。据此科学运动，所有的语言（除非正式语言问题）被翻译成物理语言，并作为意义生产的可能性条件。维尔比的视角更加宽广，没有涉及任何形式的还原主义。她的观点是翻译有助于从一个系统到另一个系统去开发细微差别的意义、知识、批判意识以及最终意味。为此严肃话语可以被翻译成滑稽话语，反之亦然。言语的或非言语的话语能够从一个话语领域向另一个领域转移，例如，从社会领域向政治领域转移等（《何为意义》第十八章例证丰富，多来自《威斯敏斯特公报》以及文学作品，尤其选自《爱丽丝梦游仙境》，结果是立刻成了批判的和滑稽的）。表意学应用研究和政治经济话语的三分意义分析最近由克拉拉·沙普德莱纳－费利恰蒂（Clara Chapdeleine-Feliciati）提出的。她就维尔比和她的表意学作为一种基本方法论的成果和发展概述了一个有关人权问题的吸引人的研究方法（2013）。

因与多学科方法相符并为表意学所采用，在《何为意义》第十七章中提及了它的跨学科使命，维尔比针对类比问题提出了实验性翻译，正如休林·杰克森（Hughlings Jackson）博士在《神经系统讲座》部分提到的一样（1884）。这一实验包括把神经系统课程置换成宗教语言，从而使得生理学话语在宗教话语中回响，反之亦然，即使得宗教话语在生理学话语中回响，并作为验证两者有效性的一种手段。正如维尔比在章节开头说的一样，不论她的翻译遭遇何种限制，除了有当时许多学者的支持，像 J. 克莱顿－布朗（J. Crichton-Browne）爵士、梅西耶（Mercier）博士以及其他的精神病学家和医疗界权威，还有像休林·杰克森（Hughlings Jackson）博士和克鲁姆·罗伯森（Croom Robertson）教授对她的质疑"为了获取一个各个学科专家支持的尝试"。[Welby 1983（1903）：130－138]

如今表意学的语言被介绍为一种研究和理解尤其是关注失语症问题的神经语言学的工具，这多亏了罗珊娜·诺瓦埃斯·平托（Rosana Novaes Pinto）和她的团队在巴西坎皮纳斯州立大学的基础上在翻译方面做出的努力。与其说他们的方法包括应用表意学研究失语症和失语的话语，倒不如说使用表意学作为一个视角重新考虑和重新解释与交流障碍相关的问题，从而进一步批判性重新解读迄今为止运用在这一领域的方法。"这个问题导致维尔比的表意学理论——'它意味着什么？'——成了我们每次面临失语话语的挑战时会问的同样的一个问题。"（Rosana Novaes Pinto 2013：469）

参照罗曼·雅各布森1959年的著名文章《论翻译的语言学方面》（"On Linguistic Aspects of Translation"）中引入的类型学来看（参见 Petrilli 2003：17—20），维尔比认为翻译首先是一种认知方法，"重构""定义"从广义和可塑性的含义来说，结果只是更明显的一种语言到另一种语言的含义转变，即"语际翻译"。维尔比没有忽略不同历史自然语言交流的特殊性，她认为这一特殊的翻译实践是更大体系结构的部分，是一种为了获得新知识的方法论视角。因此，不仅是语际翻译或能正确理解的翻译（从一种语言转变到另一种语言，通过另外的历史自然语言的言语符号解释一个既定的历史自然语言的言语符号），用雅各布森的话说，维尔比关注语内翻译或重述（从相同的历史自然语言中通过其他言语符号来解释言语符号），符际间的翻译或变形（通过非语言符号解释言语符号，反之亦然，以及用另一个符号系统的非语言符号解释一个特定符号系统的非语言符号）。

在维尔比打算用来写作的目录表中，名称为"瓦伊拉蒂等"的一词被写在"翻译"旁边的括号里，即第一章标题的第二部分（参见 Petrilli 2006c：第1章第2节）。与维尔比在同一领域工作的意大利数学家和语言哲学家乔凡尼·瓦伊拉蒂（1863—1909）也建立了认知翻译方法的学说。在不同文章里他详细阐述了一种不同语言和话语领域的对照和对抗的方法。对照的例子有，道德语言和几何语言，言语语言和代数语言，等等（参见瓦伊拉蒂 1898，1905，1908）。为了比较不同的语言，不论是言语还是非言语语言，如果是不同历史自然语言或同样的历史自然语言之中不同的特殊语言的言语语言问题——意味着通过另一种作为前者解释项的语言来关注每一种语言的解释和发展。这是以维尔比自己的表意视角为特征的解释-翻译方法，她在和瓦伊拉蒂通信基础上创建了该理论。（参见 Welby's letter to Vailati，1907年2月27日，Petrilli 2009a：417）

在《何为意义》中，维尔比就以"翻译思维的自动过程"描述了智力活动，知识和经验进步，并通过使用隐喻和类比指出"一切暗示或提醒我们还有其他某什么"。［维尔比 1983（1903）：34］"翻译思维"与整个表意和符号过程趋于相同，即某物代表其他某物，它通过把符号翻译成其他符号生成意义，同时翻译成不同类型的符号和不同的符号系统。当它们提高对不可预见联系的感知，发现不曾发现的知识和真知的时候，在不间断的翻译解释过程中使我们的意味能力得以增强。在任何意义上，翻译在差别之中找到一个共同因素基础上都是可能的，换句话说，在相似性关联的基础上，无论是类比的还是同源的，就意味而言，将明显无关的事物结合起来，从而如预期的那样提高意义的价值。正如她在《何为意义》第十九章所说：

> 翻译的理念在它所有的应用中自然地意味着承认区别，并由相等概念或原则开始，这是在属于质化领域的翻译（各种差别的共同要素的发现和应用）的量化研究。像由梅耶（Mayer）和焦耳（Joule）做的很多工作，仍有待在不同层面进行尝试。但是显然只有在狭隘的限制中我们才能期待去发现机制的甚至是逻辑完美的等价物。即使我们这样做，我们仍可能怀疑（在心灵世界）一方是另一方的衍生物或反映物，还有我们已发现镜子的相似物。在广义（意义）上，这当然不能被翻译领域所排除，但是我们必须仔细了解它的条件。①

> 但翻译可能是有用的，这就是说，当有比在这种情况下更少的字面对应时，翻译可以带来启示。它适用于任何可能的统一性，只要有暗含的差异能被区分。② 我们想要的既不是将明显存在变化、矛盾和区别的一致起来的人工模式；也不是无视、最小化和消除差别的同样人工假定的原初身份。③

> 翻译包含一致性和差异性（实际的和隐含的），语言自身能被认为是发现对比和联系的方法，从而构成一致因素或至少完全消除最终不同的想

---

① 哈克博士似乎提供了一个令人怀疑的"翻译"的好例子，他"试图证明自然的机械概念给自然的道德秩序留下了信仰的空间，表明自然的身体和有机体以及人类的理想都遵循一条伟大的趋于平衡的规律"。在他的著作（1896 年 4 月 2 日，被《自然》审稿）中，叔本华的"生存意志"被"平衡的意志"取代，他指出，"艺术、道德和宗教表现出将各种元素结合成平衡的倾向，即用更简单的语言，形成一个有机的系统"。然而，审稿人反对"哈克博士显然将自然选择视为一种力量，而不仅仅是力量行动的过程，因此驳回自然选择，并在其位置上建立一种不真实的追求平衡的斗争，而这种平衡只是一种效果"。最接近实际一致性的区别可以用 12＋8＝15＋5 来说明。虽然都是 20，但由于逻辑观点的不同，我们认为无论从哪种观点来看，结果都是不同的。

② "他（爱默生）尊重常识，害怕把他模糊的愿望翻译成一个明确的系统来干扰他们……（他）甚至可以翻译成卑微的'洛克斯特'（Lockist，"Emerson," Leslie Stephen, *National Review*, Feb. 1901, p. 890)。保守党的领袖们高高在上，尤其是在市政生活的共同事务上。他们从来没有把帝国主义翻译成适合这些事务的术语，也从来没有从任何独立的角度考虑过社会和经济问题"。（*Times*，1901年 3 月 4 日）

③ 《威斯敏斯特公报》（9 月 9 日）上出现了一个有趣的翻译双重意义的实例。（1902 年），"中文文字误译"的标题也许可以描述与这一神秘种族的一些外交往来，而它直接指的是条约的口头表述中的一个障碍。

法。甚至最异想天开的类比揭示大众本身的或传承的（万物有灵论的）隐喻，被认为是认真努力实现理性责任，是整个民族处在任何心理提升阶段分享的一个事实。无论是在较高级还是较低级意义上，重要的是它可以通过裸露的符号或图像象征或再现性的行为进行表达。在更高层次上（重要的或道德的或理性的重要性），因为它能表达自身或被翻译成越来越多的思想阶段或者科学分支，它相对来说更为重要。我们符号运用越丰富多样（只要这样的运用是适当批判的，确保我们清楚知道我们正在做什么，还有不可或缺的幽默状况），我们内在联系、内在翻译和不同思想阶段的能力越大，在出发点是为获取新的知识和真知的意义上就越接近事情的本质。[Welby 1983（1903）：148—150]

在不同的学科和话语之中追求意味，确定一致和区别，一致和差异，趋同和分歧，由此共同因素和特殊性、奇点，有利于相互阐述清楚概念和术语，一般来说这是知识的学习。依据元学科和跨学科的角度，从一个学科领域到另一个学科的翻译方法，概念和术语（也就是说，把不同的学科由一个开放的、去总体化的系统联系起来）导致科研进步，创新和科学发现，通过提高识别新的连接和新对应关系的可能性，由此发现新真知、新成果。如果系统地、具有批判意识地进行（如坚持瓦伊拉蒂分享的维尔比观点），即使在不同的语言语域和在不同的交际语境表达的简单阐述，仅仅是从另一种不同的经验领域，从理论和实践的角度重新表述一个主题，这就会随着新的意义价值的出现而促进这一类型的发展。通过根据相似性和差异性之间辩证关系的无休止符号过程链而与其他符号相连，符号愈加充满新的和更广泛的指称上的和表意上的细微差别。事实上，我们了解的翻译过程越多，认知能力越发展以及符号的表达能力在意味方面越强。解释-翻译过程如此描述：符号经发展、丰富、批评，隔开一段距离，置于引号之间，滑稽模仿或简单模仿，在任何情况下以另一个符号来解释，即是解释项本身。事实上，符号越复杂，表意和价值论的潜力将其连接到一个过去的传统中以开启未来翻译，以广义的解释理解，符号和解释项之间的对话关系（参见 Ponzio 2006b），就越难建立一个单一符号或不同符号间的界限。

解释-翻译方法是基于不同符号和符号系统的类比关系的确认，不论是言语的或是非言语的，使用类比也是一种发现、创造和测试它们的方法。此外，如维尔比所说，这些主要属于比例的、结构的和功能的类型。从这个角度，翻译问题与语言上的像似性问题之间紧密联系，因此，也与修辞语言以及在思维过程和交际的生成过程中隐喻、类比和同源的作用有密切联系。事实上，类比、对照、联想和整个修辞语言，暗喻和明喻都被维尔比认为是语言认知手段，通过解释－翻译过程实现意味的表达力度。我们知道她批判自己认为糟糕的语言用法，特别是修辞不当，被认为是造成偏见、混淆和神秘化的主要来源之一。

维尔比不仅建立了类比方法学说，而且还创立同源方法学说，她从生物科学中借用了这一术语。同源方法包括联系彼此疏远的事物，也就是说，追踪一个共同核心来统一看起来不同和完全不相关的事物。根据生物学、心理学和语言研究领域的科学方法，维尔比确认了一种有机生命和意识之间以及有机生命系统和语言或语言符号系统之间的同源关系。她在一个引用 J. 沃德博士的说明中明确提出："现在，可以说我们必须离开类比领域进入同源领域了。"（艺术，"心理学"大英百科全书，第 10 版）"在感官发展和心理发展之间远不止类比"。[1983（1903）：21，& n. 1] 在表面相似性和联系之上，同源方法研究在讨论指涉问题时寻求影响深远的基因的、结构的、功能的和动态关系。罗西－兰迪确认了一种话语和人为现象之间，语言学的和非语言学的作品之间的同源关系（参见 Rossi-Landi 1985：47－49）。此外，维尔比警告用同源或者基因结构相似性来交换相似性的类比或表面关系的趋势。正如她曾在《何为意义》第十六章中指出的，回归类比、同源和被理解为解释－认知方法的翻译之间的关系问题，即她所谓的"互译"。有一种方法发现、测试和使用类比（或在某些情况下同源），它的价值看起来并没有被认可，这在广义上可以被称作翻译。[1983（1903）：26]

维尔比自己的语言富含修辞手法，明喻和暗喻的使用，以及类比和同源跟不同范围经验间的关系，通过这些，她阐明并发展了自己的思想，并经常提出新的假说。无数的这类翻译例子在她的著作中比比皆是，接下来的段落来自她1911 年的著作《表意学和语言》，这本书探讨了美的概念和基于类比和音乐语言之间关系的言语语言中的表意价值（预测了现代实验音乐的发展）：

　　一方面语言可能被称作表达清晰的音乐。我们感激所谓的具有或追求优美或独特风格的造型师，虽然在他们努力追寻美时偶尔会牺牲而不是改变意味，也往往是倾向于通过弱化意味来战胜自己。因为至少他们的工作辨认出一些有序和谐音乐之中的类比，我们称之为调音和真正理想化的语言。

　　因此我们提醒自己语言还在被普遍使用且几乎不高于噪音阶段的时候，只是暗示了其本质特征是完美自然的和谐。然而，理由不只是在语言中我们没能全权掌控我们的歌唱能力，又或是我们仍满意于古代粗鄙的乐器，虽然这在很大程度上是真实的。我们可以如建议的那样换一种表达方式，我们可能会说，在文明话语中我们已经得到了非常复杂和具有隐性权力的语言工具去呈现微妙形式的和谐，但我们从未想过要把它们调和在一起，为它们调音。我们可能假设自己告诉过某个暗示过有此需要的人，这个提议是迂腐的，为乐器调音是为了限制它的范围，正如含混语气和矛盾意图使音乐降格为噪音，却意味着保障了难能可贵的自由。我们通过排斥调谐器用咕哝、大喊、尖叫和极度的不和谐丰富了语言，从而解放了音乐。[Welby 1985（1911）：72-73]

5.2 解释翻译过程中的意味

解释-翻译过程通过开放的符号网络，越繁复，表意领域就越广阔，我们对于生活的理解就越深刻。当解释-翻译过程通过符号网络增加，在表意（或符号的）共鸣上接近更高层次，意味也就相应增加，他异性也会达到更高层次。鉴于此，解释-翻译不仅是确认问题，也是米哈伊尔·巴赫金认为的"回答性的理解"或"回应性的理解"，这与倾听他人和向他人敞开心怀不可分割。符号意义在解释翻译的表意和交际过程中产生。多亏了翻译不断地工作，符号才在另一个符号之中发展了意义，并超越和丰富了它。因此，符号越被翻译成不同的思想领域、科学分支和实践经验领域，且总是乐于超越自身限制，它就越是"可塑的"，在认知能力、表意潜力和意味方面水准越高。（参见 Petrilli，Ponzio 2005）

翻译问题在维尔比的解释和意味哲学的启发下得到解读，强调语言（理解成建模工具或维尔比术语，"母性感知"或"初始感知"）真实性和语言（言语的和非言语的）作为动态对话现象，能够以对话关注宇宙，通过他者观点相互解释。多亏了记录和表达多元性不同观点的能力，一种语言和多种语言才能兼具创造性和批判性：可塑性、展延性、灵活性和含混性（从积极意义理解）显示出如维尔比理论所述的具有符义学-语言学的特性。事实上，这种特性对于维持一种和多种语言解释和交际的充分性而言是关键的，它们包括获取新知识、适应新的语言需求能力和不同的交际语境、批判意识。用维尔比的话说，人际交流及交往互动由于符号的可塑性是可能的，用巴赫金的话说，多亏了它们的"对话性"和多逻辑说。（1981，1986，1990）成功的交际包括基于另一物在解释项之间关系的逻辑上的对话理解。更彻底的是，从表意学或者我们称作的"生物表意学"的角度，说明维尔比提出的表意学和生物之间紧密的内在联系，像可塑性、展延性和灵活性这些特征都是在地球上的生命延续并发展的条件，从中产生一种和多种语言。这一方法，生物表意学和生物哲学为体现的符号科学的最新发展非常符合，正如今天发展的，A. 西比奥克所说的总体符号学。（参见 Sebeok 2001）

符号和意义的表意途径对于我们的信仰系统、确定的事物、归根结底正如预期的真知问题有重要含义。就维尔比来说，真知是对话性的，即它只能基于我们认可的巴赫金"他性的对话关系"的确认，本身愿意接受质疑。接近真知的可能随着考虑多重观点、声音和符号的可能性的增加而增加（参见 Petrilli 1995：35−61）。所有这些朝着加强解释、翻译和意味间的内在联系的方向努力。在维尔比《何为意义》第十六章中：

> 所有系统就像测试一样不可避免地专注于将意味作为其核心价值。因此单是表意学就给予了我们语间翻译的力量。乔达诺·布鲁诺说得对，"只有通过比较，将一种能感觉到的物体或一种感知同另一种交换意见才能确信"。这在更广泛意义上甚至比他想要的还要正确。你说的是真的：（1）在某种意义上；（2）在多种意义上；（3）只有一种意义上；（4）在所有意义上；（5）没有意义（胡扯的或错误的）。在那个术语的两重意义上"同样的真知可能存在于不同的主题上通过不同的意义传播给我们。"[1983（1903）：120]

维尔比描述的"意味"表明了一个符号的最大表达价值。维尔比说："所有系统的核心价值和检验集中于意味。因此表意学本身给予了我们语间翻译的方法。"[Welby 1983（1903）：xxi] 从表意学角度来看，符号的产生不仅作为一种认知实体，也作为一种价值论实体，以及作为一种符号与价值之间关系的表达。一个符号越受制于"转移""转换""变化""变形"，尤其是"重新评估"（正如预期，证明不同方面的翻译过程），符号就越是从不同思想维度、知识以及实践经验方面，有意识地、辩证地翻译，或者更甚，对话性地翻译成其他符号。它越是被翻译成多种不同的语言、文化及价值系统，它的意味、含意和最终价值就越增加。要获得意味即是说拥有价值，涉及表意过程的伦理领域。

因此，我们必须还要强调的是所理解的翻译−解释过程支持符义学−价值论和元语言意识的发展，也就是批判的以及我们所称的"符号伦理"意识（参见 Petrilli，Ponzio 2005；Deely，Petrilli，Ponzio 2005）。从表意学角度，"重新评估"这个词精确表达了翻译、意义和认知伦理过程之间及翻译过程和维尔比的三分意义"感知""意义""意味"（这些术语表明了在交际互动的具体语境下表达价值从低阶到高阶发展）之间内在关联的观念。维尔比在《何为意义》中指出，"严格来讲，没有像'感知'一词这样的东西，只有当它在使用中才有意义——情境、精神状态、指涉及'话语领域'都属于它。'意义'一词即是它渴望传播的意图—使用者的意向。而'意味'总是多重的，通过表达它的重要性增强它的感知和意义，它对于我们的吸引力和机遇，它的情感力量，它的理想价值，它的道德层面，它普遍的或至少社会范围"。[Welby 1983（1903）：5－6]事实上，物体的感知、符号的意义和表意过程的意味，它们三者的属性在整体上不亚于就解释、认知以及价值论过程的理解翻译结果。

作为一门关于意味、解释和翻译的哲学，表意学也被维尔比描述成对科学和哲学有效的"合成方法""观察方法"，或如她在《何为意义》中说的"实验模式"，包括一个过程之中的"归纳法和演绎法"，即瓦伊拉蒂所说的"假设演绎法"和皮尔斯所说的"试推法"或"溯推法"，使我们能够达到最高层面的意义：

> 那么表意学是会给我们带来意味的哲学。例如把我们自己对意义的整体概念向更高和更有效的层面提升；使宇宙摆脱目前关于感知、意义、意味的"混沌"观念，并向我们展示，我们需要在一定的价值和范围秩序内使用这些术语。其隐喻的最佳类型是"太阳"，类比的最大矿产是生物；因为这意味着在空间形态的天文学（后哥白尼学说）给我们一个视界的拓展，它往往涉及生命观念和运动与物质观念，而且把思维观念都与这二者结合。因此，表意学本质地且典型地涉及哲学的解释和翻译，被科学和哲学接受，并形成一种合作模式，深刻地修正了我们错误地称之为"根源"的思想，即关于宗教、伦理、诗歌、艺术和现实生活所有形式的思想。但如果进行系统研究，我们可以从首先提供的观察方法看出，它是一个远远超出了实验室并包括过程中的归纳和演绎方法的实验模式。从未有任何争取让这一观点可能取代其他的观点，但它永远不可能是一种替代系统，也不可能因此被附加上任何个体的名字；它必然是由许多共同运作的头脑一起实现的。这个原则涉及形成一个关于轮流的，每个系统自然的自我进行批评，包括共同感知的理想。但它又出要点，即每一个存在的思维有机体的生长点核心。它解释了它自己的思想家，它解释了他认为他做了他所应该做的，从而解释了其他思想家自己的想法。事实上，我们第一次瞥见了潜藏在"超越面纱"下的东西，这两个我们自己对意义的原始和混乱的想

法以及我们对其的应用模式已经吸引了世界。因此达到标准来向最反对我们的思想家进行自我辩护。[Welby 1983（1903）：161-162]

回到意义（理解为广义的三分体感知、意义和意味）和语言使用之间的关系，维尔比的考虑也阐明了语言（文本和话语）、说话的主体及意味之间的关系。归根结底，她意义的表意途径阐明了交际和理解的问题，即批评的和创新的理解，对于巴赫金则是回应性的理解，对于皮尔斯，我们冒险称之为爱的理解。

如果在口头或书面交际中我们明白说的是什么，这是因为理解总是通过并不唯一的言语的解释项来获取的。我们所说的是基于进行言语的和非言语的交际，据说是作为符号的延伸网络部分，任何历史自然语言只占据一个非常有限的空间。当我们为了交际而说话时，这一"事件"成为可能是基于之前建立的交际条件。我们可以提出一种看似自相矛盾的说法——而且是由于证明事情如何发生的悖论——当我们开口交流时，交流就已经发生了。就生产口头和书面文本而言这是真实的。不管是书面的还是口头的，言语不会建立交际关系，但是如果要批准、保持、通知、声明或表现出它们，提供的"合成词语"（Deleuze，Guattari 1999）要让同伴能够彼此相互辨认、保持关系，并表达出维持和维护它们的意愿。

这种情况或多或少和在爱的宣言中发生的一样，除非它降低成一种纯粹传统正式的行为（在某种情况下它再也不是一种爱的关系），当爱的关系已经存在的时候，爱的宣言便已形成，以至于这份宣言只是合并词并且有预期互补的合并词作为回应。当一个教授在大学讲堂发表演讲的时候，为了使演讲成功，一种交际关系必须已经存在。这个教授可能采用最原创而激动人心的语句，但是第一个隐式语句列举如"这是一次演讲，照此接受它吧"。当一个小孩子开始与自己的母亲通过话语交流的时候，同她的交流已经存在且是热烈的，这成了学习如何说话的必要条件。

如果话语文本是为了构成其自身条件，如果它自足独立于情境，如果它并不是为了依赖于其他而只是自身，这将意味着它是在主动性的基础上被说话主体及主体采用的语言学系统所运用；相反，与主体相似的词语在建构交际关系时并不具有优先权。每次一有主体出现，便出现词语，接着是文本，交际就早已经发生，主体所说的与交际相关。

说话，成为一个说话主体，充当一名作家总是要回应，事实上所有的文本都是回应，包括被理解成文本的主体。主体和文本也许能构成和决定任何事情，但并不是这些条件让它们成为可能。这已经从每次主体说话的事实中出现，每次一旦产生一个文本，它就在回应。而且，文本不能构成或决定任何有关反应，有关它被听说或解读的情况。说话即是回应，不能假定某人正在倾听的话就没有意义，清楚地说明主动性不属于主体"我"，而是属于他者：一个主体已经在传播的他者，一个必须给予回答和回应的他者。这种回应的术语是言语的，而且也发生在关系和符号系统的基础上，不能被降低为只是语言学言语的符号。在任何情况下，他者必须同意将倾听作为一个相对于由文本建立传播的主要条件。

言语行为不能假定另一种言语行为。如前所述，词语是一种回应，但是它回应的不是正式对话中浅层次的回答——不会反过来是一个词语、一个文本，而是一种不由言语产生的交际场景。行为在交际交换、"语言学市场"的层面通过词语和文本实现，预先假设社会关系及交际关系不一定反过来是词语和文本关系。换句话说，词语中关系的产生不会反过来是词语中的关系。

我们目前为止所说的一个直接后果是言语行为并不只是扎根于非言语交际条件，而是以它们为先决条件。我们甚至可以规定提及"言语行为"是不合适的。事实上，在我们看来，我们更喜欢"言语的行为"这样的表达。在术语"行为"（act）和"行动"（action）之间建立区别：后者涉及主体，和意识相联系，是意图的、程序化的、已经明确的，假设主体采取主动性；相反，行为是在行动被这样理解之前已经出现。主体包含在行为之中，被它所隐含，已被办理和确定，是从属中的主体。当说话主体用话语做事时，当它产生文本时，当它实现言语行动时，行为早已经出现：词语交际行动预先假定一种不会将言语行为简化为必要条件的交际行为。

但是我们想要在当下语境中强调的一点是如果交际行动能决定其自身意义，它就不能决定自身意味。表述行为能够大有可为是因为行动被解释成有意义的。

我们声明有意义就意味着有价值。价值不能被用行动表意的同一主体赋予。如果除了具有意义，责备表述行为成了改变事情的一个事件，这是因为它同样重要，有价值、有分量、富含义。这一切预设了赋予这种价值在先的交际行为。表述言语行为是一种必须被解释成有意义的行动，但是为了成为表述行为，即能够产生效果及调整其他事物，这样的行动必定已接受在发生时刻构成先行关系的解释。前项涉及已赋予表述行为意味的解释。

我们知道维尔比使用的术语"意味"在意义三分中与其他两个术语"感知"和"意义"相对应。使用这一术语，我们可以规定行动的"意义"以被理解为由"去感知"派生而来的"感知"为先决条件，而不仅是作为"取向"和

"方向"。为了表述，言语行为必须被"感知"和"感觉"，如果有可能不是实现它的人，就一定是说话者在一个特定交际情境下提到的同伴。与意味不同，"感知"与感官、情感、伤感或激情相关联。此外，"意味"指的是在一个社群里固定和兴盛的既定价值，这可能或多或少广泛而全面，例如范围从一对伴侣形成的一个最小社群到一个城市、一个国家、一个大陆等。因此，除与倾听相关的感知之外，言语行为假定隐含了意义和意味。

5.3　维尔比、皮尔斯、巴赫金及维特根斯坦的翻译理论和语言

"当你在论文小册中提及人类，在把植物性和动物性力量翻译成智力和精神活力时，那个词'翻译'对我而言似乎包含着深刻的道理。"这是皮尔斯1909 年 3 月 14 日写给维尔比的信中的一句话（Hardwick 1977：111）。事实上，维尔比的想法和瓦伊拉蒂相似，都是根据一个符号意义在解释-翻译过程中通过另一个符号，即解释项得到发展来回应皮尔斯的解释-认知模式。这种通过符号的相互作用来扩大和提高意义的想法，是维尔比的一个解释者 L. P. 杰克斯（L. P. Jacks）在他的引言中所说的，在他研究维尔比 1931 年的通信著作《他维度》（*Other Dimensions*）的引言中说道："就像宇宙是谁的子孙之类的一样，思想不依赖——所以我们学习——任何'基础'，但是以无限'上升螺旋'的方式旋转至更高形式，保持对其的征服和永久扩展。"（Cust 1931：11）维尔比解释-翻译方法显示了调查精神，促使人类质疑意义的本质和探索意义的普遍性，而她完全反映出一种怀疑态度"它意味着什么？"或者"它作何表意"。那个问题存在于智力活动的生成源，所有这些驱动力可能以哲学的名义被汇总。杰克斯再次以和维尔比相同的观点解释其思想系统："宇宙可能被比作一个听得支离破碎的口头句子，然而哲学试图更清晰地表达它，从而揭示出它意味着什么。"（Cust 1931：12）

皮尔斯提出了"无限衍义"学说，提出了一种基于符号内对话延宕关系的符号模型，意义在它最初的词义中被设想为"一个符号翻译成另一个系统符号，在这里适用的是第二个断言，从第一个断言中得出的所有信息都是第二个断言，反之亦然"（CP 4.127）。根据无限衍义，一个符号的意义是在一个开放的反致链上从一个解释项到下一个解释项的解释项符号。对于维尔比，所有的事情暗示或提醒我们其他事情，而对于皮尔斯，意义在一个符号转换成另一个"对等物"或可能"更高级"的符号（解释项）时被给予。这样一来，我们

知道了更多其他事情。解释项符号进一步增强了前一个符号的总体表意潜能以及解释者对前一个符号的总体理解。换句话说，一个符号的维持是由于另一个符号作为其解释项，因此，意义是它被翻译成另一个符号。这个符号从符号间相互翻译和替换的关系之中萌芽，而原始符号从来没有自主地、先行地给予过。正如皮尔斯自己在 1904 年 10 月 12 日的一封给维尔比的信中已经解释过的：

> 一个符号斡旋于解释项和它的对象之间。把符号置于其最广泛的含义上，它的解释项不一定是一个符号。……但是我们可以从符号广义上看，其解释项不是一个想法而是一种行动或经验，或者我们太过于放大符号的意义以至于其解释项只是一种感觉。……对于我来说，一个符号的关键功能是为了让无效的关系变得有效——不是把它们置于行为之中，而是要建立一种习惯或一般规则，借此它们将会有所行动。根据物理原则什么也不会发生，只有持续的加速直线速度会伴随微粒不同的相对位置。我们所知甚多的所有其他关系则是低效的。某种程度上是知识使它们有效，一个符号是通过我们知道更多其他的东西而了解其为何。在目前这一时刻，除知识外，即时的意识内容（可以怀疑知识的存在），我们所有的思想和知识都是通过符号来实现的。因此，一个符号是一个客体，一方面和它的对象相关，另一方面和其解释项相关，根据自己和该对象的关系从而把解释项引进相对应的对象关系中。我可以说"与自身相似"为了一种包含在相似性之中的对应，但是可能对应得更为狭隘。（Hardwick 1977：31—32）

以皮尔斯式的关键词来发展维尔比在翻译上的地位还可能涉及从表意学视角重新解读皮尔斯的"翻译"和"无限衍义"的概念。这本身也是一项翻译练习。这些概念作为必要条件出现在皮尔斯书中，是用以呈现符号理论和知识理论之间的内在联系的。但必须谨记于心的是，表意学取代所有严格意义上的认知界限是基于认知和道德最终会汇聚到一起的维度。根据这一途径，知识概念不仅在认知术语上有所发展，又在维尔比的道德化和人性化术语方面发展。正如维尔比在《表意学和语言》中说道：

> 也许有许多人模糊地意识到并暂时承认，我们目前的机械力量和指挥方面的巨大和不断增长的发展需要从心理学的角度来解释。这大概不仅影响到那些正在构思和运用它们达到如此巨大而又显然是不可逾越的目的心灵，而且也影响到与心灵领域本身、其内容和范围有关的思想家。
>
> 因此，我们可能怀疑，如果不是实际推断，人类的思想也正处于相应

的权力发展的门槛上——19世纪科学方法的"新诞生"只不过是前奏和准备。事实上，如果我们否认这一结论，或对这一假设提出异议，我们可能会有效地阻止这种发展——或冒着以不健康的形式将其驱逐出去的风险，就像300年前，科学发现的精神受到束缚，处于其伟大成就生涯的边缘。这部分解释——如果只是一部分的话，那么现在和当时是一样的。因为在前培根哲学时期，对现象的研究，对"事物的原因"的探究，并不是更多地被神学上的占有和谴责所抑制，而更多的是被一种知识术语的支配所抑制，它排除了宇宙之外的现实，并自信地在所有关于人与自然的研究或讨论中占据了它的位置。已采取的前进步骤在很大程度上是因为打破了传统术语所造成的障碍，推开了虚构的公式，并直接出现在事物的面前，以便学习他们必须"为自己"和为整体说的话。所有的条件——尤其是最高的条件，一种迫切的需要——现在都存在于第二步和类似的前进步骤中，像在另一架飞机上，达到更高的目的。新的进步现在看来迫在眉睫，因为它是迫切需要的，它不应该仅仅是对培根哲学的继续探索，为一系列关于通常所理解的物质系统的性质的推论积累数据，而是解释，最终翻译成生命和思想的有效术语，已获得如此丰富的知识的有效术语。尽管人类未能做出这种翻译——使他对宇宙的认识具有道德和人情味，从而统一并与自己联系起来-但他的思想却是拖沓的，在精神上落后于他既定的经验。我们在这个时代确实落后了，迄今未能完成一项伟大的一般性翻译活动，这主要是因为我们对表达、性质、条件、形式和功能的范围、未实现的效力和充分的价值或价值的一致忽视所造成的损失。因此，现在被命名为"表意学"的学说的第一个信息，是我们必须修正这一真正不人道的错误，我们现在必须准确地研究表达，就像我们长期以来在这两个术语的不同范围内研究"本质"和"心灵"一样。［Welby 1985（1911）：1-3］

知识的发展与意味的发展平行，涉及定量术语及定性术语方面知识的积累。这正如预期一样有利于人类意识觉知的发展。根据维尔比的观点，我们还必须强调这样的发展有利于人类感知生活的总体责任以及遍及整个宇宙的符号过程。

这一翻译概念回应了巴赫金的研究，尽管他没有直接建立翻译问题学说。同样，对于巴赫金，符号过程或符号过程是一种延宕和转变符号成其他符号的开放过程，一种符号间的"对话关系"。这样的符号过程在解释/翻译过程之外无法发生。维尔比和巴赫金相信说话者通过不间断地从一个符号到另一个符号的翻译过程发展意识和表达能力，对发展语言学和非语言学意识以及一般经验和知识是必要的。在这两个研究者的概念里，这样的过程越有创意，在被翻译的符号或"被解释的"符号与翻译它的符号、解释项和翻译项之间的关系中的对话性和他性程度就越高。和维尔比相似，巴赫金也强调通过一个符号系统审视一个符号系统（还指语言和非语言符号间的关系，正如非语言符号的狂欢变换到狂欢化文学的言语符号）的重要性，通过另一种既定语言审视另一种既定语言，参照一种来考虑另一种文学体裁或一般来说的一种话语体裁，等等。

修辞语言问题是一个贯穿维尔比所有研究过程的主旨，维尔比通过强调"然而语言自身是一个符号系统，它的方法主要是图像的"激发了自己的兴趣。［Welby 1983（1903）：38］她又声称："……有一件事情不管是按比例高低都是重要的，它通过简单符号、图像符号和再现行为表达的。"［Welby 1983（1903）：150］通过参照皮尔斯在他的符号分类中介绍的一个最重要的三重维度，符号性三分成规约性、指示性和像似性（CP 2.247 - 2.249；Peirce's letter to Welby 1904 年 10 月 12 日，Hardwick 1977），我们可以翻译或重构维尔比的声明如下：如果语言是一个传统的系统，它的方法首先是像似的。换句话说，维尔比同皮尔斯一样，完整地认识到在语言和非语言符号过程发展中由像似性贯彻的基础作用，尤其是在语言中假设相似的像似性符号关系的重要性。

此外，维尔比在这一特殊问题上的立场可能与路德维希·维特根斯坦（1889—1951）在他《逻辑哲学论》（*Tractatus Logico-Philosophicus*）构想的研究有关。我们不知道维尔比和维特根斯坦之间是否有直接联系，但是可以肯定的是，他们之间存在非直接联系，鉴于他们有共同认识的人，包括哲学家伯特兰·罗素、菲利普·若丹及塞缪尔·亚历山大，他们进入了与剑桥大学相关联的同样的文化圈（参见 Nolan 1990：96-98）。除了从活动和功能的角度对语言进行概念化，认识语境在交际情境中的决定作用，以及从认知治疗的角度构思意义理论之外，这两位学者还从类比和相似关系两个方面对交际的决定因素和语言意义过程的构成进行了一般的界定。维特根斯坦按命题使用中的"名称"和"简单符号"分析之间关系来区分"名称"和"命题"，其中对象和意义是按照常规秩序的（参见 Wittgenstein 1922：202）。维尔比也提过简单符号，即"单纯符号"。在维特根斯坦看来，将符号与对象联系的规则或符码指代的是常规的，即任意的，因此不能通过简单地猜测而被发现。［我们知道符号任意性是由费尔迪南·索绪尔（1857—1913）在 1916 年《普通语言学教程》中提出来的一种类别，为了描述能指和所指这两个独立单词之间的关系或者两个形成"常规的"社会代码的独立非语言符号］此外，维特根斯坦说，它们代表的（它们的解释项）整个命题或"命题符号"（维尔比的"图形象征"和

"表征行动"）的关系是一种相似性关系，即像似类型关系。类似维特根斯坦的"命题"，维尔比的"图形象征"和"表征行动"完全是表意单位的高级程水平。

和维特根斯坦在《逻辑哲学论》中的分析类似，维尔比的语言分析不局限于描述表意现象、语言和思维，而是意在解释它们的产生（除了趋同外，还有清楚地出现在《逻辑哲学论》理论之中重要的分歧点。例如在这一卷中，维特根斯坦详细阐述了一种维尔比批判的语言和现实之间关系的同构概念，而维特根斯坦自己在后来的研究阶段修订过，这在他的《哲学研究》中有所体现）。

到目前为止，提及的维尔比和其他学者的著作有利于解释表意更为复杂的层面、表达和交际过程，而不用把它们降低到仅作为信息传递和信息交换的地步。这里面的每一个作者都引发了我们对像似性表意过程、他性及所有系统限制背后符号间关系的重要性的注意。如维尔比所说，这一取向还有利于证明在"统一"和"区别"的类别关系之间的解释－翻译过程的辩证对话本质，是巴赫金（1981，1986）所说的在语言中操作的"向心力"和"离心力"，因而在中心化和去中心化，独语症和多逻辑性，单语现象和多语现象的力量中间分别被认同逻辑和他异性逻辑所导向。由于这样的辩证法，知识和真知从不会一次或永远给定，而相反是接受调查和受制于不断采用来自日常生活新语境和交际实践工作中的修订。

鉴于最近语言理论及一般符号科学的研究发展了维尔比的直觉力，我们可以声明符号过程即某一事物作为一个符号的情形，不可能无法翻译，确实，符号过程本身是翻译－解释过程。翻译的作用基本形成语言和非语言符号、决定意义的过程。

符号和翻译间的内在联系出现在我们假定可替换性类别时，即被其他方式表达的可能性（不论是言语的还是非言语的），作为一项符号关系的必要条件，也就是说，认为符号不仅是某一事物替代其他事物，可能还反过来被其他事物替代。换句话说，替代和转换过程不涉及含义排除，而是含义转变及由此而来的符号间相互表意的增强。因此，意义可以被定义成一群相互述说的语言和非语言符号物质，即相互顺从彼此。依据表意语境，每个术语是一个解释项符号也是一个被解释的符号，在符号过程中解释项符号代替有所发展的被解释的符号。符号身份需要不间断转变和迟宕过程：为了成为这一符号，一个符号由于它的解释项，必须总是被解释成另一个。

5.4 可译性和共同意义

下面的段落来自《何为意义》第十八章，主题是语际翻译作为更大的语境，即翻译过程同生活过程结合在广义上被理解，远远超出历史自然语言的界限。它还指出统一不同语言的"共性特征"概念的重要性，维尔比的语言理论中"本质社群"，即一个表意区域，她还用"共同感知""共同意义"及"共同语言"等表达方式来表示该表意区域。这些概念因罗西－兰迪（1921—1985）在符号和语言上的研究，读来有趣，尤其是他"共同言语"和"语言学工作"的概念，以及在他理论更为成熟阶段"社会再生产"的概念。（参见 Rossi-Landi 1961，1968，1985，1992a）维尔比在《何为意义》中说道：

> 翻译往往被视作精神消化剂，它可以把那些不能提供营养的外来物质变得无伤大雅。消化（就如振动变成感知－产品）是转变的最佳例子，甚至是废物施肥于绚丽的玫瑰、玉米、葡萄藤等，加上水，经过生命的"消化"，也可以变成汁液，如葡萄汁和红酒。此处，从更大的意义来说，翻译包含转换。①
>
> 然而，我们读过的、标记过的和学过的消化并不意味着我们应该期盼得到类似于真正消化所得到的结果。结果就是这个隐喻反而阻碍了我们表达本意。从自身形象判断，我们往往追求自身无法拥有的东西，被消化的食物被这一过程深刻地改变了。相较于说"我将播种、培育、咀嚼并吸收你的论述之后再通知你结果"，"筛选完你提交的证据之后，我将仔细权衡你的论述"这句话将给你一种截然不同的印象。前一种表达仅指消化：筛

---

① 值得记住的是，你不仅可以把严肃的翻译成幽默的，反之亦然（尽管后者太少了），你也可以从一个幽默领域翻译成另一个幽默领域。例如：《爱丽丝梦游仙境》由《威斯敏斯特公报》、图片等翻译而成；是从社会领域向政治领域翻译的完美范例。再一次，达尔文的《情绪表达》刺激了并确实开始了对情绪符号的起源的大量研究；但是我们没有足够注意到翻译这些符号的重要性，而这种翻译一直在进行。舔狗、吻、搂着脖子或"腰"、抚摸，甚至是充满爱的微笑的历史，当我们意识到这些和其他的依恋，甚至是温柔或热情的感情，都是从野蛮的暴力和仇恨或轻蔑的自然表达中转化而来的，而颤抖、昏暗和突如其来的眼泪则具有新的伦理意义。快乐或感恩的解脱最初是痛苦或恐惧的迹象。这里的教训似乎是我们仅仅试图根除儿童或野蛮人的邪恶倾向是完全错误的；我们所要达到的目标始终是将这些倾向转化为相应的善。但是，在这一术语得到广泛应用之前，特别是在培训方面，我们不可能希望做到这一点。然而，在一种情况下，这是出于实际目的而成功的。牧羊犬在指导和保护羊群方面的热情，是它被训练来监督的，它将野狗猎杀、散开并摧毁它们的本能，转化为相反的东西。据说牧羊犬追求其翻译职业的强烈能量使他有责任，除非采取预防措施，否则就有可能过早死于心脏病。

选和权衡则属于完全不同的另一种思维模式。现在，尽管隐喻的说明性使用使之变得滑稽风趣，但同时这也是一种巨大的损失。

很明显，从字面意义上来说，将一种语言翻译成另一种语言（从最大程度上来说）取决于两者之间的共性。在这种情况下，群体的特性早已定下，毫无疑问语言是属于人类的，它们属于同一种类型，因此差异则都是次要的。

因此，无论翻译得好坏与否，它都必须是有效的、合理的；我们能发掘同一事物的两种形式。如果指翻译的初始意义，即空间（一种位置的移情），那么这一结论仅仅只会被加强。然而，从另一种意义上来说，这种翻译也许会失败，因为它无法传播微妙的语境，而那种"意味"则是意义的最高形式。正如乔维特·威尔所说："唯名利者与现实主义者之间最著名的争论从未被提及，这一争论就是如果没有将柏拉图的思想转化成粗略的拉丁语，那么也许柏拉图的精神能够被准确地理解和欣赏。"[1]

再次声明，尽管从语言、语法和习语角度来说，翻译是令人钦佩的，然而从文学角度来说，翻译则是可憎的；只有当它成为一个版本之后，它才是最令人钦佩的，《旧约》的授权翻译就是最典型的例子。

《纽约时报》上刊登的一篇关于《阿尔弗雷德国王的诗》[2] 的文章说道："阿尔弗雷德作品中的原创性在于掩藏在翻译假面下的高超的文本转换，就像一个深知自己目标的人一样，只从字面上远离目标而已。"下文所举的例子选取自"地球在天体系统中的位置正如蛋黄在鸡蛋中的位置"：

"正如我们在鸡蛋中所见的那样；

蛋黄在中间，自由地滑翔，

鸡蛋周围，像整个世界

静止在原位，

如注的水流绕行、嬉戏，

苍穹和星辰；环绕闪亮贝壳

长长久久，日复一日。"

作者接着说："但是文本与这个有关鸡蛋的修辞无关；它只是他储藏的一种固体添加物而已，同时它也说明了作家心中的目的。他试图通过简单熟悉的方式来传播深刻的想法；他试图将阳春白雪为下里巴人理解。鸡

---

① Plato, vol. IV, p. 39 (3rd ed. , 1892).

② August 20，1901.

蛋这个例子以一种具体而显而易见的方式体现了他的目的，这一方式也是他教学的典型示例"。这里我们有一个小心谨慎的类比。

人类的特权在于将赏析符号表意的有机形式有意翻译成解释符号的知识形式；翻译出刺激物的印象感受。特权的最高形式在于将解释的知识形态转化成更好的术语，这些术语也许该被称为证实过的或者规范过的神秘主义，它们经历了科学的严峻考验。①除此之外，"神秘主义"常常被称为原材料，或者至少被称为"看到的"科学先驱。对炼金术的追求因此转化成化学成就，它的祈祷以另一种意想不到的形式实现，它由本身的基本金属转化成为黄金；对占星术的追求最终形成了天文学。在这两者中，我们无法抵达任意一种的极限，科学从来就不是线性的，但接下来的进步（正如生物"树"一样）可能涉及新的出发方向。往往方向比距离更重要。[Welby 1983（1903）：143—147]

维尔比在人类世界经验中确认了一种共同元素，她称之为"共同意义"。共同意义是人类表意过程中奇异性和普遍性的条件。换句话说，它表明了表意物质使一个符号的个体性或奇异性成为可能，它的特殊性同时还有他异性，对于人类的普遍合理性。共同意义显示共同的表意物质，我们还可以称之为与语言的多样性相关的"符号学物质"，或者形成一种历史自然语言的特殊语言，就像不同的历史自然语言、文化和符号系统。共同意义是表意过程的源头并直达最高程度的意味。它是所有语内、语间及符际交流的共同基础。面临不同语言主要或少数区域的不可译性，"共同意义"使得翻译成为可能（参见 Petrilli 1995：XII；Petrilli 2003a）。

我们说共同意义可能与罗西－兰迪解释的"共同言语"（1961）的概念有关，这和英语分析哲学解释的"普通语言"的概念并不重叠。事实上，后者仅仅代表维尔比理解的"共同意义"或罗西－兰迪理解的"共同言语"的一个方面。维尔比在她研究开始的早期创立她的"共同意义"概念，如在一封1882—1882 年间她给托马斯•H. 赫胥黎的信中写道：

如果我试图说你的语言，这可能冒荒唐的危险，或更糟的是造成"她说的是英语"的困惑，但我或许不应该要求你，由于强调所有言语的部分多样性而审查我的语言，就像我审查你的，仅仅把技术含义和次要意义放在一边而去寻找所有人类或自然话语的共同意义（我自己的强调）。

---

① 有很多迹象表明这一点，特别是最近在《自然》的文章中。

　　……我觉得为了领先于一个即将来临的时代，当我们学习普遍适用的"翻译原则"时及在我们说着各自的语言分享各自的真知时，可能是为了冒险违背其中一个最深层的神圣法则。（Welby/Huxley 1882－1885，Cust 1929：102）

　　"共同意义"表明了一种康德哲学含义上的语言先验性，为所有语言的指涉层面所共有，不论是历史自然语言还是特殊语言，一系列操作形成通过言语（或非言语）符号表达和传播的条件自身。"一般"的表达显示了存在的交融，一种先验（原始感知，Welby/Huxley 1882－1885，Cust 1929：102），一种关于其差异产生的先验社群。所有的语言使用者，不管他们是学习、教学还是翻译，或是简单地交流，都激活了共同的表意过程和共同的实证过程，从而形成一个共同基础，允许解释从一个论域向另一个转变，使不同历史自然语言中及不同的特殊语言和日常口语的交流变得可能。像维尔比设想的一样，共同意义指的是必要于人类之间言语和交际的共同的表意操作。它关系到生物和社会结构中所有基本相似性和所有同源性，以此团结超越历史文化和地理不同及它们的地方差异的人类社群。

　　除了共同意义，维尔比还使用了像"共同语言"和"共同感知"这样的表达。使用这样的表达，她的意图既不是低估不同语言极大的多样性和语言中间的差异性，也不是将这样的多元化重新引向某种神秘初始语言，即一种原始语，引向逻各斯（Logos）通用语言学结构，或是引向主导和统一所有人类语言的某种生物法则。维尔比明确批判所有通过吁求一门通用语言来压倒语言和表达之中多样性的尝试，这样的多样性被理解为一种交际和相互理解的障碍。确实，她相信语言之中的变化和多元，方言和行话有利于相互丰富和进一步发展我们的语言认知资源。不管是推行一门已经存在的自然语言还是重新建构一门人造语言，假设这样的事情是可能的，呼求一门通用语言只是一个针对多样性问题的显而易见的解决方案。实际上，当需要注意来自差异和多样性问题以及能够解释差异和与普遍性的内在联系范畴的时候，语言和表达的多样性需要充分得到欣赏和解释。这和推广一门通用语言的想法相去甚远。确实，如维尔比设想（同罗西－兰迪一样，参见他1961年的专著）的一样，"共同意义""共同感知"，"共同语言"和"共同言语"的概念提供了处理这些问题的合适工具。这些工具打算解释语言学用语而并不只是描述它，这反而证明了牛津分析哲学的局限。

　　事实上，这些表达指的是不同语言为了妥善处理表达和交际的同构需要而实施的相似功能。当同时表达每一种语言、每个系统及每一话语领域的奇异性时，不同语言提供了不同的权宜之计、解决方案和资源去满足本质上相似的表达和交际功能。推行一门人工建构的通用语言不是意味着使语言心理文化处于不同层次，维尔比认可一种表意、解释及交际过程的重要资源，以及与之关联差异和实践。由于维尔比语言学视角和非语言学世界的"共同意义"，差异（在一个开放的、去整体的和不断进化的整体性中产生其他差异）不是分离和沉默的原因，正相反，差异需要有利于不同语言、文化和价值系统之间的相互理解、交际的内在联系和语际翻译过程。就像维尔比在《何为意义》中所说的：

> 那么，我们表达能力的进步、语言资源的丰富、更多地掌握意味、更清晰地相互理解的不必要的障碍，更加有效的共识，在所有这些方面都是可取的：我们如何开始？困难在于迄今活着的每个人对于我们现在缺乏相互理解的严肃结果几乎完全从来源于文明语言多样性的困难角度来考虑。很多建议提出习得一门通用语言，甚至认为现在迫切需要运用新拉丁语作为一门哲学的或者科学目的的共同语言。但是我大胆建议：除了在有限意义或是作为一个暂时的权宜之计，那是从一开始就错了。
>
> 因为，即使整个文明或智慧的世界都可以通过某种伟大的国际运动联合起来，形成并同意使用这样一种语言——无论是一种旧的语言，还是一种新的语言——它充其量只能触及问题的表面，而且很容易产生内容。由于没有价值的理想，进一步阻碍了语言资源的开发，目前各种语言和方言必须间接地开发这些资源。很多古老的和现代的"放置方式"至少现在由人类支配。一种人工引入和批准的通用语言在我们语言学发展的当今阶段被强加于我们，很多宝贵的心理遗产将会枯竭、浪费和丢失。这可能是世界运作不能没有丰富的习语差异，这便是人类生活作为一个整体的丰富性。这种丰富性源自并出现在实践差异中，其价值在于为未来紧急事件提供各种处理方式。当然问题是：在到处都是最高人类的最高思想的情况下，既不允许它分裂我们，又使我们沉默，如何去保护这一无价珍宝是最值得表达的。[Welby 1983（1903）：211—212]

维尔比没有寻找独白式的或单一语言的方法解决语言差异和多样性问题。用我们时代案例示意，乔姆斯基式的语言学理论（与他意识形态和社会学理论的成果不同）不考虑交际功能，即不考虑交际过程社会和主体间维度。事实上，为了解释说话者能基于有限数量元素生产潜在无限数量的句子，诺姆·乔姆斯基（1985）假定存在普遍的内在的生成语法，其结构生物性地铭刻在人类大脑中，并被既定经验作为简单刺激所激活。相反，从维尔比表意学角度和她的解释中，针对意义和交际问题的语用解释方法，经验显然成为解释实践的结果。维尔比说，解释实践还被理解成假定规则的推论过程，归纳法和演绎法都包含在一个过程之中，是瓦伊拉蒂说假设的演绎推论，也是皮尔斯术语中的试推法论证。通过这样的解释过程，主体完成、组织和关联的数据总是或多或少的破碎的、部分的和不完整的。经验便是所有这些解释操作。因此，它在数据输入方面具有创新性和质量上的优势，即前几代人的语言和非语言解释工作沉沦的历史和社会材料。一旦试推法经验范围被证明，包括与能力的辩证关系，语言学习和语言学能力就再也不需要被一种内在普遍语法解释。相反，我们可以认为语言习得基于试推的推理过程是有可能的。

维尔比谴责某些人不想使用批评语言，不管是普通语言问题还是特殊语言问题，包括元话语语言。如她在《何为意义》第十八章中所说的：

> 语言的落后状态和流行的"误言"的主要结果之一当然是无意识地看到了常识或实际的人在日常生活交往中的用法与科学和哲学老师的用法之间的感知和意义。根据在学校继承或习得的推动，前者自由使用感知、知觉、感觉、物质、力量、心灵和意志等各种"感知"。这些感知通常被经验所召唤或是暗示，随着年龄、环境和健康等不断变化。同样的事情随着体现这些术语的短句或惯用短语而产生。[Welby 1983（1903）：140]

维尔比反思"普通的"（plain）这一术语的使用，批判"普通意义"的神秘，这是在建构她自己的语言概念和对世界的概念时一个重要的元素："一方面意义不是，对所有时间、所有地点对所有东西而言都如此'普通'"。[Welby 1983（1903）：143]她强调术语"共同的"语义的可塑性，用这样的表达像"共同意义""共同感知""共同语言"和"共同言语"，她意在确认使语言学用语成为可能的语言思维条件。而不是描述一种真实过程和世界是它该有的样子，这些概念是理论建构的部分，是一种具有解释功能的模型和方法，是一种应用于不同语言的假设。从这个角度而言维尔比的工作充满直觉力，做了像罗西－兰迪这些学者的前景研究，后者提出了"共同言语"概念或他所批判的维特根斯坦在《哲学研究》中"使用"的概念。根据罗西－兰迪所述，维特根斯坦分析语言单元就好像它已经是既定的、不考虑社会生产的真实过程，其中这些单元接踵而至（参见 Rossi-Landi 1968，英译本）。罗西－兰迪就工作方面发展了"共同言语"的概念，即"语言学工作"，随后是关于"社会再生产"（参见 Rossi-Landi 1961，1985，1992）。事实上，以对"语言学工作"的见解，他迫切想要解释而不是简单地描述语言学用法。

对于共同的表意材料的想法关系到为了表达和交际形成必要条件的技术系统，它们的可重复性和不间断性对所有人类都是共通的。正因为如此，这一材料没有民族及文化界限，相反却是跨民族的和跨文化的。事实上，如维尔比所说，推行一门通用语言可能意味着从一开始就是错误的。"共同意义"和"共同感知"不是语言学和意识形态学统一集中的历史过程的理论化表达，不是语言"向心力"的理论化表达，正如巴赫金可能会说，也不与抽象的语言概念相关。罗西－兰迪（1961：169）在他语言系统和个体话语、语言和言语、永恒的语言和创新、发明和找出证据之间二元对立的评论中，共同言语的概念被理解成不间断的可再生产的语言元素，总体而言，人类语言学工作不能沦为只是形成这些二元对立的两极，而应该两者都包含。

罗西－兰迪"共同言语"的概念作为维尔比共同感知或共同意义假设的解释项得到解释和发展。另一个解释项根据进一步发展罗西－兰迪研究的思路，似乎还引导了维尔比前进的方向，尤其重要的是，它澄清了交流、共性和社群如何成为差异的预设，且是符号学物质的概念。这一表达显示了一个共同基础，一个非传统的社群，比一个基于同一性逻辑的社群更为开放和广泛。一个社群在共同的、不可还原的他性基础上联合不同因素而不是共同身份——无论是阶级、职业、国家、历史、记忆、种族渊源、宗教、政治、人种、性别和物种。

假如语言属于"同一范畴"，表达和人类相似却又有着极大区别的需要，维尔比像罗西－兰迪那样相信翻译总是可能的。然而，一种翻译可能有好有坏，但它必须总是"有效的"和"合理的"。在这种情况下，翻译成目标语言提供另一种或多或少陈述同一件事的方法，将最初的意义发展成一个新的解释项。维尔比说，术语"翻译"本身的原始意义被理解成"位置转移"是一种空间概念，她强调在翻译过程中有关一个单一符号概念增加的观点。

维尔比对"翻译"和"译本"加以区分：从语言学、语法和习语的角度"翻译"可能是令人称赞的，而从文学角度则是令人厌恶的。只有当翻译在文学层面也一样好的时候，在美学术语中我们称之为"译本"。然而，译者注定在他的工作中失败，如果他或她没能成功就目标文本翻译出原文的意味，价值系统在原文中被表达并严格地与其设想出来的文化语境相联系，就必须在同样文本的译文中表现出来。但是很明显，一种翻译是"好的"而不仅是"有效的"涉及一种完美对应的关系及不同语言解释项之间同一性的关系。维尔比实际将差异和他性范畴设想为任何一种翻译过程令人满意地实现的必要条件。事实上，正如她在《何为意义》第十九章中谈到的一样，当术语越接近于它们的"实际身份"，它们之间的关系就总是涉及一种差异边缘。为了举例说明，维尔比指出等式（12+8＝15+5）的逻辑过程。

此外，为了保持命题可译性并不意味着所有的语言归根结底彼此相等，深层结构彼此相同，或词汇重合完善。这种语言的命题可译性还关注"终极共同特质""本质社群"，凭借属于同一范畴的事实来联合不同语言，也就是说，人类语言根本不意味着要忠于语言学普遍性原则的信仰。后者重构不同语言的多元化变成一种单一语言——原始语，变成普遍的语言学结构，内在的心理结构以及最终变成一种现实的单一性观点（参见 Rossi-Landi 1985：246－250，261－269）。相反，语言总是保持在一种互为他者的边缘状态，不仅仅是在不同自然语言的明显情况下，还在多语制内化为同一语言的情形下。确实，差异的可能性、保持距离、观点变化、语言学语域及话语场都是跨越语言翻译和表达的条件。所有语言有它们自身的特殊性，互为他者，就像它们在文化术语上相互接近一样，除了它们的他性，从一个文本总是可以翻译为另一个文本的。事实上，正是由于他者性关系，翻译才成为可能。

具体到诗歌语言，一方面保留诗歌被定义为不可译的想法，雅克布森自己却坚称即使针对诗歌翻译也是可能的，如果翻译被概念化为词序转变的话："只有创新的词序转换才有可能：内化为一门特定语言（或从一种诗歌形式到另一种），或者处于不同语言之中。或者从一个符号系统到另一个符号体系间的转化是可能的：例如，从语言艺术到音乐、舞蹈、电影或者绘画。"[Jakobson 1971（1959）：260－266] 尽管存在这些限制，回忆巴赫金，像维尔比说的那样作为"词序转换""位置转换"，即使不是关于一种"译本"，我们能够声明翻译总是有可能的，这是由于他者行为和语言的对话。

当面临历史自然语言中的可译性问题时，去问彼此交流的历史自然语言是否无关紧要。虽然两种语言可能是在历史形成层面相似，但它们并不彼此交流。那两种语言分享共同之处，不是因为它们彼此熟悉，就是因为它们就形成和转化过程中分享一种共同过去，但这并不消除它们之间的差异。这些语言所代表的两个不同的话语世界之间也不一定有重叠。

人们要问的正确问题不涉及交际而是是否有可表达性。可译性问题如下：能在一种语言中被表达的同时，还能在另一种语言中被表达？回答不应该是归纳规则，即通过证明所有语言中的所有案例，由此通过一个又一个案例来积累成果。也不应该是演绎规则，即假设我们正在人文科学领域但不是某种正式学科工作，衍生出某种理论前提或者原理。此外，我们的回答必须是试推或假想一演绎顺序。换句话说，它必须基于推论得到，即允许根据某一假设对有关案例进行核实的答复来达到这一目的。

在这种意义下，翻译（历史语言和自然语言之间这种交流是不可能的）总是可能的。这种确信是基于语言和非语言的元语言特性。语际翻译发生在所有历史自然语言的共同范围内，即语言。它就像涉及语言内翻译一样包含语内翻译。因此，语际可译性发生在共同的基础上，包含为说话者所熟悉的在一门单一语言之中的共同实践，即跨语言表达能力的实践。

语言符号系统被赋予一个显著特征，这使它们区别于非语言的特殊语言，即元语言能力。语言符号系统能为自己说话，使自身客观化，让自己成为话语的客体。历史自然语言之中多重特殊语言的有效性增加了元语言用语的可能性。同样的，元语言和目标语言之间距离的拉开程度，决定着批判意识就像多语制所允许的一样内化为一门单一的历史自然语言，它不如由跨域不同历史自然语言翻译而达到的距离。因此，如果我们就可表达性考虑可译性问题，必须不可避免地同意同另一种历史自然语言的关系有利于可表达性，以及翻译不仅是可能的，甚至还会增加说话者的元语言能力。

另外，某种程度上语际翻译是语言间翻译，如同预期一样，它是基于罗西－兰迪1961（现为1998）年所称的"共同言语"来实现的。这一表达由罗西－兰迪引入，是为了将相对恒定的人类技术系统概念化，是一种广泛国际化且不受国家文化界限限制的系统（Rossi-Landi 1961：165）。"共同言语"假设阐明了原文本和翻译文本之间的相似性，翻译必须考虑的既不是同形也不是表面的同构关系而是同源关系。换句话说，尽管存在差异、但联系相似性关系，相似及相像等的关系是具有遗传－结构顺序的，并由来源于两种不同历史－自然语言同享一种精致文本的事实所决定。罗西－兰迪称之为"共同言语"，即维尔比所说的联合不同语言的"共同特性""本质社群"，也就是"共同意义"和"共同语言"。

由于言语的元语言能力，它总是有可能重新解释已经说过的，不管是在同一特殊语言中还是在同一历史自然语言中，或者更好的是在一种不同的特殊语言中以及在一种不同的历史自然语言中。可译性是语言中固有的一个特征，与所有历史自然语言特点相同，并因"共同意义"而成为可能。这一立场反对那些将历史自然语言描述成闭合的、自给自足系统的概念，就好像它反对在描述关于"语言相对论"的历史自然语言中出现差异时的极端态度。

可译性问题必须与一个符号的意义问题联系起来，并且要与不能仅限于单一类型的符号或符号系统这一事实联系起来。从这一角度看，可译性可从一个符号规则方面加以解释。事实上，通过维尔比和皮尔斯，我们看到翻译在符号本身的概念上是隐性的。没有解释项，一个符号就不可能存在，即没有另一个符号以某种方式解释其意义的话，符号则不存在。换句话说，意义存在于符号间相互翻译的关系之中。

理论上，一个符号的解释项是没有限制的，换句话说，一个符号的意义不能被一种类型学或系统规则所局限。每次呈现意义，符号或符号系统类型就涉及为符号附有隐秘的解释项。不论解释－翻译过程是否发生在语言符号系统中，在一门单一历史自然语言的分段语言之中，在不同的历史自然语言之中，在语言和非语言符号系统中，或是在不同的非语言符号系统中，意义和翻译都是符号现象。

在我们自己的历史自然语言中，或在不同的历史自然语言中，理解一个语言符号的意义，意味着激活涉及解释项的解释过程，而这一解释项不一定仅仅是语言规则的解释项。

因此，从一种历史自然语言到另一种的翻译意味着在这个过程中运用人为限制：我们在特定的历史自然语言中，只在翻译语言的语言解释项中寻找解释项。在语际翻译的案例中，到达点必须是语言的，解释项是从我们翻译的语言中选择的。然而，经过细心观察，很明显语言符号的限制只关系到涉及语际翻译解释轨迹的目标，而这样的轨迹一点也不受从一种历史自然语言到另一种直接转变的限制，这是由于非语言符号和价值系统不可避免地也牵涉其中。

翻译困难不应该归因于翻译中文本的某种阻力。可译性是符号生命的必备条件。如果出现困难，这是因为在语际翻译的情形下，解释项受到语言范围的限制，甚至更特殊的是受到某一种历史自然语言范围的限制（目标语言）。

翻译困难不会那么频繁地由一种历史自然语言所说的必须被转换成另一种的事实。真正的困难在于对交际行为有充分的理解，使所涉文本成为可能，作为一种回应翻译出其意味，假设它不是自给自足的、独立的，而是以假定它比实际设置了更多的交际关系为前提的。在实现目标语言和发现一个充分的解释项或翻译项之前，解释工作包括翻译一个暗含了多种解释项的文本，它不仅不属于目标语言，甚至也不属于源语言。相反，这些解释项必须在一个巨大的语言和非语言符号网络中找到踪迹，这一网络没有任何可能性去预见应该遵循的轨迹以及规定应去探索哪个部分。

正如维尔比翻译问题的表意学方法，语际翻译只包含起点和到达点，然而所有中间的解释工作是按照一种符号规则。文本只能基于符号体系间的翻译从一种历史自然语言被转换成另一种。可译性除了使两种历史自然语言互相交流之外，还取决于解释项将翻译文本与交际语境联系在一起的明确性。

5.5 符号过程和进化发展中翻译的中心地位

一个符号成为一个实际符号，要靠接受一种解释，就是说要靠决定同一解释项的另一个符号。（CP 5.569）

首先，翻译即解释。如果我们同意皮尔斯没有解释项，符号就不存在，以及一个符号的意义只能通过另一个作为它解释项的符号进行表达，那么翻译就是由符号构成，确实符号活动（sign aetivity）或者符号过程（semiosis）是翻译的过程。意义不可分割地与翻译产生内在联系，事实上它形成于翻译过程，从"解释途径"的意义描述可以看出这一点（Petrilli，Ponzio 2005）。此外，维尔比描述生命的进化过程，在翻译过程方面而言是跨越三层意义的定性规则，即根据实际重要性、表达性和推理能力的提升程度。事实上，知识和表达性的发展不仅是定量术语中数据积累的结果，更是通过在语言和非语言的同一符号系统及不同符号系统间，翻译过程一再阐明和转换这样数据的持续行动的结果。然而，翻译正如我们描述的一样，不仅关系到人类世界，即人类符号过程，而且更宽泛地说，它作为一种符号过程的构成形式而出现，或者更精确地说是生物符号过程。翻译过程遍布整个生活领域，即巨大的生物领域。事实上，正如维尔比建立的学说，翻译的重要性不亚于生活，它的进化体现在其所有方面。从这一角度，维尔比的翻译理论是一种生物翻译理论。

《何为意义》第二十二到第二十六章以与人类进化相关的问题为中心。在这些及其他写作中，维尔比处理原始人类中间迷信的语言学原因（例如参见维尔比 1890a，1890b），根据总体符号学，也可以称之为生物符号学角度来描述今天人类的进化发展（参见 Posner，Robering，Sebeok 1997－2004；Sebeok 2001），或者更加明确地说是维尔比的生物表意学角度（尽管术语"生物符号学"和"生物表意学"在一定程度上是多余的，考虑到总体符号学和表意学都在生命科学和符号科学之间内在联系的基础上被建构）。维尔比从表意学角度再次解读进化过程，在更广阔语境下审查特殊问题，同时就思维、经验和行为的解释-翻译过程将人类发展描述为更加复杂和明确表达的智慧领域，其中"感知""意义"及"意味"最终处于共存之中。翻译既不是简单地"解码"也不是"重新编码"。这样的运作毫无疑问是翻译过程的部分，但是不会详尽论述。

下面的段落引自《何为意义》第二十五章以及第二十二到第二十六章（参

见皮尔斯 1903 年评论，Hardwick1977：157－159），它在生物符号过程更广阔语境下关注与人类、人类符号过程相联系的进化问题。在这些章节中，维尔比以表意学为关键反思原始人中迷信的语言学原因，所以可以把她跨越"感知""意义"与"意味"层面意义三分及进化列入考虑。这种意义三分的不同方面在进化发展的历时轴上、共时轴上以及在人类形成明确的社会文化系统之中的内在独立的关系上都是可辨认的：

> 一般来说，原始思维的感知体系很明显比后来衍生的体系更加占主导地位，并更有可能对自然的不同领域有更微妙的吸引力（就像脊髓对大脑的反应一样）。现在高度发达的意义体系，则还处于胚胎状态；而意味元素，至少我们现在都心照不宣地认为它还并没有被同化。换言之，智力的原始形式也许在于对特定能量模式的敏感度，这些模式具有煽动性，能把人类内心的狂热转化为正式教义；正如将人类的饥饿感推动转化为对食物的摄取，从更高层次来说，即把整个体验转化为清晰的声明。只有在最底层的情况下，生存完全取决于这种转换的时候，翻译必须是正确的；而在那些外来刺激间接发生的情况下，翻译则是纯粹试验性的，因而这种翻译可能是错得离谱。哪怕在那些翻译原则存活下来的情况中，这些翻译一方面是高度科学的，而另一方面它们又反映了当今时代的宗教、诗学和哲学思想，它们最初的应用是具有既令人反感又让人惊叹的两面性。

> 然而，从表意的角度来看，我们对翻译是乐见其成的。人类的感知世界包罗万象，它需要能理性解释感知和意义的知识领域；这种感知，这种敏感度对意义、意图、主旨、目的、直接和间接的经验的终结，经过不断积累，最终促成了对意味、含意、重要性、最终价值以及对所有经验和知识的决定性时刻的认识。[Welby 1983（1903）：193－194]

5.6 翻译、解释、意味

维多利亚·维尔比在写于晚年期间的论文中坚持翻译问题和它在解释过程和意味生成过程中的中心性。约克大学档案室的《维尔比选集》包含一份题为"表意学与翻译（如定义）"的文件（参见 31 号文件盒，49 号文件夹，WCYA，现附于本章），它展示了写于 1905—1911 年间的一系列未出版的短篇手稿，这些手稿在当时已编辑，但最终并没有出版。我们接下来将简单描述它们。这一文件档案标题会证明是误导性的，但是它不该被理解成反映了有意将翻译贬至定义，或者如雅克布森描述的重新阐述。相反，维尔比在尽可能最宽泛的意义上理解翻译理论及实践。她采用了我们今天所称的总体生物符号学的方法，在她的翻译分析中包含雅克布森描述的"语内的""语际的"以及"符际的"翻译的翻译过程。维尔比针对这些问题所做工作的感觉与态度引起了皮尔约·库科宁（Pirjo Kukkonen）的注意并由她进一步发展，后者把维尔比的翻译概念适当地描述成"多功能工具"，是"一种理解语言和交际以及翻译研究的方法"（Kukkonen 2013：262）。翻译是超越立场、超越价值观、跨越语言和非语言符号系统，与语言、意识及行为之间紧密相连。

在 1905 年 3 月 13 日题为《表意学与翻译》的论文中，维尔比关注翻译的进化问题（级别从一般到特殊递进：宇宙、人类、心灵、人类智力及表达的进化等）。事实上，我们知道维尔比并不把翻译问题限制为一种语言向另一种语言转换的问题（语际翻译），她是从更广泛的角度，跨越不同话语领域及不同类型语言与非语言符号系统的翻译过程来建立翻译学说。从表意学角度，翻译一解释包含感知及表意功能的差异化和特殊化过程。这样的过程随着思维的出现趋于完美，包含分析与批判能力的发展，进而分化和建构能力。然而，依照维尔比的观念，这样的过程并不涉及引入障碍和分离，而是为了引入对于人类发明的，但在自然中不存在的事物的分析。在维尔比看来，发展的条件是不同话语、感知及符号系统之间"翻译间性"能力的发现，一方面它出现在恒定的、必要的趋向集中的辩证法中，另一方面是在统一和区别的连续性之中。受同一种辩证法影响的是意味的发展，通过不同感知、功能及价值间的"翻译间性"过程而产生。

在 1907 年 11 月 25 日的一篇名为《"向上"翻译》（"Translation 'Upwards'"）的论文中，维尔比回归从有机活动到精神活动进化发展过程的翻译理论。在写于 1908 年 6 月 11 日的文章《一种急需的翻译》（"A Badly Needed Translation"）中，她继续将跨越不同生命领域连续翻译过程的想法理论化。基于从有机生命到智力生命翻译过程的进化发展是有可能的。维尔比强调需要恢复心灵对于生物生命的依赖关系，就像连续翻译过程是到达最高水准意味的条件。（参见 1911 年 11 月 11 日这一文件中她未加标题的论文）

题为《翻译陷阱》（"The Snares of Translation"）的论文，以一场不同声音之间的对话形式加以组织（维尔比经常在她的写作中使用一种辩论的权宜之计），关注语际翻译问题。意义不是绝对简单的、字面的以及中立的或单一的，而是修辞性的和可吟诵的，因此从一种语言到另一种语言的翻译过程中，词语的意义不是预先设定的，也不能想当然。此外，词语通常来源其他语种，作为外来词从其他语言、方言和论域中转化而来。也就是说，我们不能避免意义的隐喻和修辞维度，我们必须意识到普遍语言领域和特殊语言领域的语言学实践中的术语"多倍重叠"行为。具体提到不同语言之间的翻译过程，并考虑到在使用时发生变化、发展或失去效力的意义的本质，从不同语言术语中对应性的分类既不可能详尽也不可能明确，因此毫无意义。维尔比考虑了司法话语，以及将原文不是英语的术语翻译成法语的困难，如裁决、陪审团、判决及押运。

在《何为翻译?》中，维尔比将旅行者在物理意义上转移空间与意义从一种语言向另一种语言转换二者之间建立了一种类比。由此，翻译被描述为"使一种相同的陈述或描述用不同术语解释的能力"，这提高了我们"通过获得共同理解力来面对这个世界的力量"。但是这并不意味着预言一种乌托邦世界，那里随着引入一门国际语言而说起"共同语言"。发展人工语言的想法在 19 世纪下半叶是辩论的中心，并成为时代潮流。最初的着眼点是为了克服语言展现出来的障碍和分离，最终避免冲突甚至是战争。我们在他处讨论了 H. G. 威尔斯（H. G. Wells）与维尔比语言观点相关的乌托邦语言的观念。世界语，当时最出名的人工语言，由路德维希·L. 柴门霍夫（Ludwig L. Zamenhof 1859－1917）于 1887 年首次提出布勒厄语言（La Langue Bleue）或波拉克语言在 1899—1902 年间由里昂·波拉克（Leon Bollack 1859—?）发明。新拉丁语可能是"没有语型变化的拉丁语"，也是我们通常所知的中介语，在 1903 年由意大利数学家朱塞佩·皮亚诺（Giuseppe Peano 1858－1932）发明，他将简化的拉丁语发展成一门共同语言。沃拉普克语在 1897 年左右由约翰·马丁·施莱尔（Johan Martin Schleyer 1831－1912）发明［参见 Wells 2005（1905）：271，n. 11］。1929 年查尔斯·K. 奥格登引进基础英语，一种包含 850 个词语的词汇量的国际性辅助语言以供不具备英语知识的人们使用。（参见 Petrilli1995）

维尔比提及过"共同人性"，但是这并不意味着假设和推行一门"共同语言"，如世界语，或者在过去为拉丁语要牺牲其他的语言。在她 1911 年《表意学和语言》书中的一个段落中，维尔比说她也想要一种世界语，但要把它和其他的一道命名为一种表达资源，其中就包括古希腊语、文学语言以及祖鲁语。［以吸气辅音闻名，参见 Welby 1911（1985）：83］在任何情况下，只要承认有此需求时，事实上国际语言的出现是都不可避免的，如电报代码，她关注表意学角度的充裕表达，即由不同历史自然语言及所有特殊语言所决定的多元化的重要性，也就是说，通过语言学的变化性。如果变化和多样性被淘汰去创造一种我们确认为是"独白制"和"单一语言制"的情境，这样可能会失去丰富性。在维尔比看来，语言的丧失和意味的丧失是一致的。

在1897年《感知的微粒》一书中"最后的注释"部分，维尔比在当时关于战争与和平辩论问题中选择了自己的立场。与那些在一门共同语言中寄希望于和平和相互理解的人们相反，维尔比转而关注使交际和相互理解成为可能的条件。超越共同语言的概念，导致她思考所有语言中价值、感知及意味的结构存在的问题，因此在我们自己的术语学中，就是相互倾听以及热情对待所有语言中的他者的能力。超越物理上的近似性，维尔比将她所称的"心灵传播"假定为建构国际社群的一项必要条件，即分享和传播价值的能力。反思各国人民、文化和语言之间相互漠不关心的传播问题，她认为这是仇恨、战争和破坏的国际化的一个决定性条件，也就是牺牲他者；而相互倾听，热情对待他者是文明合作的前提，是正义的胜利和国际秩序代替混乱与灭绝。在话语语境下，提及一门世界语般的"共同语言"，在维尔比时代对于有些人意味着表明一种解决导致战争的误解方式的可能方法，而对于其他人则反而有利于缓解最终相互理解的人们之间的紧张关系。在那时，有些人在国家间的经济相互依存中看到战争的威慑作用，这种现象就像国外旅游被认为有利于国家之间的友谊。维尔比证明了分享价值观、发展批判意识以及对他者批判的解释和创新责任能力的重要性。这样的价值观显示了通往一个神圣世界的道路，这个世界是互相理解和参与的，最终达到民族和国家间以相互合作为原则基础上的和平共处，超越身份障碍，进入一个"人类思想和行动的新时代。"（参见 Welby 1897：136－142）

翻译是转换、变形、转移以及重新评估，翻译的困难可能也被归因于奇异性或唯一性，关于任何其他一种语言、一种文化的他者性或特殊性。然而，在"共同人性"和"人类共性"（我们已经表示过与罗西－兰迪"共同言语"的概念相关）概念基础上，这样的困难也能够被克服。翻译包含解释，没有解释翻译是不可能的。当我们翻译时，事实上我们不仅是转换意义，也是转换和改善他者逻辑和同一律逻辑之间的辩证和对话关系中的感知，意义及意味，这在维尔比的论文《何为翻译？》中清楚地加以解释。

在1907年5月23日《翻译及精通》（"Translate and Master"）中，维尔比批判以神圣意志的名义屈从的倾向，通常无非是一种自己无知和愚钝的掩饰和借口。同样的，她还批评了对令人厌恶的矛盾的接受倾向。当诗人们把大自然当作其孩子的折磨者和吞噬者，将痛苦和折磨概念神秘化时，她认为诗人要对美化这样的态度负责。一切都必须被翻译和精通，包括在某种程度上可建构的、对大家有利的痛苦经验。这样的逻辑突出了翻译、解释、知识、意味、批评和责任间紧密的内在联系，这贯穿于维尔比所有著作中。

在写于 1907 年 6 月 8 日的《为何目的?》（"To What End?"）中，维尔比在翻译向着更加发达的思维领域和更高的实践和表达领域前进时确认了人类存在的感知。人类是从植物和动物生命到情感和智力的翻译过程的持续结果。维尔比甚至从翻译方面就人类和机器之间的关系建立了学说。同样的，翻译过程在感官知觉层面之上完善感觉，通过价值观包括道德达到意义和表意过程的高级层面，维尔比相信人类还没有充分认识到向着意味层面发展的感知潜力。从进化角度来说，毫无疑问人类是自然的主人，通过翻译过程超越了由动植物生命为代表的较低层面的感知。然而自相矛盾的是，尽管具备规划和发展的能力，为了超越关于经验的常规限制，人类还没有达到表达、认知或价值论潜能的最高水平。

在 1908 年 5 月 30 日的一篇没有标题的论文中，维尔比还讨论了"类比关系"，即在经验领域中建立对应关系的艺术，就翻译而言甚至要彼此远离。为了理解翻译的本质，单词"翻－译"中前缀"trans"的重要性是 1908 年 8 月 14 日一篇未加标题的论文的主题。维尔比强调翻译本质作为一种认知过程，通过它，在属于不同领域经验、不同符号系统之间建立类比和比较转移关系，由此提高语言的解释力、表达力以及传播力。维尔比通常以科学进步来支撑其观点。

从表意学角度建立语言学说意味着建立与行为及价值观相关的语言学说。从 20 世纪后半叶开始，韦尔比在英国分析哲学的基础上，以交际游戏的形式，对言语行为理论和语言概念化进行了初步的探讨，但是谈及她自己的方法在术语上是更加简约的（参见 Petrilli 2006c，第 8 章）。正如维尔比所说："语言只是表达行为最高级的形式。"音乐的演奏或表演与生命本身的演奏或表演有关。

"表达"和"交际"以其多样性要求"经验方言的清晰翻译"，创造一种语言和非语言的，更加隐喻性的、修辞的表达装备。通过这种联想和结合方法，经验在所有其多样性和复杂性中被表达清楚并加以发展，使意义以巴赫金所说的更加复调的和逻辑聚合的形式表达出来，而不是维尔比所说的"简单的和明显的"（参见 Petrilli 2009a；第 4 章）。同时，维尔比讨论了概念和实践两方面的简化原则的需求——这与皮尔斯"经济原则"相联系。当然，根据维尔比的表意学，简化既不是还原性地理解一些琐事，也不是从限制表意经验的意义上来理解。这篇论文的结尾段落是对从表意学角度创建的翻译、解释以及意味间紧密的内在联系的精彩描述。

维尔比 1908 年 9 月 23 日题在一篇为《数学》的论文对数学语言的思考，

首先描述了从翻译过程到"理智大脑的最高区域"的数学过程，同时维持对生物学和生理学秩序的依赖关系。在这样的内在联系的基础上，维尔比称数学语言没有和其他语言包括普遍语言分离。虽然她没有就这个话题说得更加具体，维尔比以数学和表意学之间的联系为主旨，鼓励这个方向的探究。她的方法与格里特·曼那瑞（Gerrit Mannoury）所采用的一致，然后随着 L. E. J. 布劳沃（L. E. J. Brouwer）经历了彻底的改变。近年来，哲学家、数学家让·保罗·范·本代杰姆（Jean Paul van Bendegem）通过保罗·厄内斯特（Paul Ernes）和布瑞恩·罗特曼（Brian Rotman）证实了数学研究中维尔比的踪迹及曼那瑞的遗产（参见 Van Bendegem 2013）。确实，为了保持数学语言的有效性，不应该让它在专业领域内孤立自己。所有生命显现包括人类在一个连续体中不间断地发展至智慧生命，其中在经验与思维的不同领域中以及在不同语言之中出现障碍后，重新建造桥梁，我们必须加一句，在互惠的内在联系恢复后是"对话性"提升。数学家接近"利益共同体"，若把他自己局限于"技术上完美的方法"，就失去了人性和数学的认知。数学过程越抽象，定理以及技术符号越完美，数学语言通过"普遍语言"整合就一定会越完善。普遍语言对于谈论数学发现以及用它们与其他人交流来说是必要的，就如同在解释一个问题与另一个问题，以及在一个观点与另一个观点之间的关系时插入数学话语。提及数学家的工作，维尔比发现"他的抽象概念随着复杂性、微妙性和创造性连贯性的提高，失去了其他思想活动可以做出贡献的东西；在这些修辞或者类比，意象——就像不忠实的视网膜，或者比较——是选择的条件"。数学语言不可避免地利用普遍语言，就像在奥古斯托·德·摩根（Augustus de Morgan）和伯特兰·罗素（Bertrand Russell）的语言中，必须为了服务其不同的目的维持它"可塑的持久性"。维尔比声称通过表意学方法"思想者将会从一种媒介向另一种媒介轻易传递，有助于在数学和其他形式思维间建造桥梁，以便轻易地从一种媒介向另一种媒介传递，因而有助于在数学和其他形式思维间建造桥梁，以极大丰富人类遗产"。这种类型翻译的一个例子是将数学应用于机械学。维尔比说，用表意学方法"应用数学"回应了数学家的专长，同时包含了非专业人士的能力："在此，如同在其他任何地方，表意学意味着那种意味感知的强化，同时是我们对于最简单的和最复杂的兴趣激发者的回应，我们所体现的对潜在答案的呼唤。""所有这一切暗示着什么？'纯数学家'是一个比他了解的更加伟大的人，但是他的工作只做了一半——分离孤立的一半"。

维尔比所写的这些论文回应和发展了她已在他处表达过的思想，包括其通信也是如此。例如，她对专业和分离的评论，以及尝试揭示铭记在不同领域思想和语言里的内在联系，从而恢复相互提升的关系（西比奥克在他的全球符号学项目中提出了关于跨领域和跨学科性的理论，这一立场预示着今天的探索）。她在和维克多·V. 布兰福德（Victor V. Branford）于 1902—1904 年间交换意见时预感到该问题：

> 此刻我对你把一组研究想法翻译成另一种术语的想法极其有兴趣。这当然是哲学最古老的问题之一，但是你的着眼点很新颖。于我而言，从没有像今天这样亟需团结起来做出特别努力，来共同理解专家组——他们处在相互简直难以理解的危险中，这种难以传播不仅是在他们专业领域的细节中（这是毫无疑问不可避免的），也在基本原则中。（Victor V. Branford to Welby，1902—1904，in 卡斯特 1931：70）

在 1908 年 12 月 20 日的《可能的翻译的限制问题》（"Question of the Limits of Possible Translation"）中，维尔比批判了坏的翻译并警告暗示着错误概念及错误解释的误译。然而她再一次坚持"语言的表意学批判"以及为了充分发展"明确表达"而掌握我们的表达手段的重要性，因而还有"善于传播"作为进步以及在所有其表达潜力中全面发展人类创造力的条件。"善于传播"与"表达行为"紧密联系，包括非言语的。此外，科学进步，"清晰的传播每天都在扩展其范围和重要性"，使我们掌握的表达手段变得更加急迫。不讲究"学究式的、自负的精准度"，维尔比强调在我们为了追求由既定惯例建立的美和表达的尊严时，使用说明或建议术语掌握统一性或一致性风格的重要性。换句话说，感知、意义和意味即使是在文学写作中也不能被牺牲，语言的声音和节奏传递和诱导情绪，反过来被转化成写作。维尔比假定语言的正确使用是可能翻译的一种标准和限制，这也出现在文学写作中。

通过"翻译"，维尔比基本上理解了"解释"，正如她在 1910 年 12 月 14 日一篇未加标题的论文中说道："通过翻译来解释。"翻译通过不同领域的经验增强了追求意味的表意能力。在维尔比看来，这种能力由于所谓的"原始感知"的否定还没有完全形成，或者在这篇文章中她还称之为"本土"感知——"丰富的意味"的初始资源（或原始感知或母性感知，见 Petrilli 2006c，第 8章）。表意学方法包含"解读一种形式的经验—归纳和演绎，用另一种方式来解读"，从而促进中心的表意功能以及人类离心式与超越创造力的必要条件。

参照主体性问题，这样一个角度包含一种从在篡位者的自我极化，接近自己身份，转变到在与他者关系中建构的开放"我"的条件。如果任何经验目标都是"丰富的意味"，因此开始意识到其价值和表意能力，然后中心问题依然是"它意味着什么？""丰富的意味"概念于 1911 年 11 月 11 日在标题为《表意学和翻译》的选集中最后一篇未加标题的论文里被再一次采用。在这篇论文中，维尔比继续反对以下类型的批评——简单划分内心世界－外在世界、内部－外部、高级－低级——而是崇尚一种不同单元不被当作分离的和孤立存在的观点，作为同一普遍的连续体内在联系的一部分来回应彼此的关系。

5.7　表意学和翻译（1905—1911）维尔比手稿[①]

表意学和翻译

在进化提升过程中我们的感知更加尖锐地分化，发生了两件事情：（1）世界倾向于崩溃（它是一种堕落）；（2）通过相互加强和翻译，专注力变得更加困难。它好像是一位被打败的指挥官，因为有时他不能把他的步兵变成骑兵或者变成炮兵（反之亦然），因此他其实是受到拖累而不是被他力量的卓越功能所帮助。现在在初始感知阶段中在某种程度上活着的"细胞"感觉被触摸、被嗅到、被听到以及被看见，此外它以不知名的方式回应现实，这种互译在一种非常低级的层面上是可能的。因此生存下来；因此保留神奇的"可能是"或者也许是，科学上称之为潜力，正是始终去区分、解释以及发展脑区域的力量。生命坚持于心灵，一种不断增长以及不停变强的分析、区分与建构的力量。但是要付出代价。怎样消弭分歧或超越障碍而被创造？本质上，我们不断地被科学提醒，根本没有原则，也没有严格的分界线。为了其方便，它们通过专横的"心灵"被放在那儿。它必须分区工作，就像序号必须由单元构成。

自希腊胜利之日起我们谈论的什么鬼话都没有在智力上得以增长！首先，那开花之日是在人类昨天的历史上。其次，我们自此退缩是为了弹跳得更远。我们磨尖工具，重塑器具以及重建机器，这就是"机械"时代的重要意义。字面意义上的机器如字面运动的方式一样是精神倾向的投射。我们重新学会去察觉：训练我们自己去发现和观察"实际情况"的最微小痕迹或者暗示；然而更加重要的是，去无情地批判我们自己的观察。现在我们有一节新课程要学习，即意味自身再也不是模糊、简单的（因为这种观念仍处在萌芽阶段），而是饱含差别，例如在意象、符号与象征中间或者在感知、意味与意义中间。但是要

[①]　这些手稿是在 1905—1911 年期间撰写的，已从约克大学档案馆维尔比特别收藏的 31 盒 49 号文件中检索，标题为《"Significs-Transform"》（即定义）。

这样做，我们必须学会在感觉之间或功能之间进行翻译。当我们学着把视觉翻译成听觉，将感觉译成视觉和听觉两种，我们就必须学会把情感译成智力以及将这两者翻译成意志，反之亦然。因此我们应该学会怎样去把数学和物理学翻译成诗歌，宗教以及伦理学；因此我们应该学会怎样去把哲学翻译成科学，这一切都一清二楚。

最后的结果是，我们必须学会包含这样的多样性的术语，显著的态度变化已经到来而且正在来临。因此我们应该开始看到为了意志和欲望放弃理智没有问题，或者为了批判与辩证的领悟力放弃情感及想象也没有问题：这不是现实主义与理想主义之间的问题，也非物理学与形而上学的问题。

甚至病态的也可能在其时也有其意味；甚至在某些形式上，当更好地理解时，去增加和丰富正常的证据。我们称大脑干扰或疾病或缺陷或不正常发展，牵扯到失去平衡以及失去控制普遍共同感知的宝贵共识，可能在有些情况下形成初步干扰以及最初暗示——达到顶点后很可能处于阵痛当中——在某种伟大的生成进步中受到那些真实宇宙的无限激发的人类反应，对此我们恰恰了解得如此之少，但是科学不断地坚决告诫我们。

在我们面前有一种巨大的学校教育！我们准备好允许一场真正"超然的"训练来教育我们，来引发还在潜伏的力量，甚至不能用一个过时的术语来表达，对于我们想法的反应强迫我们保持在某个阶段，否则我们可能会超速发展。

1906 年 12 月 9 日

何为翻译

当横渡海峡时，我们发现再也不会要吃"面包"（bread），而是要"pain"（法语"面包"，它的拼写引起一种不祥的联想①）；再也不会要"肉"（meat）而是"viande"；再也不会要"蔬菜"（vegetables）而是"légumes"。

我们总是假设可能只有一种正确的言语形式，其他的都是胡扯；或者，如果超出这个范围我们假设一种最终区别，一种不同语言之间不可逾越的障碍，以致不可能说在一种语言里理所当然去说一件事，甚至很好在另一种语言中说。我们应该像旅行者一样在真实实体的意义上，几乎确切地处在思想者和劳

---

① 与英文的"疼痛"（pain）同形

动者的位置，实际上也是处于我们自己的位置。

当然，如今在一个特定语系中有许多有着细微差别的词语（就像俗语一样），以致我们能够立马觉察出它们的共同意义。但是在语系或种类之外，我们得不到这样的帮助。

那我们要做什么呢？我们必须设法把一种语言翻译成另一种：无论怎样，出于实际目的，我们必须发现怎样去陈述任何的特定事实，询问任何的特定对象描述任何的特定需要、过程以及外表，在术语上可能完全不同于那些对于我们来说是"本地"的事物。我们把这个称之为翻译。

那么，什么是翻译呢？——这种奇妙的力量可以用不同的术语做出相同的陈述或描述，从而获得第一重要的利益，并通过获得共同理解的力量来扩大我们与世界打交道的权力？我们自然把它想成是次要问题，甚至只是一个交往的便利性问题。我们自然地假设还有一种更好的方式；为了避免麻烦应该给予乌托邦世界一种共同语言。当然到达某一点这是一种明显的需求和福利，正如我们看到的国际电报代码问题；荒唐的是没有简单条款，我们就已屈服；这是我们曾经在拉丁语，目前在世界语中看到的一项规定。

但是即使这样，也只能应用于一种特定的语系或是语言组。看起来没有可提供所有需求的世界拉丁语或世界语的可能性；除非确实有未被观察到的过程进行，否则最终将会除掉所有而只剩一种言语语系。在任何情况下，这将意味着对人类来说可能最大的损失之一。我们正清醒地面对这一事实，现地方方言和口音，发现本地语如盖尔语和厄尔斯语都在迅速消失。这一事实意味着一种丰富变化的失去：它意味着还原成全然一致。我们甚至试图人工保存一些即将消失的语言和方言。但是我们意识到失去的真实的、终极的本质是意味的矿藏了吗？我们提醒自己坚持引用的需要了吗？我们提醒自己坚持用另一种语言或者一种不同的职业方言说我们自己不太好开口的事情了吗？这是一种亲近的心理需求。因为我们不能翻译，我们为自己从其他主要经典的语言中引用而申辩（诱惑大多数来自我们自身，来自无知，是不受约束的）。现在最值得引用的词语是大多数人类，因而是最普遍的兴趣。为什么我们不能翻译它们？因为深层心理产生于生理，区别在表达模式中产生变化，形成一种丰富差别的需要。

然而，有一种克服这种困难的方式。在所有其他区别之下，有一种共同人性——一种在实践中认识到的真知。关于"如果你挠我们的痒，我们难道不笑吗？"的问题适用于全世界。人类共同财富大量积累，还未得到利用。他们身上覆盖着传统的厚壳。我们几乎没有开始翻译，因为我们几乎没有开始解释。

再者，那什么是翻译呢？首先要清楚、着重了解的要点在于——如往常一样——前缀"Trans-"中。不论我们是翻译、传输、传播、变形、变换、传播等，我们总是与此相关，就像大众生活和词典告诉我们的一样：横穿、横跨、越过、超越、在另一边、通过等词语。

在我们的经验中自动揭示变化运动中心位置的丰富的语言形式中，转换最接近于翻译。后者在事实上原本就像它的同族元素一样，是空间和移动问题。移动的事物保持不变。但是转换改变形式，就像改观改变外貌；这些在保留身份时，正是我们所需的。

这就是我们的诉求：一种实用而科学的翻译，它意味着一种真实的转变和经常的变形，但却承载着心灵翻译方言的全部价值。但是这个依我们看远甚于翻译；事实上这只是意义转移，它意在传播，从一套符号声音或者它们书面的对应词向另一套传播。

我们应该提及将法语变换成英语，还有将一门"死的"语言变换成一门"活的"语言。过程可能是（1）字面的，（2）自由的（普遍的），（3）表意的。最后一个是我们急需的。

我们应该不只是翻译言语而且要解释其存在的理由、其感知、其意义以及其意味。

1907 年 5 月 23 日

翻译-及精通

以神圣意志的名义，我们常常使自己的无知和迟钝变得高贵，并平静地接受它。我们常常允许概念前后矛盾，而实际上一刻也不该容忍：诗人不是在帮助我们，而是在阻碍我们。例如他们荒唐的不一致性始于召唤自然母亲——"她"，使她自己成为自己孩子一贯的挥霍者、拷问者以及吞噬者，进化"心弦"只是为了拧断它们，进化神经只是为了增加痛苦，进化大脑只是为了通过思考、记忆以及期望添加残忍的刺痛——通过前后状态，引发苦涩的回忆，不祥的预感以及强烈的憎恨与反叛。

痛苦？自然说，让我遭受痛苦吧，为了通过忍耐和从沉重的负担中提升以教导和引领你——承载你可能会过度增长的母性：承载新的生命。孕育并忍耐！

但是还有更多。自然说，如果我没有增加痛苦，你可能会更满足，无知暗无天日又令人窒息，谴责其忠诚的学习者，并唤起他无休止好奇的激情……

痛苦的职责是哭喊，学习，学习！是孩子，自然秩序，所有清晰神圣的、纯洁无辜的、热情的、深刻的以及获胜的想法。你不会在它显示的不可翻译时去忍受、去受苦。苦行者和殉道者至少发现了这一悖论，虽然他们做了很多无用功：他们发现痛苦会被猛烈的正面攻击所扼杀，被埋伏所俘获和奴役。然后他们发现它在对着他们无声微笑，变成一条山路，当平坦安逸而又快乐的宽阔道路总是在暗示恶心的满足感以及被征服的宝贵善意的垂死；我们奋力从"欢乐和痛苦"的地带得到提升，成为一个更大的刺激因素，向我们展示远处茫然消逝的和正在进行的……

翻译—及精通。

啊，我们是多可怜的民族，甚至刚从生命之门转身，就堕入错失事物原因的境地，因为我们伸出的双手是如此敷衍、如此缺乏信仰，我们知道我们言不由衷！我们能够如此责备自己，就像我们民族中的有些人看到的那样，这是一件很好的事情。因为我们必须从民族自豪感中清醒——我们属于星星和太阳——可耻的是我们微不足道的摸索和我们不屑一顾的理想和现实。理想主义者成为笑柄，他也还现实主义者以轻蔑。事实上人类呼吁部分性，要达到部分性。但是整体性，正如自然作为他的母亲，正在等待——为了使他完整。

未注明日期

翻译陷阱

（甲）我认为（"这里颁布法令的裁决方式"）这句法语句子中的"verdict"（裁决）一词是许多从英语用语中借来的词语之一。

（乙）啊，但是"verdict"（裁决）一词既很英语化又很法语化。这是法官的决定。

（甲）但是在英国，它由陪审团下达而不是法官：同时"Jury"（陪审团）不是法语。

（丙）但是"裁决"是简单的"真实的话语"，裁决来自拉丁语，通过诺曼法语开始使用的。

（乙）是的：没有技术含义或者借用问题；裁决是一个普遍使用的词语。

（甲）但只在有教养的人们中间修辞性地普遍使用。

（乙）一点也不：我反对；在这件事上没有隐喻问题。

（甲）除非你说由调查获得的知识，你可以发现去求一个冒险问题。陪审团也同样使用借来的和隐喻的立足点。你说。（比"裁决"更有趣的是，你为决定新墙纸而召集的朋友"陪审团"。又是"判决"，像"押运"便在更广泛的基础上。但是人必须冒风险。在这个问题上没有断言是安全的，因为它几乎完全是未开发的，默里博士的词典实际上是唯一努力要发挥一些表达的潜力，而其他流行表达不照字面解释。当然没有人设想我们可以从此有一个详尽的，仍不那么持久的分类；在实现它的行动中，我们应该发现语言在我们脚下转变、屈服、成长以及枯萎。)

然而我们至少应该学会惧怕鲁莽地冲进去，无论如何要稳步行走，一直明确"当然我们知道且所有人都知道"的观点局限所在，以及明白隐喻的工作、努力与修辞的真义。我们应该少一点灾难性地激发我们的"想当然"，在使用形成口语和文学通用的"复合"术语时我们拒绝任何可能的混乱。年轻一代中我们最高深的学者和最深刻的思想者已经这么做了。

1907 年 6 月 8 日

行至何处

我们来这里是为了什么？人类将行至何处？

为了往上爬，人类忠实地听从"适者生存"的法则：把人带进无助、没有防护、不能自卫然而却胜利的境地，这是一个曾经流行习语的意义。"我虚弱，然后变得坚强"。作为人类中的一员，我还能指望什么呢？

人类是悖论的主人；务必使他认识到这一点。有反复无常的悖论；所有这些使人类自身知道他是最伟大的，然而他又很少了解真实的自己，更少了解其所有者。他在这里，因为把植物的、动物的力量转化成情感的、智力的力量。他被剥夺了低级的同时单上了高级的外衣；他越过低级的感知世界进入更高的道德感知世界。就像动物母亲预见和预言的，他放弃刻薄而进入高贵的生活：他学会辨别值得做的事情其实是什么，对他而言什么是或可能是可达到的以及可得的。

但是，首先，我们必须认识到因为我们还没有做到清楚、生动、微妙、实际以及准确地表达丰富感觉——一个短语或者一个词语里是真实的、隐蔽的现实。有时候，通常是事实上，这种感觉的财富形成一种危险的贫穷。我们的倾听者有太多选择，而他和说话者都认为他没有选择。在很多情况下，如果不是一个新符号，我们也必须在旧的符号体系中找到一些有区分度的符号来表现我们正在调动的多种感官。

但首先让我们意识到不只是在词语和短语中调动多种感官，还有那些感官中任何严格分界线的缺失。我们必须被教育认识这里的中间地带，而不是冒险忽略它们。这可能在道德世界中显而易见，那是个动机与契机世界，是主权动态的领域。

最终表意的是我们的动机，而不仅仅是我们的词语或行动。症状必须被解释，追踪到产生"疾病"的隐藏的邪恶中。这听起来多么明显，多么平常啊！然而我们在道德评判上还有很长一段路要走，我们教导我们的孩子——他们本能地更加了解——如何形成此类判断。

就像词语确实是为了实际目的，现在行动成了直接标准。但是当一个人拿着小刀走进我们的时候，我们必须快速决定他是否意味着有意图要杀害我们或者放了我们，又或者治愈我们。他的行为是含糊的，因为这可能有很多或者至少可供选择的意义。那么一只动物，例如我们的狗，似乎是要攻击却是在和我们玩耍，甚至是试图解救我们。

动机是一种道德，最终是所有事情中最强大的；其意义从机械向人类上升，或者在从人到机器的一次伟大的翻译成就中再次下降。此外在人类中间它不仅是意志性的还是道德性的：最好的变成了最坚强的存活下来；宇宙意志得以实现。当我们在一方面虚弱时，意义就更缺乏且更低级，我们坚强，意义就更丰富、更高级。

1907 年 11 月 25 日

"向上"翻译

在我们这些有机的活动中，随着我们"大脑"的增长，越来越多的"翻译"成了精神的活动。这些伟大的有机肌肉，我们的生理心脏，持续地怦怦跳：但是我们情感的"心脏"要学会有机转换，去因激情而跳动，因同情而颤动。我们的父辈确实巧妙地提及过我们的"同情心"。

我们的"脚"学会以真正的方式走路，或者它们可能会走错误的步伐，我们因而跌跌撞撞，摇摆不定，或者在道德生活的道路上沉沦。我们的命运可能掌握在我们自己手中，或者在别人手中，我们以实际或理论处理生活问题。

但是没有必要说明把有机体翻译成心灵的自然过程。让我们只是睁开眼睛或者竖起耳朵面对真实的意味，这一自动种类转换，把生物世界变成精神世界，然后让我们务必忠实有序而非随意混乱地进行，或者以不再相关的形式进行诸如我们正在进行的语言意象翻译。

1908 年 5 月 30 日

翻译

如果仍需要寻找从一种习语或言语到另一种的诗歌（或散文）翻译的真正艺术，更多需要寻找的不只是艺术而是具有全面发展功能的类比翻译，即广泛不同的形式和经验表达相应的特征。对这一点的掌握是人类最伟大的天赋之一，事实上只有理性本身经常依赖于其秘密和无法辨认善恶的工作而进行比较。我们本能或者故意假设两种事实或事件或续发事件的某种对应，或至少为相似性。我们甚至使用一种术语去表达或者传播"修辞化"或"隐喻性"观念的另一种。

从已知向未知传递，所有知识和所有进步的条件，我们用来做比较，不论我们愿意与否，都是精神生活的关键；也是所有发明和所有发现应用的源泉。但是这带来两大危险：我们可能假设一个严格的、机械的以及技术的对应，有些事情因为更具有可塑性和生产性而显得更高级，即表意的一种；或者我们可能假设所有类比，所有隐喻以及所有意象，只是通俗阐述的意外或修饰，只为了传递和形象化效用或者修辞修饰。同时它令人印象深刻，它吸引注意力，它呼吁种群概念和习惯，或者再次变得有装饰性，它形成有说服性的吸引力；所有这些同时是其优点和缺点，是其服务项目也具有危险性。

意识到这一点，人们应该假设每个文明的孩子都将教育看作一次比较，一种明显的相像、相似性与对应性，作为世界上最重要的事情，比拼写和语法更加重要；作为重点的重点。我们应该指出一种真正的类比是使用一件事情去定义或者描述另一件事情，为了阐明一件事情，获得帮助或者从中得到警示；它是打开一扇百叶窗或者提供一盏灯的问题；它照亮和说明；它清理，它为我们指引道路。这种灯的意象正是一个恰当的例子。但是事实上我们被养育或者教导的想法：类推或者意象是言语中一个随意因素；最好不是独自一人，至少被当作只是偶然发生的，如果被压迫或执行，则是危险的。

1908 年 6 月 11 日

一种急需的翻译

植物的生命拥有将矿物、气体的世界转变成生命的力量。像动物一样，它失去力量，变得寄生于动植物生命。"心灵"反过来失去直接从自然中吸收的力量，正如语言见证受到强制一样，以起到依靠动物经验而活的作用。也就是说，除非心灵依靠生物经验给养，否则无能为力，此外我们找到与称为"大脑"的一些联系或相互关系。转而与心灵同样相关，即代表上升过程中的下一步，依赖于上一步的那是什么？现在我们拥有但是掩盖了这一提示与建议。

有时候我们称之为精神。可能我们比自己了解得更正确。在特殊意义上生命依赖空气、呼吸——心灵依赖生命——这难道不是下一个依赖心灵的高级阶段？这难道不是一个又一个阶段去净化空气以求上升，直到心灵间接通过它发明的工具探测巨高的热度和不可计算的能量，通过它这些启示的"理智"力量，而找到自然环境下一个创造力提升的高级阶段？假设在每一阶段低级形式的力量作为更高成就的条件而失去。

由于无法吸收无机物质而造成的生命损失，由动物对植物的总体增益来补偿；因此，思想也就得到了补偿。"精神"对所有事物来说应该是清晰明显的，因为有空气，心灵可以呼吸，纯净的大气渗透它，让它有活力，以气体形式表现出病态，虽然这有间接（麻醉的）利益。因此神话、迷信以及神秘主义，所有这些暗中牵动着我们，产生教条和投机图谋、超自然的狂喜与恐怖、天堂和地狱。

我们建立详细的论述和论证，一切都与他者冲突：我们有多神论和一神论；我们依稀看见这里的三分等级，多半无意识地操控我们的思想；以最"高级的"宗教三位一体来说，它往往顾及理智但很少被理解，以至于开始和结束于三分。所有这些都属于最低级形式的沉醉，更高形式就像由一氧化二氮生产出来的兴奋或者由禁欲主义通过长期禁食、沉默以及孤独的沉思而产生的狂喜形式。因此导致伟大的事物的出现，对我们而言是奇迹般的事情。但是我们不理解它们，甚至我们自己的神圣性与完整性。我们只是站在生活的门槛上，它们变得自然正常，就像我们所有人的最高连接，属于那种科学能够处理的经验范畴。对于耶稣而言，它们是完全自然的；以基督的品格生活，人类在这里提升并分享，这种启迪如同生命尚在暗中的上升以及它的开花和结果。

1908 年 8 月 14 日

[未加标题]

从一个人的心灵和思想可能辐射至各个方向来看，观念的重要性促使动词前缀"trans-"变得更加明显，更加清晰突出。立场的变化以及因此导致观点的变化；实现多样性之中的统一性：种类、外观、价值以及数量等的变化；区别，即质量的区别，不仅仅涉及（相对）数量的不同，还涉及位置及测量与数字的变化，这些以及更多由前缀"trans-"显示出来。

但是在这里化学家必须帮助我们，而不是责备地观望，嘲笑我们混淆意义，很现实地说，"说得越少就越好"（迄今在未注意的方向上这是相当痛苦的真实）。他真的是转变（"Trans-"）的最佳传道者。他所有的转变（"transes-"）本身需要被严格应用于所谓的心灵化学，它们翻转、转进转出，它们开始于空间转变及转移。

然后我们要获得新的极其复杂的符号与标记词典，就像化学家必须做的那样吗？我们要模仿他强加的技术配方解释以及他大量累积的独特符号复杂性吗？答案是否定的。因为相对于我们拥有的未使用过的，或者很少使用的大脑短路、思维短缺、感觉缺乏来说，化学家无疑是在"兜圈子"。漫漫长路，错综复杂的路线，费力的收集物品，细微分析（尽管相对粗糙且无法解决大量的问题，但仍然可以作为一种见证）等，这些只会揭示解释明显不足又令人难堪，自然赋予人类掌握和使用的主导权由于彻底而实际上的简单化，仍然显得幼稚（这里应该采用诸如"天赋"这类值得赞赏的词）。

真知禁止我们低估与其产物相竞争的心灵力量，既以"眼界"告终的工具。然而，不仅仅是有更多的见识被机械地打造出来，越来越多的考验效果也被应用和合并；而且它们互相借助来读懂问题也愈加势在必行，这可以使解决方案环环相扣，应用在别处也许会得到意想不到的丰富效果，尽管声音和标记往往能无意识地动摇我们的思想和行为，然而却如此强大，其表达系统的正常发展需要增强。因为语言仅仅是表达性行为的最高形式，在所有的形式中，语言的表达必然显示最低限度地歧视性，精美如典型的音乐家的"演奏"，甚至是生命力本身的"发展"，或者是所有自然力量的"喷薄"。

现在，口头、书面或以其他方式表达的讲话的可能发挥，尽管也许与所期待的正确意义相去甚远，但仍然超越了其他。因此借用早期化学家的表达来说，心灵和思想具有沉淀的不可估量的价值。

像往常一样，自然使我们羞愧难当。比如自然对云，对水、空气、光以及"万有引力"一视同仁，它也许会对其他事物一视同仁，比如我们内心的美感，以及"自然"的无声的意味。我们往往胡乱地、前后不一致地认识和表达"自然"，依次将其视作需要打败的残忍怪兽、一种健康和德性的规范，一个纯粹的机械系统或秩序，以及神圣的自然——在这里有一个对"超自然"的无意识的反驳，到底什么才能成为超—神性？

每一朵花、每一叶草和每一块岩石或卵石一样，公正评判自己的主题和设定，因此在人体中，我们的脉搏跳动、肌肉收缩、神经战栗也一样。只有在表达和传播这些以及其他一切，我们才会意识到或称作事实和真知；只有在表达经验的方言翻译时，我们才会乐于承受不必要的和可耻的失败。不要畏惧，最多够失败而已！但在表达传播上，我们已经很大程度上无端失败并且损失最为惨重。就生活本身来说，就像自然和心灵一样，它可以被称作或视作表达；我们必须渐渐适当理解它所表达的以及所忠实揭示的。从深层次来讲，我们确实理解并在准备行动中，我们采取行动并立于现实的天堂之下，这个现实天堂可以从我们手中或者足下的卑微的水滴或抛光的金属磁盘中反映出来。我们为什么有志向？我们如何使用抱负这一术语？答案在于，作为人类，我们注定是直立的，并且向上看的；我们属于太阳的中心，正如我们的世界属于太阳一样。我们也许能很好地谈及公正的太阳和光明的世界。但是我们以一种双重革命——忠诚和可靠的轨道规则而行进。就此而论，接下来我们注意到使用革命思想做例子的不可原谅的愚蠢，我们这一星球家园的特定道路，以及受益于太阳的这一条件，标明"反叛"更倾向于破坏性的无政府状态、叛变或遗弃。在这里，我们看到一个误译的实例，然而却没有有效地提出任何异议；一个错误的类比和想法从一个领域向另一个领域相对转换。当然我们必须认识到：大量例子表明那些建议放弃使用意向和隐喻来避免其陷阱的异议者往往是最恶劣的违章者。他不仅犯下自己声讨的罪行，更是以一种巧妙的伪装方式来进行，使之常常被忽略或无视。

表意学将有效考验转换或转位中任何形式和所有形式之间的相关性，任何过程都可以用"转换"这一前缀象征。即使是在"无数千分之一"这一例子中，我们也能得到关于表意学应用的简化的、有启发性的结果。这种感知检测面面俱到：有何种意义，以何种根据，达到何种目的，从何处开始，参照何种工作、思考、说话方式？通过说话的方式或拒绝说话的方式来传播什么，诱导什么，影响什么，建议什么？通过行为、态度、步骤、弃权、拒绝暗示什么？这些活动的基本意味是什么？还有其他值得使用这个名字的活动吗？他们的观点和暗示能揭露出什么？

1908 年 12 月 20 日

可能翻译的限度问题

允许诸如真知，诚信，美德，圣洁，爱，善良，在内涵上，通过在道德或智力或两者方面皆有的渐进缺损，以堕落形式掺假或伪造，是不是可取？是不是比较可行的其实是自然和简单的计划——保存特定的一连串表达联想，使新一代的人可能永远找不到，比如肮脏的或卑鄙的成为严肃意义的别称，用来变成他通常的支持和尊敬；用诸如高尚、纯洁来表达他的鄙视、嘲笑，甚至厌恶？

有这种普遍的和容忍此类错误翻译，对此我们绝不会强烈地抗议，这种抗议比较稀缺却不怪异。聊胜于无。事实上这些事物的目前状态一旦被觉察是无法忍受的，而且会导致误解的绝望的悲剧和精神生活的流产，有时候我们几乎欢迎普遍的沉默和失语，简化至手势和姿态，简化至几何和数字的图表和符号。

但是至少我们都仍将保持理智上的一致；我们不会叫三角形是正方形，或混淆2与4，3与5，虽然这些经久的诱惑力十分相似！这里问题出现了：表达性行动相应已恶化到多远？这在很大程度上仍然是自然的但不是常规的。我们可能觉得无懈可击，但我们为文明的完善付出了沉重的代价，总体向上的倾向给我们的大脑形成了以极重要的特权。这里也出现了这样的问题：如何保持特性以及能力的上升势头，而规避下列调谐损失的风险——宇宙的秩序、法律、音调、音高、和声、交流电缆和交换电缆，真正的太平和光谱——总之如何避免类似倾斜、犯下大错、造成混乱即失败。

知识和道德的提升应该是真正的提升：但没有任何细微的腐败可以通过一种被允许腐烂的语言来表达，或者只有在真正重要的关系中才能隐藏恶性寄生虫。如果腐烂的过程是一个粗鄙俗话或无知问题；如果没有意味的宝贵品质，那些我们必须寻找理想和良心的典型例子；在这件事上，普遍的虚妄和忽视就会使我们感到奇怪，也不需要表意学的抗议了。但目前，邪恶被允许不加阻拉地成长，甚至没人注意——直到许多最高和最纯净的表达形式在不能接受的语境下被扼杀或退化。

我们迅速谴责邪恶的行动，谴责忽视甚至鼓励邪恶的行为。事实上，许多罪犯可能已经开始相信语言的"真话"，其表面价值，在行为上他们也没有看到"伤害"，而是反映了相当体面的圈子里使用的话。这种曲解的许多实例在别处普遍存在，诸如"财产"和"婚姻"，更不用说什么"谋杀"和"谎言"是在道德上站不住脚的，尽管法律要求可能是一定程度上的借口，也仅仅证明了他们的形式程序。

我们的"大师"风格确实是关注美和尊严的某些传统经典，当然一些基本的和谐与这里所提供的一致。但这种和谐是否定或无效的，它以说明或提示性的条款不必要地牺牲了适应性或一致性。尤其是在诗歌——无韵或押韵的——的情况下。我们把障碍放在感知上或意义上，以声音和它的节奏作为传播或诱导情感，把这转化成书面形式。但它可能是针对情感的奢侈品，或者这仅仅是为了乐趣，玷污了最高人类发展的源头。

我们的理想措辞并不总是那么忠实于自然，或像在天体那样真实，"举起的"，上升的心灵或思想，它本能地承认其亲属——与行星和太阳的——到宇宙，星空的母亲，我们用婴儿般的眼睛仰望"天空"……

可以提供充分证据表明迫切需要一种对语言表意的批判，我们乐于教给每个新一代人。同时可以把注意力放在看来至少大致是事实的事情上；我们的现代西方文明是第一个也是唯一的实例，按照适当的和创造性活动记录一种无奈的虚假表达式。

就好像我们是乐于穿着适合婴儿的鞋蹒跚，或是运用被人为扭曲和部分瘫痪的胳膊和手。

没有比人类的高级阶层更迫切地需要一种正常的有机语言的了——我们从未有条件或更完全控制表达资源——表达传播每天都在扩大其范围和提高其重要性，而现代科学使迫切需要完美的准确性和一致性变得引人注目，尽管就像在乐器的微妙"调谐"中，这应该与迂腐或傲慢的精确性截然相反。因此带来巨大的和不断增长的进步，早期发明"征服空气"是一个显著的例子。

没有缺陷，即使是最小的，在那里也是不可以容忍。然而，发明永远不可能像言语一样，成为所有值得被称为人类生命的核心。物理交流只是一种嘲弄，而精神上的交流仍然保持在目前状态。在发明中，我们不能容忍任何类型的缺陷，因为我们意识到它们一定会带来灾难。但表达的核心往往是心理和社会灾难中未实现，或是缺陷被忽视造成的后果！

1910 年 12 月 14 日

［未加标题］

我们必须训练自己给出翻译（当然还只是粗略的和暂时的）的翻译（通过翻译解释）的例子，当我们学会了表意时，这些翻译（通过翻译）一直等待着我们，并正常地应用这个过程。然而我们还没有完全学会表意。我们没有达到意味的真正标准。因此我们在思维的丛林里摸索，收集筛滤好的一堆骨头和皮肤、肌肉和神经，用这些去制造神奇的会说话的和原地踏步的娃娃。因此我们彼此严肃地提醒这个或者那个成就，尽管是理想的以及实际可取的，对于人类和一种乌托邦梦想却是不可能的。是的，除非我们都被教育去表意和解释，因为我们生来就要做，我们必须有远见地丢掉神秘梦想以及信仰中无用的"蒸汽"。一个可怜人甚至通过喝酒来损害一种自然荣誉而变得滑稽可笑。实际上，我们都无缘无故地在自然之下。所以我们徘徊在一个陶冶的迷宫里，在这里我们努力寻找线索：当我们发现这些时，我们用光了剩下的"时间"（我们的范围和线索）在理论的无限旋转中以及同样在错综复杂的无限撕扯中，备受争议的事物不可避免无意识地抵消而不是丰富起来。

我们认为我们用心灵行走，但是左脚反驳了右脚，右脚却报之以赞赏。如此奇怪的是，我们没有向更前方走，虽然我们能够雄辩地谈论我们肌肉疲劳的"增加"，虽然这可能是由单调工作造成的，即证据，要详细讲解这种荒唐，假设有一条始终"坦途"来解决问题，就像我们解决呼吸问题一样。

确实有一条"坦途"，穿过我们所有的丛林，就像由一道闪光或者一条无线信息造成。但正如我们中只有少数天才曾经被这一切打动。他没有时间向我们展示它指明什么以及它引向何处；否则他会发现我们将他放在基座或神殿之上，照字面解释他的课程，遗漏他的要点以及发布他的高级版；我们有时候甚至试图通过我们的注释使他丰富意味的源头变得贫瘠。为什么？因为我们本土的初始感知被训练出来，冷落怠慢我们。所以他或许很高兴要离开！

然后这荒唐不当的例子必须成为健全而富于成果的方法，以解读一种经验形式——归纳与演绎以及一种借助另外一种的光。我们将冒险从 1909 年 2 月 4 日《自然》一书中选出第 401 页，像孩子那样做一个应用上的基础实验。

有一种心灵辐射来源，也可以被称为"镭"，因为它代表目前发现的最大强度的放射性力量，为心灵世界增添和开发能量。心灵是"放射性的"（它是"太阳"的一个"行星"分支，一种中心能源），本身可以发光，且是"磷光性"的。它改变思维宝石的颜色，以"化学"方法把经验的氧气转化为臭氧层。生命之"水"转化水蒸气或"精神"（过氧化氢），其构成要素再次重组。这种类似的转化是由思维的"a"和"b"来达成。

然而，人类的"镭"发散出来（气体或精神）产生热量（心灵生活的第一必需品）。虽然这种放射物的"寿命"很短（我们尚未确认），但人类"镭"的"寿命"目前可能是 1750 年左右，而不是不到 4 天。目前可能被作为长达大约 1750 年的典型，与少于 4 天相对照。这显示了在价值观和权力上从表意到普通"思维"的比例份额。它可能表明"前辐射时代"的转换元素可能不仅看起来而且的确是极好的。我们提及精神抑郁使一个人沮丧的恐惧感就像铅一样沉重。正如我们一样，这是人类"镭"的效果。那极好地发射出无法抗拒的力量同时也提供了重量。我们需要有分量的思考和决定，与沉闷的或惰性的愚钝相对照。

　　同时，当有一种具有蛊惑性理论的杂草作物，倾向于扼杀欣欣向荣的人类发展的珍贵萌芽时，我们尚能做的一切就是去激励核心的表意功能，这是人类认知以及得到充分使用他的"放射性"心灵所发出的指令的关键性条件。目前他虚弱随意地发射，即使真有的话，也主要是从一个侵占的"自我"那里，但是潜藏的力量还在那儿。我们将它封存在童年，替代现行标准及平均成年人的局部麻痹。我们必须珍惜放射性人性的每一次闪光和萌芽。

6 建模新世界：意义、隐喻、解释

人不仅仅是思考，说话，写作或仰望的人，人还会表达意义，很多的意义，并给所有的事物赋意的人。人不会容忍经验中的任何地方没有意义。

——维多利亚·维尔比（1893，Petrilli 2009a：429）

耶稣用寓言对人们讲了很多事。他说："看哪，有一个撒种的出去撒种。他撒的时候，有些种子落在路边，飞鸟来把它们吃掉了。有些落在岩石地上，那里没有多少泥土，它们立刻就发芽了，因为土不深；当太阳升起，它们被暴晒，就枯萎了，因为没有根。有些落进荆棘丛里，荆棘长起来，就把它们阻塞住。但是另有落在好土壤上的，就不断地结出果实来，有一百倍的，有六十倍的，有三十倍的。""凡是有耳的，就应当听！"门徒们上前来，问耶稣："你对他们讲话，为什么用寓言呢？"耶稣回答他们，说："天国的奥秘已经赐下来让你知道，而没有赐给那些人；因为凡是有的，还要赐给他们，使他们丰足有余；凡是没有的，连他们有的也将从他们那里被拿走。我之所以用寓言对他们说，是因为他们虽然看了，却看不见；听了，却听不进，也不领悟。"

——马太福音（13：1.13）

6.1 隐喻、意义和他者

维尔比将自己的研究和作品中的重要部分都贡献给了意义的修辞维度，注重建立不同经验领域和语言及非言语的符号系统之间的联想、比较和对比的能力。她将重点放在修辞表达，意象、修辞格、暗喻和明喻的使用上，在她的主要出版物中讨论了这些内容。单词的意义在与他者的关系中发展起来，与符号过程中的其他单词的关系中发展起来，在这个过程中给予语言多重声音与多重逻辑。甚至是信号（其间符号的关系是单义性的）也是通过延宕至另一个符号来表明的。在维尔比 1893 年的文章《意义与隐喻》 （"Meaning and

Metaphor"）和 1896 年的文章《感知，意义和解释》（"Sense, Meaning and Interpretation"，参见 Petrilli 2009a）中，她构想出了对于单义性和独白性的批判，传播了"普通意义谬见"，这也是她对语言批判一直关注的问题。正如她在 1903 年的专著《何为意义》里所提到的：意义不是每时每刻，在任何地方对所有人都是"普通"的。［Welby 1983（1903）：143］她证明了语言的"可塑性"，符号的多义和以他性逻辑为前提的意义修辞化，预先假设他性逻辑对表达来说是必要的（在其 1911 年的专著《表意学和语言》中也有）。

他性逻辑通常是表意过程的产生和语言与交流的源头和发源的条件，是隐喻化过程的证据和发展过程。隐喻改善了意义的多逻辑与可塑特质，这种特质从不会被一次性固定，而是在由身份的逻辑构建的边界之间游走。在他性和过量的动态这一基础上，隐喻暗示了对于相同领域、普遍场所、普通意义之外的永久感觉位移。隐喻通过近似值（考虑到知识的符号本质）接近无形，允许在可见部分中出现不可见的部分，在已知内容里出现未知部分。

隐喻化在符号网络里发展意义而不受系统或类型规则的限制。隐喻化是联系和重组语义场，重新思考感知，改善意义的动态和鲜活本质，并且不仅是从符号网络的一部分传递至另一部分。换句话说，隐喻涉及符号间的解释-翻译性过程，把表意轨迹联系起来，这些轨迹之间的距离更远，彼此相反，几乎没有任何关联的可能。但是隐喻是用可以创造像似关系的能力联系起来的，皮尔斯就是这样理解的。如此，这涉及不同术语之间以他性、吸引力和类同为基础的相似关系：选择相似、圣爱相似、以他性逻辑为基础的相似与以同一性逻辑为基础的相似对比，在聚合逻辑中则同样将概念与隐喻相对比进行刻画。相似是复杂的，并且呈现从类比相似到同源相似的不同形式。

从他者的逻辑、不同术语之间的吸引力和亲和力的关系来看，隐喻更倾向于创新和创造性。作为一个在口头语言上投入其整体性并将其与非口头语言联系起来的表达模态，隐喻化代表了人类表意过程中一个普遍存在的维度。因此，仅将隐喻看成一种修辞手段则显得过于简化了：隐喻不能被还原至"装饰"的地位——与意义的预设核心"普通的字面意义"假象有关的装饰，更不仅仅是对研究与知识有利。隐喻代表的太多了：它是表意过程、知识获取，有创造力的推理过程、研究进展的结构所在（Nuessel 2006）。

至于与主体性的关联，单词的表意价值和意味不能被还原至同一性逻辑，即"字面意义"——这是一个建立在同一性逻辑的基础类别，实际上不过是与符号意义特质和其文化生产过程有关的一个抽象概念而已。正如列维纳斯所说：

词语已经没有了像在字典或某些已知情况下的独立意谓。词语没有被固定在字面意义上。再说也不存在字面意义。词语并不援引它们所表明的意义，而是首先横向地援引其他词的意义。（Levinas 1972：20）

隐喻作为意义的阐释和放大的场所，通过对符号的开放性序列来解释和扩充先前的符号，隐喻在解释项的对话互动和回应式理解中达到一定高度。越多的符号通过符号网络传输，它们会被对话主义和回应式理解塑造，更多的隐喻化会改善新词的创新和创造。以相距甚远的术语之间的像似关系为基础，首要主体的意义通过与比较的术语相关暗示得以丰富，是一种解释项符号之间相互参与的对话关系。隐喻化和回应式理解的解释项有关（巴赫金、皮尔斯），意味（巴尔特、德里达、克里斯蒂娃）、说法（列维纳斯）。这是与他者进行对话相遇的地方。"非场所"的说法更为准确，隐喻暗示无边界空间的外位，在进行的符号过程波动中意义的变换、偏离和延宕。作为不同类型和系统的符号之间、不同语义场、语境、经验、事件，意识和行为的阶段之间互相连接和交互作用的表达，隐喻避开了同一性逻辑的界限。通过暗指和假定得到表意、由他性逻辑生成的不同之间的联系和相似性，隐喻增强了表意过程中的非限定性。（Petrilli，Ponzio 2008：119—122）

意义在符号间的相互暗示关系中发展，这不是一种传输关系或强迫不同含义在同一个符号里共存，也不是另一个符号退化为同一符号的符号之间的替代关系，也不是简单的相似（亚里士多德）事物之间的对抗关系。相反，当讨论一个隐喻的问题，符号之间关系是彼此互动关系时（Richards 1976），就是互利互动（Black 1962：25—47），"互补性"（Richards 1976）即吸引力和亲和力（Peirce）。互补指的是在符号和观点之间的联系和一致，而这些符号和观点似乎是不同的、不一致的；这涉及简单类推以外的同源方法，需要多重视角使解释-意谓的过程成为一段连续对话（Richards 1991：206—215）。按照皮尔斯所说，隐喻属于符号三分，即包括图像和图表的像似符（与指示符和规约符不同）。作为像似符，更确切地说，"亚像似符"（CP 2.276—2.279），隐喻展现的是对象-解释符号与解释项符号之间的像似关系，并在知识与创新的传播中起到了一种重要的作用。正如皮尔斯所言："直接传播理念的唯一途径便是使用像似符。而且每一个间接传播理念的方法必须取决于对于一个像似符使用之上。"（CP 2.278）还有"像似符的一个显著特性便是，通过对其的直接观察，可以发现与其对象有关的其他真相可以被发现，而不是那些足以决定其构造的真知。"（CP 2.279）

在维尔比1903年的专著《何为意义》中也是这样的观点："当语言本身是

一个符号系统时，它的方法主要是形象化的。"［Welby 1983（1903）：38］当认识到语言的传统性和任意性的本质时，她也指出了通过口头语言在表达、传播和理解中像似性的重要，以及求助诸如意象、隐喻和明喻和其他社会文化的表达系统中这些权宜之计。像似性不仅在传播中扮演着重要角色，在感知、知识和经验的生产中也是如此。

无论是文学、哲学还是科学方面的写作，很大程度上都依赖隐喻来产生感知和知识。"隐喻"这个词本身的词源来自希腊语"meta"（变化、超过）和"pherein"（携带），暗示符号过程变动中感知和意义的转换。符号过程变动使符号具有多重声音性，多逻辑性和表意暗示性。作为话语的一种模态，隐喻化实际上在维尔比和皮尔斯的作品中大量存在，为其在理论话语的构建中的作用提供了直接证据，以及其超越审美的认知价值（在马克思和弗洛伊德的作品中有大量例子）。而且，考虑到隐喻化将他性预设为一种必不可少的条件，而他性关系构成了表达过程的伦理基础，同时还帮助发展了认知和审美以外的语言伦理方面。

隐喻化和符号化的过程贯穿系统或类型界限，并且通过整个符号网络进行传播，有时形成的解释性轨迹在其修辞性方面扎根过深导致着起来不是很明显，看起来像是一个"普通意义"的问题。但是隐喻在我们没有意识到的情况下也能发挥作用：因此需要对一方面扎根于演讲者意识里的隐喻性、解释性轨迹（看起来是普通意义问题，即固有的和一劳永逸被定义的简单意义）和另一方面由将关系相差很远的解释项联系起来，变成一种崭新和意料之外的东西而获取的自身创意性、创造力和创新性的隐喻性轨迹区别开来，后者是在试推推论过程中发生的。用程序化术语来说我们也许要在"字面"和"隐喻"之间做出选择。但事实是，在某种或其他意义上，这是受到产生假造、不令人难堪甚至是滑稽夸张的唯一影响而做出的"伪选择"。正如罗西－兰迪所说，它导致了"字面错误的苦行主义"，或"隐喻的狂欢"，其神秘的、假的，甚至恐怖的影响对说话的大众产生了影响。这里暗指对隐喻化的进行歧视性或是恐吓性的使用，在只有明显的传播力的情况下，会极大影响他人的意识。（Rossi-Landi 1985：117）

根据列维纳斯（Emmanuel Levinas）所说的，隐喻遵循一种缺席，这种缺席不会暗示缺乏，一种简单的无效，但是和绝对他性相联系，是表意的可能性条件。他性作为表意的起源，是一种同时使表意过程富有生命力和方向的先验：

　　　但是，隐喻——参照缺席——却来源于一个与纯粹易接受性完全不同的类型。隐喻所指向的缺失不是另一种未来的或已知的假定。意义安慰不了失望的感知，而仅仅使得感知成为可能。纯粹的易接受性作为一个没有意义的纯粹感性，只是一种神话或抽象。像元音一样"没有意义"的发声物，在意义里有一种"潜在的诞生"——这也是兰波著名的十四行诗带来的哲理教诲。任何已知内容都不会一下子就具有身份意义，也不能通过简单撞击易接受性壁板而进入思想。投入到意识中，为意识而闪光，自我告知论据已事先位于一个被照亮的地平线上，就像一个从其背景出发而被倾听的词语。意义是这一地平线的灵感本身，但这一地平线并不来自缺席背景的累加。因为每个背景又有一个为了自我定义和自我给予的地平线。正是这个按照语境并最终按照语言和文化模式构想的地平线或世界概念——带有它们所包含的，整个偶然的和历史的"既成事实"——成为意义从此自我定位的场所。

词语已经没有了像在字典或某些已知情况下的独立意义。词语没有被固定在字面意义上，再说也不存在字面意思。词语并不援引它们所表明的意义，而是首先横向地援引其他词的意义。尽管柏拉图对书面语言表现出不信任（在第七封信中，甚至表达了对所有语言的不信任），在《克拉底鲁篇》中，他教导说，甚至就连神的名字——通常像符号一样与个体联系在一起的专有名词——也通过词源援引自其他不是专有名词的词。此外，语言还参考了听者和说者的位置，也即参考了他们历史的偶然性。通过清点的形式抓住语言和对话者所在位置的所有语境，是一项失去理性的举动。每个词语的意义都是数不清的语义流的汇合。

经历与语言一样，从某种意义上说，在欧几里得的空间中再也显不出是由独立元素构成的。独立元素可以分别出于自身考虑，在这样一个空间中直接显现出来，从自身出发给出意义。它们从"世界"、从那些在看的人的位置出发表达意义。（Levinas1972：19—21）

6.2　隐喻，建模和语言创造力

思维和语言的隐喻－联想能力是建立在特定中人类的"建模"基础上的，即"初始建模"或"语言"（以及一个关于口头语言的先验反而产生了"交际"）。人类的认知过程、知识的获取和创造力在初始建模的基础上是可能的。因为将语言当做模型理解，人类被赋予了幻想的能力，"沉思游戏（皮尔斯的表达）"的能力，单一逻辑顺序的关联推论的能力，而这受到他性和像似性的统治。在所有话语中，日常和科学话语，隐喻－联想性过程改善了理解、解释和创造力，要么辨别符号之间早已存在但是还未被探查的关系，要么通过创造完全是崭新的符号网络中的关系。

在爱伦·坡《失窃的信》中，杜宾说他的调查大部分都是成功的，这都要归功于他的联想能力。在我们的术语中，试推的推论过程是由像似性来统治的，并且大量利用了类推、同源、明喻、和暗喻。实际上，杜宾解开了市长丢给他的这一谜团，基于这一基础，即"有形世界充斥着对于无形物体的严格类推，因此有些事实已经具有了修辞信条，暗喻或明喻可能会被用来强化一个观点以及润色一种描写"（Poe 1978：604）。因为有思考和语言的联想能力，人类（不同于笛卡尔的"思考主体"）更多被描述成"猜测者"而非理性思考者。[Bonfantini，Proni 1980；Danesi 2005；Eco 1981；Peirce《谜语猜测》（*A Guess at the Riddle*），1890，CP 1.354–414] 皮尔斯观察到，猜测是人类进行推理时的特性。而且词汇相关联的越多，在文化网络中相差越远，因此更多的联想是有风险的，它们会更多地被创造力和创意所塑造。

维尔比在语言和非语言中都对像似性的种类进行了辨别，这必须对可靠性进行持续的验证和实验（Welby 1893，现见 Petrilli 2009a：422–423）。在《何为意义》里，她将自己的观点用下列语句陈述出来，尤其借鉴了类推："但是，在类推的情况下，它在任何特定情况下的主张都必须通过证据来确定；它有着无限的可推定的有效性。它有着无尽可能的可靠性。它需要对自己的说法进行验证，验证其不仅仅是一个随意的解释，无论这个解释多聪明多有力。"[1983（1903）：156] 她将生命科学领域的研究应用于语言和意义领域，还在表面像似、类推和遗传－结构相似、同源性或她还说过的"更强的"类推之间进行了明确区分，认识到了后者在整个知识进步和表意过程的发展所起的特殊作用。术语之间的联系有不同的形式——比较、冲突、同等、区分、暗指、暗喻、明喻等——而且还可能会被他性逻辑所调节，正如暗喻的例子或同一性的例子，在范畴类别、种、属、概念、体裁等集合的例子。在《何为意义》第二章里，维尔比极力主张我们检查所有建议的语言改良或扩展，直到采用资源、实际和可能的语言的关键用例提高表达能力，将经验证而有效的类推和隐喻放在第一位：

> 在另一个方向上需要研究改革。如果我们可以严肃地开始甄别工作——通过一些可辨别的符号，已验证和"通过"的明喻中未被验证的部分；我们仅通过比较就可以得到一个新世界。

我们应当有：

（1）随意相似，只在某一点、某一语境、某个场合、对某个观众等情况下，两种理念或事物相似。

（2）整体上普遍相似，有着不相似的成分；结果类似，但达到结果的过程或构建不一样。

（3）全部都相似，仅有一点或一个特征例外。这可能是（a）重要的（i.）对于原初的象喻而言，（ii.）对于隐喻性的使用而言；（b）无关紧要的。

（4）有效的类推在性质上自始至终都是正确的，承受着知识极限带来的压力并保持类似，永不会成为对应物或变化意义上的同一。

（5）对应物：当我们这么说时，应用于以下的例子中：（a）完全地；（b）部分地（在这些例子中通常很难说哪一个是隐喻的，哪一个是字面的。总有反复借用，而且有时既不是隐喻的也不是字面的，但确实是同样地"实际"）。

（6）每一点或全体或整个一致。在这种情况下"修辞格"像一面镜子进行反射。或者可能是一些问题，有关共存，有关相关性，有关比拟，有关物体和其阴影、痕迹等。

然而现在，可以说我们不得不离开类推领域进入同源领域。在斯宾塞将社会比作有机组织的评论中，莱斯特·沃德竭力主张："神经系统应当在将社会比作有机组织时最先得到关注，这才是比较的首要和唯一正确术语。斯宾塞重点强调的其他术语仅提供'类推'——斯宾塞恰当地称呼它们。这样反而是提供了正确的同源。类推只在激发和满足好奇心时有些作用，而同源则是社会学家们有用的帮手。作为原生质、生命之座、理智、意念和理念的储备，这神经系统是基本因素"（*Outlines of Sociology*，1898：60－61）。他还进一步补充道："同样的原则并不适用于人类和动物的社会学……动物组织的实际情况是——由昆虫展现出的对人类的方式的相似，以及动物世界中不同种类的对于人类习惯的好奇模仿。这些仅仅是类推，而非真正的同源。而且这些对于社会学家来说，并没有它们初看时展现出的那么有价值。"（同上，第92－93页）这里，至少我们能够简单涉及目前困惑的一个起因和一个解决方法。所有比较的方法，从最荒谬、不可实现的到最真实最完整的那个，归在一起成了"类推"。然后我们被严肃地告知，这样的类推没有任何论点可言。但是有些被模糊地称为类推的对比是同源，还有些其实是相等式；从这些方面来看，论点就可以正常展开。

如果我们有这种分类，我们应当提出"迫使"新见解或解决类推问题。有些比较将这个问题贯穿始终，有些只是部分地考虑到了，有些则干脆没有。然后我们可能得到了暂时的和局部的类推。有些可能在五十年前可以承载压力，而现在不行，有些可能在这里而不是那里承受压力。关键点是：必须始终看到主要观点和它们的推论是否真正相符。　［1983（1903）：19－22］

心灵、语言和世界是基于遗传－结构型，或同源的相似和比较而联系在一起的。不同类型的相似在不同的推论中发挥着作用——推演、归纳和试推（或者是皮尔斯所说的溯源法）在这个顺序里可以预见日常生活里的创意、创造力和创新能力的增长和科学研究里的能力增长是一样的。建立在相似基础上（无论是类推的还是同源的）的术语之间的联想对于思考和语言的发展和分节是结构性的，并且不仅是学习动态的必要条件，在教学上也是如此。维尔比的观点认为"语言自身早已决定，无论我们愿意与否，我们应当使用其（类推）或乐于完全放弃言语"［1983（1903）：34］。维尔比也坚称修辞语言大部分从联想、冲突和比较的动态中出现，这动态存在于经验不同区域里的理念、事实和事件中："类推的长处，位于其假设与伪称的联系能力中，这个能力可以将明显有分歧，甚至是有差异，但是无疑是分离和根本不同的经验模式联系起来，并且将这些通过一种增加我们在两种明显冲突或不相干想法或作品的文字上的活用式掌握方法进行相连接。"［1983（1903），第 156 页］

表意过程的像似方面，包括欣慰和"论域"之间的相似关系，是人际交流、互相理解、对话互动的条件，对于一个理念从一个符号主体到另一个符号主体的（口头和书面）传播。相似对于对话交际行为是结构性的：当我准备和别人交流时，我从我自己的思维与将要说话的人的思维是相似的这一假设出发。维尔比在其从实用层面上产生的效果中得到了证实，这里的"实用"指的是人类关系和对话者之间普遍的语言及非语言行为——互相理解，修改计划、目标、观点的可能性。相反，不正确的推论，错误的假定和未展开的假设产生了负面的结果——困惑，假问题和各种谬误。

隐喻是像似符的一个特殊类型，并且在人类心灵的作品中发挥着重要作用。现在的"认知语言学"的一个主要任务就是理解这类作品，正如马塞尔·达内西（2001a，2005），詹巴蒂斯塔·维柯（Giambattista Vico）和其"新科学"的译者所证明的那样。托马斯·西比奥克（2000）和马克斯·菲施（Max Fisch，1986）都指出维柯与 20 世纪符号学研究的相关性。维柯对于思想和语言的一个更充分的联想－隐喻性分析做出了重要贡献，展现了乔姆斯基的转换生成模型和笛卡尔的语言学的另一种形式。维柯的"诗意逻辑"概念将人的意识倾向于一种合成的和整体的理解，并且和当下认知语言学、神经心理学，符号学和建模理论的研究是一致的。

　　然而，现在语言学中主流趋势并不总是能用理论术语将隐喻解释得很充分，或充分地用语言证明其成果。隐喻性的相互联系在总体上塑造了人类的思考过程，并且在口头和非口头表达中都扮演着关键角色。但是我们如何用理论解释这些过程呢？符号学这层意义上的重要贡献来自约翰·洛克和皮尔斯这些思想家传统，以及时间上更近的莫里斯、雅柯布森和西比奥克等人。符号学隐喻化是修辞语言话语特性的一个联想性模态，具有"修辞"或"想像"的能力，而非"再现"能力（Petrilli，Ponzio 1999）。正如前面所提到的，除去当作一个修辞手段或诗意的装饰，隐喻化激活了思想－语言的过程并且对它们来说是结构性的。隐喻并不直接在指示性模型的基础上代表对象，但是在语言特有的模型和建立于语言之上的模型系统（理解为一个初始的模型手段）的基础上对它们进行赋形。因此，在二级模型系统中与语言相关，在第三级模型系统中，涉及能符号化地构建的文化系统和高度抽象的推论过程。对于联想隐喻的推论过程的跨学科研究表示，隐喻是在大脑半球的特定部分进行发展的，这部分对于过分活跃的行为和综合－全球的意义有所控制。（Ponzio 2004a：83－87）

　　人类思考和交流通过解释项，由联想性关系形成的轨迹进行演化，通常认为"文化"是这一复杂系统或宏观网络的一部分。从这一角度出发，既不是"语言能力"（乔姆斯基），也不是"交际能力"（用于反驳或补充乔姆斯基的理论）能够充分揭示思考和说话（言语表达的能力）。相反，思考和说话是将思考结构从不同概念领域转换为语言学和交际结构能力的自然"概念能力"。概念能力允许创造出概念正确和文化相关的信息，并且包含以下三种次生能力：（1）隐喻能力，即正确对一个概念进行隐喻的能力；（2）自反能力，即选择可以正确反映信息里固有概念领域的语言结构和类别的能力；（3）文化能力，在与信息相关的不同话语和概念领域里进行辨识的能力。

　　"语言的创造性"是形成新的隐喻联想、提出新的认知组合和发明新修辞的能力。这是沉思、机敏和记忆的能力。正如维柯所说，这不是诗人、科学家和作者的特权，而是所有人类都具有的隐喻性联想的能力。实际上，语言的创造性因为人类被赋予了这个物种特有的初始建模手段，"语言"而成为可能，形成了人类符号行为的最初基础，包括了与二级模型系统相连的语言，以及通常与第三级模型系统相关的所有其他文化符号系统。（Danesi，Petrilli，Ponzio 2004；Sebeok，Danesi 2000）

维尔比将隐喻置于首要地位是将修辞、意象和想象（表意过程的像似维度）能力作为赋予隐喻的初始因素，把人类和非人类的动物区分开来。维尔比再一次对当下符号科学的方向进行了预测（Sebeok 1991b：第 5 章），她还鼓励对语言的起源进行研究，尽管国际学界（尤其是语言学界）对此有反对的倾向。她仍相信，使用"修辞格"和"符号"的能力是人类特有的。实际上，言语是人种所特有的使用语言符号的能力；但与其他生物形式相比，人类物种最为突出的特性是分辨和描述（或者说修辞的）的能力，不单单是言语或示意的能力。修辞的表达能力是由言语或更好的语言表达，书面或口头语言（皮尔斯的意思是符号维度的）赋予的。据维尔比所说，言语或符号化——是"修辞"的次生或衍生，这是首要的，并不是从其他东西中获得的。上文提到过的"意义－歧义"中，有维尔比未标注日期的手稿，是基于以下考虑开头的：

> 言语时刻是解释诞生于心灵那一时刻的信号这也是修辞格－起源的时刻。在言语－开端之前，意象是出于萌芽阶段的，然后就诞生了。在这个时刻，这是一个秘密。我们鄙视"纯粹的"修辞格等。因此我们鄙视人与野兽之间的差别。没有野兽可以用"文字"对宇宙进行想象。更不要说把事物符号化了。……（第 30 盒，文档 44 号，*Significs-Ambiguity*）

通过与其他生物，尤其是其他动物进行比较，人类是有基本的建模能力（句法上的）的。人类模型的特有性质是描述的像似性和能力方面。二级模型（言语）与第三级模型（文化的符号系统）的能力从基本建模手段中衍生而来。隐喻是人类推理背后的动力，不仅仅存在于再现对象（指示性模型），而且存在于描述对象（语言独有的模型）和基于语言的建模系统（即历史语言独有的"二级"模型），和文化系统（即可以进行高度抽象的符号构建过程的文化系统的"三级"模型）。（参见 Sebeok 1991b，2001；Sebeok，Danesi 2000）

在"语言的创造性"中，将创造与语言之间的关系理解为初始建模相联系，这是形成新的隐喻性联想的能力，提出新的认知组合，并发明新的描述或象喻。它认为，这样描述的语言学能力不是诗人、科学家和作家的特权，而是人类普遍拥有的特点。正如维尔比在她的作品中一贯坚持的那样，人类被赋予这个种群所独有的想象、独创力和记忆的特质。联想、合并，描述来自人类的初始建模，这种模型，西比奥克也称之为语言；并形成了人类所有符号行为的基础，最终形成二级和第三级模型系统。（见 Petrilli 2006b）

维尔比写于 1906—1910 年间一系列未发表的文章中继续研究修辞意义和隐喻分类（邀请学者们在她停止的地方继续研究）的问题。在这些文章中，她对初始隐喻，二级隐喻，混合隐喻，取论隐喻（question-beggingmetaphor）和短语－隐喻做出了区分，并且列出了她认为值得研究的话题。以下是《为"出色的"论文的推荐题目……》（"Suggested Titles for 'Brilliant' Papers……"），《隐喻的分类》（"Classes of Metaphor"）则是先前文章的改写和补充版本：

评论为论文推荐的题目

隐喻里的遗存，口语用词的起源，常用说法的摇篮，常见词组的使用和困扰，歧义的坏处，对思维－图像的迷恋，对思维－镜像的扭曲，思维的斜视，爱尔兰公牛的隐喻。（用于开头的描述）。

"我们认为，爱尔兰公牛，如乐趣之源一样珍贵，两者都源自且有助于产生思考的困惑，因为这是显眼的。但是我们不会去查明更模糊或细微的"公牛"种类——错误隐喻的微生物——由于人们不能理解为什么有区别或哪里有区别而导致我们现代的思考疾病和因没必要的争执而无力——在配合使用得当时可能会起作用，或仅仅互相抵消并增加更普遍的困惑。"

然后我们会得到隐喻的种类：初始隐喻，代表的是终极理念或初级行为。二级隐喻（从派生理念得到证实，"给予"的假定，"想当然"的假设）。然后是混合隐喻（和公牛有关）。然后，最糟糕的是取论隐喻。

为《评论为论文推荐的题目》推荐的题目（"出色"的作家推荐）

隐喻里的遗存，口语用词的起源，口语用词的摇篮，常见词组的使用和困难，没必要晦涩的秘密。1）没必要的矛盾；2）歧义的坏处，双目并用思考。思维图像的迷恋－原则。扭曲的事实（或知识）媒介。思维的斜视［这是我觉得我会讲的！（此处手写）］。

爱尔兰公牛的隐喻［用于文章开头的描述（此处手写）］。

我们认为，爱尔兰公牛，如乐趣之源一样珍贵，两者都源自且有助于产生思考的困惑，因为这是显眼而突出的。但是我们不会去查明更模糊或细微的种类——错误隐喻的微生物——由于人们不能理解为什么有区别、或哪里有区别而导致我们现代的思考疾病和因没必要的争执而无力——在配合使用得当时可能会起作用。

隐喻的类别

混合隐喻（理念的混杂）。

二级隐喻（对次要事实或考虑有效——比如，考虑到原发性或前提；保证这个或那个假设等）。

可能有效隐喻的例子……

缓慢，无趣，密集——对于愚蠢或智力活动的低值（与预言和预示的相反，符号解释者是"时代的符号"）。

动如脱兔。再一次渗透，聪明，敏锐，"狡猾""会意的"（并且在深层［好］和底部［坏］之间有所区别）。

排斥寒冷的，喜好温暖的。

苦－酸对甜。贫瘠对高产。

短语－隐喻；口头的和地方性的。"我没有插手该事；我不能忍受那个想法。"

"那个发现为这个课题提供了新的视角。""从你们的视角，我看见连接"等。（"个人用品：书的草稿计划项目"，盒28，档案29）

6.3 意义和真知

总体上意义和真知之间的关系已被语义学研究过了，使语义同语用方面隔离开，或从他处建立一个特定的符号系统（作为唯一一个能授予意义的），或将一个特定的符号系统从其自身的意味里隔离开来。这些方法构想出所具有的意义，暗示了意义的具体化和真知概念的意义。也就是说，事物被描述为"具有"或不具有真值。根据这个方法，意义被理解为符号的"特性"，一个"客观特性"，使符号满足一致性，从解释中独立出来，最终依靠所参照的事物，与指称物相一致（理解为实际存在之物）。意义的一个具象化概念，不可避免地要和真知的具象化概念联系起来：在这个概念框架中，真知也被具体化并且被认为是一种"客观特性"，同解释过程分割开来。鉴别言说意义的准则问题成为鉴别真知的准则问题，如此一来，无论这个言说是否有内涵，即是否意味深长取决于组成这一意义的部分是否直接有指称作用，即是否为真。使意义具象化就是将真值问题置于与决定"有意义的"准则一样的一个首要地位。相反，非指称语义学（大部分都坚称指称物的概念是实际存在的东西）因指称物与语义无关而将其从意义问题方面排除，并且将意义问题从真值问题中分离开。从症状上来说，认为指称物与意义的问题无关暗示着真知问题也是无关的。就从症状上说，在查尔斯·奥格登和艾弗·理查兹（1923）的意义三角中，"真知"一词出现在与一个叫作指称（reference，或思想）与一个叫作指称物的两个顶点相连的一条边上。"非指称语义学"排除了三角的这一边并假设不需要去强调真知的问题。

但如果意义被描述成一个开放的符号网络中的一种解释轨迹，明显的是它不会被限制在一个单一符号的界限中，也就是说，既不局限在被认为是一个孤立细胞的符号的对象－解释和解释项之间的关系；也不能局限在给定符号类型或符号系统的边界中。意义也不单独考虑语义方面。这是因为：意义与解释过程相关，在"第一分节"层面上和句法的层面上，"第一分节"是安德烈·马蒂内（André Martinet）所描述的元素可被解构的地方；在表意过程中的"符号物质性"的程度依靠于解释项的回应性理解（因此在语用要素上）。

除了理论哲学、知识论和认识论领域的研究方法外，理解意义－真知之间关系的传统方法需要被质疑，并且是在一个符号学的框架中进行，意义和真知之间的关系大部分都是从与同一性逻辑而不是他性逻辑的方面来构想的。要考虑在这一关系中解释项和他性逻辑方面的关系，考虑这一关系中对话的变化程度，以及回应性理解的解释项显示的价值论方面，因此可以从意味的角度来考虑表意，将真值问题与由此产生出的意义的问题相联系，意味着从理论层面以及语用和价值论层面上去验证真知的对话特征。伴随着从同一性逻辑到他性逻辑的角度切换，从意义的独白角度到对话角度，证实的原则和真知的构想相对于理智和无知的改变而决定。

意义不能被限制于一个单一符号系统或单一类型的符号或解释路径中，这暗示真知是在对话的多元论述性的情况下得以追踪，在不同的语言和非语言模型程序中互相冲突，在翻译过程中从一种符号系统到另一种符号系统，从一个模型到另一个模型，从一个符号类型到另一个符号类型。真值在对话性交锋的不同视角下，在多样性和互补性方面发展。由他性逻辑证实，用一个单一观点、模型程序或语言的解释可能性与真知认同，意味着真知可能不仅从其对立面转换而来，甚至会倾向于狂热、否定、隔离、对任何不可还原成身份的消除。相反，一个由他性逻辑导向的外化的和对话的凝视是一个对符号作为有意义产生的过程和真知符号（不仅仅是信号）进行正确解释和评估的必要条件。在他性逻辑的外化中，对话、翻译－解释、比较和冲突（类推的和同源的）都称得上是对有唯科学性的确定性、真知和信仰进行验证的必备条件。真知理论与一个意义理论必要地连接。因此，一个具体化的和固化的意义概念（即使没有清楚意识到这个情况）使得一个具体化的和单一的真知概念成为可能。

维尔比关于意义和真知的方法也许可说成是受他性逻辑和对话导向，而为了抵抗、打消单元性的这一疑虑，维尔比早在《纽带与线索》（1881）中就建议我们："调查真知广阔区域的相似'观点'，越多越好。"（Welby1881，见Petrilli 2009a：95—96）因为一个论断的真值不能从精确性或形式明确性的方面进行衡量，只能从不同观点的基础上建立——道德、审美、哲学、科学、数学和宗教等方面。"中心真知必须从许多方面来统一事物，每个方面都与其他方面相对——即如果要画一条线，从中心穿过，会与其对面的线相遇并汇合。真知的统一涉及所有事物聚合的多样性，进而与其聚合的路径明显互相矛盾。"（第96页）

根据维尔比所说，"真值"同"表现值"密不可分［Welby 1985（1911）：4］，其中一个决定因素是表意过程的"修辞"的用法，不仅是参照语境、环境，而且是一个精确的指称物的推论过程。维尔比强调了外化的重要性和符号转换，对话性相互连接，和在意义生成及其分层过程中的语内、语际和符际实验的重要性。意义和真知不可避免地涉及符号间的延宕，并且不会从隐喻化过程中分开：它们越多地在同源、实验和验证方面发展，它们对于新的解释的可能和新世界的创造会更开放。［Welby 1983（1903）：22，n. 1］对于真知的寻找，不能同建模程序、世界观、符号系统、论域和话语类别等中的对话的外化过程分开。真值不是由同一性逻辑决定的，需要的不仅是一个认可行为。实际上，这表明根据不同的角度和观点，在不同的价值系统和对抗的模型程序的基础上，构造和解构的工作贯穿不同的话语域。从这些方面出发，依据她的解释－翻译方法（Petrilli 2009a：第5章），维尔比发展了她的意义理论，"表意学"。表意学并不是在已存在的系统中再加一个思考系统，而是暗示了所有到达真知的手段的同化和转化；表意学意在成为一个所有其他方法的解释和协调方法。［Welby 1983（1903）：99］

在给语用学家费尔迪南·C. S. 席勒的信中，维尔比声称真正的替代方法并不是在接受或拒绝真知之中（1900年6月20日，Petrilli 2009a：618）。第三种方法是可能的，并且存在于验证一个给定真知是否可以被重新构建，而这一验证包括不同起源条件、不同语言、不同观点。席勒将维尔比这一关于意义和真知的概念用于他对1920年在牛津大学进行的一场非常重要的公开辩论"意义的意义"（奥格登和理查兹在1923年二人合著的、具有划时代意义的书的标题上对此做出了呼应——《意义的意义，语言对思想及符号科学的影响研究》）发表的意见中。在他对罗素的立场的讨论中，席勒讨论了意义和价值之间的连接，并批评了把定义作为解释意义的一个原则，或是把精确度作为真知的一个准则这样的行为。

6.4 "人是一个词"

可是骄傲的世人掌握到暂时的权力，
却会忘记了自己琉璃易碎的本来面目，
像一头盛怒的猿猴一样，
装扮出种种丑恶的怪相，
使天上的神明们因为怜悯他们的痴愚而流泪

——莎士比亚《一报还一报》，第二幕 第2场

在《论文集》中，皮尔斯很少以"隐喻"这个名称讨论隐喻。尽管如此，他在1866—1867年间的早期作品中提到了隐喻，相对于其有关人的人性、意识、主观性和人与世界之间的类推（更好的是同源）关系的思考。更宽泛的语境一方面是将形而上学逻辑特性运用于展现逻辑学习优势；另一方面是形而上学的科学效度。对于"什么是人？"（CP 7.580）的问题，皮尔斯用一系列的隐喻进行了回答：人是一系列推论、一连串的想法、一个规约符、一个符号、一个词。

> 我们早已看到意识的每一个阶段（是）一个推论；因此生命仅是一系列的推论或一串想法。在任何时刻人是一个想法，而思想则是规约符的一个种类，对于什么是人的这个问题的一般回答便是人是一个规约符。为了找到一个更精确的回答我们应当将人比做一些其他的规约符。（CP 7.583）

皮尔斯将隐喻描述成一种相似性和不同事物间广泛比较的关系。他对于隐喻的区分是在字面上进行的，这样相似性就通过对符号的预测表现出来，比如说"这人是个狐狸"，就没有使用相似性符号"这人像狐狸"；而隐喻作为广泛比较来理解是建立在形式和高度抽象特质上的（CP 7.590）。与看似遥远的世界联系起来，皮尔斯展示了在意义和意味层面人与单词如何互相赋权。预告"人是一个词"之间的确认关系是建立在他性逻辑的基础上的，并且是隐喻性的。用一种受进化论主导特点的有机体式语言来表述自己，皮尔斯对单词和动物世界中的繁殖之间的类推关系进行了确认。就像父子之间的关系一样，"让卡克斯指出燃气炉"这个句子是一个在自身内创造了另一个规约符的规约符（CP 7.590）。父亲身份和"让卡克斯指出燃气炉"这个句子都有共同具有生

产能力。在 1903 年有关哲学和科学术语的伦理的文章中，皮尔斯做出了如下的陈述："规约符的主体变化缓慢，但其意义会不可避免地成长，吸纳新的元素，抛弃旧的。"并且会继续下去："每个规规约符在其起源中，要么是一个所指理念的形象，要么是一些独立事件、人或事的回忆，与其意义相连，或本身是个隐喻。"（CP 2.222）

人在单词中以一种验证了物质连续性的关系被再创造和发展，这种连续性一方面存在于因主体间的关系而产生的单词中；另一方面，主体的多元性和他性被作为一个词理解。皮尔斯在其早期作品中从理论上说明了语言和交流的互惠方面，承认主体和单词间、意识和主体间的同源关系，在这里主体是意识发展的最基本条件（CP 7.585）。单词需要主体物质性的符号连续性，实际上单词是以形体存在的（在最明显的层面上，其作为声音或书写而成形），而主体则需要单词中的表意价值。这个方法与维尔比的方法相似，维尔比也承认口头语言的物质性，其存在的物质形体，以及表意物质性的特异性。图素和音素的物质性之外，进行口头交流意味着通过单词进入另一个主体，将一个人的想法和感受传输给另一个人，去感受另一个人的想法和感受，在两个人的单词之间的关系、两个人主体间的关系中生活并进行个体的再生。通过语言、单词，在与其他单词和其他主体的对话中，人体成为社群与社会的一部分。

皮尔斯建立的人与单词之间的关系，强调主体如何不被还原至一种将身体理解为哲学物质的认同。这里说的身体是一个符号学式的身体，在符号过程中的身体并拒绝还原至物的地位、对象的地位（CP 7.591）。但身体上的物质性，即使不能立刻展示出来，也是表意主体和单词的必要条件。人和单词都涉及身体的和符号学的物质性。在"人是一个词"的隐喻中，人和单词之间的关系是有相互影响，发生了基因结构性序列的相似性的一种像似关系。皮尔斯列出一系列的相似性：人和单词同样地在经验、信息和表意力量中成长；都拥有指称力量，甚至共享一种道德本质，实际上和人类行为与意识相似，单词也（行为和意识的物质）必须充分地遵守法则和正确的语法。皮尔斯认为："人和单词相互教育彼此"（CP 7.587；参见 Petrilli 2012：3.2）并且人是一连串的解释项——未来的记忆，未来的自我，另一个人格、一个句子、一个儿子——从自我的身份来看，这些一直都是他者："如果不是这样，人不是一个单词，这是正确的，但差得远了。"（CP 7.591）这种观点在 1868 年的一篇后续文章《四种能力不全的一些后果》（"Some Consequences of Four Incapacities"）中得到发展，皮尔斯这样写道：

> 人的意识中没有哪种元素在单词里没有对应的，原因很明显，人用的

那个词或符号就是人自己。考虑到每个想法都是一个符号这一事实，加上生命是一连串想法的事实，证明人是一个符号；因此，每个想法都是一个外部符号，证明了人是一个外部符号。也就是说，人和外部符号是相同的，在同样意义上，人属单词和人是相同的。因此，我的语言就是我自己的总汇，因为人就是思想。（CP 5.314）

由于它的符号连续性、语言和词语的使用，主体自发地一次存在于超过一个地方，其表意潜力由超越身份的局限以及对他者做出回应时的能力得到提高。但他性不仅仅是身份外部的东西，对身份而言，它也是内部的、结构性的，在身份的最核心处。身份在与外部的关系中，作为"意义"和"本质意味"得到发展。就像这个词，它是"向外延伸的身份"，由他性逻辑引导，理解为一个客观的、不自私、没有自我主义的逻辑，是正常人的符号。人意识到自己的解释项，他自己的想法存在于他人的想法和解释项中（CP 7.591）。在人与符号之间关系的问题上，皮尔斯在日期为 1906 年 3 月 6 日的一封写给维尔比的信中，这样说道："但是一个想法，若想获得任何存在的积极模式，必须在体现在一个符号中。一个思想是符号的特殊变体。所有思想都必定是一种对话，一种从短暂自我变成即刻和普遍未来中更好自我的诉求。"（参见 Harwick 1977：195）皮尔斯的主体性的概念和维尔比的一样，立足于其符号的理论和他性逻辑与其包含的对话主义（参见 Petrilli 2013：3.2—3.4）。

超越在人与单词之间的表层差距之外，皮尔斯坚称没有这样显著的区别来宣称人是单词，却是失去互相矛盾的言外之意并听起来像自明之理的单词（这是一个在西比奥克 1986 年的专著《我认为我是个动词》中得到回应的观点）。人和单词通过一系列同源的相似性（皮尔斯称其为"类推的"）相互关联，作为朝此方向里可能的批判性思考起始点，并不求详尽，可总结为以下十点。

（1）与单词不同，人被赋予意识，意识与我们的动物生命相连并且预设了一个生理学身体。然而，如果"意识"可理解为认识我们知道什么，那么人和单词并无差距："知识是我们思维中所有的东西；事实上我们的想法是给自身的，自身享有的，在自身所有的一个完整认同基础上的指示符。"（CP 7.585）

（2）意识意味着"我思考，思想的统一"与"符号化的统一"相呼应，而且这也构成了任何单词的特性（CP 7.585）。

（3）意识也意味着情感，而且情感是认知的："每种情感都是认知的——是一种知觉，而知觉是一个精神符号或单词。现在这个单词有了内容，它有了自己；如果人有了动物感觉，单词就跟一个写下来的情感一样"。（CP 7.586）

（4）情感、感觉是认知，它们也与生理组织相连。但是如果知觉是获取新信息和更多表意的可能性，单词也会有知觉。既然人创造了单词而且没有将意义赋给它们："人和单词互相教育；人的信息的每一种增长同时都是单词信息量的增长，反之亦然。所以这里几乎没有什么差别。"（CP 7.587）

（5）人和单词都有道德本质。如果我们遵守道德理解为符合事物情理法则，我们在精确的语法中也能找到类似的东西："精确的语法是一个词的优秀性，使其可以有好的意识，这不仅满足于代表事物必须要有的实际状况，也不仅是满足于此举后果，更是满足于其自身内部决定。美与真属于相同的思维和单词。第三种优点，一方面是道德，另一方面是语法。"（CP 7.588）

（6）归功于符号过程中的产生符号和意义的力量，人和单词都被赋予了指称的能力："人有努力或关注的能力；但是就像我们所知道的，这不过是指称的力量，单词也有这样的力量。"（CP 7.589）

（7）人和单词都具有繁殖的能力，这里提到的不是生理学现象，而是一个新的人类灵魂的产生。"单词会有父子之间那样的关系吗？如果我写一句"让卡克斯指出燃气炉"，"这个句子是个自身内创造出来的规约符。这里我们有某种类推出的父亲身份，和一个作者谈及自己的作品和后代时的感觉一样。"（CP 7.590）

（8）"他性处在身份的最核心处，无论是人还是单词问题。这样说来，身份是超验的、多元的、普遍存在的。与单词类似，一个人代表当时他所关注的对象；他暗指任何他知道或对这个对象的感受，而且是这种形式或者明白易懂的物种的体现；他的解释项是这个认知的未来记忆，他的未来自我或者别的他要称呼的人、他所写的一个句子、他的一个孩子。"（CP 7.591）

（9）规约符的本质是形式的而不是物质的，而既然规约符是永恒的，由此可见，必要的和真实的规约符是不朽的。真知永远需要一个解释项；因此，这样的真实的规约符需要一个解释项，并且考虑到与解释项的关系，"必要的和真实的规约符是不朽的。而人也必须是这样，假如人被真知赋予了生机的话。这和大部分人追求的不朽是非常不一样的，尽管它与后者并不冲突"（CP 7.591）。只要人是一个真正的规约符，他也是不朽的。

（10）经验，知识和价值在与他者的关系中成长，在向外部的运动中和在外化的条件下：表意价值增进了符号之间的关系——这不是一种认同和同化的关系。皮尔斯解释道，主体不将其所有的情感、意图和思想完全转移至另一个主体中。解释项仅是前一个符号的部分表达，由于其表意的物质性，它回避了对任何一个解释项的全面把握。主体性作为符号间延宕的一个开放性过程、在持续的演化中发展。此外，"当我，就是我的思想，进入另一个人之中时，我并不是将整个自我都带入进去，而是带着那些我不想带入的部分的种子——如果我将我全部本质的种子带入，那将是我真实和潜在的全部自我"（CP 7.592）。个体主体是普遍——家庭、阶级、民族、种族——的特殊决定，决定其归属何方；而且信息和经验越是成长，就会产生越多的突出之处（CP 7.592）。自我的可交流性是在外部建立的，在社群、社会中，并且不排除突出性和特别性，符号的物质性被理解为符号和主体无法还原的他性。就像单词一样，自我将其投射至外部、朝向他者，在与他者的关系中表达自己、发展自己。一个人自己的过去、现实和未来的自我中的他者，和他人的他者一样多。考虑到自我的符号结构，个体的奇异性在与自我、相同的身份、简明的身份和单一身份的不可化约的关系中给出的。

第三性和连续论在皮尔斯的主体性和交际的概念中起到了关键作用。连续论理论讨论了连续性这个概念，讨论了一些事物之间的缺席：身体与意识、自我与他者、睡着的与清醒的、生与死，肉体意识、社会意识、精神意识与不朽（CP 7.565；7.573−576；约 1892 年）。人类主体性连续论并不否认奇异性和第一性，或是符号物质性的表意他性。它暗示着一种不仅是人类他者（humanother）之间的关系，还有神圣他者（divineother），即列维纳斯所说的，无限、不朽到不在场的延宕。对他性的迷恋使得参加的主体将上帝的本质理解为外在的创造原则：

> 所有从心灵到心灵的交流是通过存在的连续性。人能够给自己分配一个在创造事件中的角色，而且目前为止他在那个角色中迷失了自己——无论多么谦虚——他将自己定义为这个作者。（CP 7.572）。

维尔比在她的文章《隐喻和意义》中讨论了连续性的这一概念，在她思考意义的本质和表达中使用意象的语境中，她还辨别了心灵和物质现实之间的连续性关系，也就是在身体和意识之间：

"心灵"，正如沙德沃思·霍奇森所说（《大脑》，1891 年 6 月：13），"是幻想的虚构"。当然可以公开反驳说幻想是心灵的虚构，或是虚构是心灵的幻想。

> 心理学充满了悖论的拉锯，取决于语言使用或语境的变迁。但当我们从所有那些我们叫作物质现实的束缚中赋予其幻想的自由时，心灵实际上是幻想的一个虚构作品。因为这样，无论我们多么明显地在我们自己的感觉－印象中承认其起源，这个起源实际上通过它们，用虚构和幻想都不能调和的、不会偏离的严厉对我们进行着约束。因此，如果我们觉得以下假

设荒唐，即在想象习俗或者神话术语的任意网格中，可能穿梭着未发现的真实的和真正的指示符号或隐喻，那么我们实际上就在暗示，所有身体能量的原始互动线索在我们首次在语言中提出"心灵"时就已丢失了。但无论我们怎么肯定在"身体"和"心理"之间的联系无论处于何处都更加接近并更清晰，它们还是会被淹没在大量的怪诞或武断中。（Welby 1893，参见 Petrilli 2009a：427）

用符号学-认知学的术语来描述主体性，就像皮尔斯所做的那样，并不会将责任和不朽的问题排除在外，而是相反的，从皮尔斯的角度来说是在一起的。〔皮尔斯在 1866—1867 年的一节课上首次展示出他的不朽理论（CP 7.596）〕与连续论的原则相一致的是，责任是与超越自我为中心的身份界限相关的，与"无限责任"的概念相似，根据巴赫金与列维纳斯，这在他异性逻辑中也有据可循（Bakhtin 1990，1993；Levinas 1961，1974）。但是回到皮尔斯这里，主体同样也被认为是一个物质必需品和机械性的人（CP 7.581）。他研究的另一个原创方面是他致力于用逻辑工具来解释人类的现状，将人概念化为一个认知与理性的统一体，一种一般的再现，也就是一个规约符。然而同时，就超越、无限和不朽而言，他将分析建立于他性逻辑之上，讨论符号和主体（是由符号物质组成的）。这与巴赫金所说的"无限责任"和"未完成性"是一脉相承的。皮尔斯这里，原因是立足于"合理性"之上的（Petrilli 2012：3.6－3.8）。与维尔比和莫里斯的方法相似的是，皮尔斯的符号学不是主张中立性，而是发展符号学与价值论、符号和价值之间的结合点，这样就能克服认知符号学的局限。

6.5 意象，意义和解释

维尔比用"表意学"这个与动词"表意"相关的术语证明了意义概念的双重语义价值——认知上的和价值性上的。和"语义学"和"符号学"术语不同，"表意学"不受技术联想的影响，专注于意义和价值间的连接也就顺理成章。在 1896 年的《感知，意义和解释》中，维尔比对意义的三个层次做出了分别——"感知""意义"和"意味"，后者是最能够强调出表意学的独创性的，这里将表意学作为符号学在符号和感知、符号学和价值论的交错的方向上的认识论-认知边界的延伸。

在 1893 年的《意义和隐喻》中，维尔比强调了语言在理论和教学方面的符号特质，符号系统和所代表的东西之间的关系，以及关注语言使用中的类推和隐喻的需要，否则这些隐喻通常是无意识的和无意的：

> 我们可能会这样开始：要更好地学习象征主义在表达仪式中所起的作用，并问自己除去象征主义语言本身还是什么，什么是象征主义，以及其象征了什么。我们应该然后检查从"符号的"到"实际的"之间的关系的更新；对于意象、图形、隐喻，直到我们称之为字面或实际的东西。
> （Welby 1893）

她讨论表意过程的修辞性表达方面、在推论过程的发展中意象的角色，以及知识、交际和领悟，同时关注意义的语用方面和意义条件（Welby 1893，422—423）。修辞性话语改善了感知和表意潜在的分层，从对话回应中的意味和表达输出到经验、知识和领悟的发展，并且不仅是一个求助于抽象或修辞手段的问题。修辞性在想法和语言中具有结构性（见维尔比对于"精神境界"的心理寓言的分析，425—427）。同样如前面所说，分析修辞话语、隐喻、明喻、类比、同源性、比较和冲突，语言和非语言的意象，是对它们的认知效度进行确认。世界通过假设和接近的解释过程来呈现自己，建立在一个由对于知识习得十分必需的表意"可塑性"和"纠正力量"的推论过程的基础上（维尔比对于"精神境界"的心理寓言分析，423）。

"我们真正的意思是是什么？"这个问题标志着有必要为我们阐明意义，以理解一个表达的最终意味，也就是它对于我们来说的感知，但维尔比也说，要小心落入过于简化和还原论的陷阱。当歧义是困惑和误解的起因时，她对它进行了批判。但当歧义承认意义的符号本质、符号的多元声音和感知的分层时，它还是具有积极意义的。维尔比提倡多元性声音和多元逻辑主义，并提出了一个动态的、结构的和产生的意义分析。她批判了"普通意义谬误"，也就是"共同感知"的"简单，普通意义"的概念，即寻找对于"清晰"和"有说服力的"争论，如果这意味着忽略意义的多元性声音和多重逻辑本质的话。

因为符号现象意义从来都不是单一声音和一致的、固定和不可变的、一次性被定义的，就好像是我们在与数字、标签或符号打交道那样"一致通过"（维尔比对于"精神境界"的心理寓言分析，423）："……我们假设我们可以毫无顾虑地使用所有意象，对于正式使用的直接表述'事实'的一整套术语不费力气加以保留"（维尔比对于"精神境界"的心理寓言分析）。要批评"普通意义"就是去批判这种直接指向"干而硬的事实"的念头。在维尔比的思想系统中，知识和表意价值在符号系统和属于真实和想象世界的"对象""事物""事实"和"事件"之间的互动中形成，而且还要由这些系统进行解释。考虑到对于"心灵"成为解释性过程中的一部分，那么"干而硬的事实"并不存在，正如她在后续文章中所说的：

> 我们可能会呼吁并且确实可以对"干而硬的事实"有所诉求；但是我们必然会将自身之外的东西放进去。它们在"心灵"的加快触及下成为"事实"，而那又是在一个先入观念的黯然世界中出现的，留给我们从前—智能感觉能力和一些存疑的追溯更远源头中产生的原始遗产。（维尔比对于"精神境界"的心理寓言分析，424）

人种、历史与科学进程的进化与表意过程的进化交会于隐喻化和意义的分层能力扮演着最主要角色的地方。"太阳升起"是一个在哥白尼出现之后就有着完全不同表达含义的回响，就像"感染"这个词因为微生物的发现而有了不同的暗示一样。

> 当我们讨论"热量"时，我们所说的意思跟五十年前的意思完全不同。而且当一个人说他相信太阳、星球、宇宙存在与天堂与人世间，在思维和物质之间，灵魂和身体之间，精神和肉体之间，就算他想，他也不能跟他的祖先说的意思一样，也确实不能说任何绝对和最终话题。无论我们愿不愿意，这样的术语的意义都在我们的嘴里是变化的，在我们叫作的字面和隐喻性的极端之间来回摇摆。（维尔比对于"精神境界"的心理寓言分析）

维尔比从语言的进化和表达能力的角度来描述人类的进化，在"无机"与"有机"之间，"物质"与"心灵"之间，"物理现实"与"精神"进行没有干扰的互动，依赖使用"恰当隐喻"来发挥中心作用（维尔比对于"精神境界"的心理寓言分析，424，427）。她验证了人类如何通过与非人类的动物相比，被赋予进行批判和质问的特殊能力：

> 这个问题中的事实就像需要被解决的谜语一样。野兽肯定没有教会人怎么思考或怎么提问。而且不仅不能满足质疑，而是这里出现更多的东西来挑战我们的注意力并需要反思。因为人是最早的理念主义者，人是最先的评论家；首先不满意、去抗议，将生活视作是"错综复杂的终止"，当成一种不完整且生活更能说明问题。当然在任何情况下，所有步骤的步骤，需要跨过的最深且最窄的一条线是从已注意到或已发现事物的那一步，从发生的一些事情中，或不知怎么出现的一些事情影响到我们，并激发我们认识到它的意味。（维尔比对于"精神境界"的心理寓言分析，425）

人类意识到生活是"不完整的且更能说明问题",而我们对世界做出回应并受其影响,尤其是在寻找意味的方法上。据维尔比说,即使是物质现实也被感知印象的解释项序列所塑造。她不必去求助神秘主义,更不要说她将处理"起源"(世界和语言的起源)这一问题的可能性排除,这需要使用科学术语并放在与宇宙的关系这一大局中。人性是在一个更加复杂的系统中清晰地表达的,因为"解释"和"翻译"的过程在一个与意义和意味联系更加紧密的世界中倍增:

> 在任何情况下,意义——在可能是最广泛的意思上——是任何"事实"将其自身呈现给我们的唯一价值。如果这不是正确的,去观察并记录下出现或发生的事情会比一个浪费性的任务还糟糕。意味是所有意识能带来的或是智力可以处理的唯一价值,生活本身唯一的价值。(维尔比对于"精神境界"的心理寓言分析,429)

在 1893 年,一方面,维尔比早已讨论过"隐喻意义""间接意义"或"修辞意义"之间的关系;另一方面,对于"字面意义""直接意义"或"实际意义"还维持着原来"字面意义"比"隐喻意义"更具有修辞性、更有歧义,考虑到这个概念在不同程度上都充满了隐喻意义。实际上,这两个极端并没有清晰地区分开来,并且只能为了将其概念化,通过对真实的表意过程进行抽象才能被确认。维尔比假设了意义的"第三种价值",一个没有精确边界的区域,"既不是完全字面的,也不是完全修辞的",这就明确了大部分普通表达的特点(维尔比对于"精神境界"的心理寓言分析,423—424)。意义不能被还原至僵硬的二分对立及字面与修辞之间的对立。在 1903 年的《何为意义》中,维尔比继续对她的"第三种价值"假设进行研究,并且为自己的分析画出了一个图表。接下来的段落是从第 17 章节选出来的,在附录里有对应的注释(包括这章的注释):

> 很明显,如果得到该命题的作者和代表专家的认可,这些"所翻译的"保证我们假设这个指向最高精神的和最复杂的神经活动之间真正有效的对应,我们必须考虑在这个语境中,这类理念的存在不能被视为仅仅是字面或仅仅是修辞性的,而应作为两者的结合。这一点我们俨然可说是实际的与符号的、真实的和理念的组合。
>
> 在通过科学方法获得知识的情况下,我们知道,超出由感知—理解的简单直接知识,我们有各种形式的间接知识。也许最明显的是已在涉及视力情况下发现的知识。首先,我们用肉眼"看到";那么我们由望远镜获

取，并"通过"它间接或立刻看到更多；最后，我们使用了一个感光板与望远镜和眼睛连接，然后我们的视觉变得加倍间接。然而我们处理的是相同的"现实"。

如今我们都习惯于推论，好像在追求事实或真相那里只能有两种可能的选择。我们不是处理任何字面的或实际的，就是具有隐喻的东西。前者是事实，后者至多不过是有用的图解，基本上是随意的和部分的，因此从未被视为证据。

然而，假设我们认为仅仅是隐喻的东西可能在某些情况下是能够间接地感知，而且必须通过类比方式表达出来的事实，如果可以的话？假设有一个中间区域，在那里我们既不用仅仅处理字面上的，也不用仅仅是处理隐喻的东西，而是处理直接、间接和双重间接的经验。［Welby 1983（1903）：138－139］

在《意义和隐喻》中，维尔比引用了本杰明·乔伊特（Benjamin Jowett）写的段落［《柏拉图对话》（*Dialogues of Plato*），第 1 卷：285－286，293］，他将意义和语言主题化，并激发了维尔比自己的思想系统的结构，而且无疑能归因于巴赫金：

> 词语出现分离，但它们确实是总是被复制的有机体的部分。它们是由文明改善，通过诗歌协调，由文学所强调的，在哲学和艺术中被确切地应用；它们对在人类知识的边界上被用作符号；他们收到来自个人天才的新鲜简报，伴随着新的力量与每一个思维活跃的人相联系。它们由数以百万计的自发性话语固定，但总是在潜移默化地改变：不是语言的发明者，而是写作者和演说者。
>
> 特别是由伟大的作家或作品而传递到民族的心灵之处，荷马、莎士比亚、但丁、德文或英文版《圣经》，康德和黑格尔，他们都是后世的创造者。他们携带自己过去历史的褪色回忆；在引人注目的和熟悉的文章中使用一个词，在其他地方给予这个用法新的面貌，旧的和熟悉的词组的新用法也有一种奇特的力量施加在我们身上。（Jowett cited by Welby 1893，Petrilli 2009a：427）

乔伊特的考虑在维尔比她所有作品明确表达的解释理论中得到回应。因此，在她 1911 年的著作《表意学和语言》的前言中，她指出："解释功能实际上是唯一一个在任何直接感知里被忽视或至少漫不经心地被提及的。然而，正如人类掌握其所处世界的一样，它自然地走在前面，是人际交往的基础条件。"

［Welby 1985（1911）：vii］

根据一个从未和自己相同的结构，一系列因素决定了意义并促进了其多元化，多义性和可变性，促进了它的"可塑性"。这些包括对话者的背景知识、心理世界、推论、关注的焦点和程度、意图、联想能力、用典、记忆、环境、人生经历、社会环境、语言学背景、用途、用符号或用图表示的倾向。在此框架下，仅仅引用或报告另一个词是一种复杂的行为。相同的词可以根据调节因素中的用法和变化而改变意义。解释行为从来都不是中性的；它始终是负有责任，必须始终考虑他人的，正如解释话语对象从来都不是中立的，而是总是包含在他性逻辑，其他单词中。

对于简单，普通意义批判的一个重要贡献也是由乔凡尼·瓦伊拉蒂提出的。他也批评对字面修辞意义的需求及将其还原为普通意义的需要，他讨论了话语和推论过程中的隐喻功能，并作为自己逻辑和意义研究的一部分。与他的合作者马里奥·卡尔德朗尼（Mario Calderoni）一起，瓦伊拉蒂与维尔比联系上了，因为他当时也在研究类似的问题。她还赞助了他的散文从意大利到英文的翻译工作。此外，由于维尔比牵线搭桥，瓦伊拉蒂成为意大利第一批欣赏到皮尔斯理论的人之一，特别是接触到了皮尔斯的哲学实用主义。在《逻辑的修辞》中，他考察用在讨论推论过程、话语和思想过程中使用的隐喻，这决定了对我们语言学和逻辑运算的理解。关于逻辑的修辞，瓦伊拉蒂确定了意象的三种主要类型，（1）支持（当我们谈到基于被"创立""基础""作为依靠"或者"连接起来"），（2）包含（在假定中"被包含"或是"包括"的结论），（3）运动（来来回回、上上下下，如在理念的情况下，"来自"或者"回到"一定原则的结论）。瓦伊拉蒂分析这些意象的类型，因为它们是用来描述推理的。他使人注意到它们与世界的等级观（作为基础去发现）的联系，或者必须被简单阐明的必然（包括前提中的）的分布，并注意到提及吸引力和相互支持是更加适当的，因为必然是双向的，不是单向的。（Vailati 2000：91）分析过的隐喻引发由简单元素构成的前提，就好像存在原生的、由原子构成的真知，并且因此不能被解构。在现实中，一个特定的语句的简单或复杂性总是相对的。（Vailati 2000：89）

6.6 相似性批判

只要它是在建模能力或西比奥克的理解的"语言"之上，由于它与其他动物物种不同，人能够产生无限可能世界，逃脱现实世界界限的预测性判断，并且在想象的世界里自由游走。遵循胡塞尔——1948 年的著作《经验和判断》（*Experience and Judgment*）的作者，所谓的好像关系是预测性判断的特点，不仅涉及构建想象对象和想象世界的可能性。在所有话语领域的预测性判断必然利用隐喻过程，正如预期的，区分字面和隐喻如果不是不可能的，还是困难的：归根结底，即使字面表达的概念也是隐喻的。

由于"好像（as-if）"关系，事物可以正好以"好像"的形式，在其他选项作为其解释项的基础上被决定。因此，"好像"关系是预测的一个组成部分。此外，预测便是行动：从这个角度出发，认知行动与实际行动平行。胡塞尔对这一点十分清楚，可以从下面在《经验和判断》节选出的，致力于认知活动与现实之间的关系的这段话看出：

> 我们宁愿把行动当作外部行为，外部客体（事物）从其他自我给予的客体中形成自我给予。在认知活动中，新的客体性也都确实是先构建好的，但这个生产与从事物到事物的生产的有一种完全不同的意义……；那么，什么是最重要的，认知行动的类别客体性生产不是这个行动的最终目标。所有的认知活动最终都要提到判断的基底——没有有损于移动的可能性，而仅是清晰自明，仅是在制造客体这一领域中认知过程的一次非常好的进步，具有逻辑结构。这个活动不是生产客体，而是自产客体的知识生产，因此这个客体本身的所有物就确认永久地更新了。（Husserl 1948，英文翻译：200）

实践活动和认知活动之间的这种平行表明了避免与感知相连的预测性判断和操作，人体与周围环境之间的任何分离的重要性。它也是预测判断发生的起点。《认知倾向》（*The Cognitive Tendency*）大幅度描述（它也是一个"好像"的判定），就好像它是渴望奋斗，其中这些术语之间的关系不仅仅是胡塞尔说的"类推"而已。而事实上，它是"同源性"的关系，同样的认知倾向：

> 渴望奋斗导致由"法令"建立并趋于实现的行为。在行动的过程中，奋斗越来越自我实现，从最初的，仅仅是一个意图到成为现实。到达目标的路径可以是简单的，只有一个简单行为；也可以是复杂的，通过意在特殊意志行为和具有服从于首要"目标"特点的临时目标作为进程。在行动期间，伴随意图的进一步完成，和对目标的接近，一种日益增长的满足感开始显现。（Husserl，201－202）

在皮尔斯思想体系里，相似符（likeness）或相似性（similarity）概念作为区分基础的和直接对象之间的概念的标准，就有点问题了。相似性赋予某种事物将自己再现为第一性、呈现，"例如它是"，纯粹的品质。然而与此同时，相似性使得直接对象成为一个解释项、一种确定解释的类型，即一个个别符。艾柯是这样推断的：

> ……如果像似符是相似的，基础甚至不应是一个像似符，因为除了与自身，它不能与任何东西有相似的关系。在这里，皮尔斯在两个概念之间摇摆不定：一方面，正如我们所看到的，基础是一种思想，一种概略图，但如果是这样的话那就已经是一个直接对象，彻底实现了第三性；另一方面，它是一种不会像任何事物的相似符。它只是告诉我，我感受到的感觉是从动态对象散发出来的。（Eco 1997：84；此段与下面艾柯所写的内容是由作者本人翻译的）

艾柯继续声称相似性的概念必须从比较的概念中释放出来，考虑到"比较是在比拟的关系中提出"，这与皮尔斯的立场相悖，他认为皮尔斯在这一点上不精确。一旦获得"解放"，保留相似性概念（或者看起来是这样），于比较和比拟区分开，对于基础、像似符、第一性，艾柯出乎意料得出结论，像似符不能从比拟的角度来解释，但也不可以将它从相似性的角度来解释："像似符是开创相似性的所有可能判断的现象，但它不能被它们所创立"。而且，一旦比较－比拟和（意外地）相似性的概念从像似符中排除，艾柯继续进行像似符和心理"意象"的区分。皮尔斯将像似符的概念同相似性、比较、比拟和心灵意象的概念连接。艾柯则相反，将像似符从所有这些现象中隔离开，并根据基础，引入了"初始像似性"的概念：

> 我不想说，心灵意象不应该被允许（这显然涉及像似符的概念）或在特定的时刻，皮尔斯（不那么明显）认为像似符是一个心灵意象。我想说的是，为了构想出初始像似性的概念，即它是在建立在基础上的，甚至是心灵意象的概念也必须放弃。（Eco 1997：84）

艾柯指出的初始像似性的重要性是正确的。然而问题是，如何能够将像似符从相似性和意象（心灵意象）的概念中分开讨论。相反，相似性和比拟的区别是有说服力的。艾柯用皮尔斯对心理主义的批判将他对初始像似性和心灵意象之间的分割联系起来。因此，解释初始像似性的过程"而不诉诸心理事件或表示"不是对皮尔斯的背叛（同上：394，n.28）。不对皮尔斯关于"心灵"的概念展开讨论，需要注意观察的是，这与心理学化的内涵无关。皮尔斯用术语"心灵"来表示被解释的－解释项关系，而没有暗示一个从心理上理解的主体。皮尔斯认为心灵并不预设一个"我"或独立于这关系之外的主体。初始像似性对应被解释的一解释项关系的早期和构成性水平。在任何情况下都没有理由把初级像似符应该从相似或（心灵）意象或思维中分隔开来。

在《经验和判断》中，胡塞尔分析了"被动的前材料"，因为它们最先出现，从所有已知的条件中提取出来，从所有熟悉的，影响我们的条件中出现，从那个（感谢这样的条件，被动前的材料在感知的层面上维持，并是已知和被解释过的）。要强调的是相似性在分析层面所起的作用。如果我们从指称中抽象得出产生感觉的已知对象（第二性、指示性），或根据习惯和习俗产生的熟悉感，这些已给予的东西影响到我们的生存（第三性、规约性、象征性），并记住有些东西差不多是未知的，以某种方式也是已知的（犀牛或艾柯的鸭嘴兽），根据胡塞尔的说法，我们没有陷入纯粹混乱，而只是数据的混淆。当颜色是不被视为某物、某个表面的、物体上的某点颜色，而是作为纯粹的性质时，用皮尔斯的话来说，"第一性"也就是那些除了自身什么都没有的东西，并且它本身才是有意味的，这个东西同样作为同质单元出现，并相对于与作为背景的其他东西，也就是其他材料的异质性：例如，白色上的红色。

在初始像似性方面的相似性是一种在异质性中凸显的同质性："同质性或相似性。"随着不同程度上变化直到达到完全同质化的界限，即无差异的等同。与相似性形成对比的是，一定程度的差异性总会多少存在着。同质性和异质性来自联想的两种不同的基本模式。胡塞尔从"初始综合"方面讨论"直接联想"，后者能保证出现规定的材料，特定的性质，即"直接联想"是通过相似性进行的联想。人们可以说得益于相似性，初始像似性取得综合统一。很显然，初始联想和心理没有关系。胡塞尔的反心理逻辑在这里遭遇皮尔斯的想法。我们不妨将先验的初始联想作为符号构建的可能性条件。在此语境下，"先验"不涉及心灵秩序。从皮尔斯的角度来看，我们知道"心灵"这个术语不一定指人类心灵，而是"原初符号过程"中的任何被解释的一解释项之间的关系。（Prodi 1977）

我们在讨论像似符时，"相似性"概念得以恢复，"形象"的概念也应当是恢复的——心灵意象，正如艾柯规定的"初始像似性"的意象。从这个角度来看，在 1948 年列维纳斯写的文章《现实和它的影子》（"La réalité et son ombre"）中，一个题为"形象和相像"的章节最值得注意。列维纳斯也强调了对象之间的最初关系，"象征，符号和词语"还没有被感知或明确，他问道："形象在什么方面将与一个象征、一个符号或一个词语不同？"（Levinas 1987a：6）。他的回答如下："通过它指称对象的方法：相像"（Levinas 1987a：6）；此外他补充，这预设了心灵停止"于形象本身"，由此是"形象的某种不透明性"

"一个符号自身是纯粹透明的，本身不做解释"。列维纳斯接下来写道：

> 我们必须再回过头，将形象作为相像初始的独立现实吗？不，但条件是我们不将相像作为形象与初始现实之间比较的结果，而是当作产生形象的运动。现实不只会是它本身，是它在真相里被揭示，它会是自己的替身、影子、形象。（Levinas 1987a：6）

这种看待相似性问题和形象与像似符关系的方法，与正确理解的符号不同，即没有从第三性和概念解释，导致对本体论主导地位的一种批判性质疑。事实上，对于已在来说，它揭示了一个"另外"（autrement），这并非相继"存有者"（être autrement），而是外在的，先于存在，即先于身份、决定、定义和基于同一性逻辑的差异。形象是存在的他性，它的替身、它的影子，异于存在（autrement qu'être，这里列举了 1978 年列维纳斯的专著的标题）。现实不是在它自身存在中被穷尽。除存在本身，现实有自己的不可遏制的他性，就好像它是别的东西，除存在以外的东西。

我们现在可以进入涉及"形而上学"的讨论，正如列维纳斯以及由莫里斯·梅洛－庞蒂在《意义与无意义》[1966（1948）]中理解的那样。在《现实和它的影子》（"Reality and Its Shadow"，1948）中，列维纳斯从存在角度对"过量"进行分析，而他早已在"逃避"这方面于 1936 年讨论过存在 [1982（1936）]："存在不仅是本身，它还逃避自己"（列维纳斯 1948，英文翻译：135）；并在 1948 年后在论及"异于存在"（autrement qu'être）。一个人不仅是他本身。一个人也是自己的他异性。他异性从同一性逃离，后者像一个破袋子，无法装下前者。对熟悉的东西来说，它的性质、颜色、形状和位置仍然滞后于其存在，可说是延迟，就像它们并不完全与自己的存在和身份相吻合：

> 在这个人、这个事身上存在双重性，它存在中的双重性。这就是它本身，对它本人也是陌生的，而在这两个时刻之间有一种关系。我们会说事物就是本身和其形象。而该物和它形象之间的关系是相似。（Levinas 1987a：6）

形象是在直接对象的身份中没有被耗尽的动态对象。与此相反，如基础——作为初级像似符——形象一再把自己强加于解释项之上（总是反复，用胡塞尔的话说），因为其不可化约的他性。"原初付出自己，就好像是与自身保持一定距离，好像是它是从自身中退出，好像存在中的东西一再被推迟"（Levinas 1987a：6—7）。考虑直接对象和能指在场，形象特点是一种"对象不在场的意识"，根据列维纳斯所言，"对于对象存在的某种改变，其基本形式是

在撤退中被抛弃了的一种装束"。（Levinas 1987a：第 7 页）

不过回到初始像似性的问题，胡塞尔认为，这种初始层次只能通过现象学悬置而来抽象方式达成，通过界定给予的世界和相关解释的习惯，或通过艺术想象来实现。该形象是初始像似性自身的他性，它自身的陌生性，它的双重性。艺术话语指涉形象；它描绘的是存在的另一面。艺术话语并不代表现实，而是描绘其双重面貌。换句话说，列维纳斯称之为形象的是艺术想象的图形；该形象是被解释对象的他者，而艺术外位化通过展示这个对象的"双重性"而揭示出来。因此，这不仅是遵从概念的知识的对象，而且也是形象。正如梅洛－庞蒂在论及塞尚时坚持的观点，绘画是寻找对熟悉物体和习俗的已有的习惯性态度的他者。正如塞尚说，我们需要一种透视画法，这里透视法被理解为一个逻辑视角。这个逻辑视角是抽象过程的结果，允许回归到与物体关系的过程，可被描绘为初始像似性的关系。正如梅洛-庞蒂在《塞尚的疑惑》（"Le doute de Cézanne"）所观察到的：

> 我们生活在一个由人类制造物体的环境中，在器皿、房屋、街道、城市之中，大部分时候我们只通过人类使用它们的行动中看到它们。我们习惯性地认为，这一切都必然存在并且无法变动。塞尚的绘画对这样的习惯提出质疑……这就是为什么他的人物是陌生的，并且好像他们是透过另一个存在的物种所看到的一般……

> 他的绘画是一个不为我们熟悉的世界……他的画既没有否认科学也没有否认传统……它完全把科学抛在一旁，这像生成中的生命体一般，一个通过科学再次捕捉全景构成的问题……对于那幅绘画来说，唯一的感慨是可能的：疏离感，唯一的抒情性：即存在的始终被更新。［Maurice Merleau-Ponty 1966（1948）：28—30；原文为法语，由作者本人翻译成英语］

塞尚的绘画返回一种感知关系，其中的第一性范畴（皮尔斯）几乎完全占主导关系，给人一种形成中的秩序感，一个在出现过程中，在我们的注视下聚集的对象的印象［Maurice Merleau-Ponty 1966（1948）：25］，而这种聚集建立在相似性，相似符上的联想过程基础上发生。

列维纳斯称之为形象的是基于相似性的，正如皮尔斯的像似符自发且独立于是自身所相像的那样。因此，用皮尔斯的术语改写列维纳斯的话就是：不同于透明的规约符和指示符，所述形象是具有一定程度的不透明度的符号。"一个像似符是具有赋予自己意味特点的符号，即使它的对象不存在；就像一根铅笔纹理代表几何线条那样。"（CP 2.304）

在推论过程方面，这就是为什么被像似性引导的试推，可以和已经给予世界、已经构成的世界从习俗以及固化的习惯保持距离，并演变为"形成解释性假设的过程。"（CP 5.172）至于试推法，皮尔斯补充说，它是引入任何新的理念的唯一合乎逻辑的做法；因为归纳只能确定一种价值，而演绎仅仅演化出纯粹假说的必然结果。

> 演绎法证明事物必然是什么；归纳法表明事情实际上是如何作用；试推法只是暗示事物可能是什么。（CP 5.172）

6.7　比喻、像似性和符号伦理学

根据其著名的符号三分：规约符、指示符、像似符，皮尔斯将比喻了分类（用形象和图表）为像似符，更具体为亚像似符，作为像似符的子类，强调与形象和图表共享的比喻像似性质：

> 亚像似符可以根据他们带有的第一性模式进行大致划分。那些带有简单特性或第一性的，是形象；那些主要代表二元关系，或这样认为的，通过类比关系在自己部分中占有一部分的，是图表，那些通过代表别的事物的平行关系代表的符号形体，带有代表性特征的，是隐喻。（CP 2.277）

比喻、形象和图表在交感关系中相关联，因为它们在共享像似性，并同时保持着其特异性。在交感关系也保有这种符号三分，像似符、指示符和规约符。就像图表和形象，比喻在像似性上共享，因此在关系以及系统的基础上，不仅是通过单线性进步而获得推理的能力。在富有解释可能性和普遍促进口头语言和符号系统表意潜力，像似构成的比喻进而可以达到全面的和省略推理。在皮尔斯的描述中，像似符完全不是视觉上的，而是在结构上是认知过程。因此，它不仅影响视觉形象，而且还会影响演讲、写作、数学、逻辑，即推理和表达的各种过程。

在知识和经验的产生和传播中，对象－被解释的符号和解释项－符号之间的相似性中的像似关系，是建模和表意过程的基础。我们已被告知，皮尔斯说过："直接传播一个理念的唯一方法是通过一个像似符；而传播理念的每个间接方法必须依赖在其对一个像似符使用的确立上。"（CP 2.278）当维尔比坚持语言是一个符号系统时，我们已强调过这与维尔比方法的密切关系，也就是图像化方法［1983（1903）：38］。维尔比或皮尔斯证明一个思维和另一个思维之间的相似关系（以他异性逻辑为基础）是交流条件，与其并无二致的是爱伦·坡《失窃的信》中的杜宾将他询问成功归功于一个基本假设，即他的心灵与他正在寻找的人心灵之间的相似性关系——可能并未意识到这点。在故事中失窃的信在特定位置 X 中进行搜索，这种可能性是由一个特定类型的心智模式所产生的逻辑推理来预测的。但在故事里，侦探杜宾是要找到 S 女士被 D 部长抢走的信，解决这个问题的方法取决于他在必要时调节自己询问原则的能力，即根据与他自己不同的世界观来修正自己的心智模式。因为警察没有能力进行这样的推断，杜宾才被委以处理这个案件。

从高度创造和发明的意识生成这一角度来看，坡的故事揭示了突出自己掌控可能世界能力的重要性，这个世界不同于本身所处的、已知的、早已被定义的世界。在论证方面，发现信件依赖于超越推演和归纳限制，并实现试推的跨越。X 作为信的所藏之处，是世界的一个特定的模型，或建模程序产生的可能性，这未必会影响到每个人。知识获取通过试推跨越假设了预见与已有或已知的心智模式不同的其他可能模式的能力。通过将彼此不同的世界和模型，根据他异性逻辑而不是同一性逻辑进行关联，可以发现很多线索。强盗不仅是一个部长，也是一位诗人，由于他的创意性欺骗了执意按照他无法改变的既定世界模式进行调查的省长。而杜宾却可以通过对初始建模进行调节的能力来认出强盗，对不可预知的事情做出预测。与开展调查的传统形式不同，杜宾重建了强盗假说的可能世界，发现了失窃的信隐藏在众目睽睽之下。

用符号学的术语描述的隐喻，证明了其认知和道德含义超越了装饰和修辞的过于简化意义的美感。隐喻不仅作用于艺术话语，还涉及科学、哲学、宗教、神话，日常话语等，这表明修辞方面的重要性，最终表明了在皮尔斯意义上、在推理中、最终在可能世界观和世界模型建构中像似性的重要性。隐喻在表意过程中，在意义产生中，并在皮尔斯的著作中出现的世界观建模过程中和坡的叙事里，同样起到结构性作用，尽管在这一方面直接引用较为稀缺。根据皮尔斯的符号学的生成逻辑和程序逻辑，正如根据维尔比的表意学，知识和真知既不显现绝对，也不中立，而是多方面的、修辞的、多倾向的，没有预定的和固定的限制。意义和知识在符号网络中生成，这意味着我们生活的世界，我们所体验到的现实，是通过符号过程的表意潜力中得以发展和改善的。从符号性现实方面构想世界意味着将其作为一个文本，一个发现了一个诗意的配方的叙事来构思，例如，在由迈克尔·雷德福（Michael Radford）和马西莫·特罗伊西（Massimo Troisi）导演的电影《邮差》（*Il postino*，1994）中，邮递员坦率地问智利爱情诗人聂鲁达："世界是否是一个隐喻？"

隐喻提供了新的感知－认知模式，并打开了新的世界、视角和解释方向。

通过隐喻化的生成意义与沉思和梦想能力联系，与超越了实际的而创造新的可能世界相联系。对叙事来说，隐喻化是一个结构性生成过程，其中不同论域都汇集起来互相对抗和提高。隐喻重塑世界，重组它，再生修辞过程中的感知和表达（Petrilli，Ponzio 1999，2003b）。由于具有识别相似性关系的能力，他异性之间的亲缘性在表面上似乎是不可调和的，隐喻达到了对话性和外位化的高度，不仅在认知和审美方面提高了话语表意和表达潜力，也在道德和批评上有所改善。事实上，由于其建构新的世界观和拓展知识，以及发展感知的能力，隐喻是批评和转换成操作性术语的重要工具，最终是谴责和革命的重要工具，是社会变革的重要工具。在电影《邮差》里，聂鲁达因为致力于微缺隐喻而被视为对现有秩序构成威胁，被流放到意大利，成为一个政治难民。该像似性成分使隐喻在人类意识的革命中成为有效手段，这还归功于其批评的建构能力和揭示经验其他面貌、真知和行为能力，隐喻化被赋予一个符号伦理学维度和重新调整与价值体系有关的行为能力。

以下文字是从美国杂志《每月评论》（*Monthly Review*）里摘抄而来的，它提供了一个意义生成的范例，包括通过一个深刻隐喻的叙事结构表达的批判意义。该文是墨西哥恰帕斯州人为他们的革命领袖马科斯辩护而写的一篇新闻稿，作为对亲墨西哥政府的新闻社试图抹黑马科斯的性取向丑闻的回应。从捍卫一个独立个体，转向谴责世界上所有形式的微缺，通过一系列的能够补充文本初始表意输入的隐喻而生成叙事。文本在夸张地回响着的"够了"中结尾，控诉着因一系列倾向性的隐喻产生的意义分层，即罗西－兰迪（1961）所说的"附加意义"。凭借隐喻的批判力，该文有着丰富的逻辑和伦理暗示，提倡对他人的爱和责任、倾听和好客等价值观。

副指挥官马科斯不只是个同性恋

（*Subcommander Marcos is more than Just Gay*）

4 月，《旧金山纪事报》引用了副指挥官马科斯的话，作为萨帕塔革命党人在墨西哥恰帕斯的发声，他说，他在旧金山的一个餐厅工作过，但因为是同性恋被解雇。亲政府的墨西哥新闻社将其视作一个丑闻——一个同性恋的革命党人！萨帕塔以下公报作为回应：

关于马科斯是否是同性恋——

马科斯在旧金山是一个同性恋，在南非是一个黑人，在欧洲是一个亚洲人，在圣伊西德罗是一个墨西哥裔美国人，在西班牙是位无政府主义者，在以色列是位巴勒斯坦人，在圣克里斯托瓦尔是一个印第安人，在内扎（墨西哥城里的一个大型贫民窟）是一个黑帮成员，在国家大学（民间音乐城堡）是一个摇滚歌手，在德国是一个犹太人，在国防部是一个巡查员，在后冷战时期是一个共产主义者和一个没有画廊或没有人为他投资的艺术家……

在波斯尼亚他是一个和平主义者，在墨西哥任何城市的任何社群的周六晚上他是一个家庭主妇，在CTM（亲政府的大型工会联合会，实际上从未授权罢工）他是一个罢工者，一个给报纸最后几版写填补故事的记者，晚上10点在地铁上的一个单身女人，没有土地的农民，失业工人……一个不快乐的学生，对市场经济持不同政见的人，没有出书或没有读者的作家，当然，他还是一个在墨西哥东南部山区的萨帕塔人。

因此，马科斯是一个人，是这个世界上的任何人。马科斯是一切被剥削，被边缘化，和被压迫的少数民族，他们会抵制，会说："够了！"（《每月评论》46/4，9月，1994：1）

6.8 《何为意义》（1903）的更多节选

下面是《何为意义》一些节选和维尔比未发表的手稿里到目前为止所谈到的相关内容：

表意学提出一个处理类推主题的新起点，并暗示出现对意象的系统性科学有效的批评。因此，显然它创造了一个哲学以及心理学的新的出发点。

不能否认，思想一定至少因为语言的迫切联想而受到阻碍，而这样的语言充其量不过适应了目前的思维方式。任何倾向于为听众或读者心灵准备在更大、更自由的表现力的方向上改变的事物，也往往鼓励对原创这个词语最理想解读下的有思想的思考者，而不是鼓励那些想法古怪又会赶时髦的人，其谬见因此更容易暴露。因此，我们便立刻要面对修辞表达的问题。这必然是建立在类推方法上的，我们让大部分脑力活动参与其初级设想的唯一方法，即读者的思维和我们自己之间的相像性。我们必须这样假设，虽然我们不能证明这一点，否则我们的写作将变成浪费。考虑到异议的原因，不使用类推，甚至没有人可以反驳这句话。

再从一个必然的类推开始，让我们记住，只是因为这初始的假设被测试并建立，其作用并导致"让相互理解"的结果，从而调适每个人的"目的、看法和行动，所以其他所有类推，无论是在行为或词义上，必须按相同的测试进行严格评价。没有类推就没有隐喻或表达的修辞形式，除非它已被检查并符合一定标准，就不该允许在严肃写作中通用。但似乎很少有人意识到，正如乔伊特

说、"仅仅修辞就不知不觉地地影响了伟大思想家的心灵。"［Welby 1983 (1903)：23—25］

该恶作剧在于联想的力量。我们采用了一个完全错误的标准，因为一个未完成的限制将想法压进习惯的凹槽。当然现在只要有可能的话，最好在完全没有类推的情况下实施。但不幸的是，语言本身早已决定，无论我们是否愿意我们将使用它，或乐于完全放弃讲话。我们无法取消翻译思维的自动过程。一切都暗示或提醒我们一些别的东西。我们刚才说了什么？恶作剧"在"事物的"力量"里："限定""过程""翻译的"——每一个词或多或少，自觉地要求将一些身体经验转移到心理领域。"转移""领域"——我们又一次陷入圈套；"入圈套"，又一个很好的例子，等等。

……错误的理念或心理意象的传播会歪曲所有推论。但目前的用法的确毁坏了我们最核心的概念，我们没有看到它。

必须重申，就算可以，我们也不能放弃隐喻，并放弃或避免类推。实际上我们真的被迫从后者开始；我们已经指出不能企图在没有先假设别人和我们自己之间类似情况下，与另一"心灵"进行交流。既然如此，似乎说我们最好验证并确认我们做出的类推是老生常谈，然后保证那些我们使用的类推不会通过歪曲我们的心灵图像而让困惑的情况更糟糕。就像沃德博士告诫我们的："本能的类推也像其他类推一样，有待确认，反驳，或者通过进一步知识被修正，比如，通过对事物的深入了解，这些类比使本身也成为可能。"[1983 (1903)：34—36]

我们使用貌似合理却有缺陷和误导性的类比，不仅是为了设立目的，而且是因为无论我们是否愿意，语言的需求都会强迫这一点。然后，我们从未尝试研究、分析它们和对它们进行分类。我们要么以为它们会代替论点或证据，不然会我们宣布，它们都是随意的任意或修辞的相似，然后用我们的方式满足我们的精明，并保证我们的安全和成功。我们如此对待隐喻。我们用这样的方法使用它们，把它看作可能会摧毁一个政策或措施：我们通过一些能引起人类激情的生动明喻，创造了大饥荒或大战争的条件——然后呢？我们被质疑了吗？难道我们呼吁证明我们的行动是正当的或遭受其惩罚？

不！只要看出，明显相当无害的"修辞手段"让我们摇摆不定，甚至是"改变了整个形势"，我们要么坚持要求其进行更换，而这种可能，如果经受检查的话，会变得更糟糕；或者"像奇迹一样"，我们通过报纸为放弃所有隐喻而疾呼：我们将取缔修辞，或至少将其从公共生活中排除。而且无论是否注意到，我们几乎总是使这个需求本身被认为是思想隐喻：事实上，经常以一种最不能防御的形式显现。

我们奇怪地忽视了比较是我们获得或传授知识的方式这一事实；没有感知其完整的"意识"，更不用说意义了，直到我们从其与另外一些早已被我们感知的相像或对应出发；正如我们所看到的，我们忘记我们不能在没有对我们同胞的"心灵"和我们自己的心灵之间进行类推就和他们对话。然后，我们不知道什么是这些蜂拥而来的困惑的起因，这些困惑像蝗虫一样吞吃了我们的精神土地，我们不是已经提到过一个原因了吗？

我们必须在多个方向上运用实验来测试隐喻。颜色有内部与外部吗？没有。但颜色在"亮度"上有无数的层次，可能是"强"或"弱"。内部与外部的理念在这里是没有意义的，而隐喻于事无补。距离意义里的"深度"表达的是第三维度，眼睛在视线上"来来回回地跑"这一动作的视觉意义。

目前作为我们隐喻使用方式无数的例子之一，我们可能会注意到最错误的一个，即后来需要覆以肉体的骨架（如罗斯伯里大人在 1901 年 12 月在切斯特菲尔德发表的演讲）。很多年前，当时的作家认为语法为"骨架"应当是心灵发展中的最后一步，语言的肌肉和神经组织应该首先出现，然而这个呼吁并没有什么用。同样，在幼儿园出现之前，有人认为，首先教会孩子们的应是地理，通过一个家庭"房屋"的泥巴地图，哪怕只是平面图和后花园。然后会出现平面地图，由教区、房产、郡县和其他界标来代表"骨架"。

用图表去测试我们的意象很好，比我们做得更系统：这会产生一些奇怪的结果。不过即便如此，除非我们使用了实心或空心球体或一个螺丝，我们还是应该只是代表着平面思维，而我们必须要学会球形立体思维。[1983（1903）：42—44]

这就引出具有各种意义和形式的含混主题。自愿和互利的不一致可能与有意的和有益的歧义进行比较。在某种意义上，不和谐可以被描述为真正音乐的条件，其本质是有效又有序的和谐。所以作者和读者都同样意识到歧义性，以及其适应性并能满足新的应急（迫切）需求，是表达最高形式的条件。但有三个原因造成不自觉的不和谐，对于任何类型的音乐来说都是致命的。（1）使用乐器的"音调"有缺陷。（2）表演者"听音乐的耳朵"有缺陷。（3）唱歌者的喉或肺有缺陷或弹奏乐器的手掌，手指，手臂有缺陷，组织变形或畸形，使得对于声音的完美掌控无法施行。

不过，虽然故意不和谐在音乐里可以有益，但在行为规范中，故意不和谐始终令人讨厌。"不和谐"是有害的隐喻。在理智方面，谬见是对不和谐做出的回应；有些不道德的思想者可能故意使用谬见，因为他们觉得可以躲避审查，从而用显然有效的推理链来达到一些有害的结果。非自愿的、无意识的谬见总是招惹是非的；就像我们在音乐里使用不和谐那样使用谬见，这是不可能的……

回到主要问题上来，真正的困难往往不取决于词语或短语的歧义性，而是语境的不确定性。我们理所当然地认为，这在有能力的作家中是很罕见的；而这样做的时候，我们假设的不是作者的能力，而是认为实际上用文字进行自我验证的表达更为罕见。手势则没有那么多歧义，但除了对敏锐细腻的观察者来说，这仍然有歧义。

即使 J. S. 密尔似乎忘了语境本身需要上下文来解释，并且没有比需要阐明的那些词语和句子更好的语境了。这就像跳出一个人自己的影子。处理语境就是把它当成好像是围绕行星体并发散光的大气层，但大气层不能与地球互换位置，它们的关系不是相互的；而语境和词语的关系是相互的。

有害歧义有这样类型：（1）对于语言我们的"调音"是有缺陷的。任何一处我们找到很轻微却致命的不和谐，它们由于忽略了确保表达的每一个元素之间的完美关系而形成，就像在音乐世界里，善于表达应该占据上风。因此，我们要培养能看到表达需要并能够迫切地供给需求的一代人。（2）我们精神上的耳朵和眼睛和"表演者"一样有缺陷。表演者与他的听众和读者分享，所以没有人或他人发现这个普遍的无能的真正原因是什么，这个无能将最伟大的思想带入了明确的意识中，或造成目前令我们惭愧的，普遍存在的无尽困惑。（3）我们已经扭曲了表达手段器官，防止对我们真正的表达能力和图形能力的充分发挥。按照现在的情况，我们甚至可以说是这个或那个真知或现实——这种可爱之处，那种益处——不能被表达，是无法表达的；而与美与善其实都是表达式：孕育它们的即是表达本身。事实是作为孩子我们从未被系统地训练过表意能力，因此我们感知意味的器官都尚未完全发育，而我们往往无法检测是哪些畸形器官妨碍了我们的表达。[1983（1903）：73—76]

口语揭示了受过教育或无知人们的一般想法的倾向、特点和态度。例如，我们醒悟过来或失去理智我们从未这样对待意义，我们甚至不能谈论意味。"他失去理智。"等同于"他疯了"（对当前哲学争论的一个处于孕育中的评论）是一个很好的例子。所以，"我受不了了"。（有人想这么说很久了："那么把它拿走"甚至是"让它推动你向前！"）我们"选择我们的立场"和拥有"一个观点"。我们并不常"动身上路"。不；我们的思想通常只有一个维度，而我们小心翼翼地甚至对此的使用也是静止的。我们吹嘘"我们自己的界线"，甚至不是我们自己的"航向"。这样我们自豪地固定在"界线"点上，沿途只看到一个方向，我们"选择我们的立场"，并巩固我们的"地位"。目前，一些对我们来说至关重要的事（如果我们要从被"搁浅"中逃脱），要求我们无论是在转向一个鲜明的观点，或改变我们的线路的所有方向（也就是要学会从中心辐射开来）：实际上无论什么时候，只要我们想，就换到一些其他线路上，并能安全返回到初始点。但在我们看来，这是一种背叛或抛弃。我们设想我们的理想是固定的。可以这么说，迄今我们采取了直线，并设想了一个从中偏离的曲线可能是由松弛或虚弱造成的。现在我们可以采用曲线，并说直线不过是其中的一小部分，只因太小而感觉不到被矫正。作为我们的形象，我们可能会在每一处采取点到点的运动，而不是这样连成线条。但说实话，我们还没有学会如何将科学动力转化为精神和道德所用。［1983（1903）：79—80］

如果我们把任何特别的思想体系称为终极哲学，我们会发现它用来代表"依靠一个基础上"或基本原理。当然，还有一类理念可以正确地被比作一块巨石或一座建筑。它们是固定的或者无奈的：它们超越了一切毫无生气的东西。但它们有抵抗力并坚持不懈。还有另一类理念可说是"扎根于一个点"：它们生存并成长，但不能移动。还有另一种类型的理念是，可以自由移动——在地球上，在水里，在空气里（再次对巨大的价值做出区分）。此后还有一个——我们应该用什么词？类别和类型、部落和王国、种类或物种，都是我们执迷的隐喻——另一有组织的理念群不仅是存在，并可在三维度的三个介质里自由地移动，但这组具备全意识，还有推理思维……在这里我们突然停下：我们正要说，"其中有对理念的解释"。但写下"一群理念的理念"单纯而言是毫无意义的。

使用我们表达心理事实的符号作为这些事实本身的隐喻，似乎是一种自我毁灭。如果我们将一组"有组织的观念群体"与我们所知的最高生理有机体相比，我们不能再称呼这个有机体为"观念"。然而，尽管我们希望让"观念"的概念和词语以一种更高级的形式出现（当然不是自我驳斥的"绝对"），但语言在现阶段不能给我们提供我们想要的东西。

也许"最深"的想法不能找到我们同胞能解读的任何表达的原因之一是：

我们还未了解到意识和思想本身只不过是一个隐喻，是在"心灵"对"事物"的同一关系中，心灵所代表的东西的表达的、知识源泉的隐喻。

然而，这直接导致进入一个思想家称之为现实的区域，另一个说是幻想和梦想的区域。这三个词，意识、心灵、思想，像感觉、意志和其他"精神"术语，必须像我们现在这样，建构起一个表达的自然边界。而它们的使用方式是如此的前后矛盾，经常甚至是如此随意和任性，在我们尝试使用其修辞联想之前，最好思考一下我们真的打算用它们来表示何意。当然，真正的答案是我们只是含糊又随意地"知道"我们的意思。一个思想者将他的特殊经历作为"人类心灵"敦促我们。在这一过程中，他没有意识到他被我们的哲学词汇的混乱感所背叛而成为一个谬见的牺牲品。通常，在他忽略这种混乱的时候，认为自己对"心灵"或"意识"或"意愿"或"感受"的价值正是对他的读者的价值，他使情况更加糟糕，即使他将心灵当作意识，或用思维当作其他任意一个都不重要，因为他认识到在这个使用过程中没有损失。

再以我们把对"理解"的使用作为例子。这在修辞性指称中应该一直象征着我们能力的最高水平。但是，正如我们所常用的，它应该是"超出—常设的"：我们正在处理的不是我们头上的一个世界，而是在我们的脚下坚固的世界。我们推理这两者与其内容，但去理解毕竟是我们的最终理性的责任，因为我们属于比行星世界更大的世界。然而，如果我们尝试这种方式，让语言使当下的理念更加清晰，我们要么是被嘲笑，要么是被谴责，还会被严肃地告知这是仅是纯粹的玩文字游戏或我们滥用了它们。[1983（1903）：83—85]

什么是真知？"这一切可能是非常准确的、非常精确的、非常明确的；但它不是真实的。"从什么意义上来说？或"这一切可能是非常不准确、非常不精确、非常模糊的，但它是真实的"。又从什么意义上来说？在第一种情况下，特定的语句可能会停留在一个谬误的或错误的压抑前提上。或者它可以作为一个完整的陈述被不诚实地提出来，而这对其真知而言，取决于提供一个给定的特性和意义的补充因素。在第二种情况下，现实、真知事实可以被图像表达，甚至是只要接收的心灵需要时以夸张的方式表达出来，以便发出回应。或者可能付诸行动，在外向行为中存活和实施，因此用自己现实中的感性信念给在场的观众、听众、触摸者留下深刻的印象。这种测试首先是机械的，它应用在实验室中，或者（数学或逻辑的）用在形式分析中。其次它是由结果测试出来的，不是无知觉过程的结果，而是活生生心灵的结果。在第一种情况下，我们既无诚意又不真实；结果是错误的印象和推断。在第二种情况下，我们有诚意和真实性；结果是有效的印象和推断，虽然可能是模糊或一般性的。第一个可能是准确的，但第二个是真实的——两者非常不同。这里当然我们也能区分有关什么和是什么的知识；区分机械式的正确信息和亲密的赞赏。第一个是费力且毫无生气的；我们只在文学世界看到太多多此一举的事情；第二个是自发的和极其有渗透性的，用穿透箭似光线直抵事物核心，再到真正表意和有益的事物。[1983（1903）：120-121]

必须再次申明，无论我们是否愿意，我们的思考都是从类推开始。剥去一切后，除非假设在你的心灵和你要交流的心灵之间进行类比，否则你还是不能开口进行交谈。以同样的方式，学会假设后哥白尼类推，你会发现在实践中它比前哥白尼时的类推更好。……

但在所有类推的情况下，要在任何特定的情况下都可靠的声明必须建立在证据上；它假设的有效度无穷尽。它需要证明自己的声明有多出色、多有力，而不仅是一个随意的解释。说类推不是一个论证是正确的，在检查我们呼吁的这个或那个，并从中形成任何结论时，我们必须十分小心。类推的优点正是在其对假定或公开表明的能力，而这种能力可以将明显有分歧，甚至是矛盾，但还是个别的和不同的经验模式相联系，并且是用一个提高我们在这两种明显不兼容或无关的思考路线或工作的活用式掌握能力的方法将这些联系起来。那么，对于我们刚呼吁的，什么是证据？首先是进行比较的条件；然后就是它的结果。统领我们"在另一方面理解部分经验"的所有理念的"典型案例"，当然人们从一开始就被迫去做；也就是说，在已经命名自己的肌肉活动后，他要赋予在周围世界看到的动作这些名字，继续讲述他自己的"感情"和这些体育活动方面的思考过程。在后一阶段这个过程又颠倒过来了，我们发现他在他自己的情绪或感觉方面来表达自然界中的现象，它们的变化。

如果我们真正被训练去理解不仅是变化，而是自然、工作和地方，感知、意义和意味理念的无尽丰富性和不断增长的多样性；如果我们真正了解到组成我们目前表达"混乱"的不可估量的价值；如果我们仅以表达到达自然科学方法已到达的程度——要想夸大现有争议的影响将会变得困难。[1983（1903）：156-157]

6.9 《表意学和语言》（1911）节选

维尔比深信，为了语言和翻译的健康，进而对说话主体的精神健全，从诊断与治疗方面对意象进行批评尤为重要。从她的表意学来看，解释功能是人类之间关系和人类与世界之间关系的一个先决条件。[Petrilli 2009a：272—273；Welby 1983（1903）：50—52]

将理论偏好放到一边，最有趣的是维尔比将人类表达的不同领域——比如音乐、诗歌、数学和宗教——与它们的公分母"语言"相联系，这里"语言"也能如上所述从广义上去理解，即"建模"。而且需要强调的是，维尔比辨别出一个主体健康性的关键条件，用她的话来说就是"健全的人类整体"的关键条件，在任我们处置的语言和不同表达媒介（包括口头语言）的健康。维尔比对主体性和语言之间关系的分析也预测了最近有关"语言学疏离"批评的趋势，即使用单词的条件最终会被语言的暴政而击败（参见 Rossi-Landi 1970，Petrilli，Ponzio 2005：232—297）。维尔比还将"疯狂"和"犯罪行为"分级描述成由权力的官方代表任意施加于个体，毫不犹豫地去挑战这种分类的可信度。为了更好地理解心灵生活，她承认语言学和非语言学的意义研究的重要性，语言与想法之间的关系的重要性，以及符号功能的重要性。从这个角度出发，她还对我们今天所知的"精神分析"或"符义分析"（Kristeva 1969）做出了开创性的贡献。我们也许能从"意义和隐喻"中回想起维尔比是怎么说的：

> 而语言的基本条件必须在科学尚未存在时的心理物理学的领域寻找。即使现在它也不过是处于摸索阶段，并提出了试探性的假设，警告我们，让它们有可能被不断修改、偶尔彻底地改变。首先是，它意识到了什么？我们即将开始调查时遇到的困难像往常一样，主要是那些语言。（Welby1893，现见 6.9 节，如下）

下面是维尔比 1911 年的著作《表意学和语言》的节选，之所以在这里呈现这些，是因为他们都强调语言和意象的批判，语言意识发展和人类健康之间的关系：

> 总之确实可以说，因为我们乐意使用意象，从两种意义上说它容易变得不正常：在呓语的意义上，和在废物的意义上。首先，我们仿佛是在随意喊叫和

胡说八道；其次，我们仿佛是把食物扔到窗外，把钱扔入海里。两者合起来就代表了纯粹的和残酷的损失和思想麻痹。

思想的麻痹。我们愿意做什么，也无法逃避将联合下列事物的法则：我们眼中看到的，形象与物体、反映与现实，符号以及即其意指，图形和赋形，和一般来说的个别符或符号以及它们所代表的。我们之中那些自觉地进行图像化思考的人能或多或少地意识到这种潜在危险的严重程度。但是不能进行图像化思考的人则会更麻烦。他们甚至不能接收正在上演的恶作剧带来的自动警告。而他们的思考此刻遇到的困难肯定会追溯到错误的源头，可能会指责自然或和人类的无知、初始原则固有的变态。但是捍卫自然也不是必要的，因为自然显示出的问题可说是为了让我们学到它们能如何被简单地解决，而对于初始原则，当我们开始承认它们是什么时，我们可能会抱怨它们固有的变态之处。而对于人类的无知，这很难被当作一个可靠的借口，只要我们尽自己最大的努力去保持这样的无知，都要容忍在实际使用中格格不入的意象，和忽略提供一个持续增长中的语言充分性：不仅是通过对新词的增添，还要通过对意义的猛烈批判，并导致普遍意义上学到更合适的俗语、修辞和表达方式。

允许每天在这些俚语和通俗谈话中的日常添加内容是要付出愚蠢的代价的，这样可能会制造新的混乱。这更应受到谴责，因为俚语和通俗谈话，如果能得到更好的重视和评价，就能成为给语言提供有价值的新潮流的水库——而不是持续地装备和加强现有权力的军械库。［Welby 1985（1911）：37-39］

我们甚至可以评价符号的价值吗？我们能否想象，把自己放置在一个令人遗憾的符号僵局中，饥渴而向往给予符号意味，尽管没有自我相似性，却给我们一个指示和暗示的世界，标示出有待解读和依据觉醒、吸引、确认或警告行事的信息？

当我们热爱神明却发觉自己亵渎神明的时候，我们知道对于某些被排除事物的渴望；当我们从寻求智力崇敬和知识到有意志和力量去运用知识——对于领导者有创造性或胜利的能量，我们称之为伟人——与之比较，我们知道自己无知、消极、冷漠；愚蠢或愚笨、肤浅，或（如我们说的死脑筋）平淡无奇、反应迟钝。

好啊，我们至少知道自己是那样或更糟糕。是谁因此忏悔和感叹？这是一种神圣的不满。但比这种感知的所有痛苦更清晰，甚至比这种屈辱和放逐更悲哀的，是身陷非符号的僵局中的囚犯一样的痛苦，对于无限向往和憧憬的宝藏，我们不予重视，竟然还漠视、滥用或鄙视。

所有其他权力都归到人类高级大脑中；这个惊人启用的，表现良好的创造性工具被我们叫作法则的头脑工作，构想出物质世界中的排列和指导性原则，可能会被描绘为运动和事物。但是符号的真正力量在其表达与逻辑的形式中；在此意义上体现一个单词的真正功能；而感知自身、意义自身以及有意味的力量对于言语而言是杰出的：这种力量实际上是暂时被搁置并且几乎被无情忽略的。因为我们都愧疚于或容忍一个无主、无知和无用的事物，而这个事物是我们任何极其重要情况或感兴趣其他情况下一天都不该继续忍受的。［Welby 1985（1911）：43—44］

目前在意象、类比、隐喻、比喻等领域中——简言之，就是在语言比较、反思、并行或相似中——我们发现不一致性的最显著的例子。尽管我们将约定和规范压入古板的"公立学校"或"学院派"的模具中，并冒着损失的风险，我们很奇怪地粗心，——一般来说确实是，并不怀疑的——事实是我们容易被语言的无意暗示强烈动摇；可以这么说，一个单词或短语的常见或直接使用会影响它的类比或隐喻的使用。

我们对坚定立场、依据、基础这些术语的类比使用早已进行了处理，但还是值得更细致的考虑。没有能比我们运用这些物质事实和利用心理去关注种族历史更有趣或更有教育意义的了。没有什么比它们能够并经常提供的服务更值得敬佩的了。但是人们依然后悔，对于许多老师而言，在这样的类推使用中，不是引导学生走上理性语言学进步的路径，而是仿效偶发、退步的用法和长久忽略实际事实，想法的实际困惑。在伽利略出现之前的日子里，正如必须记住并坚持的，将立场、依据、基础用作宇宙修辞和主要需要，或者终极安全是完全合理的。人们假设地球本身被安全地建立；而它被从其基础上剥离开，在空间中旋转设定是最不想要的事情，而这里没有恐惧的理由。坚定立场是我们所居住的世界的需要：而毁于"立足于无处"。

好了，所以它仍然是给人准备的。我们必须立足于坚实的基础，但还需进行更多建造。用木、砖、石或混凝土，建设我们的避难所、防御工事、木屋、城镇。所有必须被牢固地建立起来，就像树木扎根那样。

然而现在我们制造航空飞机，不仅是制造从地面起飞的飞机；而且是发明出可以在空气中加速而不接触到地面或水体的飞机。因此我们比起以前没有太多借口忘却鸟类安全而有力量的飞行，或是忘记我们严重依赖地球的事实，倒不如说是在空间的怀抱中漂浮，都比在空中的一个肥皂泡里更加安全。而当我们中的一些人本应工作实际却住在泊在花园里的宽敞汽艇中，并只因吃饭等其他需要才踏上坚实的土地，那时我们也许会几乎承认科学早就对我们宣布的，所有可见能力的终极"基础"既不是被构造也不是被建立，而是能量和力量中心的来源，太阳和宇宙的原子。而认识到这一点，我们也许应当允许事实拥有自己的影响力，不仅是在我们的人生观上，而且是对我们表达这个观点和自我的方法上。[Welby 1985 (1911)：54—56]

如"物质世界""人类生命""精神体验""神圣的渴望""无法解决的问题""事实"，"可衡量和可计算的价值""实际"或"平淡无奇"的事实这样的短语，不停被议论，有时是文学技巧，有时是争议武器，有时是要让习俗流传下来的那些人们。他们打算通过观念或假设加以传递，这些观念或假设要么过时，要么态度变化极大。相应的，就像自然、物质、力量、大众、精神、心灵这些术语和目前很多形象、隐喻和类比在一种未被发现的混乱和矛盾溃败的挣扎中使用。不是被告知、引导、受启发——这是他们每一个最初被迫为人效力的宗旨——我们要么去想而忘记了他们继承的联想，这实在是一种思考劳动的附加物，要么允许我们最关键的结论被他们败坏。这样的损坏使我们付出的代价在论述和争议中呈现巨大浪费，以及在实际中缺乏追求足够的、一致的，甚至是不断深化和扩大表达的真正共识而造成的困难和僵局。

如果我们认识到形势，并因势利导，结果第一次出现时会像奇迹一般，像终身失明的人恢复了视力；或者说，也许像原始的点火者和武器、工具、船、轮毂等的制造者那样，而语法语言本身才是这场比赛的真正领袖。

为此目前采取具体的案例比较容易，这里的选择多得让人眼花缭乱，因为我们"处境相同"。从一端到另一端，我们的言语和写作有太多无用的抱怨，这个或那个过时的惯例或当前的习俗在这里逼迫我们，在那里阻碍我们，这些行为一刻都不应该被容忍。作者本人的抱怨是不可避免的，虽然在不同程度上会落入其声讨陷阱。

毫无疑问，我们处境都相同。对于从表意学角度来写作的评论家，也就是从真正表现的，描述性的和解释性的角度来看，要记住的情况常常是他的抗议和说明除去当前语言外没有其他手段，这是急切需要他们呼吁的一种手段。因此，表意学家说出的或写下的这一切，必然属于他提出并鼓励的批评。而与此同时，文学专家或言语表达艺术家只有通过他们对词组的掌握或他对意象或比较的高超使用，并通过轻松、尊严与用词的和谐流动来展现，如果他的力量真的可以自由使用，我们可以寄予更大希望，和训练有素的读者欢迎他可以给予我们在净化和强化培养基中获得的成果。[Welby 1985 (1911)：57—59]

很明显，数学不应该仅成为普遍的施惠者，而因此"应用于"所有的实际需要，但它应该是平等的，可转化为我们共同需要的其他的和更高的领域。但它不能在语言（尤其是当意象）仍然存在被忽视的不和谐时做到这一点，即使在人们期望结果的掌控者那里，这整个就像从一个完美调谐的乐器展现出的鸣响一样真实，首先从健康的，组织良好的人类喉咙开始。远非造成或有益于卖弄，这一词语和行为中非常灵活的表达的关键掌握会反映在其适应性变化的所有丰富性中，以及生命冲动本身的可塑性力量，而且会不断地用新形式的真知、奇迹与美给我们带来惊喜，涉及在某种意义上创造，表达性成就的新发展。目前，我们看到这种天赋的承诺几乎都体现在情感和想象力上。诗人在其自身基础上超越语言困难，经过某种奇迹让我们做出反应，如果我们冷静地分析他的方法，我们应该知道，导致同情心振动带来的兴奋感则必须不屑去注意表达形式的干扰和情感发挥的最大能量。

但依据目前形势，我们认为该信息并不重要，这的确不能达到或触及任何完美的愈合、最深的弊病或者回答生命的孕育问题。另外它过于明显的是，宗教信息更趋向于加深这些不可避免的差异不是进行解释，并将这些自然丰富的回应加以收集。宗教像诗歌一样，宛如一片孤立的肺或一颗孤立的心脏出现，而语言在很大程度上要归咎于这一持久的划分趋势，实际上破坏了一种理智人类的完整性在最高水平上的健全统一。[Welby 1985（1911）：81—82]

第二部分　符号研究的路标

7 维多利亚·维尔比与查尔斯·S. 皮尔斯：表意学、符号学、符号伦理学

......我坚定地认为我们已如此迷失在情感与理智、感觉与推理建立的障碍中，且难以自拔。区别当然必须保留......但我想这样来理解：例如，人类最高标准的爱与动物最高标准的爱之间的区别在于，人类的这些标准寓知识于逻辑顺序中。我们知道自己爱了，知道自己爱什么，如何爱，而最重要的是知道自己为什么爱。因此这种逻辑与我们与之相对照的感觉紧密地联系在一起。但尽管在我们看来，逻辑只不过是形式的、结构的，只是论证的问题，是"冷而硬的"，我们需要一个可以表达"逻辑与爱"这一组合的词，而我也试图将此补充在"表意学"中。

(A letter by Victoia Welby to Charles S. Peirce 1903 年 12 月 22 日，Hardwick 1977：15)

7.1 维尔比书信网

维尔比智慧的一生以其大量的书信关系为特征，她与任何人的书信关系都会持续许多年，我们将其称为维尔比书信网（Petrilli 2009a：1；Henault 2013）。她与他人的书信往来大致始于 1870 年，到 1880 年已涉及一些重大议题并对其持续发展完善，直至 1912 年她过世。到目前为止，她的通信内容只出版了一小部分。最近，笔者撰写并编辑了《表意与理解：维多利亚·维尔比著作和荷兰表意学运动解读》（2009），精选了一些维尔比与其同时代重要学者之间交流的书信。维尔比的信件反映出她对一系列不同研究领域的兴趣，从人文科学到自然科学，包括哲学、心理学、语言学、教育学、认识论、伦理学、宗教、人类学、科学，尤其是生命科学、数学、符号学以及语言哲学，并涉及该时代如此重要的名人，在此略举数例，如查尔斯·皮尔斯、米歇尔·布雷阿尔、伯特兰·罗素、亨利·詹姆斯、威廉·詹姆斯、查尔斯·K. 奥格登、亨

利·柏格森、鲁道夫·卡尔纳普、安德雷·拉朗德、弗雷德里克·波洛克、乔治·F. 斯托特、斐迪南·S. 席勒、乔凡尼·瓦伊拉蒂。其中，瓦伊拉蒂的优势在于，他是第一位，也可能是唯一一位在该时代对维尔比的作品具有极大兴趣的意大利学者，尽管零星会有一些意大利学者提到维尔比，例如亚历山德拉·列维（Alessandro Levi）于 1911 年 11 月 5 日在菲拉拉大学发表的就职演说中提到过她。（参见 1912）

维尔比与皮尔斯的书信往来从 1903 年延续到 1911 年，自从 1977 年查尔斯·S. 哈德维克编写了《符号学与表意学：查尔斯·S. 皮尔斯与维多利亚·维尔比夫人通信录》后，我们便可阅览这些书信。1953 年，欧文·C. 利布（Irwin C. Lieb）就已发表了皮尔斯写给维尔比的书信，而维尔比写给皮尔斯的书信并不包含在内。维尔比与皮尔斯之间的通信关系使维尔比及其"表意学"不至于被符号学界彻底遗忘。不仅如此，马克斯·菲施（Max Fisch，1986）认为，维尔比影响了皮尔斯后期的符号学研究方向，其后期研究从 1903 年在哈佛以及洛厄尔校区所授课程开始。另一部重要的材料性文集是皮尔斯与克莉丝汀·莱德－富兰克林（Christine Ladd-Franklin）之间的通信，由赫尔辛基大学的阿赫蒂·皮耶塔里宁（Ahti Pietarinen）提供，但并未出版。他们之间的交流专注于逻辑与意义、科学与推理、语言与理解力理论，并对当前情况下根据维尔比的研究可得出的相似之处及联系的信号感兴趣。（参见 Pietarinen 2013）

另外两卷有趣的信函集由维尔比的女儿伊丽莎白（尼娜）·卡斯特［Elizabeth（Nina）Cust］编辑：《更广阔生活的回声》（1929）以及《他维度》（1931）。前者包含从 1879—1891 年之间的信件，后者包含从 1898—1911 年的信件。尽管存在编辑局限，这些卷册仍是十分有效的文件资源，尤其是考虑到其中一部分信件已无法在档案馆中查得，而维尔比的大部分信件仍未出版。无论如何，我们可以在两所档案馆中查阅维尔比的主要作品，包括出版的和未出版的，分别是：约克大学档案馆（位于加拿大安大略省登士维），其中有维尔比文集，该文集的半数为维尔比的信件；伦敦大学的维尔比夫人图书馆。多年以来，许多研究者的努力使我们可以看到少量的维尔比信件集，具体信息参见《表意与理解》的参考书目。（Petrilli 2009a）

维尔比在书信中阐述了她最为关注的问题。她爱钻研的精神促使她提出疑问，她希望这些疑问可以提示可能的探究路径，而不要求其自身构想出任何决定性的解决方案。事实上，她内容宽泛的通信证实了其对当时文化界的影响及其远扬的名声，并证明了她与他人的对话关系的性质。正如 L. P. 杰克斯

(L. P. Jacks) 在其对《他维度》的介绍中给出的中肯评价："对维尔比来说，哲学不是一个孤独思想者的独白，哲学本质是一个戏剧性的过程，在这一过程中，我们当前的思维与一个超越自身的更大思维之间存在交集，而我们的思维力图洞察其'宇宙'观，当所提问题与所给答案同时放置在这一更广泛的思维方式中时，问题与答案同样重要"。（参见 Cust 1931：11）

除了信件外，维尔比还完成了大量系统性著作，这些研究基本以表意、解释及理解问题为中心。她的研究始于对《圣经》注解问题的兴趣（参见上文第三章）。这些作品大多在她在世时出版。

在一段相对沉默的时间之后，人们又重新燃起了对这位近乎被遗忘在思想史中的思想家的兴趣。随着 1977 年她与皮尔斯之间通信信件完整版的出版，她已经成功地引起了公众的关注。（参见 Hardwick 1977）另一重要贡献来自阿希姆·埃施巴赫（Achim Eschbach）及 1983 年版的维尔比的专题著作《何为意义？意味发展研究》（1903），收录于约翰·本杰明（John Benjamins）出版的系列丛书《符号学基础》（*Foundations of Semiotics*）中。1903 年原版顺利地由皮尔斯审核并收录于《国家》杂志中（第 77 期，1903 年 10 月 15 日，如今收录于 Hardwick 1977，CP vol. VIII）。1985 年由 H. 沃尔特·施密茨编辑并出版于同一系列中的《表意学与语言》是继续并巩固埃施巴赫创始行动的另一重要著作。该书精选了维尔比的作品或与其相关的作品，包括她最后一部作品《表意学与语言：我们表达和解释资源的形成方式》（1911）。

在意大利，出现了以下一些合集，由笔者编辑并翻译。《表意学、意义与解释》（1985），其中包括论文《意义与隐喻》（1893），该篇论文最初发表于《一元论者》中。《感知、意义与解释》（1896），该篇论文分两部分发表于《心灵》中，以及为在《大英百科全书》中发表而编写的"表意学"这一条目中（1911），这使得维尔比的表意学理论得到官方认可。最后包括从其 1911 年的专题著作《表意学和语言》中精选的文章。奥古斯托·蓬齐奥及笔者修订了该合集，并添加了维尔比的其他作品以及查尔斯·K. 奥格登、H. 沃尔特·施密茨的作品，合辑名为《感知、意义与意味》。《解释项、理解与交流》（2010）精选了维尔比从 1897 年 9 月至 1911 年的文章，笔者为其撰写了约一百页长，名为《意义的资源》的引言。

维尔比其他的著作还包括：《纽带与线索》（1881 年初版，1883 年再版），该书以维塔（Vita）为笔名出版。该书展现了维尔比对有关《圣经》文本解释问题的兴趣（正如上文所提及的，维尔比对哲学的兴趣始于宗教、神学、伦理即道德秩序问题），预言了未来探讨语言与意义的工作；《感知的微粒》是

1897 年出版的各种思想的汇编。维尔比创作了大量的作品，但许多作品并未出版，但我们仍可以在约克大学的档案馆中查阅到部分未出版的作品。她采用了多种不同的论述体裁，包括随笔、短篇小说、对话、诗、寓言、讽刺小品、短论、报纸通信以及杂志文章。除了以上提及的文集之外，一些作品在其生前业已发表，即使只是内部发行。《表意与理解》中记载了维尔比的作品以及有关维尔比的作品的最新参考书目，荷兰表意学运动及其近期发展。

奥格登和理查兹铭记了维尔比的名字（奥格登早在其本科期间便对维尔比的符号及意义理论产生了兴趣），此外，维尔比与皮尔斯——一位如此令人钦佩的名人——之间的关系使维尔比成了 20 世纪符号学发展的奠基者（参见 Petrilli，Ponzio 2005：第 1 章）。奥格登与理查兹在《意义的意义：语言对思想以及象征主义科学影响的研究》（1923）中介绍了皮尔斯逻辑学研究，以及实用主义和符号或符号学理论。皮尔斯在 1909 年 3 月 14 日写给维尔比的一封信中，指出维尔比的意义理论与自己的符号理论之间的联系，奥格登与理查兹在他们合著的书中提到了一部分。《意义的意义》是符号学上十分著名的一部作品，一方面，它间接地使我们想起了米歇尔·布雷阿尔的理论，他著有一部重要作品《语义学论文集：意义科学》（*Essais de sémantiques: Sciences des significations*，1897）；另一方面，它使我们想起了查尔斯·莫里斯的著作，莫里斯在某些方面来说是皮尔斯有关符号的研究的延续及系统化，且对科学统一运动做出了贡献。（参见 Morris 1938，1946，1964）

维尔比同样与"普遍语义学"运动有关，这点被柯日布斯基（Korzybski，1950）以及早川（Hayakawa，1954）特别提及。后者甚至认为《意义的意义》是表意学的延续，一方面标示着表意学中符号学的起源，另一方面确定了怀特海德及罗素所著的《数学原理》（*Principia Mathematica*，1910）中符号学的起源（参见 Schmitz 1985）。荷兰表意学运动兴起源自维尔比理论，要感谢荷兰精神病学家弗雷德里克·凡·伊登（Frederik van Eden）从中斡旋，他在 1892 年与维尔比相遇并一直与她互通书信直至维尔比于 1912 年逝世。荷兰表意学运动的发展分为两个阶段，第一阶段为 1917—1926 年，第二阶段为 1937—1956 年，后一阶段的成果更加丰富，此后直至 20 世纪 50 年代末相对沉寂。另外，还有该运动与"科学统一运动"成员间十分重要的讨论，两种运动有着近似的观点与目标，尽管它们之间仍存在区别。（有关维尔比与奥格登以及维尔比与表意学运动之间的关系参见第八章及第十一章，Petrilli 2009a：第八章。后者是第一代表意学家的作品选集，包括曼诺利 Mannoury 1969，傅叶谢 Vuysje 1953）

既然我们再次开始审视维尔比的观点，我们很快就会意识到我们从未缺乏对其作品的简短参照。例如，亚当·沙夫在其有关意义的基础研究著作《语义学导论》（*Introduction to Semantics*，1960，英译本 1962）的参考书目中列出了《何为意义》；1976 年弗兰克·帕尔默在其著作《语义学》（*Semantics*）的开篇便简短地提到了表意学。在意大利，维尔比与瓦伊拉蒂和卡尔德朗尼曾有联系〔他们曾为有关表意学的合订本共同完成题为《实用主义与意义》（Pragmatism and Meaning）的论文，但该合订本并未出版；参见上文〕，这两位学者是皮尔斯所解释的实用主义的意大利拥护者，所以他们的学生都间接地熟知维尔比。最近，维尔比的名字出现在皮尔斯作品选集中（参见 Peirce 1980，2003），这要归功于他之前提及的自己与维尔比在 1909 年 3 月 14 日的通信，该信件为意大利文译本。

7.2　理论框架：从"符码符号学"到"解释符号学"

到目前为止，我们所提到的学者都可以被认为有助于 20 世纪后半叶的符号研究的发展，这一趋势被称为"解释符号学"，其主要参照点是皮尔斯。相反，以弗迪南·德·索绪尔为代表的"符码符号学"主导了 20 世纪前半叶，它尽管已被解释符号学所取代，但在今日仍然具有重大的影响。索绪尔的符号模型建立在语言（langue）与言语（parole）概念上，因此它直接与传播数学理论相关联；符码与信息、发送者与接收者等术语都被两种路径使用。因此，索绪尔派生出的符号学被恰当地命名为符码与信息符号学（参见 Bonfantini 1981；Ponzio 1981，1990；Rossi-Landi 1985）。在符码符号学中，符号被分为两部分：能指与所指（能指表示符号载体，所指表示符号内容）。这两部分被认为处于平等关系或是平等交换关系中，是对传播意向性以及解释之间完美契合的表示。

罗西-兰迪在其 1961 年的专著《意义、交际与共有言语》（*Significato, comunicazione e parlare comune*）中表示，符码模式从信息交换方面看待传播，就好像一个邮包从这个邮局寄到另一个邮局：接受者只需要记录信息内容，也就是解码信息而不是解释信息。务必记住索绪尔的符号模型受价值理论启发，这种价值理论由洛桑学派瓦尔拉（Walras）以及帕雷托（Pareto）的边际效用经济构想构成（Ponzio 1986）。但在市场处于一种理想的平衡状态时将语言研究吸收入市场研究中会产生一种静态的符号概念。事实上，符号是按其共时的排列进行研究，根据所发出的以及所接受的之间完美契合的逻辑范式，也就是根据调节着我们当今经济系统中一切社会关系的平等交换的逻辑范式。同样，强调索绪尔将语言理论与经济理论相联系的事实也十分重要。罗西-兰迪在其1968 年的《作为劳动和交易的语言》（*Language as Work and Trade*，英译版，1983）以及 1975 年的《语言学与经济学》（*Linguistics and Economics*）两本专著中拓展了这种联系，在书中他根据马克思详述的政治经济学批判了索绪尔的语言学及其语言学与平等交换价值的边际主义理论的联系。

符码符号学倾向于忽略符号的其他方面，将符号还原为信号。结果就是它无法为对诸如多声性、多音性、多逻辑性、歧义以及一词多义等意指现象的描述提供充足的方法。口头语言因其复杂性而无法被包含于语言与言语的两极之中，这一点已由米哈伊尔·巴赫金及其学派对索绪尔的批判证明，这至少可追溯到 1927 年瓦伦丁·沃洛希诺夫（Valentin Voloshinov）的专著《弗洛伊德主义：马克思主义方法》（*Freudianism: A Marxist Approach*），以及 1929 年的专著《马克思主义及语言哲学》（*Marxism and Philosphy of Language*）。单个意义不会穷尽符号的解释/表意可能性。换句话说，能指与所指之间的关系并非一对一。与信号相反，高度他性的符号无法简单地参照一个符码得到解释，在符码中，一致性是外在于解释过程（解码）的。与解码解释是一个开放的、未终结的、没有保证的过程不同，相反，当诉诸规范符号间交换的符码时，它就会发生。

皮尔斯符号学，一般命名为解释符号学，是打开了符码符号学特性僵局的一种路径。皮尔斯的《论文集》（*Collected Papers*）虽然 1931 年才开始问世，但事实上，早在 19 世纪 60 年代初，他便开始思考并谈到符号。1867 年，他著名的论文《关于范畴的新列表》（"Ona New List of Categories"）问世（CP 1.545－1.567）。在该论文中他提出了他认为的最能解释符号复杂性的范畴。而对此描述的一种更清楚说明的版本，人们通常认为是他于 1904 年 10 月 12 日写给维尔比的信。

皮尔斯的符号学详细说明了解释的概念，他在解释项中确定了符号的意义，也就是说在另一个符号中确认之前替代的符号的意义。在它是一个符号的情况下，解释项只有依靠处于一条开放的解释项链条中的另一个解释项等才能存在。这样的一个过程将符号过程描述为由解释项的潜在创造性产生的一个开放过程。在这种情况下，解释不受外在于解释过程的预先建立的符码控制（参见 Eco 1984）。皮尔斯认为一个符号对于某些人来说代表着某些事物或能力（CP 2.228）。在某些人看来，符号意义即它在解释者的心灵中创建一个解释项符号。另外，它在一些方面或特性下代表某物，在该意义上，它不指向完整的对象（动态对象），更确切地说只是指涉其一些特殊方面（直接对象）。中介概念与解释及无限衍义概念紧密相关。事实上，符号以解释项为中介，没有解释项符号便无法表达其意义，而且在另一方面，它是所有解释行为中对象关系的中介，从最低层次的直接感知到更高层次的推理。作为认知符号学、知识论，皮尔斯的符号学将逻辑与符号理论相结合：只有通过符号以及解释才能获得知识。

7.3 感知、意义及意味

除了作为诸如伦理学、哲学、认知论、逻辑学、教育学、信息论以及语用学研究的一种原创方式外，表意学本身也是一种符号学理论。维尔比 1903 年的著作《何为意义》代表了她有关意义理论最成熟的体系，她将意义分为三个层次："感知""意义"以及"意味"。最初，第三个术语被称为"解释"，随后考虑到解释活动在表意过程的三个阶段中皆有效，她将其更名为"意味"。

根据维尔比 1896 年的文章《感知，意义及解释》，感知与前理性生活中的最原始阶段相对应，属于有机体对其环境直接的、无意识的反应，它关乎我们对符号的使用，是一切经验的一个必要条件。意义关系到理性生活、意味的意图以及意志方面。最后，意味暗含着感知及意义两者，但又因其涉及符号对每一个人的影响、含义以及终极价值而超越两者。这一切在《何为意义》的开篇便已有简明的陈述：

> 严格来说，一个词并没有所谓的感知，只有它被用于其中的意义——环境、心灵状态、指涉以及属于它的"论域"。一个词的意义是它想传播的意图——使用者的意图。一个词的"意味"总是多方面的，它通过表达自身的重要性，它对我们的吸引力，它属于我们的瞬间，它自身的情感力量、理想价值、道德面貌以及它的普遍性或至少是社会性来强化其感知及其意义。[Welby 1983（1903）：5－6]

感知、意义以及意味表明了与表意过程相关的表达复杂性、解释潜力以及实际后果的三个逐渐发展阶段。作为从文化人类学角度对原始人类迷信的语言学根源的一次有意思的探究，维尔比根据这三个意义层次历时地描述人类的进化发展，并在互相依赖关系系统中共时地描述人类的进化发展，这个系统将某一特定历史时期给定的一种社会文化环境中的人类联系在一起。人类历史被描述为思想翻译进入越发复杂的智力领域的历史，直到如今感知、意义以及意味共存的时代。

尽管原始心灵的感知模式因为更显而易见，比它后来的更加独占优势，而且会对来自多种不同自然领域的细微请求做出反应……如今高度发展的意义模式仍然呈现萌芽状态；而意味要素，虽然我们至少已经心照不宣地承认了它，但仍然未被吸收同化。换句话说，原始形式的智力对一定的能量模式十分敏感，它受到刺激而将这些模式以某种方法转变为某种崇拜，而后变为正式的教义；就好像它被迫转变饥饿的感觉，强行进食，并且在更高的层次上将全部的经验转变为清晰的陈述。只有在最后一种情况下，作为生命直接之所依，这种转变必须是正确的；而在更加非直接的刺激形式的情况下，这种转变纯粹是实验性的，因此容易错得离谱。即使其信条能保存下来，一方面在如今最高的科技水平中，另一方面在最高的宗教的、理想化的或是哲学化的思维中，它最早的应用都是受排斥的，且是不可思议的。

然而，从表意角度来说，这可能正是我们所期望发现的。人类的感知世界包含许多事物，这要求对意义－感知的准则进行理性的解释；而且这种感知，这种对意义、意图、目的、经验"终点"的直接或非直接的敏感性在"意味"中经识别后达到顶点，也在一切经验以及所有知识的含意、重要性、最终价值、终极时刻中达到顶点。[1983（1903）：193－194]

维尔比仍然用了其他的表达方式来为其表意三分定名，包括"表意""意图"以及"理想值"。另外"感知指称"一般是指本能的，或者"所感的"（她提出这一术语与"口头的"形成对比来强调词的表意价值，"口头的"只会让人想起语言形式即音、形、词序等）；"意义指称"关系到意志的、意图的；而"意味指称"从词语的总体关系、言外之意以及最终表达力的意义上来说是道德上的［1983（1903）：46］。这样的描述适用于语言、思维以及人类行为，人类被描述为通过三个层次的意识：行星的、太阳系的以及宇宙的来获取经验［1983（1903）：96］。维尔比还建立了与另一表意三分有趣的类比，这一表意三分来自东方哲学，记载于《吠檀多精髓》（*Vedantasara*）中：

意义（可能是一个词的意义）有三个部分，也就是表达、指示和暗示。表达意义由（词的）外延来传播给理解；指示（意义）由（词的）暗示来传播。这些部分成了一个词的三种力量。[1983（1903）：46]

皮尔斯在对1903年发表在《国家》（*Nation*）刊物上的《何为意义》书评中将维尔比意义理论的三分结构归因于其受到黑格尔的影响。瓦伊拉蒂不同意这一观点，正如他反对皮尔斯认为维尔比未能正式地将其有关意义的见解系统化的观点一样（参见 Cust 1931：7，Vailati's letter to Welby 1903 年 11 月 25 日）。维尔比澄清自己的思想体系早在其认识黑格尔之前便已采用三分形式，并且她发现处处都有向三分主义发展的趋势（参见维尔比 1886 年未发表的论文《三重法则》，Petrilli 2009：331－340）。尽管皮尔斯反感黑格尔的理论，他仍承认三分关系是符号的特征，正如他自己的理论所表明的那样。

7.4　解释，翻译以及表意过程中的价值

皮尔斯将表意学看作"符号学"的一部分，该部分关注符号与解释项之间的关系，因此，作为一种意义理论，表意学是逻辑学的一部分。在 1867 年的文章《关于范畴的新列表》中，皮尔斯将逻辑定义为符号指称对象的普遍科学（CP 1.545－559）。然而结果是，他认识到科学是一种在进步中的学术研究而非一套教条，并且若存在对科学的限制，那些限制也不是固有的，而仅仅是科学家造成的一些影响，皮尔斯总结道：停留在符号以及对象之间的关系上太过限制性了。皮尔斯将其方法进行扩展，以包含符号（规约符、指示符及像似符）与解释项之间的关系。这将对规约符与对象之间关系的分析纳入符号普遍理论更广泛的内容中。

在 1909 年 3 月 14 日写给维尔比的一封信中（同样由奥格登及理查兹发表于《意义的意义》中），皮尔斯将自己对符号的三分法与维尔比的意义的三个层次对应起来，准确地说是将维尔比的"感知""意义"以及"意味"与自己的"直接解释项""动态解释项"以及"最终解释项"对应起来。皮尔斯的直接解释项将意义看作解释者通常习惯使用的，正如维尔比所说与感知相关，因此它与解释者对符号的直接反应相关。动态解释项在一个特定的语境下与符号的表意相关，正如维尔比对意义的主张一样，它是按照一种特定意图被使用的。皮尔斯本应将其最终解释项与维尔比的意味相对应，我们当前讨论的语境对此有着特别的兴趣。事实上，当皮尔斯的最终解释项出现在其解释可能性的极限时，它便与符号相关，也就是与符号在无限的解释项链条中引起的所有可能的反应相关。换句话说，与维尔比的意味相似，皮尔斯的动态解释项表明了符号的创造性潜力：

> 我现在发现我的分类与你的分级几乎相同，如果两者都正确的话，就好像它应该如此……最大的差异在于我的动态解释项与你的"意义"。在我的理解看来，后者存在于符号的发送者（无论是口头的或者书面的）意

图对解释者心灵产生的效力中。我的动态解释项包含于一个符号实际上对其解释者产生的直接效力中。我认为两者都是符号对个人心灵产生的效力或是分别以独立的行为对一些真正的个人心灵产生的效力。我想我的最终解释项与你的意味完全相同；也就是符号对任何心灵都会产生效力，基于任何情况保证它能发挥它的完全效力。我认为我的直接解释项若不是与你的"感知"完全相同，也已十分相似；因为我将前者理解为符号很可能产生的或自然希望其产生的经过分析的总效力；并且我习惯于将此等同于符号对一个心灵首先产生的或是可能产生的效力，而不对它进行任何反思。我并不知道你是否试图定义你的"感知"；但我从阅读你所说的内容获悉，感知是一个符号对一个完全有能力理解它的心灵产生的第一效力。因为你说它是所感的而且没有意志的成分，我想它是"印象"的本质。因此，据我所见，正等同于我的直接解释项。（参见 Hardwick 1977：109－110）

维尔比的方法可以清晰地与符号学中的那些发展趋势相关，这些趋势克服了能指与所指单一对等的逻辑局限，并且更好地解释了符号的对话性本质和对他者的使命。"符码符号学"或是"平等交换符号学"根据一个预设的符码规则在符号的两面之间建立了一种完美契合的关系，从而将意义描述为固定的、预设的并且凝固在符号系统之中的某物。相反，与如今的"解释符号学"一致并带着对语言的特别关注，维尔比强调诸如语义的灵活性、多音性以及对话性。对维尔比来说，意义在从一个符号到下一个符号的翻译/解释过程中发展起来并且永远处于一个变化过程中。

符号最大的表达价值在于其"意味"。符号的表意能力随着符号网络中翻译过程的增长而强化。在维尔比的思想体系中，"翻译"在某些方面可以被看作"解释"的同义词：

> 由于翻译同时包含一致与差异（一则实际地，二则含蓄地），语言自身必须被认为是发现差异并同时发现联系的一种手段，这些联系构成了它们一致的元素，或者至少彻底排除了最终不同的观点……至于一个在低层次或者高层次的感知中都具有意义的事物，部分由于它可以仅通过符号或是图像符号，或是代表性的行动表达。在高层次的感知中（至关重要的，或是道德的，或是理性的含义），它属于有意义的部分，是因为它能够在越来越多的思想阶段或是在科学分支中表达自己，或是被翻译为越来越多的思想阶段或科学分支。我们对符号的使用越是丰富多样（只要这样的使用是充分批判的，确保我们了解自己所做的事，同时还有不可或缺的幽默

条件），我们相互关联、相互翻译的能力就越强，思想阶段也就越多样化，因此在追求新知识、真知的起点的意义上，我们离事物的本质也越来越近。[Welby 1983（1903）：150]

与罗曼·雅各布森的术语相近（1959），维尔比在对翻译实践的讨论中不仅描述了语际翻译，即用另一种语言的语言符号解释语言符号，还描述了符际翻译——用非语言符号解释语言符号，反之亦然；以及语内翻译——用同一种语言的语言符号解释语言符号。符号意义在不间断的翻译/解释过程中被确定并得以发展成为即时交流的一部分；符号被转化为越多不同的思想及经验范围，或是在其中找到表达，其意义及意味便会越得到强化，其意义及价值就会越大。维尔比也将翻译描述为"转化""变化""变形""透明""转移"以及"重新评估"[Welby 1983（1903）：126，153]：最后一个术语从"表意"的角度强调翻译与其意义三分（"感知""意义"以及"意味"）之间的联系：将感知归属于对象，意义归属于符号，意味归属于发生于不间断的翻译过程中的总体表意过程。

意义在实时的传播过程中发展。一个符号越能被转换和翻译成不同知识和经验范围的语言，就越能强化其意味及终极价值。在不同的语言领域或在适合不同经验领域的语言中，系统地并具有批判性意识地、简单地重新表述一个论点或一系列观点，可以增加感知最意料之中的联系与对应的可能性，甚至是增加揭示经验中完全被忽略的各方面的可能性。维尔比谈到人类翻译思想的自动过程，在其中任何事物都会使我们想起其他事物[Welby 1983（1903）：34]，因此有利于知识的进步。翻译过程越是多样化，符号的表达力就越强，它们就越是富有相似及不同关系中新的指称及意义。维尔比的语言常依赖于隐喻及类比，依赖于修辞手法，这些修辞手法在阐明并发展观点且形成新的假设时与不同经验、科学及知识领域相关联，她的语言便例证了这样的翻译过程。

翻译是调查、发现以及查证的方法；所有的语言，所有的表达都是翻译的一种形式。因此，在发展维尔比的直觉时，我们可以认为，没有翻译就没有符号过程，或者可以说符号过程就是翻译。从这一角度来说，可以从皮尔斯知识理论及符号理论传统下的解释理论及无限衍义来解读维尔比的翻译理论。引用杰克在《他维度》（参见 Cust 1931：11-12）的引言中所说的话："也许我们从维尔比夫人的书信中获取的最深奥的思想便是强调了其书信的'思想'的概念。就像是宇宙，它的后代认为它不依靠任何'基础'，但却在一个向自己更高形式发展的无穷的'上升螺旋'中旋转，保留自己的战果并不断地扩充它们。"

符码符号学倾向于描述主义并要求价值中立，因此要求中立地判断及评价问题。相反，根据从洛克到皮尔斯的思想传统，并根据在诸如维尔比、瓦伊拉蒂、莫里斯、巴赫金、列维纳斯、西比奥克、沙夫、罗西－兰迪等作家中找到的新方向，在解释符号学的发展过程中，与奥古斯托·蓬齐奥一起，我们提出了"符号伦理学"这一表达方式（在"伦理伦理学"及"目的符号学"之后，参见 Cust 1931），以使主张中立的符号与知识理论方法形成对比。查尔斯·莫里斯在 1964 年的一部著作《意指与意味》中明确地讨论了符号与价值的关系，该书中的术语"意味"（significance）表示评价倾向、符号的表意价值以及具有意味的事实。意味不仅表明事物富有意义，还表明了其重要性，因为它在不同方面——无论是逻辑的、情感的还是实用主义的——对其解释者/解释项产生了效力。维尔比将其对意义、语言以及传播研究的很大一部分定向为对意味的研究，她为此创造了一个新词："表意学"，以表明其特殊的方法。另外，皮尔斯在自己的最终解释项与维尔比的意味之间建立的对应证实表意潜力是如何同样在其思想体系中与价值及价值过程联系起来的。最终，皮尔斯的"符号学"与维尔比的"表意学"都向符号的伦理——实用主义方面开放，也就是向它们的伦理—价值—运作方面开放。维尔比在其 1903 年 11 月 18 日写给皮尔斯的信中主张她的表意学是符号学的一种"实际扩展"。另外，她还告知皮尔斯自己与瓦伊拉蒂在智识上的一致：

> 瓦伊拉蒂教授……就逻辑适用性功能与领域的实际扩展——我可以称其为实际扩展吗？其重要性之观点与您一致，我称其为表意学。因为后者似乎与我所认为的一致，接收这样的扩展，任何有头脑的人不会再说："哦，我不在乎（或是不会）逻辑学研究。我对这个不在行。"因为这不仅是对理性秩序漠不关心，同时也是对为人类价值赋予生命属性的漠不关心，也就是：（1）其"感知"以及从生物到逻辑的所有感知中的感知力量，（2）其意图、意识及越来越确切的且理性的"意义"以及（承认）使用语言来表达，（3）其"意味"，其与所有其他宇宙事实的联系，它在其中的位置及对其的解释。（Hardwick 1977：6）

维尔比与皮尔斯的研究都冲破了最近乃至今日符号研究中的局限。我在此略提一下知识及传播理论的研究方法，该理论忽略了人的问题，忽略了从与自己、与世界及他者的关系的总体层面上考虑的人类问题。维尔比在其 1911 年的著作《表意学和语言》的前言中将表意学描述为："从其所有的形式及关系上对意味本质的研究，因而指人在类感兴趣且当作目标的每一可能领域中奏效"；将解释功能描述为"自然地先于人类，也是人类交往的条件，正如它也是人类掌控其世界的条件"。在本书中，也正如在她所有的作品中，从感知、意义及意味三个层面来分析表意过程的问题，在于探究价值的产生，对符号在生活及经验中普遍给予我们每一个人的真正价值、含义及现实意义的理解。这种对价值意义的探寻是维尔比作品中的一个始终如一的坐标。正如她在《何为意义》中所说的：

> 　　人提出问题，而答案正在等待着他……他必须首先发现、观察、分析、评估他所有的触摸、听、看的感觉并了解它的重要性，了解它对自己实际上意味着什么；然后去发现、观察、分析、评估行为的意义——目的、行为的动机以及每一种影响产生的原因。因此他至少可以看到什么呢？他可以看到一切经验、知识、事实以及思想的意味、终级影响、中心价值、至关重要的含义。[Welby 1983（1903）：5—6]

该书中还提到表意学"在一种特殊的意义上，……旨在将智力活动集中于我们默认的一切研究的主要价值中，并模糊地称为'意义'"[Welby 1983（1903）：83]，因而感知、意义及意味组成了所有语言及解释、思想及活动的价值。

另外，认识论的、伦理的以及实用主义的要求最终由普通人无意识的哲学本能来表达，当他问一些普通的问题时，诸如"你什么意思？""它意指什么？"（后者与1908年写的短篇论文的标题相同）：

> 　　每一种存在，每一个命题，每一种活动，每一种物体，每一个偶发事件或是突发事件，每一个事实及幻想，每一种呈现或是表现；一切以任何原因或方式引起关注或要求兴趣，引起反应或是提出推论的事物，都受制于这种引导式的详尽方式。
>
> 　　首先，它意指什么？
>
> 　　除非在某些意义或程度上它意指着什么，否则我们就可以忽略它；考虑它则是完全白费力气。无论多么遥远或是间接，它都在某种意识上与我们相关，就算它只是被否认、忽略或忽视的某物。无论多么抽象或是推测的，甚至是无论多不合理，它都必须与我们的知识相关，如果不是与我们的状态或是行为相关的话。[Petrilli 2009（1908）：279]

通过在个人以及集体经验中追踪感知，并将其转化为行动的实用术语的能力，维尔比讨论了意味的"道德"特征，借此她理解了人类的解释能力和关系能力：

新的进步现在看来迫在眉睫，因为它是迫切需要的，它不应该仅仅是对培根哲学探究的延续，不仅仅是对一系列有关我们通常理解的材料系统的性质的推论数据的积累；而至少是解释，是对生活及思想，对已经大量获取的知识的有效术语的最终翻译。当人类未能成功地翻译——将有关宇宙的知识教化并人性化，因而统一并将其与自身相关联时——这种想法便有待完成，并且在精神上他落后于其经验。我们落后于这个时代，以及因此而未能完成大量且普遍的翻译，主要是由于我们皆忽略理解表达，其本质、条件、形式及功能范围，其未被察觉的潜力及完全价值或意义。[Welby 1985（1911）：2—3]

在积累知识以及经验方面，表意学家急迫地问诸如"……的感觉是什么？""我们做……的意图是什么？""……的意义是什么？"为什么我们对美丽、真知、善良感兴趣？为什么我们要赋予经验以价值？某一经验的表达价值是什么？等等。这些问题的答案代表所有科学的终极目的，包括逻辑学以及哲学等人文科学。美学、伦理学、宗教中所有的争论都以这些问题为依据。在感知、知觉以及认知经验最基本的水平上，这些问题由孩童以"怎么样？"以及"什么？"的提问方式提出。在这样一个框架中，表意学以一种科学的身份出现并包含人类知识及经验的一切范围（自然科学、数学、哲学、逻辑学、伦理学、美学、文学、宗教、政治、意识形态以及日常生活等），不是因为它声称自己是符号的全知全能，而仅仅是因为它将其注意力转移到了一种价值之上，这种价值渗透于生活之中且是一切行动及反应的前提，也就是意义的表达。

所有对人类有价值的事物都具有意义。维尔比认为，表意、解释以及区分一个符号多种意义的逻辑能力将人类与其他动物区分开，使人能够在不间断地获取知识、经验以及社会实践过程中发挥其动物本能、感觉、情绪以及情感的最大价值。正如维尔比所说，表意学作为意义与传播的理论可以应用于由我们支配的所有符号系统中：

手语、音乐、视觉形象、技术发明等，甚至沉默，这些与言语本身一样具有意义……无论它们是积极的还是消极的，过多的还是不足的，存在的甚至是缺失的，我们的言语总是重要的。"第一次"，一位近代作家表示，"他有一种糟糕的感觉，说过的话无法反悔，不说也许更好，大多数的人一生中注定会有这样的感觉"。尽管我赞同他的说法，但这个作家本应该将未说的话包含进来，这些话要么是有助于，要么是妨碍于，在人类各方面的如此表意……然而即使在沉默中也无法逃脱危险或责任。沉默往

往是最重要的同时也是最易误导人的宣告。［Welby 1985（1911），§ XIII：40—41］

然而，维尔比选择专注于口头语言，将其作为明确的分析对象，由此她将它看作任人摆布的最有效的表达方式，人类的传播经验主要由这种方式决定并塑造，因而是获得意味最有效的途径：

> 我们现在所谓的语言只不过是最全面且微妙的表达我们自己的方式，情感与共同思考的模式，明确有力地表达我们的本性、知识、希望及理想的方式。我们首要且一直关注的是通过感知与意义得到意味，它（如果你放任它的话）必然在最后包含并引起声音与形式之美。［Welby 1985（1911），§ XXVIII：83］

表意学将意义与价值间的关系作为研究知识与经验的起点与视角，这包含诸如注意力、洞察力、记忆力、判断、评估等方面；符号系统，尤其是口头语言符号产生的意义与价值组成了宣扬意味的所有人类经验的共同特性。

7.5 表意学，语义学，符号学

维尔比明确地区分了"表意学""语义学""符号学"。事实上，她早在1896 年的论文（如今收录于 Petrilli 2009：430—449）中便表达了对 semantics 以及 sematology 等术语的不满。她熟悉由布雷阿尔（Bréal）提出的语义学术语，布雷阿尔 1897 年的著作《语义学文集》（*Essais de sémantique*）由维尔比的女儿尼娜·卡斯特于 1900 年译成英文。维尔比评价了 sematology（意义科学）以及 semantics（研究词义的发展及变化的历史），这两门学科都被认定为过于专业化，其研究方法是过于明确的语言的－哲学的，而对符号、价值与解释之间关系的关注不够充分。（参见 Welby 1911，《不列颠百科全书》中维尔比的"表意学"条目，如今收录于 Petrilli 2009：345—350）

在 1900 年 7 月 6 日与德国哲学家、社会学家斐迪南·滕尼斯（收录于 Schmitz 1985：li）的通信中，维尔比解释说她需要一个可以同时表达符号与感知的词，一个不存在的词。她选择了"表意学"这个词，考虑到它并未被使用过，因而避免了其他语义－哲学倾向。这使得该术语能恰当地表达其新颖的研究意义与传播的方法，也就是关注表意过程的伦理－实用主义的方面，关注它们的价值——不仅仅是语言－语义的，同时也是运作的、伦理的以及美学的。乔凡尼·瓦伊拉蒂在于 1903 年 3 月 18 日写给维尔比的一封信中，建议维尔比用"符号学"代替"表意学"，理由是"符号学"已由像洛克这样的权威做了介绍。维尔比在 1903 年 3 月 28 日的回信中，以如下的理由拒绝了他的提议：

> 请允许我感谢您对我的兴趣所提出的善意的建议，我想解释一下，我在咨询了一些英国学者之后选择了"表意学"这个词，因为：（1）它未被使用过，因而不会与符号学、符涵学、语义学等有专业性联想；（2）在英语俗语中它不但能吸引学生、学者，还能吸引我们所说的"普通人"。所有与我们相似的人都会很自然地问："它意指什么？"并且忽视且把不能表意的东西放在一边。他们会下意识地给予符号真正的位置以及其价值。他们说"不管它了"，抛开它，它不意指什么（它不是符号，因而没有意义）。我认为认识到大众的本能是下意识的且哲学的，并且利用这一点来支持必然与我们相关的思想发展，即使是以不同的方式，这是十分重要的。我十分希望您能赞同这样的解释……另外，我想说洛克或是任何其他思想家都未分析过"表意"以及"意义"本身的概念。

在 1909 年 1 月 21 日写给皮尔斯的一封信（参见 Hardwick 1977：91）中，维尔比重复表示符号学这个词过于专业化，因为它表明了她通过表意学理解起来更为普遍、更科学且哲学的方面。我们已经介绍了"符号伦理学"传播的是从严格的语义－哲学－语言学角度的意义研究以及从其伦理的－实用主义的含义角度的意义研究之间相结合的观点。维尔比与瓦伊拉蒂都致力于研究逻辑学与伦理学之间的相互关系，也就是知识与伦理学理论的符号学间的互相关联；他们两人都为寻找一种联合对纯粹理性的批判与对实践理性的批判的哲学方法做出了贡献（参见 Ponzio 1990：第 2 章）。

表意学是符号研究的一种导向，它尤为关注责任的问题。将思想转化为实践是符号解释的产物，通过解释者/解释项对表意过程的关联、关系、含义或意味的认识而得到加强。"它意指什么？"这个问题旨在为我们提供每一个人获取符号的表意价值——不仅为专家，同样为普通人，这些普通人也是潜在的"表意学家"——以及在这样的认识下将思想转化为行动：

> 事实上，一切事物在并且总在表意学家的"范围之内"，因为一切都汇聚在它身上，表意学涉及实际心灵，例如在商业或政治生活中，相比思辨心灵，它必然与实际思维更加密切相关。对于思想者来说，可能他的一生都在反复考虑他自己的或是别人的思想，并以逻辑的方式理解它们。但擅于行动的人必然会在想到什么主意的时候立刻将思想转变为行动；并且

他可能由于错过事物的意味而毁掉这个他会为之效力的事业。［Welby 1983（1903）：8］

与一种将语言还原为表达特定语言功能的工具性方法相比，维尔比认为语言不仅仅是发现，它还是一切探索与验证的开始。语言是对其他事物超越了未知边界的搜寻。迈向新世界、知识旅行、外化过程、转换、位移都是语言结构的他性逻辑的一部分。其他来自语言的自我行为都是对另一个自我的一种吸引力。同样的，语言因翻译而蓬勃发展。从这个角度来说，"翻译"意味着对意义的扩大以及验证可能性。但对维尔比来说翻译是首先遭遇到并面向新世界开放的。翻译唯一的限制是那些为倾听而提出的要求；在寻找可以增强回应理解、表达以及意味能力的新解释项的过程中，翻译在持续的延宕中将自身表现为外化，对外界的指涉，超越了文本界线，超越了部门的、专业的或是系统的限制。处于符号中心的他性是符号的条件，是语言如此存在的条件。表意、解释、传播成为可能，均得益于符号的未完成性、无限性，由此符号在翻译的重要关系中活跃发展。

作为对"意味"的研究，表意学让我们以负责的、回应的以及对话的态度对待语言和生命，向他者开放并摒除教条主义。从道德理论角度来看，表意学是符号伦理学，并不是因为它将伦理学本身作为一门科学来集中研究，或是集中研究人类无论是语言的还是非语言的行为。相反，表意学是符号伦理学，是因为伦理学组成了表意学的观点、角度，表意问题便是依据这个角度来考虑的。换句话说，意义生成、表意以及解释、翻译以及评估的能力都代表了一切行动、经验、思想以及知识的语义——语用主义有效性的价值与程度。从这种意义上来说，正如瓦伊拉蒂在探访哈罗时所认同的，表意学不与分别从不同价值构思的符号科学汇聚在一起，而是超越描述的界线，集中研究表意行为的伦理－实践方面。

8　维尔比与乔凡尼·瓦伊拉蒂：语言批判

8.1　知识分子联盟

乔凡尼·瓦伊拉蒂（1863—1909），意大利数学家、逻辑学家以及实用主义哲学家，在其短暂的一生中，以原创、革新而著称。事实上，在那个时代他没有成为教条主义以及学术潮流的牺牲品，而是发展了有关语言以及非语言符号的观点。一方面，他与美国的皮尔斯所理解的实用主义相关，当时，在意大利，威廉·詹姆斯的解释占上风，而另一方面，他与英格兰的维多利亚·维尔比夫人构想的表意学理论相关，维尔比在瓦伊拉蒂联系她之前还不为其他科学家所熟知。现在我们来简单了解维尔比与瓦伊拉蒂之间关系的若干方面。

引导瓦伊拉蒂走向符号学的道路无疑与维尔比所遵循的有所不同。然而，尽管事实上他们的研究似乎始于一些不同领域，例如科学史、数学以及《圣经》注释，然而他们最终都需要处理语义学问题。瓦伊拉蒂与维尔比都致力于对不同主题文本进行批判－语言分析，将他们的工作定位于意义问题研究的不同方面。

瓦伊拉蒂公开承认表意学理论的重要性，1903 年他与其研究伙伴马里奥·卡尔德罗尼（Mario Calderoni）在哈罗拜访维尔比，他与维尔比的对话可以验证这一点：

> 但你的表意学使柏拉图、亚里士多德与一切最现代的知识保持一致，而这在很大程度上预示了未来的希望。即使是洛克以及约翰·斯图尔特·密尔的研究……也达不到表意学最终能实现的成就。这就像尼古拉斯－库萨为哥白尼而做的准备工作……这必然会对所有的宗教以及神学产生影响，对现实生活以及道德生活产生影响，让它们摆脱扭曲了的压力，这种压力会使之变畸形并失去作用。（维尔比在她写给女儿尼娜·卡斯特的一封信中引用了该段话，参见 Schmitz：1985：clxxiv）

在瓦伊拉蒂阅读了维尔比于 1897 年出版的《感知的微粒》后，瓦伊拉蒂于 1898 年首次给维尔比写信，告知对方他有关意义问题的方法在此书中得到了证实。那一年他们之间的通信十分频繁，讨论诸如定义本质及其对知识发展的贡献；通常讨论隐喻、类比以及修辞的使用以及认知价值；由措辞不当以及不加批判的语言使用造成科学与哲学的伪问题及误解问题；以此补救批判意识的普遍缺乏，尤其是讨论了因语言学意识缺乏而进行教育改革的必要性。维尔比将自己写于 1896 年的文章《感知，意义与解释》寄给瓦伊拉蒂后，瓦伊拉蒂在 1898 年 7 月 12 日写给维尔比的信中对该文章称赞有加。另外，瓦伊拉蒂在 1898 年的一节课中公开提到了维尔比的文章《对科学与文化历史中言语问题的一些观察》（Alcune osservazioni sulle questioni di parole nella storia della scienza e della cultura，参见 Vailati1987）。此后三人的通信一度沉寂，直到 1903 年维尔比给瓦伊拉蒂寄送了一本《何为意义》。同一年瓦伊拉蒂在卡尔德罗尼的陪同下来到英格兰拜访维尔比，自此之后他们之间保持通信直至 1908 年。（参见 Ponzio 1990：第 3 章）

《表意学和语言》（1911）是一部有关瓦伊拉蒂与维尔比之间通信的著作，在 1985 年版的序言中，施密茨表示尽管维尔比并没有在很大程度上影响瓦伊拉蒂，但他对于自己吸纳并发展的她的直觉概念并不在意：这两位学者都对语言感兴趣并且因其类同的研究方法而联系在一起，维尔比毫不犹豫地将瓦伊拉蒂的研究看作表意学的发展。事实上，维尔比在 1905 年 3 月 28 日写给瓦伊拉蒂的一封信中写道："您可以想象，看到您如此非凡地开始研究我称之为'表意学'的研究对象，对我来说是多么的满足，因为我自己无法像您一样从逻辑学的角度去发展它，太令人钦佩了。"（参见 Schimitz 1985：clxxv）

8.2　语言歧义性及定义

维尔比与瓦伊拉蒂不仅致力于阐明词语与符号的一般意义，而且还希望推动表达的普遍进步。他们确信，表达的普遍进步无法仅仅通过运用单义性原则达成，因此也无法简单地利用例如定义的变通而达成。从语义多价、多语以及多逻辑及杂语性话语现实方面来说，语言表达的清晰与发展与对语言歧义性的完全尊重密切相关。（正如巴赫金所认为的，参见第 10 章）

维尔比经常从一种持续生长发育的有机体角度去描述语言，每次使用语言时均需要来自某个发言者的新鲜印象、新颖表达力以及有意义的关联。维尔比在其 1893 年的论文《意义与隐喻》中批判了"普通意义"概念，批评将意义作为显然的、固定的、稳定的以及单一事物的概念，认为这是造成所谓的"语言陷阱"的主要原因之一，表现为总体上缺乏语言学意识，语言使用不善，错误的隐喻以及其他形式的语言不精确（参见上文，第2章）：

> 事实上我们一直以来都假设绝对的"Plain Meaning"（"普通意义"）首字母是大写的。我们一直认为我们的听众以及读者都与我们有一样的心理背景与氛围。我们认为我们从同样的推论性视角逐一查看周围，他们的注意力同起同落，他们的联想，他们的记忆与环境的光晕，他们天生的符号化或描绘倾向都有着相同的模式。确实，我们需要"普通意义批评"。[Welby 1985（1893）：512—513]

维尔比完全不赞同语言是一个静态系统：就符码符号学典型的实际表意过程而言，它的意义是先前设定好并且一次性给定的，相反，她强调语言的动态性特征，将其描述成一个通过翻译/解释过程不断发展并且以新意义充实自身的开放系统：

> 就目前的观点来看，是智力意义上的解释使我们成为真正的人类。我们的进步及提高是其主要标志。判定人性水平的最根本问题是一个人可以将这个充满意义的世界解释或翻译到何种程度。他能阐明并讲述多少，他可以正确地推断和总结多少，他可以解释并有成效地运用多少？毕竟，我们必须检验结果。[Welby 1985（1893）：17]

语言的概念使得维尔比将"可塑性"作为其最根本的特征。一方面，可塑性、语义延展性，或是歧义性被正确地视作人际交流必要的条件，人际交流得以实现得益于语言编码各方面之间的相互作用；另一方面，解释（不只是解码）的能力也是适应新环境、目的以及用法的必要条件。

维尔比在1898年7月15日写给瓦伊拉蒂的一封信中评论如下：

> 有人常常期待这样一天的到来（这一天必然会到来），那时候全世界只有一种智力语言，就好像拉丁语曾是一种欧洲的共有语言一样。这不会妨碍先前体现在多种不同语言中的区别，这揭示了拥有最高价值的心理学秘密，这应该被用于教育之中。（参见 Vailati 1971：139）

维尔比与瓦伊拉蒂都将读者的注意力引导到消极意义的歧义表达上，再到措辞不当引起的语言混乱上。结果，他们都将我们的注意力吸引到了使语言运用变得有序的需要之上以及处理"语言问题"的需要之上。他们都关注适当的教育训练，两者都趋向于提出改进的相关建议。瓦伊拉蒂在1898年7月12日写给维尔比的一封信中给出了以下建议：

> 我认为语言谬误的阐述以及分类，尤其是它们讽刺化（在文字游戏中）是养成理解语言歧义性习惯最有效的教育发明。是类似古代斯巴达人依靠的治疗方法，为了让儿子从恐惧的遗毒中幸存下来，强迫他们行为粗鄙和说话粗俗。（参见 Vailati 1971：142）

除去倾向于妨碍语言自由发展及完善的"语言陷阱"，语言谬误被看认为是表达潜力、知识、经验进一步发展的必要条件，因此，从语用层面上来说，是人类控制其环境的一个必要条件。

维尔比并非不加选择地相信符号及其意义描述的定义的有效性，她坚持认为要限制对这种权宜之计的绝对依赖，她认为维持这种变通只对特定的认识论功能有用。瓦伊拉蒂与维尔比都认为定义无法纠正语言谬误及不足之处。定义可能在语用－操作层面上有所帮助，在这种情况下，诸如说话者意图以及传播语境等变量对意义的决定性影响便也得到了证实。事实上，语言使用者越明白符号潜在的多音性及跨学科性，他便越不会想利用"严格的"定义。在《何为意义》一书的开卷，以及对她之前就这一主题所表达的观点的延续中，维尔比的总结如下：

> 认为定义（在自己的领域十分有用）是对表达缺陷真正的补救方法，这一观点显然是谬论。歧义性是语言以及其他有机功能形式的一种先天特质。言语中过于机械化的精确会使思想饱受痛苦。意义对心理"气候"敏感。歧义性作为智力的有效刺激物，丰富了猜想范围，这与在智力领域开始并终结于混乱，或是在道德范围内以虚伪开始并止于故意且成功欺诈的歧义性十分不同。[1983（1903）：2]

更进一步说："表达可能也应该超过严格的定义。事实上，最值得表达的、最值得被解释的以及最值得作为行动依据的，往往可能是最难以用通常意义去定义的。"[1983（1903）：10] 有关词典式的定义问题，瓦伊拉蒂与维尔比有着类似的观点，瓦伊拉蒂还认为如果将其抬高为一种灵丹妙药，这会阻碍语言最有趣的特质之一，那就是它的多面性，它的可塑性，它能够适应新的且不同语境的终极能力，因此是提高其表意潜力的终极能力。

8.3　修辞语、类比以及交际

语言表意定位的基本假设之一，可以从"当语言自身成为一个符号系统时，它的方法便主要是图像化的"这一陈述中得到证实。[1983（1903）：38]换句话说，口头语言通过意象呈现并明确地表达，并且通过诸如隐喻、明喻等手段表达，建立在相似的像似符号关系之上。意象依赖于不同观念、实体、事实以及经验之间类比、联想、对抗的推动力，发生在"转换思想的自动过程中，在这个过程中，每一个事物都会使我们想起另外的事物"。[1983（1903）：34]

从这一角度看，我们便可以很好地理解维尔比坚持从幼儿时期便适当地培养一种对意象及类比的批判态度的价值，基于养成我们普遍使用的适当表达方式的习惯，尤其是口头语言（我们有意识及无意识的生活中最卓越的符号）进行分析、实证以及分类的习惯需要。

另外，对成功实现人际交流，相互回应的理解，对话互动或者仅仅是说话者之间观点的交换（口头的或是书面的），一个必要的要求是假设说话者有相似的心灵与语域。因此，类比不仅是思想与语言、推理与获取知识的方法所固有的，它还是交流得以成功实现的条件。因而，我们无法免除、放弃或是避免隐喻或类比。[1983（1903）：35]

尽管维尔比表示她无法将此观点用理论术语表达出来，但她在语用术语中依然证实了它们的有效性，即通过考虑两个不同心灵之间类比观念所产生的效力：交流互动的成果，影响甚至更改他人的思想、观念、行为以及目标的可能性，以及整个人际关系网。与此相反，困惑、伪问题、谬论、误解等被认为是基于多半由传统无意识地传承下来的错误的类比、伪前提、无根据的假设的直接推断结果。

维尔比将其注意力转移到教育后指出教学过程同样在很大程度上建立在对类比与隐喻的使用之上：

> 我们奇怪地忽略了这样一个事实：比较是我们获取或传播知识的一种方式；直到我们从它与其他我们已有知觉的相似处或是一致性开始，没有知觉有着完全的"感知"，更不用说意义；正如我们所见，如果不假定他人的"心灵"与我们的"心灵"有类似之处，我们就无法与同伴说一个字。[1983（1903）：43]

类比与隐喻描绘了每天的语言、共同语言，即使是说话者对这类手段的运用往往是自然而然的、无意识的、内在的和非直接的。正因为如此，维尔比认为这些手段应该成为教育理论中系统研究的对象。同样，她认为与对话者的有效交际应从实际层面上进行实验与核实。使这样一个逻辑－语言学的机制出现在意识生活层面上朝向解决推论及解释的不足以及弥补解决传播缺陷迈进了一步。

1903 年当维尔比将自己的书《何为意义》寄给瓦伊拉蒂后，瓦伊拉蒂在同年 3 月 18 日的回信中列出了所有他完全赞同的观点：

（1）您坚持批判意象的需要以及检验类比与隐喻的需要（尤其是当"无意识地"或是"半意识地"使用时，正如在当前的例子和庸俗的例子中一样）。

（2）您告诫要当心墨守成规及学校学习容易通过抑制自发的变化来阻碍语言资源的发展，而这些变化是语言自然成长的必要条件。

（3）您对语言从非理性及本能提高到理性且意志的、实际以及推测的重要性进行评价；在这之中，它被看作确定的功能（再现的、推论的、交际的等，以及为达到既定目标）的表现方法或是计谋。（参见 Vailati 1971：143）

多数情况下，瓦伊拉蒂都会谨慎地指出自己的研究与维尔比的研究十分接近：1898 年，瓦伊拉蒂告知维尔比自己的研究计划以《对科学与文化历史中言语问题的一些观察》为标题发表，这篇文章讨论的问题与维尔比 1896 年的文章《感知，意义与解释》中处理的问题相似。另外，他明确地在开篇中提到他的文章《逻辑的修辞》，以分析从物理世界衍生出的隐喻的使用为中心，是受到了《何为意义》的直接启发。

与维尔比的论证十分相似，瓦伊拉蒂在自己的论文《对科学与文化历史中语言问题的一些观察》中，从认识论以及效用－语用层面出发，使用类比、对比与对抗的方法，证明不同知识及经验领域中的趋同性以及分歧的方法，讨论了人类进步的优势：

尽管我们对此的考虑以及能阐述并支持它们的事实还不足以得出以下观点：语言可以以许多方法，甚至在我们不知情的情况下有助于说明类比，因而驱使我们设想一些假说并构建实验，但这足以帮助我们意识到这正是导致影响并持续影响科学理论进步的主要原因，显然，科学理论以某一种形式表达而不是另一种形式。

不同程度的暗示可能属于不同的表达。某一理论的方式和形成某一理论的方式，以及每一个不同的方向可能促使我们归纳、演绎、对比以及实验，这使我们不时地考虑创造新的表达方式，创造表达我们已知的对这一理论的贡献的方式，这些新方式对科学进步的促进作用与真正学到新知识或是发现新规律同样重要。（参见 Vailati 1987：69）

在《代数的语法》（La grammatica dellalgebra，1908）中，他对比了口头语言与代数语言，正如在《对"不可能"的搜索》（"La ricerca dell" impossible，1905）中，他将伦理学的原则与几何学公式联系起来。维尔比则通过这样的方式确认了自己的翻译过程。

事实上，维尔比的翻译理论包含了不同符号系统之间的比较、关联与类比。这样的方法是概念与术语之间的相互阐明，因而为形成新假说，得到新结果，加强理解的可能性铺平了道路。由于翻译过程的连续性，一个符号才能在另一个符号中找到并扩展自己的意义，另一个符号通过在人类关系的符号网络中连接它们的对话关系去以某种方式对它做出回应。正如维尔比所说，我们越多地使用符号，我们的解释、认知以及互译能力就越强大。

维尔比与瓦伊拉蒂的思考使我们想起了皮尔斯无限衍义的概念，符号的意义是一个从一个解释项到下一个解释项的开放式链条中的解释项符号（参见 CP 4.127）。正如对维尔比来说，所有事物都暗示或使我们想起别的事物，根据皮尔斯及其认知符号学，意义在一个符号转变为另一个"对应物"，或者可能是在一个"更加成熟的"（解释项）符号的过程中被赋予，这一"更加成熟的"符号可以进一步提高先前符号整体的表意潜力。这样的方法证明了推动人类探究宇宙的意义以及意义的本质的探索精神。正如我们所见，维尔比正是以这样的态度分析如"它的意义是什么？"或是"它表示什么？"等简单问题的。在那个问题中存在着智力活动的发生资源以及所有可能以哲学的名义被归总的推动力："宇宙可能会被比作一个没有听全的语句，而哲学试图更加清晰地将其表达出来，从而揭示它的意义。"（参见 Cust 1931：12）维尔比的研究不仅致力于产生一个哲学系统，她的研究还可以看作对她的问题背后的推动力的具体化，这些问题最终集中于为什么我们被迫质问人性以及宇宙的感知、意义及意味。这种追问的精神是人类从孩提时代便开始的特性，对维尔比来说比问题本身更加重要，事实上答案又会成为一个新问题的出发点。因此维尔比关注的不只是给出最终的答案，而是研究问题本身的动态现实，它将心灵带入一种无尽的，向着新的、更广阔的地平线前进的运动中。

9 维多利亚·维尔比与
查尔斯·K.奥格登：他们之间的通信

没有任何人类，正如没有任何自然事物，对最终意指之物是陌生的。

(Welby to Ogden 1911 年 6 月 2 日，参见 Petrilli 2009a：779)

9.1 维尔比、奥格登与其他人：一个通信网

我们现在应该从查尔斯·奥格登与维尔比的通信中的表意学角度考虑一些更相关方面的问题，他们为期仅一年的通信为我们提供了一个持续不断的资料全集（大约有 60 封信）。这些未出版的信件存放在约克大学档案馆（加拿大安大略省）的维尔比文选中，开始于 1910 年 11 月 15 日奥格登写给维尔比的一封信，止于 1911 年 12 月 24 日奥格登从柏林寄给维尔比的一张卡片。在档案中查阅他们之间往来的书信后，形成下文中的一些思考，可在笔者书中读到 (Petrilli 2009a：767－782)。

从观念史的角度来看，维尔比－奥格登通信十分值得关注，它揭示了表意学与奥格登、艾弗·理查兹合著的《意义的意义》[1989（1923）] 中详细说明的意义概念之间的联系。同样，他们之间的通信还为有关奥格登早年兴趣所在以及他后来的著作之间的关系提供了深刻见解。特别是这些信件评估了维尔比对奥格登在其知识形成的初始阶段及其随后的研究中产生的影响；当然反过来几乎是不可能的，仅仅是因为他们之间年龄的差距。奥格登在 1911 年 10 月 16 日给维尔比的信中提到维尔比对自己研究的影响，他在谈论自己正在写的一篇论文时开玩笑地说："对您来说要找到我论文中绝大多数的原始资料一点都不困难！"简单对比奥格登与维尔比在其 1923 年卷中以及那些十多年前的手稿中所涉及的主要话题，便可充分证明奥格登与维尔比的相遇如何决定了他的研究方向。

维尔比特点鲜明地将她的通信——她与奥格登之间的通信也不例外——作

为理论探讨、观点与信息及资料交换的场所。维尔比的档案文件以及保存完好的图书馆为我们提供了信息与资料，这引起了我们对其追求"表意学"过程的兴趣。在 1910 年 12 月 15 日给奥格登的便条中，维尔比写道："你应该看看我与牛津大学及剑桥大学间的一些通信，它们很有启发性，以及很多其他资料。我可以让你全副武装。"同样在 1910 年 12 月 24 日的信中她说："相信我，你不过是站在资源库的门槛上。我可以在每一方面为你提供装备。"维尔比似乎是正确的，我们可以从奥格登首次去哈罗拜访回来后，在 1911 年 1 月 9 日写给维尔比的信中所做的热情评价判定他一共去哈罗拜访过她两次。事实上，他与维尔比在她的图书馆待了一天，向维尔比咨询各种通信与文献（包括她所谓的"证据"，她收集这些"证据"作为"她论文的证据"）、手稿，以及其他无法在剑桥大学获得的资料。[包括像《一元论者》（The Monist）这样的杂志]奥格登愉快地结束了这次带走"宝藏"的拜访："我从未有过这样的思想盛宴，我只希望能最充分地利用您所慷慨授予的一切。"

另外，在维尔比十分热情地传播表意学的过程中，她总是愿意在与自己通信的人之间建立联系：她经常复印他们的信件，供私下交流或者甚至在任何可能的时候组织真实会面。得益于维尔比这样的态度，奥格登才能首次接触大大小小的名人作品——除皮尔斯之外——鲁伯特·布鲁克、乔凡尼·瓦伊拉蒂、马里奥·卡尔德罗尼、费迪南德·藤尼斯、弗里茨·毛特纳以及亚历克修斯·迈农等人的作品。其中一些人在《意义的意义》中有所提及。在 1911 年 2 月 16 日的信中，奥格登问候了布鲁克与卡尔德罗尼，尽管他并不认识他们；而后两者也是多亏维尔比才得以相互联系。在同一封信中，奥格登还询问了关于瓦伊拉蒂的内容："我想了解瓦伊拉蒂去世后意大利的情况。我未见到任何与瓦伊拉蒂的作品中的主题直接相关的文章，但毫无疑问很快便会有。"不幸的是，这个期望不幸落空，是由于瓦伊拉蒂与维尔比共同知识遗产由官方文化保存的共同命运，而这些知识遗产直到近期才在相对的沉默中传递（参见 Ponzio 1985a，见上文，第 7 章）。从符号学理论的角度来看，维尔比最重要的联系人之一便是皮尔斯。多亏了查尔斯·哈德维克（1977），自 1977 年开始，维尔比与皮尔斯之间的通信可以在二人通信集的新版本中看到，这代表了一个珍贵的材料来源，对它们的研究如今以一种不同的角度，也就是开始关注维尔比及其研究，而不仅仅是只关注皮尔斯研究。皮尔斯将维尔比 1903 年的专著《何为意义》[Welby 1983（1903）]评价为其对表意学理论的发展做出的最成熟的贡献。与许多学者一样，皮尔斯认可维尔比对更好地理解意义问题的普遍重要性所做的贡献，这在过去往往被忽略，对此的相关论述也十分浅薄。

维尔比通过一个抽象过程将意义分为三个层次"感知""意义"以及"意味",呈现在人类语言、知识以及行为的所有范围中。"感知"等同于前理性生活以及人对环境反应的最原始层次:它关乎我们对符号的使用,是一切经验的一个必然条件。"意义"关系到理性生活、表意的意图及其意志方面。"意味"暗含着感知及意义两者并且超越了它们,为的是关系到符号为我们每一个人所拥有的含义及价值:它指词的整体关联、最大含义以及终极力量(并且它本身也包含责任的概念)。意义的这三种不同模态表明表达及解释能力,因此,也就是语用层面上作用力进一步发展的三种不同但相关阶段。

当前语境中尤为有趣的事实是,正如前文所预期的(第 6 章),皮尔斯将维尔比对意义的三个层次"感知""意义"以及"意味"与自己的解释项三分"直接解释项""动态解释项"以及"最终解释项"对应起来。皮尔斯在 1909年 3 月 14 日写给维尔比的信件中讨论了这种对应。维尔比将这封信给了奥格登,奥格登随后将其收录进《意义的意义》,作为一个附录。"直接解释项"关系到意义,因为它是解释者通常并习惯使用的,因此与维尔比的"感知"相似,它与解释者对符号的直接回应相关。"动态解释项"在一个特定语境中与符号的意味相关,与维尔比的"意义"相对应,因为它们都被用于一个特定的意图。"最终解释项"关注符号的解释可能性的极限,涉及符号在一个潜在无限的解释项序列中一切可能的反应。维尔比的"意味"与皮尔斯的"最终解释项"暗示了符号的创造性潜能:另外,两者都包含符号与价值,因此,也就是评价态度。(有关维尔比与皮尔斯,除前文第 6 章以外,参见 Deledalle 1990:133—150)

奥格登很快便认识到维尔比与皮尔斯之间联系的重要性(正如我们从他1911 年 3 月第二次拜访维尔比之后即刻写给维尔比的信中获悉的),而且毫无疑问,奥格登最重要的间接联系人便是皮尔斯。除了那些信件,奥格登也看到了皮尔斯对《一些逻辑专题的教学大纲》撰写的大纲,被皮尔斯的"符号分类"及其存在图深深吸引,他对此进行了研究,那时皮尔斯在英格兰是完全默默无闻的。("一个艰难的任务",Ogden to Welby 1911 年 4 月 12 日)奥格登尤为感兴趣的是在皮尔斯的存在图与维尔比的表意学之间建立一种最终联系的可能性(Ogden to Welby 1911 年 10 月 30 日)。对维尔比来说,她十分支持他的求知欲:"我确信他(皮尔斯)是个十分伟大的人,比起目前所获得的赞扬,他是一个更加独创的天才。"(Welby to Ogden 1911 年 4 月 5 日)在 1911 年 4月 29 日的信中,在奥格登表示他想了解皮尔斯的"符号的逻辑理论等等"之后,他补充说:"对我来说,如果它(符号的逻辑理论)可以与您(维尔比)

详尽的材料、观点以一种不那么深奥的方式结合，那么结果会是不可抗拒的。"（Ogden to Welby 1911 年 4 月 29 日）而奥格登则是维尔比在自己与皮尔斯的通信中提到过的许多人之一："我想我为您找到了一个在剑桥的门徒。他一直认真地研究我所给他的有关您的存在图的文章……他的名字叫查尔斯·K. 奥格登……"（Welby to Peirce 1911 年 5 月 2 日，参见 Hardwick 1977：138-139）。除了我们并不知道可不可以将奥格登看作皮尔斯实际上的"门徒"之外，我们知道，在他继续表达对皮尔斯作品的欣赏时，他正在撰写《意义的意义》，如果说他书中对皮尔斯的摘录表明了什么的话。

9.2 维多利亚·维尔比与查尔斯·K. 奥格登之间的通信

在与维尔比通信期间，奥格登已经阅读了《何为意义》，并在寻找带有最新发展动态的有关表意学的文献，他还听说乔治·F. 斯托特计划编辑一本名为《表意学文集》的书。而维尔比这边则在最后润色她 1911 年的书《表意学和语言》[Welby 1985 (1911)]。正如维尔比向奥格登所解释的，她研究表意学已经超过 40 年了，这其中有 30 年几乎是全然默默无闻地度过的：

> 我被忽略了 30 年。这没关系：（但表意学）也被忽略了，新一代已经长成，却是受到束缚的、思路狭窄的，他们可能不知所措……但我不会大发雷霆。（Welby to Ogden 1910 年 12 月 15 日）

在一系列的信中（1910 年 11 月 5 日，1910 年 11 月 8 日，1910 年 12 月 13 日），奥格登谈论了一篇他想在一个主题为表意学的公共会议上展示的论文，这直接表明了他对表意问题的"最严格的语言学一面"的独特兴趣，直到以"语言学意识"（反过来引用维尔比自己所用的一个术语）的充分发展与困惑展开斗争为止：

> 我应该能够注意到对我们之间的讨论（至少每周一次）所产生的混乱，这种混淆正是由您所说的"语言意识"的缺失产生的，以及不愿意尝试习得。（Welby to Ogden 1910 年 11 月 5 日）

事实上，奥格登在牛津大学贝利奥尔学院以及剑桥大学的异教徒社团宣读了有关"表意学发展"的论文。正如他在 1910 年 12 月 13 日的信中告知维尔比的，他根据以下（见下页）计划发展了自己的主题，该计划揭示了他努力将表意学定位在一个比维尔比个人研究描绘的更广泛语境中。

1. 引言——主题重要性概述—对象等。

2. 历史考察——普罗塔哥拉—洛克—图克—维尔比—西奇威克等。

3. 未来的出版物——斯托特—维尔比—百科大全等。

4. 对导致退步的原因的思考（宗教等）。

5. 讨论中产生困惑的原因——教育—隐喻—定义—目前对待词语的规则等。

6. 建议补救法——（1）对"表意学家"的教育（2）世界语等。

7. 总结。

牛津大学的这次会议大约有 15 个人参加。他们对表意学的反应是有所保留的。按奥格登的解释，这些"专业的哲学家"深受牛津的"逻辑学院"影响，难以接受维尔比及其表意学提出的新方法。（Ogden to Welby 1911 年 12 月 20 日）奥格登解释他们的异议在于：

> ……形而上学知识完全可以解决语言歧义、事物知识以及辩证法，而不是"表意学"，完全不"需要""表意学"……（Welby to Ogden 1910 年 12 月 13 日）

然而，在另一封便签中，他继续谈到了一个重大的观察发现，即：

> 普通人提及他们所知的讨论中的困惑，以及他们的根源与真正哲学的不确定性之间有着显著的区别，这是十分有价值的……（Welby to Ogden 1910 年 12 月 13 日）。

一方面是困惑之间的差异，另一方面是哲学的不确定，从表意的观点来看，是十分重要的说明，并且回应了维尔比所关注的，考虑到她也一直涉及讨论这个问题。事实上，维尔比区分了语言歧义，因为它会表现为语言使用不当、缺乏语言意识，从而导致错误和困惑；相反，从积极的意义上，歧义被理解为像一词多义、多种解释的可能性，因而我们可以从"回应式理解""对话"以及"他者"的意义上，将其添加在解释项之间的关系中。维尔比与奥格登对此类问题的研究可以归入包括像瓦伊拉蒂与皮尔斯这类重量级人物的传统，他们是维尔比同时代的人，也是她的通信对象，还包括莫里斯、巴赫金、罗西—兰迪、沙夫（1960，1977）等，他们都可以被纳入思想传统中，正如托马斯·西比奥克所说的"主要传统"中（1986；Petrilli，Ponzio 2001，2002a）带有了"解释符号学"的标记。（参见 Petrilli，Ponzio 2001，2002a 6.2）与这些学者相似，维尔比与奥格登都反对意义固定的谬论，他们强调在达成良好语言传播中多音性的重要性，这是实现超越符码与惯例所严格规定的语言交流。语言真正的精确性来自对语言资源的合理开发，例如，当我们用一个相似的意义去区分不同的词时，或是区分一个词的不同意义时。

作为一个年轻的大学生，奥格登是表意学的热情推动者（即使在他后来的作品中他使所关注的符号变得难以理解）；另外，他对传播策略及宣传的兴趣也始于这个时候："普及这个词（表意学），然后让这些书（经验中的共同感知）证明它们自己，这是件伟大的事"（Petrilli，Ponzio 2001，2002a）；而根据随后写于 1911 年 3 月 9 日的信来判定，他的计划似乎开始生效："……现在这里有许多人在谈论'表意学'，但他们会进一步讨论吗？"奥格登特别渴望从效用-语用层面去验证应用维尔比对意味的普遍追求的可能性，而且他自己关注的是语言层面上表意学的实际发展。从 1910 年 12 月 13 日写给维尔比的信中我们可以看到他早已设想好了自己的研究，从以下几个方面（许多方面都写入了《意义的意义》）继续研究：

> 重要性—进步—未来。表意学的讨论中的实际影响—对表意学。宗教的影响—教育的—对表意学。洛克、维尔比夫人对表意学的研究。表意学与定义。"一些有价值的忏悔"。—教育—等等。

在随后于 1911 年 3 月 12 日写给维尔比的信中说道：

> 可能遇到的最大的异议是：除了让我们注意到我们还未足够清醒之外，你还能做什么？因此，一个不能唤醒我们的实际建议的研究有何用？目前还很难回答这个问题，除非我们特别注意语言。因此，无论最终会发生什么，对我来说，笼统地提及"意味"并不是好的宣传。

奥格登关注语言源自与维尔比相似的兴趣：她主要研究的也是语言符号，她认为语言符号代表着她表意学论题的最丰富的例证资源。但维尔比不会将语言符号孤立开来考虑：例如，维尔比关注非直接语言元素的，也就是副语言元素的书面与口头语言交流中的表意含义，这些副语言元素是：就口语而言，包括语调、面部表情、手势符号等；就书面语而言，包括话语文类、记事语境、读者与作者的关系、文本目的等：

> 目前，表意学家必须记住，在真正意义上，他的成功便是他的反驳。他被告知"你成功地说服了我，但那是因为语言实际上是完全有效的，因而你的改革是没有必要的"。回答当然是："我成功了，是因为一种不限制在口语交谈中的先天力量，这种力量同样由语调、面部表情及肢体表达以

及态度传播，或是在写作中由全文的趋势以及整一代人的研究，还有我们所感知的潜在意图传播。"（Welby to Ogden 1911 年 5 月 16 日）

然而，在同意奥格登独特的研究兴趣后，维尔比强调了在研究语言时，永远不要忽略整个表意过程的整体语境，也就是说超越语言的、非语言的，总之，不能忽视她通过"意味"所理解的事物，在此暗指符号与价值之间的联系（参见 Petrilli 2010：11—96）。在我们可能视作转换语义的视角中，表意学的范围超越了"严格的语言学"而关注表意的价值论以及伦理方面。尽管关注更加特定的语言学问题，例如定义的问题，奥格登也同样清楚地认识到了表意学更广阔的影响。

与奥格登一样，维尔比也关注自己的表意学论题的实际应用——而且不仅是在语言领域中的应用。例如，在 1910 年 12 月 21 日写给奥格登的信中，她描述了美国生意伙伴"在生意上以及在更加高级的职业上"对表意学作用的证明。对此奥格登立刻回复道："……我未曾想到表意学经济的一面！我担心我寻找的不过仅是一顶荆棘王冠——但我已经充分准备好接受改变了。"（Ogden to Welby 1910 年 12 月 22 日）维尔比认为表意学是一个跨学科的领域，从表意学的视角理解，整个表意世界都必然从表意角度进行理解："……我唯一的要求是现实——富有创造力的现实——我只要求能被更好的事物超越。"（Welby to Ogden 1910 年 12 月 27 日）维尔比试图通过"表意学的"，其中包括"学究的交谈"，主张以"表意学教育"的方式来发展"语言意识"。因此，不是教条主义，也不是毫不质疑地相信广为接受的真知，而是无偏见的思想开放性，是"创造性的以及逻辑的力量通过不为人所知的数据及材料"的发展（Welby to Ogden 1910 年 11 月 23 日）。她提倡根据指导教育方法论的原则进行改革，这只代表了她教育改革计划的一方面，而后者则反过来是全面社会改革更广泛的计划的一部分。她认为表意学作为一种方法可以为解决各行各业困难提供精神上或者实际上的解决方法。但她也认为只能通过影响新一代人得到这个意义上最根本的结果：

> 我们必须从幼儿园及小学开始进行我们所希望的语言清晰度本能的研究，而这现在却承载着许多无能为力的惯例，这些惯例长期战胜表达，必须得到培养与激励。……那么第一所学校会有此要求：他们对表达的渴望，为了了解或推论而表达，会一直得到激励并且有序的：渐渐地无政府的或是教条主义的趋势都会上升到所解释的之中……为了能够说明我们应该表达的意思以及根据我们按照一个主题真正的构想而采取行动——这便

是目的所在。（Welby to Ogden 1911 年 3 月 24 日）

正如奥格登整个的学业所证实的，他完全支持维尔比的恳求，她希望能发展"语言意识"以反对语言使用的困惑以及语言无秩序及教条主义所造成的害处、错位以及缺陷。维尔比希望由她的曾孙们代表的一代人能够完全恢复她所说的"自然种族感知"，并且以与以往几代人不同的方式发展它——也就是带着表意学的识别力——发展它全面的表达、解释以及批判潜力。在维尔比与奥格登的通信中，维尔比还宣布了自己的计划，即开始她的书《是什么以及可能是什么》的写作，她将该书称为她的"最后一本书""最伟大的一卷书""表意学系列更为重要的一卷""这将是教育中的表意学的一个有力的证明"（1911年 9 月 20 日，还可参见 1911 年 5 月 1 日，1911 年 6 月 2 日），但就我所知，她尚未来得及将其出版。

维尔比在 1911 年 3 月 24 日写给奥格登的信中提到的"种族感知"的概念是其理论大厦的一个基本成分，维尔比还将"种族感知"称作"母性感知"，"原始感知"或"初始感知"（参见 Petrilli 2009a；第 6 章）。维尔比致力于人类的表意重建中的表达性、解释性、逻辑性、行为性、伦理性以及批判性。她在孩童当中发现了一个可行的模型，即一个天然的批判。正如维尔比在写给奥格登的另一封信中所具体说明的（1910 年 12 月 17 日），她将表意学方法看作"不仅是发现方法，也是推理方法的母方法，因此也是逻辑方法的母方法"。在孩提时代，所谓的"原始感知"不受社会以及语言惯例的约束；其参考来自祖先的经验以及人类的智慧。维尔比的种族或是原始感知的观念基于一种人类的全局视野，在该观念中动物本能与人类智识辩证地互相影响。同样的，原始感知为感知、意义及意味的产生提供动力，并为创造性及创造力的产生提供动力，还为批判意识的形成提供动力。因此，根据维尔比的观点，我们逻辑能力的全面发展必然以我们基本的本能生活的良好发展为基础，反之亦然。继这一观点后，她从表意学历史的角度描述了人类的历史，表意学历史对她来说，到目前为止在于初始表意辩证的逐渐遗失中，用巴赫金的话说便是在于"对话及批判回应性"的遗失之中。但我们同样可以用托马斯·A. 西比奥克的论述来翻译并更新维尔比的论述，维尔比十分明白，我们如今因为西比奥克的研究而了解人类表意及传播过程中的"生物符号学"维度，但我们也可以补充了解其中的"生物伦理"方面的重要性。

维尔比对人类历史的兴趣引导她欣赏古典世界，而她正是通过翻译而间接地进入这个世界。在奥格登与维尔比通信期间，奥格登正在剑桥大学进行古典文化研究，并将自己对希腊－拉丁世界的知识供维尔比使用："我十分乐意按您的建议不时地做古典文化的摘记。"（Ogden to Welby 1911 年 1 月 30 日）事实上，奥格登在 1910 年 12 月 22 日的信件中便告知维尔比自己正在研究"希腊哲学中的表意学（某一天也许还可以试着研究柏拉图的《巴门尼德篇》的第二部分）并且（我）希望得到一些有意思的结果，除了已经熟知的三等'阶层'共和国等"。在这封信中，奥格登还告诉维尔比自己"（作为一个异教徒）对'宗教'的影响"的兴趣，而事实上这是维尔比对表意学整体探索的起点。在维尔比于 1910 年平安夜写给奥格登的信中，她是这样说的：

> 唉，我只能在翻译中展示"古典的"见证人，但我有许多这样的见证人。我的确在"感知的微粒"中引用了恩尼乌斯的话。然而几乎所有伟大的希腊或拉丁思想家都是表意学家。而且他们的语言应该与我们的一样重要。……对宗教来说也是如此！这正是我研究的起点。我发现我们都不清楚我们身在何处，或是我们为何种生活而奋斗，我们应该将所有的兴趣与力量放在何处。……但我发现神学及宗教方面的研究还未成熟；尽管这是一个有前途的领域。

然而，古希腊罗马式的世界与宗教代表着奥格登与维尔比观点相冲突而未解决的两个领域，这决定了两者关系中的一个无可挽回的转折点。维尔比认为希腊罗马时代的哲学家以及他们的语言天生具有一种比现代哲学家更高的表意敏锐度。奥格登对维尔比的这种态度做出了一些评价，若是古典世界观占据了表意学的主导地位，他甚至表示自己对表意学未来产生怀疑：

> 我十分惊讶您对希腊人的观点——对我来说他们似乎使自己进入了一个更糟糕的语言混乱状态，甚至比我们所做的更加不堪，而且几乎无理由可循！
>
> 我确信如果上世纪最好的文学作品保留下来，我们在其中找到的多重隐喻甚至会与在其"精选的遗稿"中相差无几。
>
> 这很显然，甚至是对他们自己——例如，古代的普罗塔哥拉——反对由使用一切随意表达所引起的混淆（柏拉图《泰阿泰德篇》168 C 等）。
>
> 我认为就是这些极糟糕的人们支持"古典教育"，受其影响形成相反的普遍舆论，就此阻碍了表意学的进步（Ogden to Welby 1910 年 12 月 26 日）。

为了支持自己对"希腊哲学的语言编织"这一带有批判意味的论点，奥格登引证了诸如阿洛伊斯·里尔、赫伯特·斯宾塞以及 F. S. C. 席勒等间接来源的权威（参见 Ogden to Welby 1910 年 12 月 30 日以及 1911 年 1 月 2 日）。

奥格登对宗教的观点与其参与的异教徒社团紧密相关。甚至是有哲学含义的名字的选择，也成了奥格登与维尔比之间的一个争论点。对维尔比来说，表意学甚至可能包括异教徒：

> 但我十分期待有一天你和你的社团将你们自己称为表意学家——并且变得比我更担得起这个头衔！作为异教徒的最后一招只能凭借区别与反对……表意学包括原初意义上的"异教"。（Welby to Ogden 1911 年 5 月 5 日）

根据希腊语源学，"异教"包含了"选择"的概念并且可能与"异端"这个词相联系，这引入了相关的"另一种观点"的概念：两个术语都隐含有关正统派的他性的概念，因而观点、教条或是信念的概念与既有秩序有冲突。这使我们想起维尔比对教条主义与正统观念的批判，即她基于满足权威要求而对观点、看法、理论或是教义等声明的批判，也就是说没有了批判质疑、解释辨别、对话向他性、其他声音、其他逻辑开放的益处——使我们想起诸如伊曼纽尔·列维纳斯以及巴赫金等思想家所说的话。正如维尔比于 1911 年 11 月 16 日给奥格登的信中所说："……正统一直是'我的'，异教一直是'你的'。"

奥格登与维尔比一直在讨论像这些或是另外的一些术语的意义，却始终未能达成共识。例如在 1911 年 5 月 15 日的信中，奥格登指出对"信仰"这个词最终的接受，这从一个"异教徒"的观点来看是完全不可接受的："我们谈论了坚持信仰而且我手边有一本叫作《世界的信仰》的八大卷词典。"但在维尔比写给奥格登的最长的一封信中——唯一一封包含在《他维度》之中的信，1931 年于维尔比身后出版的两封书信之一，皆由其女儿编辑，另一封收录在《更广阔生活的回声》（1929），维尔比为自己对该术语的解释进行了辩护：

> 你所指的词典与其自身相矛盾，如果你指的是宗教的坚定的信念与信仰。没有比我认识的人更忠实的人，他们被认为是无神论者，或者至少是不可知论者。他们就像是被剥夺了一切，但却仍然献身于真知与纯粹的人。宇宙中造就信仰的力量吸引着科学家，还恰恰是因为你永远可以相信他：这是实验的宪章，是科学的保证。（Welby to Ogden 1911 年 5 月 16 日）

这段摘录来自对"自然法则"这个术语的反思，以及对"信仰"与"信念"以及"异教"与"异教徒"术语之间的区别的进一步考虑。然而，这次的术语抨击的特点是误解，从最后的分析可以看出奥格登与维尔比的处境大体上相似：处于一种十分矛盾的状况下，他们都要求批判语言反对含糊措辞的诡计。以下的段落仍值得关注，维尔比在其中谈及"信仰"与"宗教"，还有"自由""表意"，"崇敬"与"奉献"，"教义"与"解释"的概念，以及无所不包的广阔的符号学网络，无论是文化的（"人类"）还是自然的，只要它意味着什么并且是解释的对象：

> 我信基督教的朋友知道我怀疑我们都处于"信仰"与"宗教"的困惑之中，而且真正的福音书必须释放、加强、提升并意谓一切可能的、明智的想法。对于"邪教"来说，尤其是那些带有专制要求的，让我们远离它们！若能够神圣成功地吸引每一个人忠诚于其知道的最好的程度上来，对崇敬与奉献的浪费，以及为维护"教义"本应阐明这个世界的事物的浪费，是可怕的。但表意学将建立在人为"基础"上，暂时缺乏解释的受害者从教皇引向了无神论者。人类与自然的一切最终都与意指之物一致（Welby to Ogden 1911 年 6 月 2 日）。

回到崇敬的概念，在1911年10月1日的信中，奥格登采用自己的评论来反驳维尔比，对此我认为维尔比本该赞同，如果我们从拒绝不批评地遵从惯例，拒绝毫不质疑地服从权威方面来理解奥格登对不敬行为的概念的话："我担心我对崇敬有一点偏见：一些人天生便是无礼，例如萧伯纳，卡尔·马克思——而我发现很难拒绝他们的'最崇高的意义'。"

如上所述，维尔比对意义以及意味的研究始于对宗教、神学以及《圣经》问题的关注，尤其是对《圣经》文本解释问题的关注。为了抵抗使人打消疑虑的单一逻辑的诱惑，以及反对依赖教条与正统的诱惑，维尔比在批判性阅读原则的基础上还建立了自己的文本解释理论。只有通过记录符号语义适应性，符号的一词多义性、多逻辑性以及"对话性"等特性才能实现，正如巴赫金所说，因此只有通过记录回应一个单一符号、一篇文章，无论是一个词的长度还是一整卷书的解释性路径的潜在多样性才能实现。维尔比在其1881年的书《纽带与线索》中便已明确地表达了对"普通意义"，对意义固定谬论的批判，这主要来自她对《圣经》的阅读。对维尔比来说，从尽可能多的立场去审视同样无限的真知十分重要。因此，对于所有其他的信念系统，维尔比预言自己的表意方法同样可以应用于宗教领域：为了保持关注，宗教同样需要得到分析、证实以及更新，由此与所有人类经验与探索的其他领域的进展互相关联。

在维尔比与奥格登通信期间，其他一系列主题二人也略有涉及。例如，他们讨论了"时间""空间"与"运动"的概念（Welby to Ogden 1911 年 3 月 29 日），从表意角度分析"原因"以及"机率"的可能性（Ogden to Welby

1911 年 9 月 17 日），话语的魔力（或是希腊语对希腊人思想的影响），以及金钱/语言隐喻，也不乏社会问题：我们已经提到了奥格登与维尔比的语言改革项目以及他们对教育学及社会的广泛影响。

在奥格登被其他议题吸引大量注意力后，他鲜有时间再研究表意学，维尔比与奥格登之间的通信也接近尾声。正如《意义的意义》第一版的前言所表明的，这本书的几个部分在 1910 年便已完成。毫无疑问，这本书中涉及的许多话题，例如名为"定义"这一章，在那时便已成形。例如，奥格登就自己正在准备的两篇论文给维尔比写信（他在两个不同的会议上宣读了这两篇论文，并希望最终能发表）。它们的标题便明确无疑地揭示了维尔比的影响：《经济学术语的歧义》（"Ambiguities of Economic Terminology"）以及《定义表意学》（"Significs of Definition"）（参见 Brower 1991：3－22；Gordon 1990：184－188；Schmtiz 1985：clxxx）。尽管维尔比对奥格登的学术发展以及奥格登研究早期及随后的主题连续性的影响十分明显，尽管探寻的具体对象相同，但他并没有充分地认识到她与自己和理查兹的专著之间的联系。

9.3 表意学以及《意义的意义》

《意义的意义》附录 D 中的第六部分，在其中，维尔比的名字仅因与皮尔斯相关联而反复出现，维尔比只在脚注中被人忆起，第一次是在第八章"哲学家的意义"中，在该章中，她与罗素及席勒共同作为少数意识到有必要解决被大量忽略但却十分普遍的意义问题的学者被列在学者名单中。在第十一章"意义的意义"之中，她的名字同样在脚注中被提及，出现在揭示少数人理解其对待意义问题的整体方法的评论之中。[Ogden，Richards 1989（1923）] 参考其 1896 年的文章《感知，意义与解释》（Welby 1896），以及她 1903 年的书《何为意义》[1983（1903）] 与 1911 年 [1985a（1911）] 的书《表意学与语言》，维尔比因为"让自己满足于一种对意义作为人类意图的不明确的坚持"，对意义概念不充分的分析描述，以及"对早期宗教阶段的重复措辞"而受到谴责。以下段落摘自《表意学和语言》，以支持这一（很难令人信服）论点：

> 所有表达中一个重要的问题是其特殊的性质，首先是感知，表达便是使用于感知中，其次是作为使用者意图的意义，而一切含意之中最深远且重要的是终极意味。（引自奥格登与理查兹 1923 年后的 1989 年版本：192）

　　在此，我只想简单指出，维尔比对表意学的探索在涉及意义问题时远远超出其严格的逻辑—语言学以及意图方面（它包含这些方面），把重点放在意义连同"价值"概念上。这里提及的不仅是语言学价值，还有从价值论意义上（超越宗教），伦理—社会及实用主义意义上理解的价值。符号与价值之间的关系将她的研究与查尔斯·莫里斯等人相关联，也就是说与有着诸多莫里斯的著作相关，例如《开放的自我》（*The Open Self*，1948），《人类价值的多样性》（*Varieties of Human Value*，1956），《意指和意味：符号与价值观关系研究》（*Signification and Significance: A Study of the Relations of Signs and Values*，1964），以及其他许多围绕这一问题的文章。维尔比打破了根据符码、惯例以及意图的教条，而仅采取一种描述性的方法对待语言学的局限，从一种我们称之为人性化的角度发展其意义及意味理论。结果就是，这不只是停留在其宗教、道德或是想象暗示的问题上（对此她受到了来自己多方面的指责），而是从她对人道主义，对以表意学的方式了解人类的"表意学"要求的更广阔的背景下看待她的研究，她以关注语言以及将意义看作人类特征最重要的表现而进行研究。维尔比特别选择了"表意学"这个术语，以抓住自己对意义的研究的特殊定位，考虑到"表意学"不同于其他已经存在的术语，例如"语义学""符号学""符涵学"等，它没有严格的术语联想。

　　就维尔比对《意义的意义》的作者奥格登产生的深远影响而言，无论我们得出怎样的结论，事实仍然是：其标题便使这本书适于解释成对表意学中一个基本问题，即"何为意义？"的一个可能的回应。除此之外，我们讨论的作者所特有的问题以及他们处理这些问题的方法有着密切关系，它们包括：意义问题、解释问题、意义的条件、符号的生产等。另外，从奥格登与维尔比的通信中，可以看出，他们同样对术语问题感兴趣，以及对概念上表达的混淆、歧义问题、定义的功能、固定意义谬论、语言意识的概念、语言的批判以及翻译理论感兴趣，他们不止从普通的语际交流意义上理解翻译，并非将其作为代替或是重复，而且从解释的广义上理解翻译，因而将其作为意义的发现及更新，新知识的获取（参见"Ogden, the Translator"，Gordon 1991：125−130；Schmitz 1985：lxxxviii-xciii）。另外，由于认识到处理传统在决定语言、思想及现实之间关系中所起的作用的需要，维尔比与奥格登都研究了人类学的历史及宗教史。最后，他们都认为有必要将他们的理论发展为实践性后果，并且相信他们以不同方式为语言、教育及社会改革所做的工作。对 W. 特伦斯·戈登来说，他不止考虑了《意义的意义》与表意学之间的密切关系，但是在观察到维尔比本可能认可有效的"表意学进步"，他认为这本书标志着从一个新维度对维尔比研究意义的特殊方法的一种可能发展：

> ……他们的研究（奥格登与理查兹）与维尔比的研究之间联系的最重
> 要方面并不仅是这里所提的一种密切相连的关系；而在于他们将她对表意
> 学的洞察带向了一个新维度。

奥格登与理查兹接受了维尔比夫人要求将心理学及哲学作为新出发点
的挑战。他们在《意义的意义》的第三章"符号情境"中发展了一种包含
这两个学科的方法，在这一章中，行为心理学中的一些最基本的前提得到
了发展并与符号理论相联系，对专业定义的语境进行了详细阐述，这巩固
了整本书的基础。(Gordon 1991：122)

9.4　意义、指称物以及语言产物

以下引自《意义的意义》的标题为《思想，话语与事物》引言，描绘了奥
格登与理查兹意义理论的符号解释方法的主要特征。与许多该卷中的其他文章
一样，它使我们清晰地想起奥格登与维尔比通信的内容（在这个特殊的例子
中，他在 1910 年 11 月 15 日的信件中用维尔比的术语表达了发展"语言意识"
的需要，以减少剑桥大学宗教社团每周举行的讨论会中的困惑，参见上文）：

> 然而在另一方面，所有这些专家都未能意识到当前语言学理论的缺
> 陷。尽管他们是如此专注地——记录正在快速消失的语言细节的人种学
> 者；是有着详尽的语音法则与词源原则的语言学者；也是有着"哲理"思
> 想的哲学家——他们都忽略了对于更好地理解真正出现在讨论中的事物的
> 迫切需要。对于交流过程的分析，部分是心理学上的，而在心理学已经成
> 功进展到一定阶段之前，符号学必定仍然悬而未决，但不再会有借口含糊
> 地谈论意义，也不能忽略话语欺骗我们的方式。(Ogden，Richards 1923，
> 现参见 1989：8)

意义问题在语用操作层面，在交流的实时过程中，并且在话语的元层次，
作为语言理论的对象得以探讨。奥格登与理查兹对语言学家在传统意义上实践
的语言学以及隐含或明确地与语言学相关联的特定的哲学方式持批判态度。这
两种情况都证明分析实际的语言使用以及潜在的理论含义一般是无法成功的。
当然，与超越了语言学的维尔比有着密切关系，因为在维尔比时代语言学是被
正式使用的。例如，我们知道她批判了以布雷阿尔为代表的语义学及其 1897 年
的书《语义学探索：表意科学》(*Essai de semantique: Science des significations*)。

在《意义的意义》之前的文章中，奥格登与理查兹便提到了索绪尔。在承认他将语言学研究从历时角度转变为共时角度的价值的同时，他们也批判了他的语言的抽象概念，他对指称物的排斥（而奥格登与理查兹将此看作解释过程必不可少的部分），最后批判了他对惯例以及固定意义的过度评价：

> 作为一个特别尊重语言学惯例的哲学家，索绪尔无法忍受篡改他认为是固定意义的东西，即语言的一部分。严谨地看待虚假的"被接受的"词的使用是语言学家的一个特点。（Ogden，Richards 1923，现见 1989：6）

奥格登与理查兹提出了一个符号三分理论，在该理论中解释与意义作为关系过程出现，因符号、解释项与对象之间，或是按照他们的特定术语，即"象征""指称"以及"指称物"之间持续的动态相互关系而产生。从这一角度来看，解释并非是以符码（语言）一对一的逻辑进行的，这是一种由语言元素间的惯例，能指与所指间或是语言的横组合及纵聚合间的惯例建立关系的二元系统。这种语言与意义的方法主要来自索绪尔，并且被称为"符码与信息符号学""解码符号学"或是简单地称为"符码符号学"，正如上文所提到的……它将语言学生活的还原与抽象语言系统和个人对该系统的使用（语言与言语）间的关系相关联，以及与能指与所指间的交换关系，语言系统中符号间的交换关系相关联。相反，在所谓的"解释符号学"的普遍框架中，解释不再限于表达与解码二元之中。在此，符号的意义不在符号之中，也不在语言系统中，而是在一个符号与其解释项的关系中，在这种关系中后者是以不同程度的对话他性发展起来的，它是一个回应性的理解解释项，而不仅仅是一个识别性的解释项（参见 Petrilli，Ponzio2005；引言"符号学探索"；Petrilli 2010：第 2 章）。

奥格登与维尔比以相似的方向研究语言歧义性的问题。与维尔比一样，奥格登与理查兹都表示根据多音性来理解的歧义性是表意过程以及交际相互作用持续发展的必要普遍条件。除了专门术语，意义根据符码与惯例明确建立，这些作者基本上同意，人类交往依赖于歧义性与模糊性等特性，这些特性被认为在结构上是构成性的，是语言固有的，因而对成功实现某些形式的交流互动来说是必要的（这是显然的，例如在文学话语中）。在 1989 版《意义的意义》的引言中，艾柯证明了语言歧义性对表达以及交际的重要性：

> 一种好的语言理论可以使我们更加清楚地认识到我们所使用的语言的功能及其为我们设立的陷阱，这是真的：一个人若很好地掌握一门语言，他就能更加精确地表达自己，甚至是他说的谎话也更有说服力……在日常对话中，询问你的对话者，他真正想表达的以及他赋予他所使用的词以什

么意义是十分有用的。同样，日常语言依赖于歧义性、细微差别以及暗示；而且人们对它的使用漫不经心，尽管存在不精确、省略以及误读，也往往能够让他人理解。没有什么语言疗法能消除这些日常语言的缺陷，因为这些不足之处同时也表现了其丰富性及力量。（Eco 1989：vii-viii）

《意义的意义》对意义问题采用了一种跨学科的方法，从其决定因素是语境与用法的指称因果论出发，在一个符号学框架中发展而来。该书强调根据交际理论以及以对实际影响的参考处理理论问题而发展意义理论的必要性。因此我们可以理解，一方面《意义的意义》期望结构语言学、符号学、语用学、语言心理学、人工智能的发展；另一方面，这可以追溯到奥格登对表意学的兴趣以及语言对思维的影响，当时人们对这一主题普遍忽略了。在今天，这本书因其专注于解释，仍然与当今有关意义与表意过程的争论相关：

> 我们的整个人生几乎都在将事物看作符号。用最广义的话语来说，我们不是享受了所有的经验就是解释了所有的经验（即将其当作符号来对待）或者两者皆有，而是极少有经验可以逃脱某种程度上的解释。因此论述解释过程便是理解符号情境的关键……（Ogden，Richards 1923，现见1989：50）

奥格登与理查兹提出的一个根本的问题：有关"意义"与"指称物"之间的差别（用皮尔斯的术语来说是"解释项"与"对象"之间的）。另一个同样重要的相关问题是他们对所谓的"符号"（symbols）与现实间的关系的中介特色的概念化，无论是内部的或是外部的，或者说是我们所倾向的"符号（signs）"与"指称物"。符号-中介被描述为认知的一个必要条件，并且是通过所谓的"再现"或是"指称"过程实现的。正如皮尔斯所说，语言符号"在某些方面"代表着与一个特定的"再现"相关的某物，或是参考奥格登与理查兹的术语中某一特定参照。与用一对一的方法对待意义问题相反，其中意义问题被还原为符码地位，还原为索绪尔所说的语言，因而与固定意义谬论相反，奥格登与理查兹采取一种三分方法，这种方法依据相关的以及动态的过程描述意义，时刻准备适应新的表意情境以及获取新的知识及经验。与维尔比一样，奥格登与理查兹在被称为"解释符号学"的思维传统中也占有一席之地，"解释符号学"为批判意义概念的具体化以及实体化提供了一个合适的框架。正如莫里斯在1983年明确表示的，意义不是事物，说存在意义与说存在诸如树以及岩石等事物是不同的，因为意义无法与符号过程分离，这意味着无法与语言生成过程分开。（参见 Rossi-Landi 1968；Ponzio 1973，1993）

奥格登与理查兹是批判精神分析的先驱。事实上是在精神分析广为传播的时候，他们对基于对表意现象的符号—解释项的指称路径的内省方法进行了批判。对自己以及他人的解释需要探究三角右边的部分，也就是话语与外部世界的关系，而不仅仅是探究其左边部分，即话语与概念间的关系：

> ……一个符号被正确地或是错误地解释，即某物不仅被经验或享受，还被理解为指涉其他某物。任何可以被经验的事物都可以被理解，"Le."也可以成为一个符号；而且记住这种解释十分重要，或者是记住发生在解释者身上（或是在其心灵中）的与符号及符号所代表的或指涉的都不相同。如果这样，我们在说到一个符号意义时，我们必定不能混淆符号与其所指称的事物之间的（假定的）关系或与指称物（被指称的）或是解释过程（解释者的心灵"进程"）相混淆，正如哲学家、心理学家以及逻辑学家都不会这样做一样。（Ogden，Richards 1923，引自 1989 版：21—22）

正如他们的跨学科视角，奥格登与理查兹旨在将其符号三角有用地应用于其他领域，除心理分析领域之外。例如，他们选取了以下这个有关定义的语言学问题的位置，这要求以一种知识或是指称理论为基础：

> 我们需要的并不总是新词，而是一种将它们控制为符号的方法，一种在世界处于任何情况下都随时准备好发现它们所指称的事物的方法，而这正是一个充分的定义理论应该提供的。（Ogden，Richards 1923，引自 1989 版：19）

基于同时代的非指称语义学，奥格登与理查兹对将指称物理论视为现实的情况进行了批判。后者指出将指称物排除在符号过程之外的倾向，使指称物具体化，建立了指称物与意义间相互的自治关系。但是指称物是表意过程、符号过程的一个结构化部分，事实上它只能在这样的过程中得以确定。用真实物体来识别指称物往往导致错误的结论，因为有的符号并不指涉事物、实体物体，对符号过程来说指称物并不是至关重要的。但实际的指称物是多样的，并且包括诸如思想、观点、感情、欲望，甚至是想象的或是虚构的对象。另外，指称物可以是一个个别的对象，正如在"这是一台电脑"的表达中，或者一个对象在其一般化方面，如一个分类，正如在"一台电脑需要软件"的表达中。

1983 年，莫里斯将指称物分为意指对象以及意指。换句话说，莫里斯将符号（总是）对在符号（意指）预见意义上指涉的存在的某物，与符号（并非总是）这样做（意指对象）区分开来。西班牙的彼得早在其 1230 年的书《逻辑总论》[*Tractatus or Summule logicales* 1972（1230）] 中便做出了这样的区分，用设定（suppositio，代表某物）以及询唤（appellatio，代表存在的某物）这两个术语，这两者都与符号呈现（significatio，去拥有意义）区分开来。在支持一种"非指称"符号学之后，艾柯同样以其对"指称物"（意指对象）以及回用（rinviato，意指）之间的区分继续通过一种"非指称"符号学以及一种"非直接指称符号学"（艾柯 1968，1976，1984）来完全恢复"指称符号学"，"指称物"（意指对象）以及回用（意指）同样与意义区分开了。（要批判地阅读所有这些方面，参见 Ponzio 1990：33－36，1993：27－33）

在《语义学入门》（*Introduction to Semantics*）一书中，波兰哲学家亚当·沙夫承认批判奥格登与理查兹的三角中固有的"符号盲目崇拜"，并承认向外部现实引入最终指称作为理解符号－情况或是符号过程的一个必要条件的好处。同样，在一个唯物主义的、历史辩证的框架中工作，沙夫进一步关注人类在表意过程中的作用，反对奥格登与理查兹所说的"在与他人交流的人前保持沉默"（1960，英译本：222）。他批判符号盲目崇拜，批判意义的重新定位以及实体化，因此，对那些将其关注点局限在符号－情境上的语言解释进行了批判，也就是一方面在符号与对象（指称物）间，另一方面在符号与解释项（思维，指称）之间，却忽视了这样关系的人类本源。沙夫强调即时交流的主体间的社会本质，以及被赋予意义的符号为某人是像这样存在的：人类表达及交际过程只能在人类主体间关系中发展：

> "意义"是一个典型的缩略术语，它不仅指涉任何叫作意义的实体（无论是物质的还是想象的），还指涉用特定的物体或是事件来与他人交流自己对周围的世界的理解的人类。（Schaff 1960，英译本：217）

并且，他又接着做出了进一步的评价：

> 我经常重复这样的论点，一切对符号以及意义的有效分析都应始于对交流之社会过程的分析，或是换句话说，对符号情境之社会过程的分析……
>
> 在人际交往过程中，意义问题会出现在任何我们与符号相关的地方。从该意义上来说，意义是互相交流的人们之间的一种明确的关系。（Schaff 1960，英译本：264－265）

在《语言生成与社会意识形态》（*Produzione linguistica e ideologia sociale*，1973）中，奥古斯托·蓬齐奥认为对符号盲目崇拜的充分批判必须解决社会语言生成的问题，也就是使语言的生成以及交际成为可能的社会结构。蓬齐奥认为仅仅声明意义是一个社会过程或者意义是在一个特定的社会关系系统中被决定是不够的。沙夫将其注意力限制在交际互换层面上，限制在交际行动上。符号盲目崇拜被描述为持续将符号情境作为符号间的关系，而不是作为为了交际而使用符号以及为了交际而产生符号的人类之间关系。正如蓬齐奥所说，停留在这一层面意味着将对该问题的关注点从语言层面转移到言语层面，而不是进入社会语言的生成层面。相反，对符号盲目崇拜的一种激进的批判要求我们解决交际之中出现的社会系统问题，关注语言的生成系统，符号便是在其中生成并被使用，而不是关注交际互换，这仅仅是从其整体性上来考虑的表意过程的一个方面。蓬齐奥对此给出了以下理由：

> 一个完全不同的事情是问自己为何在一定的言语行为中会生成并应用特定意义，说话者在生成信息时使用的模型是什么，他/她在语言上为谁效力，他/她所说的、他/她说的方式、他/她谈论的属于何种语言的生成，他/她说话的理由并且他/她因为该理由而转向与之交谈的人。从这一角度来说，意义是一个社会过程的表达，是反映一个精确的语言生成系统，从这个意义上说，它是一个社会关系系统的表达。（Ponzio 1973：191；法译本 1992：215）

朝着这个方向研究意味着要顺着罗西－兰迪在其 1968 年的著作《作为劳动和商品的语言》（英译本，*Language as Work and Trade*，1983）中创新的观点进行。正如标题所解释的，两种如此普遍限定人类的条件，即命运的人以及语言的人最后统一在一起。目的是从其对世界的转变以及占有的意义暗示的角度来对待语言问题。这意味着用一种方式讲话，以阻止那些说话者从对于他们话语真实主题的盲目崇拜以及错误意识中解放出来。这种方式将说话者还原至一种异化且被动的状态，相反，在这样的状态下，他们用他们自己的语言发声。朝着这个方向的研究意味着将奥格登与理查兹的著名三角放置在真正的符号过程的语境下，并开始着手处理维尔比的表意学问题。

10 玛丽·艾弗瑞斯特·布尔
以及苏珊·K. 朗格：人性化符号

维多利亚·维尔比夫人、玛丽·艾弗瑞斯特·布尔（Mary Everst Boole）和苏珊·K. 朗格（Susanne K. Langer），这三位处于不同时代背景，有着不同社会文化背景的原创型思想家因她们对符号、意义以及理解的共同兴趣而联系在一起。这一章强调这三位女性各自的符号过程研究道路中重要的方面：维尔比提出表意学和母性感知或是原始感知的概念；布尔探究了有关爱、激情以及欲望的逻辑领域，并根据话语秩序超越传统的界线，并与维尔比一同研究主体性问题；而朗格则提出了"一个新核心的哲学"，引用其 1942 年专著（*Philosophy in a New Key*）的标题，该专著特别关注符号、象征以及表意。（参见 Devineal 1983）

10.1 玛丽·艾弗瑞斯特·布尔及其
与维尔比的通信：爱、逻辑、主体性

玛丽·布尔（1832—1916），婚前姓为艾弗瑞斯特，她是著名逻辑学家及数学家乔治·布尔（1815—1864；皮尔斯讨论过）的妻子，为其丈夫担任助理长达九年，她更是一个自学成才的哲学家、数学家、教育学家以及独立作家。（参见 Cust 1929：86，n.1）她的母亲是玛丽·赖亚尔；她的父亲是英国公使托马斯·R. 艾弗瑞斯特，她的叔叔乔治·艾弗瑞斯（Sir George Everest）特爵士是印度测绘局局长，有着丰富的游历经历，曾用自己的名字命名珠穆朗玛峰，使得其家族的姓氏闻名于世。

作为长女，玛丽出生于英格兰格洛斯特郡威克沃，在 5 至 11 岁（从 1837 至 1843 年）居住在法国，当时她父亲搬至法国接受来自顺势疗法医生塞缪尔·哈内曼的治疗。她是严格按照哈内曼疗法的原则被抚养长大的。孩提时她便能说两种语言，熟悉新的文化并接受了欧陆教育。

玛丽居住法国期间，她的家庭教师德普拉斯先生将她引入了数学之门，她十分钦佩这位老师。离开法国后，她去了一所寄宿学校并与她的父亲一起学习。她阅读广泛并发展了对代数学、算术、宗教以及古代神秘科学的兴趣，这同样体现在其后来的出版物中。她被鼓励探究存在的事物并且批判地思考问题，很快她便被证明是极有才智的。她在教区内帮助父亲，在周日学校教学以及拜访老年人。她与她的乔治叔叔十分亲近。事实上，后者十分欣赏她的智慧，并且希望收养她，但玛丽从未同意。

18 岁时，玛丽在拜访约翰·赖亚尔叔叔期间第一次遇见乔治·布尔，约翰·赖亚尔是位于爱尔兰西部科克的女王大学的副校长。乔治·布尔是该校的数学教授，并成了玛丽的导师。5 年后，1855 年 9 月 11 日，他们结婚了；她小他 17 岁。她继续上他的数学课（否则的话班里就只有男生了），并帮助其编辑《思想法则》（*Laws of Thought*）。乔治与玛丽一起学习，他们因对数学、宗教、逻辑以及推理过程等领域的共同兴趣而快乐地生活在一起。在 1856 年至 1864 年间，他们养育了 5 个女儿，但在小女儿仅有 6 个月大时，乔治因患肺炎去世了。玛丽在接下来的 50 年中一直守寡，并在追求自己职业生涯以及研究兴趣的同时养育了 5 个女儿。

在乔治·布尔去世的第二年，玛丽将自己的孩子托付给亲戚后回到了英格兰。多亏与神学家以及教育学家 F. D. 莫里斯的联系，她成了伦敦大学玛丽女王学院的图书馆管理员，伦敦大学玛丽女王学院是英格兰第一所女子高等教育大学，在那个时候女性不允许被授予学位，也不允许在大学教书。她对心理学极感兴趣，并出版了其早期的一部有关心理健康的书，名为《给护士与母亲的心理学要旨》（*The Message of Psychic Science for Nurses and Mothers*，写于 19 世纪 60 年代，但在 1883 年才第一次出版，1908 年再版）。这个主题尤为有争议，致使她失去了职位。几乎在同一时期，她还写了一部有关她丈夫的书，1897 年才出版，名为《格雷特利与布尔的数学心理学》（*The Mathematical Psychology of Gratry and Boole*），书中她根据奥古斯特·格雷特利（August Gratry）的神秘主义对乔治·布尔的研究提出了一种心理学解释。她迫切地希望传播自己所理解的乔治·布尔研究的根本重要性，即用数学的方法来揭示哲学以及精神真知。然而，莫里斯在当时阻止了该书的出版，因为他认为她的解释无法提高数学家布尔的名声。

玛丽·布尔成了詹姆斯·辛顿（James Hinton）的助手，后者是她父亲的朋友，是一位哲学、心理学以及科学问题作家。她还对进化论产生了兴趣，并继续发展其对逻辑、心理学，以及推理方法的兴趣。她真正的爱好是教书，尤其是教数学。她对教授方法论以及数学心理学变得尤为感兴趣。最后，她开始教小孩，对儿童的数学教育做出了重要的贡献，并很快被认为是一位杰出的教师。在世纪之交，她在进步主义教育领域十分活跃，与维多利亚·维尔比一样对此感兴趣。玛丽·布尔致力于展示心理学如何提高教学方法，尤其是在科学及数学领域中。她写了诸如《算术逻辑讲座》（*Lectures on the Logic of Arithmetic*，1903）以及《如何培养孩子走近科学》（*The Preparation of the Child for Science*，1904）等开创性的书。后者最终在20世纪初对英国及美国倡导进步教育运动的学校产生了重大影响。在如今的现代教育中仍可看到她的贡献。

从19世纪70年代后期开始，玛丽·布尔编著了大量的书籍及文章，定期出版直至84岁时于伦敦逝世。但是仍然许多作品是在其身后才出版的。一些书被认为是有争议的，其他的则被认为太不科学，主要是由于她对心理学的强调。她以自己的名义写书，这对她很不利，因为维多利亚时代反对女性出现在公共领域。她的作品包括：1905年的《爱的教育逻辑：自然与教育中的规律》（*Logic Taught by Love: Rhythm in Nature and in Education*，于1890年自费出版）；1909年的《学习的符号化方法》（*Symbolic Methods of Study*，于1884年自费出版，是心理科学的入门介绍）；1910年的《将热情铸入力量》（*The Forging of Passion into Power*）。这些作品都是心理分析研究领域出现的先兆。她的作品如今可以在1931年于其身后出版的四卷书中看到，题为《文集》（*Collected Works*），由E. M. ·科巴姆编辑（参见Boole 1931a）。玛丽·R. S. 克里斯（Mary R. S. Creese）在《牛津国家人物传记》（*Oxford Dictionary of National Biography*，2004）中编写的玛丽·艾弗瑞斯特·布尔词条中，对她评价如下："洞察力、教育革新与平庸乏味的非凡结合体，以及在数学、宗教与哲学领域令人费解的混合体。然而，尽管毫无疑问在许多方面她是异乎寻常且非正统的，但她对早期数学教育的观点至今仍发挥着作用，而且她有关教育心理学的观念值得得到更多的关注。"（Creese 2004）玛丽·艾弗瑞斯特·布尔是一个激进的批判思想家，是维尔比的通信者中最有趣的女性。她表达了自己对维尔比的钦佩之情，在一种既友好且存疑的关系背景下，她表达了吸收维尔比进入自己的话语及观点网络中的渴望。对维尔比来说也情况类似，布尔是女性研究的一个有趣案例。她们一起工作在一个认为女性不适合在公共生活中占有一席之地的时代，尽管当时有像维多利亚女王这样强有力的女性形象无可置疑地出现在公共领域中。维尔比与布尔都相信男女平等，但却并不支持妇女选举权运动。尽管存在许多困难，但布尔仍然成功地为自己创造了一份事业——在一个本质上对女性充满敌意，而且在最好的情况下也不欢迎女性的学术体系中。与维尔比一样，玛丽·布尔在伦敦的家成了有不同兴趣的男性与女性的一个聚会场所，有时会有一些来自各行各业的古怪的名人。

维尔比与玛丽·布尔两位迷人的女性之间的通信完全地表达出当时深刻的社会文化转型的意义。在她们的信件交换中反复出现的主题是她们对一个多元话语世界存在的及潜在表达性的多形式性质及其互补观点的重视，与巴别塔神话以及《圣经》中的诅咒相反。一般来说，传播与理解，科学、知识以及经验的进步成为可能都得益于正视彼此不同之间的对话，能够根据互相理解及许可的逻辑互相关联。知识的进步是跨越不同符号系统以及语言的解释翻译过程的结果。事实上，证实知识以及真知的标准就是它们在不同语言及对话领域的"可译性"。得益于翻译过程，它才有可能告诉作者、创造者、艺术家那些有关人的思想的未知事物，以超越意义目的发现含义和意味。创造性解释在文学写作中在表达潜力上达到最高程度：

> ……我认为有些事情只有作者（我是说一位艺术家）才能感受到。你是否曾经见到过一个伟大的思想家——对人们来说太难以理解——而你，一位艺术家，捕捉到他的想法并写下来，以便他认出其确切意思？你是否曾经见到过一个伟大的、孤独的且不被理解的天才，在看到自己发现了一位解释者的时候脸上露出的笑容？在巨大的寂静过后，人们看到一个人这样的表情会极其震撼。世界上没有像这样的联系……（Boole to Welby，1882—1885，参见 Cust 1929：106）

维尔比的信件揭示了女性玛丽·布尔的一个迷人世界：她们由于与自己的共同联系而互相接触，女性间始终维持一种持续交流，她们以各种各样的方式进入公共生活以及写作中。除了其他参与谈话的女性包括（仅列举部分）：乔赛亚·韦奇伍德的曾孙女，查尔斯·达尔文的外甥女茱莉亚·韦奇伍德，著有《道德理想》（The Moral Ideal）以及《以色列要旨》（The Message of Israel）；神学家布儒斯特·麦弗逊女士，著有《赠予人类的礼物》（Gifts for Man）等书；林恩·林顿，著有《克里斯·柯克兰》（Christopher Kirkland）等小说；随笔作家以及小说家弗农·李，原名维奥莱特·佩吉特。维尔比的观点有时候被接受，有时候被质疑，引起了激烈的争论，从来没有被漠不关心过，在哲学和科学的世界中，这些作品以极高的诗意表现，这些交流也显现了一种深远的人性意义。在女性解放及女权运动观念刚刚萌芽的时代，维尔比及其笔友忍受着女性批判反思以及改变社会能力与女性在正式的公共领域中的表现机会之间的不一致。维尔比经常暗示这样的困难，正如她给《观察家》的编辑理查德·霍尔特·赫顿的（Richard Holt Hutton）的信，这位编辑因其对当时公共观念的影响而臭名昭著，维尔比在信中说：

> ……你必须记住，一切我想要表达的对我来说都是补充的。据我愚见，我总是看到任何意义，以及其他方面的——可能更加中心的，一般来说常常是被认可的，有时是明显矛盾的。明确以及确切的教义是我所依据或是我研究的方向，但并不想碰触……即使是表达这一点也如此困难！文字是如此地含糊不清……说话或是写作时，我总是有一种强烈的感觉："让我们整顿，提升这种潮流"……我感到很无力：女性不能做男性的工作……（Welby to Hutton，1879－1882，参见 Cust 1929：27－28）

玛丽·布尔与维尔比参与了神学问题的批判讨论。她们致力于研究价值问题，并认为这些问题是理解与误解问题。她们批判偏见以及对待思想与科学研究的教条式方法，批判在推理过程中求助于模式化的见解，并在社群层面上推动对话反思（参见 BooletoWelby 1882－1885，参见 Cust 1929：86－87，90）。她们通信中的一个重要部分专注于对思维法则及对爱、逻辑、热情与力量间相互关系的思考上［参见 Cust 中的维尔比 1929：86－92；Boole 1931a（1905，1909g，1910）］。

知识问题在维尔比与露西·L. 克利福德（Lucy L. Clifford）的通信中也是一个反复出现的主题。她们使事件、事物以及它们的概念化之间的关系，知识与证据、主张以及证明之间的关系成为必须解决的问题。诸如（智力的以及道德的）"伟大""善良""感情"等概念被表明为包括在寻找合适的术语来描述经验及知识的进步，意义无止境的分层中的困难之例证。与实证主义的代表争辩，"对真实生动的事实的拙劣模仿"，维尔比批判同一性的概念以及在诉诸盲目的"证据"的基础上确定同样的事物的趋势，将其看作是"固执的自我"的一种谬论。与此相反，她讨论符号的假设及相关特征，包括主体性符号：在推理中，我们的推理所涉及的对象之间的关系，是由多种意义和存在、整体、主体的多形性和模棱两可的性质决定的。这些都不可以被还原为一个外部证据的简单"事实"（参见 Welby to Lucy L. Clifford，1882－1885，见 Cust 1929：80－81）

玛丽·布尔对逻辑与表意过程十分感兴趣。这反映在她致力于教授逻辑之中，她说："我应该试图让男性意识到有韵律的脉动比爆炸更具威力。"（Boole to Welby，1885－1886，见 Cust 1929：156）对于这一挑衅，维尔比回应"女性"不是一种"性别"，也不是一种"生物"，而是"存在于不可分割的人性中"：她们是"区别"或"差异"的守护者，是"使逻辑成为可能的"守护者。女性被描述为逻辑发展的条件，在其中区别与差异并不暗指分离，以及引起不和与偶像崇拜的原因，而是对话的互相关联。事实上，区别与差异必须以对话形式互相关联，但永不能混淆。维尔比所采取的这一方法是由来自中国南京理工大学的宋文提出的，在论文《探求他者：维尔比表意学浅析》（"In Search of the Other"）中，宋文揭示出维尔比在对话互相关联的概念中意识到了一种批判教义及正统观念的有效工具，以及识别存在事物的对话及多音性质与在他性逻辑中发现的区别的有效工具（Song 2013）。与有关瞬间的永恒相似，女性特质不屈从于任何封闭同一性逻辑所想要的还原、同化、认可：

> 有关女性与逻辑，我常常认为女性存在于不可分割的人性（一个原则，不是一种"性别"或是生物）中；因此我确信女性是使逻辑成为可能及为其提供材料的事物的特殊守护者，但这正如永恒朝向暂时一样朝向它。当然我只是在想普通人所谓"逻辑"的含义。我想混淆"区别"或者差异是最大的错误，这些差异看起来（像是我们身体器官之间的区别）是我们所知的最完全的，以及最完美的，或是神圣的统一的条件以及不可或缺的部分：我希望有一天你能看到这是如何应用于我们所想象的以及崇拜的最高统一形式的。但让我们否认分离或分开的错误观点；那是不和与混乱、偶像崇拜、掺假以及不受法律约束的根源……（Welby to Boole，1885—1886，见 Cust 1929：159）

维尔比与玛丽布尔之间通信中的另一反复出现的主题关乎主体性问题，正如《更广阔生活的回声》中所述。这相当于维尔比人生最后十年的一个主要研究领域，约克大学档案馆的维尔比文汇中收集的未发表论文证明了这一点（Petrilli 2009a：第六章）。在这些作品中，维尔比提出了"自我"（self）与"我"（I）（或是引入另一个她称为"自我"（ident）的新词）之间的一种有趣的区别。但她在其早期的通信中已经强调了需要用不同术语来描述主体性的不同方面："我们需要像'自我'（self）这样的词来代表我们要征服及转变的事物，以及另一个完全不同的词来表达我们真实以及意识之存在的本质、根源以及建设性本性"。（Welby to Max Müller，1885—1886，见 Cust 1929：150 或 Petrilli，Ponzio 2005：第 2 章）

维尔比将主体性问题与其对符号、语言以及意义的概念相联系，将自己的研究导向与法国哲学家列维纳斯（1906—1995）的研究相同的方向，即如今我们所认为的"他性人文主义"，与"同一性人文主义"相对比（参见 Levinas 1972）。她批判自我中心的同一性，因为它以了为了自我而牺牲他者为基础，这里的自我是从封闭的同一性、否认他者的角度来理解的，相反，她讨论了主体建构中他性的结构性角色。主体性产生于他性逻辑，产生于"自我"与"他者"之间的动态关系。在茱莉亚·韦奇伍德（Julia Wedgwood）写给维尔比的信中，她从"自我的错位"的角度描述了主体的状态。这种方法强调了同一性多种表达之间的区别或差异的重要性（这里界限不会一次性限定），同时批判分割与分离的趋势，以接近某人自我本位的同一性，这引起的不仅仅是自我的死亡。

维尔比自己使用了"多重"人格的表述来指明主体的同一性，它被理解为如同自我的一个开放群体的"多元性"，这些自我甚至可能互相矛盾，无论参考的是一个小群体（例如个人）的同一性还是像社会群体一样的扩展群体。布尔与作家弗农·李（Vernon Lee，原名维奥莱特·佩吉特 Violet Paget）将"群体"（community）的概念描述为成分的多元性，这些成分通过互相理解的关系而不是互相中立的关系对话性地相互关联。维尔比与其通信者共同探究的概念还包括"团结""人文主义""彼此区分""快乐""好""真知""秩序""幸福""自由""爱"。布尔将爱的纽带描述为"在因对方的'错误'而受到伤害的人之间成长起来的纽带"。

以下三段有关这些概念的选段，其一来自茱莉亚·韦奇伍德写给维尔比的信，其二来自玛丽·艾弗瑞斯特·布尔写给维尔比的信，其三来自维尔比写给弗农·李的信：

> 我不禁要因为你对布尔女士所意味着的一切而感激你……尽管我在她身边只待了很短一段时间。就我所知，她是一个高尚的人，尽管有一些不高尚的特征：这些特征是如此微弱以至于在我不想起的时候就会几乎忘了它们……一个人在某些人中看到如此之多的崇高之处与非凡的傲慢的结合，会使他感觉好像在我们目前的状态下某些事物存在于我们通过自我所表达的事物中，也就是一种错位——不会承受任何压力的事物。我有一个萦绕于心的愿望，让人们从此以后意识到自我与他者之间平衡的一些新状态——在差异中发现一些错误或无用性，仅有"我"让发现变得更加不同。（Julia Wedgwood to Welby，1882—1885，见 Cust 1929：96—97）

> ……你相信人性中的团结，不是吗？不是在补偿中，而是在一种普通的循环中，这种循环使人能够为他人做他自己不被允许做的事。你"应

该"过一种简单的，代价更低的生活：你不能：由我替你完成。詹姆斯·辛顿"应该"看到并接受进入简单状态的不可能性——他不能——由你替他完成。被救赎的人性是统一的人性，在这种人性中不是每一个人都过着真正的人类生活，而是每个人都安心地接受并承认自己的缺陷并满足于将其所有的优点放入共有的仓库中，并从中拿取自己所没有的优点。总有一天我们会看到爱最真实的纽带不是我们所说的感情或是明显的帮助，而是在因对方的"错误"而受到伤害的人之间成长起来的纽带。你知道的，我很确信。（Mary Everst Boole to Welby，1882－1885，见 Cust 1929：107）

　　我认为你与我一样认识到了"多重"人格：有时候我所继承的相反趋势在我之内如此彻底地崩溃，以至于好像分成了两个矛盾身份；问题是如何阻止它们互相抵消而不是阻止它们互相结合……我希望表明，自我追寻作为一个单位与自我追寻作为一个集体之间，或是在快乐、自由或力量作为终点和目标之间（无论是个人、种族或是"最大数量"），而不是手段，最终并没有什么区别。快乐当然是好的，而且应该是高尚的，在这一点上你是正确的。而且实用是好的，应该被认为是神圣的。秩序是好的，应该得到敬重。快乐对我来说没有意义，除了先于、限定、接替宇宙之是（YES），庄严地净化了的自然之太阳神的快乐。对"疼痛"这个不好的词我感到很抱歉，它就像是"责怪"一样，已经充分准备好在善的进化中为我们所用。

　　实用主义者必须承认，将幸福作为最终目标的追寻终将落空：追求善与真知却不会，在承认这一点后他便证明自己是有罪的。不要让我们自己概述自己，或是让别人以任何理论或片面地概述我们。让我们天真、率直且坚决（我决定要变得自由！），武断且神秘，理性且非物质。让我们成为神圣的人类，成为有意义的人类。（Welby to Vernon Lee，1885－1886，见 Cust 1929：124－125）

维尔比认为主体性产生于对话中多样的自我之间的关系中，因此只有在与他者的关系中才能构想个体。查尔斯·S. 皮尔斯也同样这么认为，并且与维尔比一起为符号理论语言中的主体的重新定义做出了贡献。

尽管皮尔斯没有有关主体性的系统作品，但这一问题经常出现在他思考的中心，并且通过其符号理论得到解决。（参见 Colapietro 1989；Petrilli 1998b）皮尔斯与维尔比的主体理论与符号理论十分接近，以至于他们的主体理论是以他们的符号理论为基础的（参见 Petrilli 2001b；Petrilli, Ponzio 2005：47－

56）。在其作为一个符号的范围内，也就是说，一个动态的、发展中的符号，主体是一个对话的且理性的实体，一个在与其他符号的关系中生成的开放主体。主体与符号之间的界限并不是一次给定的；如果在对话中未遇到其他符号，它们也无法得到定义。从这一角度来看，同一性不是主体性发展的起点，而是一个到达点，一种结果，一个开放的结果，这种结果在任何时刻都是暂时的、假定的、试验性的。以下这些段落是皮尔斯在其著名的作品中对主体性的思考的例证，这些作品都可在他的《文集》（*Collected Papers*）中见到，分别是：《四种无能为力的一些结果》（1868），《如何使我们的观念清楚明白》（"How to Make Our Ideas Clear"，1878）以及《什么是实用主义》（"What Pragmatism is"，1905）：

> 人类意识的所有元素在词中均与其对应，……人类使用的词或符号正是人类自己。正如每一个思想都是一个符号这一事实，与生命是一列思想火车这一事实一起，证明人是一个符号；因此，每一种思想都是一个外部符号，证明了人是一个外部符号。也就是说，人与外部符号是一致的，在相同的意义上，人这个词与人是一致的。因此我的语言是对我自己的完全概述；因为人就是思想。（参见 CP 5.314）

> 个体的人只是一个对立面，因为其分开的存在只有通过无知与错误才能显现，只要他是除他的同伴以及除他或是他们将要成为的事物之外的任何事物。这就是人，
>
> "……骄傲的人，
>
> 对其最确定的事物最无知，
>
> 他呆滞的本质"。（参见 CP 5.317）

> 当我们研究连续性的重要原则时，并且看到所有的一切是多么地不固定而且每一点都直接参与每一个他者的存在时，个人主义以及虚伪是相同的这一点就会显现。同时，我们知道人只要是单独的就不是完整的，他在本质上是社会的一员。尤其是一个人的经验如果单独存在就什么都不是。如果他看到别人看不到的，我们将此称为幻觉。必须被得到思考的不是"我的"经验，而是"我们的"经验；而且这个"我们"有无限的可能性。（参见 CP 5.402）

> 这里有两件事，让自己确认并记住这两件事都十分重要。第一件是一

个人并不绝对是一个个体。他的思想是他"对自己说"的事物，也就是说给在时光的流逝中即将进入生命的另一个自我。当一个人推理时，正是这个批判的自我在试图说服自己；无论什么样的思想都是一个符号，而且主要是语言的本质。第二件要记住的事情是，人的社会圈子（无论这个词被理解成多么广义或是狭义）是一种随意组合而成的人群，在某些方面比起某个单一有机体的人有着更高的地位。就是这两件事使你能够区分绝对的真知与你应该质疑的事物，但只是在抽象以及匹克威克的意义上。（参见CP 5.421）

我们知道维尔比批判个体的本体论概念，因此批判在紧密的、单一的同一性的圣坛上牺牲他性的原则。与实体化或是具体化的趋势相反，她依据他性、活力、能量、活动和运动来讨论同一性。与自然不可抗拒的力量，即她所描述的被吸引到外部的力量相似，调节主体性的力量是"离心的"：人类自我真正地被他者吸引，不是一个以自我为中心的自我，这样的自我会成为一个"虚假的"自我，一个"非人类的"自我。非人类的假自我受向心力支配，因而被简化为仅围绕其自我本位的中心，这意味着与生命、人类以及神的力量相矛盾：

> 生命对生命的吸引，真知对真知的吸引，善对善的吸引，母星球对卫星的吸引；光线以及促其成长结果的热力对正在发芽的玉米的吸引：在精神的以及自然的世界中变得不可抗拒，除了对非人类的虚假自我来说，他只被自己吸引并且主要或只受自己的向心力吸引……［Welby to Bishop of Lincoln（Dr. King）1886—1888，见 Cust 1929：205］

同一性是以他性逻辑为基础的离心力的表达，是向外部的投射，产生于自我与他者之间辩证以及对话的相互关系中。对同一性的充分理解要求我们延伸目光，超越"自我剖析倾向"，超越内省而朝向外部，外向地朝向与他者的关系。考虑到个体产生于与他者严格的相互关系以及互相依赖之中，维尔比批判了基于"自治"以及"独立"概念的对待人格的方法，这两个概念在这里暗示着隔离，这并不意味着否认单个个体的独特性或奇特性。

维尔比还论证了主体性的多面性，从而形成了思想与行为的多维性。推理是根据预测行为中向前投射自己的能力来分析的，或者是在记忆超越固定和僵化记忆的过程中冒险进行分析。她还将多维性仅与双面性进行对比，这里的双面性甚至往往不是"双目的"，而是"单目的"。"自我的物质"是"错综复杂的"："对个性的兴趣"，"对同情以及意识以及表现为连接的兴趣"。充满活力的、创造性的、生产的、转变的以及多维力量推动宇宙，它们同时也是推动栖居于其中的调查的以及有生气的主体的力量。这些力量有助于批判的意识。

正如人们所预期的，维尔比与布尔都呼吁互相理解、兴趣融合，批判偏见以及反思社群层面上的对话。她们批判基督教官方倡导者普遍的自说自话的教条主义。除了以东正教中的统治态度为特征外，这样的教条主义很容易引起冲突甚至是战争。她们讨论了根据科学进步来重新解释基督教价值的需要，并且对教会权威进行了批判，因其超越自身能力而干预一些问题。事实上，与维尔比相似，布尔也将其注意力从教会权威转移到科学以及对其干预的强烈反对上（维尔比的朋友与通信者，弗雷德里克·波洛克法学家，批判地谈论"教会主义"）。

相反，布尔与维尔比赞扬了用不同语言、不同符号系统与不同的人交谈的能力；赞扬翻译不同语言，为对话及翻译中的科学与宗教之间的对抗问题预想一种可能的解决方法的能力。贯穿维尔比作品的一个关键并持续的关注点（这在她与布尔的交流中产生了共鸣）是人类推理及理性的能力，日常生活中以及"科学"谈论中以不同实践形式推理的能力。这与他们对教学法及教育问题的兴趣相关联。事实上，她们通过在童年早期开始的恰当教育方法提高了推理过程以及支持他们在他者之中发展的必要性，将之理论化。

维尔比与布尔在通信中分析的其他问题包括相似性与分歧间的关系在批判能力中的作用。建议在"理性的忠诚"（指与丈夫或妻子分享在与他人的对话中发展的思想）以及"肉体忠诚"之间进行可能的对比，以对我们选择的价值及社会表现的最终含义进行戏谑的反思："指引这一真知的反映可能必须依靠物质的联合，我不知道；而且也不认为我自己是思考这一问题的合适人选。但对于原则本身，我十分确信。"（Boole to Welby 1885-1886，参见 Cust 1929：156）维尔比与布尔都阅读了查尔斯·达尔文的进化论，她们批判了进化论的一些方面，甚至对其进行了滑稽的模仿，例如布尔对英国绅士的深思，她根据其猴子起源来考虑他们："自从《物种起源》发表之后，我们强烈地感觉到我们科学王国之父可能曾是一只猴子，但也必然曾是一位绅士（我总觉得就好像他为了教授这一课而故意做出一张大猩猩的脸面）。"（Boole to Welby 1882-1885，参见 Cust 1929：88）但是布尔被一种更加深奥的信念所震撼："如果可能的话，拿撒勒·卡彭特（Nazarene Carpenter）比我们的查尔斯·达尔文更加绅士；而他不允许自己的名字与在教会中称为'神'的无限势利相提并论……从我们的仪式出发的神与'宗教'想象的产生物之间没有亲缘关系，一只绅士的大猩猩会因叫'上帝'而感到羞愧。"（Boole to Welby 1882-1885，见 Cust 1929：88-89）

以下几个选段来自维尔比与布尔之间的通信，摘自《更广阔生活的回声》，在此展现她们之间的共同兴趣：

对我来说，我们好像正处于一场可怕的内战的边缘（打个比喻），而且强烈地依赖于少数预见危险的人，他们的努力直接朝向的不是这方或那方的胜利，而是互相理解以及兴趣融合。到目前为止，我只见过茱莉亚·韦奇伍德，她与我一样敏锐地看到了危险，也同样渴望避免它。但我希望能得到你真正的支持。我知道没有人能理解我们促进互相理解的渴望。（Boole to Welby 1882－1885，参见 Cust 1929：86－87）

有一天晚上，你说你希望我能解释一下反对宗教的物质主义反抗背后的感觉……神用不同的语言与不同的人谈话。他教导不同的人爱不同的语言。对人来说学习他人的语言是有益处的，但每个人都有自己的母语，并且神对他们每个人都说话，对每个人说话都一样简单。但是对"宗教"的假定总是：神不会（或是不能）用唯物主义科学的语言表明精神的真知。而且唯物主义核心背叛了对这种亵渎言行的抗议。它以一种错误的形式进行反抗；强烈坚定的信念出其不意地倾向于无的放矢……

你看：科学与宗教之间对抗的戏剧性事件会在某个点转变。很显然，这缠结成了一团乱麻，需要一些女性角色将其拆开。我们曾希望 F. D. 莫里斯能做到；就个人而言，他有着最敏感的女性所有的魅力与文雅。但在某种程度上，他效忠于一个党派，并被迫用高人一等的口气对他们说话。他们从未成功地使自己通俗化，但是他的"神"是可憎的。如果像你和茱莉亚·韦奇伍德这样的女士也不能做那样的工作，那么这样强烈的女性的直觉有什么好处？我希望能看到你试着朝那个方向努力。（Boole to Welby 1882－1885，参见 Cust 1929：87－90）

我越来越敬畏来自任何友谊，任何两个思维之间的交流之力量的启发。一个人永远不会知道它会造成怎么样的影响，或好或坏。"它的时间是永恒的，它的空间是无限的"……

我想知道你是否意识到，我只不过是做了一个逻辑学家九年的助理，这一事实也带来了这么多的困难！人的大脑是如何分化成一种仅仅是发现不必要的细微差别的习惯！（Boole to Welby 1882－1885，参见 Cust 1929：90－91）

我丈夫要求我在爱中说真话。对我来说，你是少数几个可以放心说真话的对象；因为一般来说我不喜欢基督徒，我十分了解他们，因为担心麻烦他们，我不会与他们闲聊……开始我禁不住有点遗憾，因为你的出现毁掉了我在民主扩张中的乐趣。后来我想起心猿意马总是有益的，也是悲哀的。(Boole to Welby 1882—1885，参见 Cust 1929：103—104)

试着了解你所做的事情。你有充足的时间思考不久以后你可以向谁解释的耶稣基督。首先你会看到你向他自己解释他，解释他自己所满足的。如果你无法满足现状，你就不是我所认为的艺术家。首先认识到你可以告诉耶稣基督一些他对他自己的思想还不知道的事……

你现在需要学习的是意识到你可以教耶稣基督一些有关他自己的思想的新事物。直到你完全理解那意味着什么，包含了什么，你要保持安静，不要试图向他人解释，否则你将吟唱虚假，并消磨你天才的优势。我是怎么知道的？哦！这就是思想融合的艺术的秘密，只能慢慢学。有些事天才不会做而苦干的人会做。我告诉你我知道；就好像我知道当一个双曲线离开视线时会走向何处，通过整合它的等式……(Boole to Welby 1882—1885，见 Cust 1929：104—106)

……我不应该忽略你之前写给我的信，告诉我我向耶稣自己解释了他自己。事实是我认为自己会言辞过激而给你造成伤害。对我来说，你认为我或朱克斯先生会鼓励你所描述（不在这里，在给出的信里）的经历是不可思议的。那样的事对我来说完全是陌生的；每一个我所理解或知道的真正的精神教师都反对它们并指出它们危险的趋势……处于危险之中的是你。我希望你能认清这一点。你不断地仔细研究"耶稣"，研究"弥赛亚"，研究一个具体的偶像，一个人。对有些人来说这可能是有益的，但对你却是有害的。试图将其完全抹去：试着认识到神是精神。以一种思考所有真实且健康的思想或行为的方式思考他，将他想象成所有数学及其他科学的真知，想象成一切有机体的生命。集合所有纯洁、可爱、珍贵及善的事物，将它们集中成一个神圣完美的太阳，集中成照亮每一个人的光，被认可或是不被认可；然后你就会知道如何经历暂时的事物（包括你的"耶稣"的概念），最后你不会失去永恒的事物（我指的是"基督"）。你会知道为他们准备的爱神的善事确实通过人的理解；对神的爱会进入你的心，并且你会意识到包括正义及真知，光与生命的爱确实超越所有心灵可以构想或是思维可以定义的事物。（Welby to Boole 1882－1885，参见 Cust 1929：107－108）

因此，肯定比否定更接近真理的学说是一种误导性的学说（尽管其本身是健全的），除非与它对应的另一种学说对它加以平衡和控制，即分类，即承认相似性，需要通过对分歧的看法加以纠正。两个人之间，若有一人主张相似性（即否认区别）而另一人否认相似性（即主张区别），后者往往是正确的。我不是说只有后者是安全的向导；而是判断有争论的观点的批判主义原则必须包括两者……

对我来说，精神会在任何特定的年纪给出相反的两极中的真知。对那些与半真知交流过的人应该公正地将他们的半真知放在一起，但如果他们可以的话，他们就是完美的。但他们不能。但像你和我这样的人则可以为他们做这件事。像赫胥黎这样的人，他们神经紧张并为探寻每一处结构的细微差别的本能而颤动，无法与像朱克斯先生这样的人坐着进行严肃的对话；对双方来说他的神经太过紧绷。我和你可以为他们做这件事。

试想一下如果一个人的双眼中和成了黄色而另一个人的双眼中合成了蓝色会怎么样？或者更确切地说是几乎中和成了这两种颜色。所以当前者看着草的时候几乎只能看到蓝色，而虎尾草的花是蓝色的，后者则只能看到黄色，虎尾草并没有黄色的花。试想这两个人坐在一起讨论将虎尾草称为"绿色"的可行性的效果！我相信后者在评判任何争论的优点中是真实的角色并且最值得被记住。不是一方是色盲而是双方都是色盲。下次你再见到两个人无法就有关科学及宗教的问题达成一致时，向他们提出这个问题："假设宇宙将被永远一条无法跨越的线或鸿沟分开；圣保罗将永远在这边，而达尔文先生将永远在那一头。你将选择与谁共度永生？"这一问题将揭露激进的双色盲；而且一般来说，我认为能帮助争论者意识到他们的不足本性。（Boole to Welby 1882－1885，见 Cust 1929：151－153）

是的，我想共同色盲是一个很好的类别。但它暗示了白色光线在我们所感知的范围内的存在与在其所组成的颜色中的存在一样。主要的问题是超越往往是错误的替代物识别宗教（可理解的）。我们可以证明红色感知通过一个十分简单的过程潜伏在绿色感知中，但这不会影响它们的不同……

这不就是一条线索吗？我们不得不用消极的词表示实际上包含或本身就是积极的事实。所以赫胥黎教授坚持表示自己对自然一无所知，自然是被动的或静止的（这表明恶的消极或剥夺的一面无法被消耗；存在一些反常的"力量"，它不需要——无法——被毁灭，而是需要被转化或转变，这一点使我印象深刻）。正如科学家们开始探索，没有在任何地方发现"断裂"或"鸿沟"。我们需要的是提升原则。我认为向上与扩展的趋势是达尔文真知意义的本质；因此，为了上升，最底层的事物会包含最高层事物的元素，对此，耶稣复活可能代表从无法辨别的结构到能够辨别的结构的手段，从我们称为死亡的事物中"出来""进入"我们称为生命的事物中。（Welby to Boole 1885—1886，参见 Cust 1929：153—154）

10.2 苏珊·K. 朗格：符号、象征及意味

1895 年 12 月 20 日，苏珊·K. 朗格［Susanne Katerina Langer，婚前姓克瑙特（Knauth）］出生于纽约曼哈顿的德国移民家庭，她的父亲叫安东尼奥·克瑙特，是一个富有的律师，她的母亲叫埃尔丝·M. 克瑙特。她于 1985 年 7 月 17 日在旧莱姆镇（康涅狄格州）去世。她成长在一个充满智慧与艺术的环境中。1920 年拉德克利夫学院授予她文学士的学位，在维也纳大学（1920—1921）待了一段时间后，她回到拉德克利夫学院继续攻读硕士学位，1924 年在哈佛大学完成了文学硕士学位，1926 年获得博士学位。她的博士学位论文致力于研究意义的逻辑分析问题。1921 年，她与威廉·L. 朗格结婚，朗格先生是哈佛大学的一位历史教授。苏珊·朗格的学术生涯始于拉德克利夫学院，她在那里教授了 15 年哲学，从 1927 年至 1942 年，她抚养了两个儿子并完成了她第一部学术著作。她还在美国其他几所大学授课，包括特拉华大学、哥伦比亚大学、纽约大学、西北大学、俄亥俄州立大学、华盛顿大学以及安阿伯市的密歇根大学。1954 年，她被任命为康涅狄格州女子康涅狄格学院的哲学教授，1962 年作为荣誉教授退休。在她的职业生涯中，她获得了无数的奖项与荣誉，1960 年她入选美国艺术与科学院。她的个人论文收藏于康涅狄格学院图书馆中，1988 年有人在那里捐献了她的半身铜像。（参见 Camuri 2006；Stoddard，1970）

朗格的老师是美国的哲学家阿尔弗雷德·诺斯·怀特海（Alfred North Whitehead），她十分感激他。她同样对德国哲学家恩斯特·卡西尔十分感兴趣，她十分喜欢他的作品。（参见 Langer 1962a：58）事实上，她成为为人所

知的哲学家，与卡西尔有着密切的关系（Krois 1987：12；Morris 1946：189）。1946 年她翻译了他的书《语言与神话》（*Language and Myth*），并在前言中这样描述该书："渗透着一种解释天赋的终极光辉。"（Langer 1946：x；或见 Langer 1946-1947，1949；Schultz 2000）

朗格写了一些书。她的第一本书《小北斗的遨游和其他童话传说》（*The Cruise of the Little Dipper，and Other Fairy Tales*，1924）致力于研究神话与幻想，呈现了由海伦·西韦尔叙述的故事集。这本书反映了她作为一个音乐家以及童话故事作者的兴趣与经验。受爱德华·萨丕尔的语言学研究以及恩斯特·卡西尔对认识论的研究的影响，朗格探索了表达经验的先验条件。她早期的哲学作品包括《哲学实践》（*The Practice of Philosophy*，1930）以及《符号逻辑学导论》（*Introduction to Symbolic Logic*，1937）。后者是受路德维希·维特根斯坦的《逻辑哲学论》（*Tractatus Logico-philosophicus*，1921）以及伯特兰·罗素和阿尔弗雷德·诺斯·怀特海的《数学原理》（*Principia Mathematica*）的启发。

朗格将其大部分的智力工作都献给了部分地运用分析范畴建构一个普遍的符号理论，这个范畴由她创造发展自上述提及的怀特海、卡西尔以及维特根斯坦等思想家的思想。《哲学新解：理智、礼仪和艺术的象征主义研究》（*Philosophy in a New Key：A Study in the Symbolism of Reason，Rite，and Art*，1942）成为畅销平装本，使她成了学院名人。事实上，数十年来这本书一直是许多学院最为普及的指定教材，出现在许多课程的大纲中，包括人类学、文学、心理学、宗教、艺术史以及哲学。但是，尽管如此流行，这本书却仍处于符号学研究的主流之外。在她去世后，这本书售出了 50 万册，成为哈佛大学出版社有史以来最畅销的书。与她所翻译的卡西尔的书《语言与神话》一起，《哲学新解》使她成了艺术哲学中的领军人物。（参见 Nagel，1943）

从 1945 至 1950 年，在哥伦比亚大学授课期间，朗格获得了洛克菲勒基金会的拨款，用以撰写《情感与形式：艺术理论》 （*Feeling and Form：A Theory of Art*，1953；又见朗格 1958；又见桑德兰 1998）。这一专著是她对美学领域又一个十年的研究成果，提供了关于艺术的一个复杂的现象论（特别参考了新康德主义、卡西尔以及弗洛伊德；见布卢姆 1954；基奥多 2004a，2004b；德马蒂斯 2004；迪基 1971）。对于她研究的这一方面，托马斯·A.西比奥克在题为《从维柯、卡西尔到朗格》［包含在奉献给意大利哲学家杨巴蒂斯塔·维柯（Giambattista Vico），毕生之作及遗产的书集之中，由马塞尔·达内西编辑，1995；见 Vico 1999］的章节中给出了这样的评价："很显然，朗格符号学研究值得在不久的将来进行相似的重新思考，特别是它对音乐以及整个艺术领域——创造价值的符号，表现人类情感的明显形式——的影响，简而言之，就是美学，这个巨大的财产，她可能不知不觉地在其中赶上了维柯。"（Sebeok 1995：167；朗格作品一次及二次文献，参见 Lachmann 1993 或 Lachmann 2000；以及 Slattery 1987；Seymour-Smith and Kimmens 1996）

朗格从身体的一般理论出发，确立了艺术象征的各种表现形式与身体符号化过程与姿态之间的密切联系，提出了一种新的美学概念。《情感与形式》出现在同样重要的题为《艺术问题》（*Problems of Art*，1957）的论文集之后。她著名的三部曲《心灵：论人类情感》（*Mind: An Essay on Human Feeling*，三卷分别在 1967、1972、1982 年出版，在她生命的最后几年完成，写于康涅狄格州旧莱姆镇），被普遍认为是一部十分重要的作品，但阅读过的人很少，且其影响并未得到认可（参见 Weitz 1954）。朗格讨论了克服身体与心灵，理性与感情二分法的必要性，密切地分析了从有机体的生物范围到塑造人类意识的符号形式的转换过程。

她区分了理性思想的"推论形式"与适合神话、礼仪以及艺术形式的"表现形式"，将它们看作两种将经验转换为符号的不同方法。随着她在《哲学新解》中区分这两种象征性秩序，朗格拉开了与分析哲学以及命题语言的距离。相反，她专注于思想过程以及人类表达在"情感"之中的基础，以及专注于根植于生命多种前自反方面的结构性关系。（参见 Bertocci 1969—1970；Danto 1984）

朗格是符号学领域一位杰出的女性先驱者，尽管她在 20 世纪中叶的学术生涯和声誉得益于《哲学新解》的成功，但她可能是最伟大但被忽视的美国哲学家之一。她主要的专注点在于一般哲学、艺术哲学以及语言哲学，这些领域如果更加注意她的观点，毋庸置疑原本是可以受益匪浅的。西比奥克以及安·E. 伯特霍夫（Ann E. Berthoff）等学者普遍忽略了她的作品，这是哲学符号学理论与女性主义理论的损失。（参见 Sebeok 1991a：43；2001：149；Berthoff 1999；Lassner 1991）

在有关赞扬或没能赞扬其她女性的女性谈话录中，维尔比和朗格都没被载入 L. 麦卡利斯特 1996 年编辑的《希帕蒂亚的女儿们》（*Hypatia's Daughters*）中，但都出现在了玛丽·沃诺克（1996）编辑的，出版于同一年的《女性哲学家》（*Women Philosophers*）中。在她的一生之中，朗格被一些学者提起。尽管从未被视为无关紧要，她也很快因受到批判而被遗忘。西比奥克将这种态度描述为"目光短浅"，转而批判像查尔斯·莫里斯（1946：50）、查尔斯·S. 史蒂文森（1958）、威尔伯·M. 厄伯特霍夫本以及伯尔赫斯·F. 斯金纳等

重要人物（其中两位学者是他的教授，而他会带着许多感情回忆他们，参见
Sebeok 2001：149）。近来，朗格被人们简略地提及，比如布丽奇特·聂黎曦
（Brigitte Nerlich）和大卫·克拉克（David Clark），在他们合著的书《语言、
行动与背景》（*Language，Action，and Context*）中介绍"奥格登与理查兹的
行动主义者与实用主义者的意义理论"时，将朗格列入"在 20 世纪 30 年代与
40 年代之间提出了意义、象征主义以及理解理论，并且相比行动主义者，从
更加心理主义的角度解释《意义的意义：语言对思维和符号论科学的影响的研
究》的人之中。"（1996：312）然而，除了收录于 1997 年的《查尔斯·S. 皮
尔斯学会学报》（*Transactions of the Charles S. Peirce Society*）卷 33（参见
Campbell 1997）中重大的研究外，或是由美国哲学家安·伯特霍夫（Ann
Berthoff），以及最近以论文《文学符号的产生：朗格摘记》（"The Making of
the Literary Symbol: Taking Note of Langer"）获得金羊奖的罗伯特·E. 英
尼斯（Robert E. Innis 2007）所做的研究之外，朗格的作品仍然很少有人
阅读。

在伯特霍夫对朗格作品的评估中，她说明了朗格影响大打折扣的原因：

> ……她发展了一种与卡西尔的符号形式哲学、情感的生物学以及思维
哲学相一致的美学事业，与后战争年代遍地而起的科学至上主义相违
背——在结构语言学、道德体系学、行为及认知的心理学，以及在所有以
"意识形态的终结"为口号的其他学科中。（Berthoff 1999：113）

在《符号学中的女性》中，西比奥克毫不犹豫地声称：

> 朗格值得被立刻写回符号学编年史中，我认为鉴于她对生物学问题预
见式的敏感，以及因此对当代完整的指称框架的敏感，这种恢复更加迫
切。（Sebeok 2001：149）

西比奥克将自己定义为一个"未实现愿望的生物学家"（参见 Deely
2005），朗格同样是少数准备好掌握生物学语言的哲学家，而莫里斯也因其为
自己设立以生物学术语来构建自己的普遍符号理论的任务而闻名。在描述符号
和意义研究这一趋势时，同样重要的是要记住，维多利亚·维尔比同样记录了
生物学研究，并在事实上生物学被认为是有充分意义的理解表意过程的基础。
（Sebeok 2001：第 4 章）

西比奥克与我合著的论文《符号学中的女性》的更早版本中包括了西比奥
克所写的附言。

朝向重新开始关注苏珊·K. 朗格迈进的一步似乎由 5 篇有关她多方面研究的论文的发表而得以实现，这些论文来自 1995 年美国哲学发展协会赞助的纪念她的专题报告会——遗憾的是，这出现在我们完成自己的文章的几个月后。现参见《查尔斯·S. 皮尔斯学会学报》33（1）：131—200（冬季刊 1997）。虽然邀请了一些女性哲学家，但做出贡献的都是男性哲学家。尽管不仅是会议召集人，还有詹姆斯·坎贝尔的文章都普遍强调朗格对意义、艺术、象征主义等领域的关注，虽然这些都与仅由皮尔斯部分驱动的符号学密切相关，朗格在符号教义历史中的特殊地位仍未被意识到。同时，正如西比奥克（1995：166—167）所提及的，朗格对现在被称为生物符号学的一些引导性观念非同寻常的敏感预见再一次暗示……（Sebeok，Petrilli 1999：478）

西比奥克将朗格纳入自己的专著《符号学在美国》（*Semiotics in the United States*，1991），将她的研究与作品看作对符号学的贡献来介绍，并简短地转述了一些关于她的文献，无论是批判还是赞扬。除了评论她研究的优点，即详细阐述了对"尤其是其美学含义的"（1991a：44）重新思考之外，西比奥克还认为，用他自己的话来说，即在朗格看来"语言作为一个独特的人类模塑系统而进化"。（1991a：43）这一观点从科学上看是有趣的并具有挑战性的。西比奥克（参见 1986：10—16；1991b：49—59；1994：139—150）指的是 1969 年在史密森学会的专题报告会上由朗格递交的论文，题为《伟大的转变：从本能到直觉》（"The great shift：Instinct to intuition"，参见 Einsenberg，Dillon1971：第 10 章；又见 Langer 1960）。重复她在 1962 年的书《哲学随笔》（*Philosophical Sketches*，第 2 章）中已经提到过的观点，在这篇论文中她主张语言始于"符号表达"并且"……言语不是来自动物的交流；它的交流性以及指导性功能，尽管在今天看来都很重要，但却是次要的；它首要的功能是对直觉认知的符号表达。"（Langer 1962a：325—326）

对西比奥克来说，这种姿态与过分简单化的物理主义的拥护者所持的观点极其不一致，他们坚持将语言和动物交流系统相比，直至证明这两者是密切相关为止，而这是不切实际的（参见 Demers 1988；Lieberman 1988；Dryden 1997）。然而，在那时，物理主义有着一个一致同意的宽阔平台，这个平台为理解朗格在美国符号学中不明确的地位提供了线索（Sebeok 1991a：44）。西比奥克认为朗格的地位与自己的一致，并通过诸如威廉·冯·洪堡、查尔斯·皮尔斯、雅可布·冯·乌克斯库尔以及恩斯特·卡西尔等人物，追踪从多个方面包含新康德主义者的影响的一个共同智力谱系。

在《符号学：入门选集》（*Semiotics: An introductory anthology*，1985）中，罗伯特·英尼斯介绍了朗格的符号学研究，第四章来自她的《哲学新解》（题为《推论与表现形式》），并精选了一些符号学研究大家的作品，包括皮尔斯、索绪尔、沃洛希诺夫、布勒、列维－斯特劳斯、贝特森、雅各布森、莫里斯、巴尔特、夏皮罗、本维尼斯特、艾柯、托姆以及西比奥克。朗格的"符号学导向的哲学探究"，尤其是她的"符号学导向的美学理论"被英尼斯描述为对一种"'合适的'符号学理论的贡献，因为它专注于来自一个高度不同的哲学矩阵内部的符号理论的基础"。（参见 Ghosh 1979；Hagberg 1995；Hart 1997）更为积极的是以下陈述："我们同样可以认为朗格为明晰皮尔斯对像似符号与规约符号之间的区别做出了贡献。"（1985：88）英尼斯以对朗格的研究方法的欣赏总结自己的介绍，他用这种方法证明了她的符号学研究范围广泛，同时可以作为符号的普遍理论以及一种更好地理解特殊符号系统的方法论：

> 朗格对这些问题的构想以及处理方式使我们思考作为一种科学的符号学与完整的一系列范畴的结合，可以超越任一领域中包含一切的符号构成客体。因此，这里给出的她的思考不仅可以引导我们用符号学方法来讨论重大的美学理论观点，还可以引导我们着眼于符号学自我意识进一步的决定，参与对符号学研究连贯性的方法论思考。（Innis 1985：89）

朗格分析了符号系统，即象征主义，或是表达形式的"语法"，她基于对它们符号学意义上相关的哲学基础研究中的语法与语义特征，将它们区分开来。她研究理解了"表现形式"中呈现出来的情感的语法与语义条件，并旨在用一种超越语言学领域的"语义"来确定"表达的限度。"（参见 Kösters 1993）正如上文所简略暗示的，朗格区分了"表现形式"与"推论形式"，前者是一种适用于艺术的表达形式，即语言与非语言的（可塑的、音乐的等）符号系统；后者是适用于语言的表达形式，即语言象征。她主要的分析范畴就是区分"言论"与"展示"。

在艺术领域，"符号"在"表现形式"，即一个区别于推论形式的"逻辑形式"中具有的内容与意义。正如朗格在《心灵：论人类情感》卷 1（参见 Langer 1967－1982）中所说，"艺术有其自己的逻辑"，她在此通过艺术专注于一个"关联结构"（Langer 1967－1982：84）。最重要的是，她批判了在符号研究中应用语言学模型的趋势，即将语言范畴应用到艺术形式中。"推论形式"是更加线性的，包括可孤立的表意单位、句法，并且承认翻译的可能；相反，"表现形式"被理解为一个整体的构成。表现形式不是由表意单位构成的，这些表意单位相对于上下文无关，而且不能与意义分离。因此，朗格批判对语言单位及其非语言模拟的搜寻。正如她在《心灵》中写道的："艺术的含义不需要解释：它需要一种对所呈现形式的完全并清晰的感知，并且有时候形式需要在人们能够欣赏它之前得到解释……艺术作品至关重要的意义不需要也不能够源于任何的解释。事实上，这样的一个过程会损毁一个人对含义的感知。"她继续陈述道，音乐解释学的主要错误在于"将艺术象征（即符号）当作一种符号主义来对待"，而且"（一件）艺术品是一个单独的符号，而不是一个表意元素系统，这个系统可能是多方面混合的产物。它的元素孤立时就没有符号价值。它们从它们在感知的整体功能中获取其表达特点"。（1967：84）

在她的论文《苏珊·K. 朗格与心灵的奥德赛》（"Susanne K. Langer and the odyssey of the mind"，2000）中，安·伯特霍夫概述了朗格区别两种认知方式的努力。最初，在 1926 年的一篇文章中，思考了"形式"与"内容"之间的区别，朗格表明在艺术作品的情况中说"内容"是一种悖论，考虑到艺术中的"内容"不是内容而是"符号"，而且这种符号只能由一种区别于支配命题的逻辑解释（参见 Langer 1926）。在《哲学实践》（1930）中，她区分了理解与洞察力（两个康德式的术语），即区分了"系统解释"与"直接集中的符号化"。（1930：149-151，163-164；参见 Liddy 1997）

"直接集中的符号化"概念可以根据维尔比的"母性感知"或是"原始感知"来理解，反过来，可以根据朗格对"直接集中的符号化"或"洞察力"概念的理解而更好地理解"母性感知"的含义。

朗格在《哲学新解》中继续研究差异，解释了符号化在推理中的表达是如何区别于在仪式及艺术中的表达。新的术语是"推论的"与"非推论的"，或是"再现的"与"表现的"。这样的术语并不令人满意，尤其是因为像诗歌语篇这样的语言艺术形式不得不归为"非推论的"。我与蓬齐奥提出的"rappresentazione"（表示）与"raffigurazione"（描写；Petrilli, Ponzio 1999）之间的区别对解释并发展朗格提出的范畴是有效的。皮尔斯的三分论，"规约符""指示符""像似符"是表示与描写之间区别的先决条件。它同样阐明了朗格的研究：她通过"再现"所理解的事物可以与规约性及指示性联合，而她通过"表现"所理解的事物则可以与像似性结合。

正如伯特霍夫观察到的，在任何情况下，除了所有术语上的退步外，"知识聚合网络（Paradigmatic Networks of Knowledge）标志着在类推能力中识别符号的共同来源的创造性进步；'在另一物体中看到这一物体的形式'的能力是抽象的能力"。（2000：4）在《艺术问题》中，朗格根据两种抽象的方式区分了两种认知方式，抽象是心灵的基本行为，一种基本的、本质的、根本的行为："'抽象'是对一种关系性结构或是形式的认知，除了特定的事物（或事件、事实、图像等）外，它在其中得到了证实。"（1957：163）认知（用皮尔斯的术语来说是"感知"）是符号化的基础，在这基础之上出现抽象，并先于推理，这是一种后续的发展。朗格进一步在"一般化"的基础之上区分了抽象的两种模式：在科学中，抽象经由一般化实现；在艺术中，它是直观地被理解的。

让我们仔细观察朗格在《哲学新解》中提出的"符号"（signs）与"象征"（symbols）之间的区别，正是这部书使她变得有名。在书中她识别了意义的两个方面——心理的与逻辑的，这两者往往一起出现："显然，一个词，比如说'伦敦'，这个词'指'一个城市与一个人用这个词来'指'这个地方，意义上并不相同。"（Langer 1942：53）从心理学方面来说，某事物要有意义，就必须被当作一个符号或象征来使用，即它对某人来说必须是一个符号或是一种象征。从逻辑方面来说，它必须能够传播意义，即它必须是某样东西才能被使用。意义的心理以及逻辑方面之间的相互作用产生了许多不同的意义关系。朗格寻找一种"原始形式"或"原型"（archetype），我们可以称之为一种"一般模型"（a general model），它能够解释特定种类之间的区别，并且能够让亚种以一种确切的方式相互关联。她检查了各种所谓的"符号情境"的清单以及各种试图定义意义的意义的尝试。她批判皮尔斯对符号的分类，"像似符号、质符、型符、义素、形素以及证素，这样的排序多么可怕"，她同样批判胡塞尔所采用的方法，胡塞尔"以像'意义'一样多的理论结束"。（1942：54）

对朗格来说，意义的不同类型通过意义是术语的一种功能而不是一种属性这一般原则互相关联起来的。她认为意义不是术语的基本的品质、本质或性能，而是一系列的关系、一种意识模式，在这种模式中，总有三个共在且相互关联的术语——符号、客体、主体（或是解释项）：

> "意义不是一种品质，而是术语功能。"功能是一种模式，与参考一个它所围绕的特别术语一起观察的模式；当我们从其和与其相关的术语之间的关系看这个特定的术语时，这种模式便会出现……一个主体的存在往往是被默认的，但如果没有一个事物是有意义的并且没有一种它意味着的心灵，那就不存在一个完整的意义——只有一部分的模式可能以不同的方式被完成。（Langer 1942：55—56）

一系列的关系或意义模式可以从其中的任何术语的角度进行描述，并且描述会因此而不同：

> 我们可以说一个特定的符号对一个人来说"意味着"一个客体，或者说一个人通过符号"意谓"这个客体。第一种描述从逻辑的意义上来对待意义，第二种描述从心理意义上来对待意义。前者认为符号是关键，而后者认为主体是关键。所以，逻辑的意义与心理的意义这两种最有争议的意义就这样区分开来，并且与此同时互相关联，通过将意义看作术语的一种功能这个一般原则，而不是一种属性。（Langer 1942：56）

研究符号、语言以及行为表现之间的关系，也就是研究符号理论与行为理论之间的关系，查尔斯·莫里斯区分了符号的两种范畴，即他所说的信号与符号。在这一语境下他参考的是《黑猩猩，实验室群体》（*Chimpanzees，a Laboratory Colony* 1943）的作者罗伯特·M. 耶基斯（Robert M. Yerkes）以及《哲学新解》（1942）的作者朗格的研究，而朗格也参考了耶基斯用动物所做的实验性研究。莫里斯最初在 1925 年的专题论文中处理了象征主义的问题，该论文首先于 1981 年在德国发表，随后于 1993 年在英国发表，题为《象征主义与现实》（"Symbolism and Reality"）。

莫里斯认识到卡西尔对象征主义问题所作之贡献的重要性，他在其 1964 年的书《意指与意味》（第一章现包含在莫里斯 1971 的书中，题为"符号与行为"）的开篇提到："恩斯特·卡西尔将人称为'符号的动物'（'animal symbolicum'），而不是'理性的动物'（'animal rationale'），而且许多当代的研究都展示了这一概念的恰如其分。"（莫里斯 1971：402）

在对符号的分析中，莫里斯区分了符号与信号。当一个符号代替了另一个符号而朝向行为时，它就成了一个象征。因此，它意味着被代替的符号所意味着的事物。否则，它就只是一个信号。换句话说，正如他在其 1946 年的专著《符号、语言与行为》（*Signs，Language，and Behavior*，包含在 1971 年的大作《普通符号理论著作集》中，这篇论文中的引用都来自这本书）中所说的那样，信号是"是一个符号，不是一个象征符号，即它不由解释者生成并且不是另一个与之同义的符号的替代品"。（1971：366）；而符号则是"一个由其解释者生成的符号，而且表现为另一个与之同义的符号的替代品"（1971：367）。

朗格区分了"符号"（"signs"）［莫里斯的术语表示为"信号"（signals）］与"象征"（symbols），声明两者的基本差别在于符号与公共对象或事件相关联，而象征则与概念相关联；而且这与主体或是解释项不同的使用相关；符号

"宣布它们的对象"，而象征则引导它们的解释者"构想它们的对象"（Langer 1942：61）。此外："符号是行动的依据，或是一种指挥行动的方式；象征是一种思想的工具。"（Langer 1942：63）用朗格的话说就是：

> 一个符号（即一个信号）指示着存在——事物、事件或状态的过去、现在或将来。湿漉漉的街道是一个符号，表明下过雨了。屋顶上的嗒嗒声是一个符号，表明正在下雨。气压计刻度下降或是月亮周围的一圈光晕是一个符号，表明将要下雨……一阵汽笛声意味着火车就要开了……（1942：57—58）

一个作为象征而不是符号或信号的术语，并不一定会引起与对象的存在相适应的行为。

> 如果我说"拿破仑"，尽管我已经介绍了他，你也不会向这位欧洲的征服者鞠躬，而是仅仅想到他。如果我提到某一位我们都认识的史密斯先生，你可能会"背着他"告诉我一些他的事，而如果他在场的话你不会这么做……
>
> 象征不是它们对象的代理，而是对象概念的载体。构想一件事或一种情况不同于公然地"对其做出反应"，或是知道它的存在。在谈论事物时，我们了解它们的概念，而不是事物本身；而且象征直接"意味着的"是概念而不是事物。（1942：60—61）

莫里斯认为，信号与符号之间主要的差异在于符号是由有机体，即解释者生成的，因此相比于信号会更加不可靠。信号与外部环境关系联系更加紧密，因而更加可靠。但莫里斯还补充道，考虑到信号也被赋予了不同程度的可靠性，区别只在于区别的程度上。

"雨"这个词并没有说明是正在下雨或是已经下过雨了，还是将要下雨的事实。但如果一个人在进屋的时候说"雨"，而这时我正要离开，这与我（比如我用伞保护自己）自己看到雨或是听到屋顶的嗒嗒声产生的效果是一样的。从这一方面来说，莫里斯反对朗格，声称她所建立的区别并不是绝对的而是与被给定的条件相关。他带着讽刺意味地评论道："一个听到屋顶嗒嗒声的人，与他在雨中所做的反应，相比一个听到'拿破仑'这个词的人，与他在拿破仑面前所做的反应相差无几。"（Morris 1971：127）

莫里斯意识到他对符号的定义与普遍的用法不一致，但他也认为在将自身建立为一门科学的努力中，符号学只能从这样的不一致中获益。在莫里斯的定义的基础上，符号的特性是自治，因为它是由其解释者生成的，还有"恪守常规性"以及"变化"的可能性（Morris 1971：102）。莫里斯的符号概念与皮尔斯的相似，而他的信号概念则与皮尔斯的指示符号概念相似，但莫里斯的二分法与皮尔斯的三分法之间则有本质上的区别。另外，皮尔斯将像似符号归为就规约符号与指示符号而言的第三种符号，而莫里斯仅将其看作符号的一个小分类。（参见 Morris 1971）

对朗格来说，对意义的描述可能是客观的，即从术语的角度来看，术语在指涉客体时具有意义，或者可能是主观的，即从主体的角度来看，主体通过用术语指涉客体而具有意义。

朗格进一步将符号与象征分别看作术语的两种功能，这两种功能都是有意义的。符号与象征共同行动形成我们对现实，对"事实"或"数据"的经验，因为它们是我们的推论过程、解释的结果。换句话说，在区分符号与象征时，朗格将它们编织在一起，在她所称的"固定的现实"或"事实"的产物中呈现。

> 现代心灵是印象与转变的一种不可思议的综合体；而它的产物是一块意义的织物，它会使最有野心的织锦编织者的最精心的梦看起来像一块垫子。这块织物的变形包括我们所说的"数据"，即那些经验使我们习惯于关注的符号，我们的思维能力经常无意识地以其为行动依据。这里的织物是象征主义。在符号与象征之外，我们编织我们"现实"的薄纱。（Langer 1942：280）

符号可以是复杂的，可以形成链条，并且连接成需要我们用稳定的智力行为来做出反应的环境。在一系列将被创造的反应中，解释者对先前符号的反应反过来变成一个新环境中的另一个符号，在这种新环境中，第一个符号的意义变成下一个符号的语境。这就是现实的变形。人类解释者在此基础上发展他们的符号以及象征主义，发展概念的织线之间的连接与转变。朗格用一块精制的织锦来修辞符号与象征之间的关系，它们是复杂地互相关联并互相依存的。语言是一个象征系统，但在交流中它并不只是表达概念，即不仅描述，它还阐明。朗格将阐明功能称为语言的表意功能，并没有间接提到维多利亚·维尔比或她理解为"表意学"的事物。（参见 Langer 1942：280）

毫无疑问，朗格的象征概念以及她对象征与象征主义的区分，也许可以根据皮尔斯最著名的符号三分来更好地理解，他的符号三分区分了规约符、指示符以及像似符。朗格识别了语言的一种"表意功能"，即语言结构的阐明功能。这与她通过"符号"理解的以及莫里斯通过"信号"所理解的一致。用皮尔斯的术语来说，我们认为，在符号的表意功能中，指示性以及规约性占上风。朗格区分了"表意功能"与她所描述的语言的"象征功能"，即区分了语言的描述或概念功能。用皮尔斯的术语来说，我们提出朗格通过"规约功能"所理解的可能在事实上以符号过程的像似维度为特征。在表意行为以及交流互动中，这些功能、联系以及维度都在不同程度上互相关联并共存。

在朗格的描述中，符号意义可以无限扩大。她将它们描述为"内涵"，而非"表意"。符号论有两种基本的类型，"推理的"以及"表现的"；相反，意义的种类更多并且不必与符号的类型一致。

> 许多象征——文字的以及其他形式的——可以说是"充满"意义的。它们有许多象征的以及表意的功能，而且这些功能已经被整合成为一个综合体，因此它们都倾向于涉及任何一个选定的功能。十字架是如此一个"充满"意义的象征：基督死亡的真正工具，因此是苦难的象征；首先放在他的肩膀上，一种真正的负担，同时也是人类手工艺品的一个真正产物，基于这两点，它成了他所接受的道德负担的象征；还是四个黄道带点的一种古老象征，有一种宇宙的内涵意义；十字路口的"自然"象征……
> (Langer 1942：284—285)

用我们的术语来说"文字"与"图像"是"语言"与"非语言"的符号，它们产生了一个由多种意义紧密编织在一起的背景，所有意识经验与解释都依据此背景衡量。用朗格的话说就是：

> 每一个被关注的对象都有超越现在其中的"事实"的意义。它轮流，有时甚至立即服务于洞察力与理论以及行为，在非推论的知识及推论的理性中，在怀有希望的设想中，或是作为一个符号引出有条件的反应行动。但这意味着我们要用精神功能的复合体回应每一种新的数据。它由我们的感知组织，并赋予它一个明确的格式塔。非推论性理智将感情投入解读为具体形式，用纯粹敏感的欣赏来满足它；而语言习惯毫不迟疑地使我们将其比作某种文字概念，并在推论思考中给予它一席之地。这里是两种活动的交叉：推论的象征主义总是一般的，并且要求应用于具体的数据，而非推论的象征主义是独特的，是"给定"的自身，并使我们理解这种情况之外更加普遍的意义。因此通过符号我们有了令人激动的真正精神生活、生存的反复。我们利用文字探索它们的含义，引起或回避它们的关联；我们用我们的象征识别符号，并构建"理智世界"；我们梦到我们的需求与幻想，并构建未应用符号的"内部世界"。我们同样互相铭记，并建造一个

社会结构，一个正与误的世界，一个需求与处罚的世界。（Langer1942：285－286）

在她"象征主义哲学"的语境中，朗格提出了一种"象征性转变"的理论，并将其作为学习批判性的理解、解释、意义以及人类表意行为的工具。她的思维理论的主题是"象征性功能"，它专注于意味的形态学问题。一种恰当的心灵理论必须能够同时强调成就与限制，以及目前的文明显现的象征性功能的幻觉与错误："思想的自由不经受剧痛无法重生；语言、艺术、道德以及科学都给予了我们痛苦与力量。"（Langer 1942：294）记住《哲学新解》第一次出版是在1942年，见证了第二次世界大战及其"丧失人性的愚蠢"所产生的影响，为了人性的进步，为了人类的尊严与自由，朗格还从伦理与技术两个角度研究了社会健康及其符号。

11 维多利亚·维尔比
与米哈伊尔·巴赫金：意义的活力

11.1 智者传

维尔比夫人与巴赫金在私人领域与公共领域的经历、社会政治背景以及文化形态是迥异的。在两位从未有过任何形式的直接或间接往来的思想家之间，看他们如何建立联系是一件非常有趣的事。维尔比属于最高层的英国贵族，她婚后的生活相对平静，把时间献给了自己的研究，她大部分的研究都是在平和的环境中，在大量书信联系的帮助下进行的。我们知道她与许多名人有书信往来，而且经常用信与其他人交流并阐述自己的观点（Petrilli 2009a）。相反，米哈伊·巴赫金（1895—1975）是一位俄国哲学家、符号学家，特别关注有关语言哲学、文学理论以及伦理学的问题。巴赫金的作品主题多样，激发了研究不同传统（马克思主义、符号学、结构主义、宗教批判）以及诸如文学批判、历史、哲学、语言学、社会学、人类学以及心理学等不同学科的学者。与维尔比相似，他不会长期隶属于任何一个公共机构或大学，尽管他也是本着对话性的观念交流精神进行他的研究。（Petrilli 2012c；Ponzio 2003，2008a，b，e）

巴赫金领导着通常被称为"巴赫金圈子"的团体。圈子的成员包括迈特韦耶·卡岗（1889—1937）、帕维尔·N. 梅德维杰夫（1891—1938）、列夫·V. 彭片斯基（1891—1940）、玛丽亚·J. 朱迪娜（1899—1970）、伊凡·I. 索勒廷斯基（1902—1944）、瓦连京·N. 沃洛希诺夫（1895—1936）。巴赫金并不总能自由地发表自己的作品。人们普遍认为，他在构想了很多多年后作品才以朋友的名义发表，尽管这一观点仍在争论中。在任何情况下，所有这些矛盾都有损于他当时的影响力以及命运的发展。除了当地传统以及东方世界之外，巴赫金还对西方世界，哲学以及文学产生了浓厚的兴趣。他渊博、十分广泛并多层面的学识不仅体现于他致力于陀思妥耶夫斯基的研究专著《陀思妥耶夫斯基的诗学问题》（*Problemy poetiki Dostoevskogo*，1929 年唯一一本以他个人名义出版的专著，修订版 1963，英译版 1984），还体现于他有关拉伯雷的著作《佛朗索瓦·拉伯雷的创作与中世纪与文艺复兴的民间文化》（*Tvorchestvo Fransua Rable I narodnaja kul'tura srednevekov'ja i Renessansa*，1965，英译版 1984）中，拉伯雷可谓西方学界与巴赫金相当的学者，从而将我们的注意力都放在有关文学的作品上。尽管巴赫金活跃于发生在 20 世纪 20 年代苏联的智力辩论中，他独特的地位直到 20 世纪 60 年代末至 70 年代初才变得众所周知。

尽管维尔比与巴赫金之间存在基本区别，我们同样可以从理论层面上找到他们大量的相似之处。两项研究专题，一项致力于研究巴赫金（Clark，Holquist 1984），另一项是维尔比（Schmitz 1985），每一项研究都包括一节关于有关作者的宗教形成的内容，这并不是偶然的。维尔比的研究与符号、价值以及意义相关，始于对宗教、神学以及圣经问题的关注，专注于对圣经的文本解释。她的研究表现在 1881 年的《纽带与线索》中，该书强调了她后续的理论研究。例如，在有关《圣经》的一个章节中，维尔比的终生研究主题是描绘四种文本的解释的原则。她呼吁发展一种充分的"语言意识"，强调她的"语言批判"。维尔比讨论了"普通共同感知的意义"或是"普通并显著的意义"，她确信地指出它的局限在于一个文本将只适用于一种单一的、绝对的以及最终的理解，并在任何时候都有效。随着她更多地关注意义的易适应性本质，其"可塑性"，关注对有关单个文本的解释性路径的潜在多样性，她主张需要检测"替代性的意义，阅读的选择，洞察力的进步"；以此防范将个人的解释强加于一个本文之上，付出无法用其他解释的可能性充实文本的代价。在一个涉及寓言解释的名为《鲜活词语》的章节中，她说："我们总是倾向于用我们天生的心来解释它们……如果我们将它们写下来的话。"这样的声音强有力地回响在她 1893 年的论文《意义与隐喻》中，在该篇论文中她继续批判读者将作者的意思变成自己的意思，因而使得文本变得单一的趋势。

随着对语义学多音性以及语言可变性的特殊关注，她强调在真知以及信仰的形成中发展一种更加敏锐的语言意识的必要性，我们必须根据知识与经验的进步持续对这样的真知与信仰进行考察与更新。在有关《词语》的章节中，她建议我们依靠"每一个有效的词语"，但决不以"它们曾经传播的珍贵真知"为代价。维尔比对真知的追求与巴赫金的相似，都发生在一个多音的以及去总体化的整体框架中，该框架来自不同观点间的对话性关系。维尔比建议我们"从尽可能多的'观点'来研究同样广阔的真知"并且将一大部分有关训释、教条以及正统的问题归因于未认识到词的歧义本质，归因于语言的使用以及误用。因此，在她更加成熟的作品中将其论证为语言的"可塑性"，它语义的易适应性、可变性以及对不断更新的语境以及传播情境的适应性，这至少可以追溯到她 1881 年的书《纽带与线索》中。

与巴赫金相似，维尔比认为宗教范围内的真知只能根据其他领域的知识以及经验获得，它们之间互相翻译并最终趋于询问特殊利益、价值或整个人类的终极意味。正如 H. 沃尔特·施密茨所说："她主张给予这一中心宗教观念一种与科学一致的新意义，以通过这种方式理解'伦理学的宗教'。"（1985：xxxiv）在其 1881 年的著作中，维尔比就强调了给予符号它自己以真实的位置与价值的重要性，这一要求在总体上将宗教、伦理学以及人类社会文化活动并入其表意学视角的范围内。如今对她的方法可能的翻译与发展以我们提出的"符号伦理学"这个标签为代表。（Petrilli，Ponzio 2003，2010）

表意学专注于作为价值的意义，因此意义的根本问题变成理解"真正价值"的问题，符号在一切生活以及知识范围内给予我们每个人这样的"真正价值"，存在于并超越了意向性意义的领域。因此表意学致力于培养单个说话者询问诸如"……的感觉是什么？""你……是什么意思？""……意味着什么？"的问题，这三个问题分别对应表意的三个层次，即维尔比的符号理论所描述的："感知""意义"以及"意味"。因此将维尔比的表意学清楚地描述为包括符号学与语义学，又因其对表意行为的伦理语用方面的关注而超越它们，朝着我们今天提出的"符号伦理学"的方向展开其分析。

巴赫金成长于俄罗斯东正教传统中。据克拉克与霍尔奎斯特（1984：120-145）所说，尽管并不是在传统意义上，但巴赫金终生都信奉该教。与维尔比相似，宗教从他思想发展最初开始便是其思想系统建筑的中心。与维尔比相似，他认为宗教与社会文化探究的其他领域并不是分离的；相反，宗教利用后者并要求根据科学的进步持续地重新解释。这样的态度引导维尔比与巴赫金处理许多从生物学到哲学等不同领域去研究相关的主题。宗教话语作为一个观念系统出现，这个系统在一个不断变化的世界中对话性地与其他观念系统互相作用。这样的观点对意识形态上的一元论来说是不可容忍的。事实上，巴赫金拒绝盲目地接受教条以及一致认可的真知。我们之所以能够抵制后者，是因为对观念以及用于表达观念的语言的批判性态度，从对多逻辑以及多元声音敏感的现实本质角度来说，这使得许多不同观点能够共存并互相对话。与维尔比相似，巴赫金将生活的流动看作正在形成中的差异间的关系，根据他性逻辑以及差异之间的非对应，即："所有活着的之所以活着正是因为与他者的非对应。

我们最重视的正是不悦耳的差异，而不是一种雷同化调和的无尽沉默。"
(Clark，Holquist 1984：136)

宗教与神学问题占据了维尔比与巴赫金的思想系统的中心位置，这一点很重要，但更重要的是这一共同的兴趣最终是根据一种潜在的语言、符号与意义哲学的基础发展起来的，在发展方向上是相似的。事实上，这两位学者可以与我们命名为"解释符号学"的观点联系起来（Clark，Holquist 1984：6.2）。维尔比与巴赫金根据宗教问题与语言的联系严格地重新思考并转化了宗教问题，从一种批判意识的伦理学角度来看，这强调了诸如语义可塑性、对话性、歧义性以及多音性的表达价值。这种方法能够使说话者避免落入以教条、绝对真知、话语秩序为代表的僵化的语言陷阱中。总之，巴赫金与维尔比不仅为宗教话语范畴的批判性再形成打下了基础，并大体上为所有文化的表达打下了基础，根据他们意义、语言以及解释的整体性理论，人类意识总的来说根植于语言并受其影响。

11.2 语言与文化

在1929年出版的《马克思主义与语言哲学》（*Marxism and Philosophy of Language*）中，作者瓦连京·N. 沃洛希诺夫（Valentin N. Vološinov），"巴赫金圈子"的一员，主张以一种有机方式对待语言这一主题，并能精确涉及语言哲学的作品依旧是缺乏的。"巴赫金圈子"的贡献最初被投入一种期望会更趋完备的科学的事物上，这种科学能够更加充分地处理语言、文字、符号，因而能更好地整体上处理人类文化。语言符号不应被还原至信号状态，还原至一种能指与所指之间一对一的对应状态，正如被一个符码所固定，还原至维尔比所说的"普通意义"的状态，或是还原至被解释的符号与解释项符号，即"识别解释项"间的认同关系。（Petrilli，Ponzio 2005：8—10）对巴赫金圈子来说，这意味着对弗迪南·德·索绪尔以及当时占主导地位的语言学理论的批判性解读；对维尔比来说这意味着超越米歇尔·布雷阿（Michel Bréal）所理解的语义学。

用巴赫金的术语来说，人类文化所有方面的特殊性质都是语言意识形态的，用维尔比的术语来说是语言心理的。两位学者虽然关注的焦点不同，但他们最终都承认语言是意识形态的材料。巴赫金是一位哲学家，但他将自己的注意力转向了文学，他不止将文学作为一个探寻的对象，而且还从方法论的角度对文学进行思考。换句话说，他为自己的语言哲学研究而记录文学作品的特征，作为他有关符号、意义以及语言的视角。维尔比也涉及文学，但这不是她的重点。从这一角度来看，她的作品更接近皮尔斯的认知符号学，在认知符号学中符号理论与知识理论相关联。

在阐述意义与解释的一般理论时，维尔比接触了大量不同的主题与研究领域，从更加明显的语言学与哲学到人类学、生理学、生物学、天文学、社会变革、教育、法律、经济等，这一点不足为奇。在"解释符号学"及其对"回应性理解"（responsive understanding）或是"应答性理解"（answering comprehension）的关注的传统中，并且与像皮尔斯以及巴赫金这样的主要代表一致，维尔比选择语言作为研究特殊对象及符号交际理论的理论工具，与此同时考虑非语言的人类符号系统。虽然没有进入一个从属于语言学的关系中，维尔比与巴赫金都强调语言材料是所有人类文化形式的中心。因此对语言充分的分析不仅可以更好地理解语言内在的直接问题，还能促进根植于语言的不同社会文化领域的整体进步。

维尔比与巴赫金都认为语言表达是属于集体的社会实践的部分。与所有的有机体一样，集体会经受持续的变化，总是在形成中，决不会静止或终结。朝着这种动态的语境之外进化的符号与意义是由它产生的，并随着新经验的获取不断更新丰富。个体不会像一个孤立的说话者一样获取知识或经验，而是像社会语境的一个完整的部分一样，与集体处于对话性的相互作用之中。单个说话者的表达与集体的表达一样是对常见交际过程的表达，形成了人类社会关系网，因此只有通过这两种表达之间的互相作用，个体和社会才能存在。词的语义连续性，正如为个体说话者所使用，是在语言使用者的历史社会社群中决定的。在这样一个框架中，意义不是私人的、抽象的，不是主体意识的表达，而是随着汇聚在一起的经验积累以及在任何特定的情况下共存于具体的符号中而发生的。

这种方法有助于认识语言符号的内部对话性、多元性声音以及符号物质性。正如维尔比所强调的，在由话语社群接受并阐述的文字中存在意义的一个分层，它是在历史发展的进程中历时地积累起来的，在由个体说话者使用时共现，并在说话时从属于转型。因此，很显然，当我们操控文字时，我们不是在依据表意物质性来处理一些匿名实体，这些匿名实体缺乏它们自己的特殊性，而是在处理有着自己的历史以及意识形态力量的符号，我们为这样的符号添加了我们的个人印记。语言作为一个有机体不断地在每次被使用的时候再生产以及更新自己，而个人意识的新鲜印记进一步丰富了它。

维尔比与巴赫金都远离了实证主义思想的客观经验主义。巴赫金批判机械唯物主义及前辩证法唯物主义，因此对实证数据的实证主义概念也持批判态度。依照他的符号理论，他拒绝崇拜理解为稳定的、精确的以及不可更改的非辩证事实。对维尔比来说，她也批判自己所理解的"硬而干的事实"，相反，她认为这是符号调和的现实的一部分。观察者分析的事实是被赋予了意义的符号，就其本身而论它包含了其他观察者的解释经验。接下来，它以一种精确限定的、无可置否的以及明确可观察的事实出现在实证主义者眼中，在巴赫金看来，它作为一种意识形态物质的现实出现；在维尔比看来，它继承了某些我们前-智力且原始的能力：

> 当我们讨论"热量"时，我们指的不再是我们过去所指的意义，哪怕只是50年前。而且，当一个人说他信仰太阳、星球、宇宙，信仰天地，信仰心灵与物质、灵魂与身体、精神与肉体，那么就算他想，他也无法与他的祖先表示同样的意义，或者是事实上所有绝对的以及最终的事物。无论我们会不会，这些术语的意义正在改变我们的语言，并且总是在两个极端之间摇摆，我们将这两个极端称为字面的以及修辞的；例如"天堂"，在价值上涵盖了从天空到人类命运的范围；"地球"涵盖了从土地到可见的人类家园的范围。我们可能呼吁，也应该呼吁"硬而干的事实"；但我们甚至一定要将我们自己的事物放入它们之中。它们在"思维"活跃的碰触下变成"事实"，而这来自一个先入之见的昏暗世界，留给我们许多原始遗产，这些遗产来自前-智力的感觉能力，也可能来自位于很久以前的，鲜受质疑的资源。（Welby 1893，参见 Petrilli 2009a：424）

对维尔比与巴赫金来说，语言符号是他们符号与文化理论的中心，而没有掉入语言中心主义的陷阱中。非语言符号像一个非符号体，有一种呈现符号功能的额外符号功能，不同于此，语言符号不存在于其符号功能之外，因此词语完全专注于其符号功能，并且就其本身而言在符号上是社会关系最有共鸣的表达（参见 Petrilli 2012a：152-156；2014a）：语言符号是即刻交流的与意识形态的，因为它直接来自社会交流的需要。意识形态与文化是社会交流的即时表达，而且最好通过分析词语来考虑，这些词是"最卓越的意识形态现象"。于是出现了符号达到了语义意识形态易适应性、内部对话性、多元逻辑性的相当高的水平。

11.3　同一性和他性

维尔比与巴赫金提出的符号与意义理论都以他性逻辑为基础。这个词是对话性的，因为它是内在的、多重音的，并且因为在外部它与他者的词相关联。与像重大意义、普通意义、认同这样的表意现象为主的语言典范相反，符号理论朝着以他性逻辑以及积极回应的理解力为导向的解释符号学方向发展。这一点维尔比在翻译理论中讲得十分清楚，她的翻译理论不止是从一种语言到另一种语言的转变（语际翻译）的意义上理解的，而是理解为语言符号向非语言符号系统的转变，反之亦然，理解为语言符号向同一种语言的其他语言符号的转变。

符号过程只有通过翻译过程才成为可能，事实上，符号过程就是翻译过程。不同经验领域语言中的观念或假设的形成增强了感知先前未知的联系的能力，增强了揭示不同方面以及观念的能力。维尔比与巴赫金都讨论了一种"语言意识"的需要，这种"语言意识"对词基本的歧义性、可塑性、易适应性、多音性、多推论性以及他性敏感（文学作品可以佐证这一点）。维尔比在此意义上谈到言语生活的道德方面：说话者需要认识到"歧义性的真正重要性"及价值。维尔比许多的作品都是教学法的，因为它们通过对语言符号的终极意指价值的思考，劝诫教师教育孩子与成人批判地思考经验的终极价值。

维尔比最有兴趣证明的是符号生活在伦理方面的开放，而不是符号真正的面貌及其功能。她的方法被符号化为这样一个问题："它表示什么？"语言符号最大的价值既不是交换价值，也不是使用价值，而是在"意味"的范围内超越意图性交流后仍可被追踪，巴赫也用"主题"一词来命名。

语言的生命是从向心力和离心力之间的对话动力学演化而来的。正如我们所说的，语言生命不能被还原为两极之间的关系，一极是单一语言系统，另一极是个人言语，正如到目前为止在语言学与语言哲学中所假定的一样。说话者与语言之间的关系是一种符号调解的关系，在这种关系中向心力存在于语言生命中，以"单一语言""语言规范系统""定义"这些概念为代表，从语言意识形态角度看，以"绝对真知""官方文学语言"为代表，在一个对话的、多声部的语境中运作。在语言进化的任何时刻，语言不仅被划分为严格意义上的语言方言，而且还被划分为不同的社会意识形态和文化语言，所有这些都必须在语言理论的形成过程中加以考虑。语言生命向心力与离心力之间的动力学保证了语言意识形态生命的进化，正如单个个体具体的生活话语所表明的。用巴赫金的话来说便是：

> 一个说话主体的每一具体的话语都是向心力的承受点。集中化与分散化，统一化与非一致化过程都与话语相交；话语不仅回应其自己的语言作为一种言语行为的个性化体现，还回应众声喧哗的要求；事实上，它是这种语言多样性的一个积极参与者。(Bakhtin1981：272)

维尔比与巴赫金都批判了那些对语言哲学定位观点，这些定位致力于解决那些在独语症、自言、单音性、符号与意义、定义间一对一的对应方面与语言生命相关联的问题，他们还在诸如歧义性、语义易适性、杂语性等表意能力中识别了语言的独特性。他们都表达了对一种研究语义学的纯语言学方法的不满，他们抽象的语言分析关注的是语言系统。这种态度使得巴赫金构想了他的"超语言学"，而维尔比则构思了"表意学"或者我们还可以称为"跨符号学"。他们都讨论了沉默、未说出口的词语的表意潜力，在这样一个框架中这并不足为奇。维尔比认为："沉默往往是最重要的宣告，但也是最容易误导的一个。"而巴赫金则在1970至1971年的论文中进行了以下有建议性的思考：

> 寂静与声音。对声音的感知（反对寂静的背景）。寂静与沉默（话语的缺失）。停顿与话语的开始。声音对寂静的扰动是机械的以及生理的（作为感知的条件）；话语对沉默的扰动是人格的以及可领悟的——这是一个完全不同的世界。在寂静中没有东西发出声音（或是某物不发出声音）；在沉默中没有人说话（或是某人不说话）。沉默只有在人类世界中才成为可能（而且只为一个人）。当然，寂静与沉默总是相关的。感知一种声音的条件，理解识别的条件，明智地理解话语的条件。(Bakhtin 1986：133−134)

11.4　意识形态、语言、意识

巴赫金与维尔比都从语言与符号解释角度描述人类心灵的精神过程：精神心理生活通过赋予符号以意义，通过回应、解释符号而进化。对某物的兴趣推动个人在寻找它可能向他/她传播的特殊意味的过程中尝试解释该事物。然而，维尔比强调，尽管在像注意力、感知力、记忆力、判断力的标题下研究心理学，这样的进程还是没有从意义结构化层面以及解释性意识的转换能力方面来进行特别分析：

> 意义上的感知从未被看作是理解问题的中心：注意力、感知力、记忆

力、判断力等也从未被反复询问过，从它们与一种必须被理解的"意义"，一种必须掌握的"感知"，一种必须被意识到、理解以及按此行动的"意味"间共同关系的方向。在我们问什么是真实的？之前，我们不仅需要问"现实感"的"意义"，还要问"感知"感的意义；为我们形成或带来经验的感觉的感知、意图、含义、意义。（Welby 1896，参见 Petrilli 2009a：441）

思想过程与语言不是分离的实体。用维尔比的话说，"思想不仅是'隐身'在语言中的"，而且是解释的共同过程的条件。精神生活根植于语言中。因此对心理学的研究很好地建立在语言以及意识形态（语言不可忽略）理论上。人类心灵的现实是语言—文化—意识形态的现实，是符号的现实。因此，与人类心灵生活相关的问题最好通过一种符号解释方式来处理。

在这一框架中，个体心灵与文化意识形态表达之间的关系问题也就是个体与社会，私人与公众，内部与外部之间关系的问题，所有的术语都需要进行批判性分析（Petrilli 2009b，2013）。个人，作为一个人，而不仅仅是一个生物实体，是社会的产物。人类个体心灵的内容是社会的，也是语言的，并且所有其他的文化表达都是社会的。巴赫金与沃洛希诺夫确定了在一个特定的生物有机体与文化条件系统连接在一起的个人心灵的独特性，在此基础上，个人作为一个人在社会上发展。我们可以区分符号的内部维度与外部维度，但要记住，尽管主要来说，生物性状的内部符号指的是外部的语言意识形态社会现实，由其自己作为以单个个体为特征的内部符号的具体确定。内部与外部符号在对话上相互关联。它们并不独立于彼此而存在，而是在社会历史关系的客观进程中互相作用。思想、人类意识由语言—社会—意识形态的符号材料组成，这些符号材料在特定的历史经济以及文化系统中被决定。个体意识在根本上就是社会意识，在特定社会关系的语境中发展组织。因此语言、思想以及外部现实之间的关系对个人以及集体来说都是一种符号介导的关系。"潜意识""意识"以及"社会意识形态"在原则上没有区别。这些术语都指涉同样的语言意识形态材料、历史社会材料。个体心灵的内容（潜意识以及意识）以及文化内容、社会意识形态、官员、制度化的意识形态都属于同一个生成过程：它们都得自一个共同的资源。潜意识、做梦、个体意识的结构以及复杂的意识形态符号系统的结构在本质上是相同的。意识与意识形态的不同层次就是符号阐述、语言阐述的不同层次。（参见 Ponzio 2003：2.1—2.6）

除了术语上不可避免的区别之外，维尔比所持的立场与巴赫金及其合作者所阐述的立场是平行的。最重要的是，他们用相似的方法发展的共同信念，即心理学的研究必须且必然基于语言理论。起初，维尔比对人类心灵的兴趣是与她对误用隐喻与类比以及修辞语言的关注相关联的。在一本题为《"内在"与"外在"在心理学中的运用：隐喻是推进还是阻碍力量?》(*The Use of the "Inner" and "Outer" in Psychology: Does the Metaphor Help or Hinder?*，1892)的小册子中，维尔比收集了在隐喻以及类比的语言误用概念层面上的有害影响，用比如内在与外在，内部与外部，表与里，里与外，自我与非自我这样的几对反义词为例证，这些反义词都涉及精神生活。维尔比批判了这样一个事实，即这些对立错误地引导知识分子以及非专家区分人类精神以及物质生活，尽管它们是两种不同的事物：在维尔比看来，思维与物质以及自我与非自我是同样的意义生成进程的不同方面："'心灵'与'物质'，'思想'与'事物'包含了一切，一切现实，一切有意义因而有价值或是重要性的事物"(Ponzio 2003：4)。根据她的符号与意义理论，自我与非自我都在于外部的意义中；到目前为止因为它们具有意义，所以它们指涉其他的事物，这一事物是关于自我的他者。尽管"内在"可能更适合用于指明生物的存在，"外在"是更复杂的生命形式，因为它们是由理性以及智慧发展而来的，这些术语互相作用并在这样的互相作用中找到它们自己的独特性：

> 在将精神或心理世界描述为内在，将物质或身体世界描述为外在的过程中，我们想正确地做的究竟是什么？我们不想在保存连续性或甚至同一性的同时强调区别吗；不想在某种情况下给予内涵，而在其他情况下给予外延吗？这些不能通过像主观的与客观的这样更加抽象的术语而获得吗？(同上：6)

维尔比认为人类心灵主体不能仅仅根据发生在自然、生物有机体的边界内的过程来描述，灵魂（自我）的内容在个体有机体的参与下在其外部（非自我）而非内部发展。通过巴赫金与沃洛希诺夫来理解维尔比，我们可以认为这个问题变成了建造一种"客体心理学"的问题，在这里我们可将客体理解为社会逻辑："主体心灵是理解意识形态以及经通过理解解释社会意识形态的一个对象。"根据这种方法，基本问题成了根据客体的、外在的经验定义内在的经验。巴赫金与沃洛希诺夫通过详细说明内在人类心灵的现实就是符号的现实来完成了这一点，因此生物传记的有机体以及外部环境在符号中相遇。因此"内在心灵无法作为一个事物来分析，只能作为一个符号来理解与解释"(Vološinov 1929，英译本 1973：26)。维尔比十分接近这一点并毫无疑问地沿着这一方法前进，尤其是她也认为人类心灵经验是个体有机体与外部环境之间互相作用的表达。

我们可以继续将维尔比与巴赫金的许多方面相联系。比如他们对大众文化的共同兴趣。巴赫金利用文学写作来研究自己的语言哲学，他的另一重要且相关的灵感来源是民俗传统，正如他论述的有关陀思妥耶夫斯基与拉伯雷的作品所展现的。巴赫金将"狂欢"范畴应用到文学语言中。这一做法有助于我们所描述的语言所固有的对话性、他性以及多音性的充分体现。这样的表意性质通过"狂欢"范畴的使用得到提升，这个范畴包括推翻等级制度关系，消除社会差距，亵渎神灵以及快乐的相对性。维尔比还关注大众文化的创造性表达。她谈到"普通人"普遍的本能在潜意识上是哲学的，而且对我们探究有关语言、意义及价值问题的方法来说是一个值得遵循的模型。她强调他习语特别的"表意"丰富性（是通常语言更新的主要资源），尤其是它在民俗传统与叙述中找到了表达方式："……如果明智地看待以及评价，俚语与流行话语就是水库，新的有价值的水流就有可能被吸引到语言的主流中——而不是兵工厂，它现存的能力会通过兵工厂得到持续地重新装备以及加强。"［Welby 1985（1911）：38-39］

11.5　维尔比、皮尔斯、巴赫金的符号理论

总之，我们现在可以表明维尔比的"感知""意义"以及"意味"与巴赫金的"主题"以及"意义"之间可以建立对应关系。在他划时代的论文《皮尔斯与巴赫金之间的符号学》（"Semiotics Between Peirce and Bakhtin"）中，蓬齐奥（1990）将巴赫金的范畴与皮尔斯的"直接解释项"以及"动态解释项"相关联。将此作为我们的指导方针，并考虑到皮尔斯已经在自己的符号范畴与维尔比的符号范畴（参见 Peirce to Welby 1909 年 3 月 14 日）间建立了对应关系，那么看起来在这个方面将巴赫金与维尔比相关联是可行的。

根据巴赫金的交流过程以及社会相互作用，这两者发展自符号同一性以及他性之间关系——符号被描述成了一个自我同一性以及他异性的辩证单位。它的表意价值在于朝向更多事物，一个过剩的持续转变中运动，它被添加到那些固定的话语元素中，使得它在一个特定的言语行为中被识别出来。巴赫金的"意义"与"主题"不同，"意义"表明话语的所有方面，每次重复这些话语时，它都是可再生的，并且自我统一的。因此意义被描述为可以分解成一系列的意义，这些意义属于组成话语的语言元素。它与信号性一致，与"认同的解释项""普通意义"相一致。相反，"主题"在本质上是不可分的。它指涉所有个体的并且不可再生的事物；它关注话语在一个给定的历史时刻生成的意义以及普遍意味。"主题"与要求积极回应的理解、一种对话性理解、一种观点以及可评估的方向的交流相对应：

> 主题是一个复杂的、动态的符号系统，它试图胜任任一给定瞬间的生产过程。在其生产过程中的意识与存在的生产过程相互作用。意义是贯彻主题的技术设备。（Vološinov 1929，英译本，1973：100）

"主题"与"意义"间的界限并不是绝对的，因为它们相互作用，无法彼此独立存在：话语的"意义"作为"主题"的一个元素传播，并且反之亦然，"主题"以意义的某种固定性为基础，否则它就会完全失去其意味。至于"意义"与"主题"与皮尔斯的"直接解释项"与"动态解释项"之间的对应，分别是：直接解释项被使用与传统固定，并且在对符号自身的正确解释中，在其认识中给定（CP 4.536）；相反，动态解释项是一个符号，作为一个符号真正决定的实际影响（CP 4.536）。将动态解释项与动态对象联系起来思考，即将"通过某些方式设法在其再现中决定符号的现实"联系起来进行思考（CP 4.536），同样，对皮尔斯来说，符号永远不会是重复的。每次被使用时，它即会出现在一个新的符号行为中。这使得符号持续地更新自己，因此解释项永远不是一次就建立好的。这与皮尔斯的无限衍义原则、无限解释项相一致，也符合他的"认知符号学"所讨论的知识假设及近似本质相一致。

我们知道，在 1909 年 3 月 14 日写给维尔比的信中，皮尔斯将自己的"直接解释项""动态解释项"以及"最终解释项"与维尔比的"感知""意义"以及"意味"分别对应起来。据维尔比所说，"感知"关乎话语是如何根据传统的使用来理解的，它关注与环境以及论域相联系的话语，而且不是孤立的（这使我们想起巴赫金所描述的"意义"与"主题"之间的辩证关系）。同时，维尔比的"意义"与人们想传达的意图相关，即使用者的意图；相反，"意味"包括话语的含义、暗示、普遍的以及理想的价值。在皮尔斯对自己的符号理论与维尔比的意义理论之间密切关系的解释的基础上（参见 Deledalle 1990：133—150），以及在蓬齐奥对皮尔斯以及巴赫金的范畴相关联的基础上，我们提出巴赫金的"意义"与皮尔斯的"直接解释项"以及维尔比的"感知"相对应；以及巴赫金的"主题"与皮尔斯的"动态解释项"以及"最终解释项"，维尔比的"意义"以及"意味"相对应。这些对应关系是近似的，并且只能如此对应，因为它们关乎一些概念，这些概念试图分散一个单一的整体，而事实上这个整体是不能分割的。理论上的差异总是抽象的，并且以更好地关注一种现象的给定方面为目的。然而，同样地，我们不应该忘记符号不会独立于彼此而行动，而是在彼此之中行动，在不断以及无限的符号过程结构的对话相互关系的过程中找到它们的表意价值。

12　维多利亚·维尔比与吉纳维夫·沃恩：送礼与交流

哀叹你们躺卧在象牙床上，

舒身在榻上，

吃群中的羊羔、

棚里的牛犊；

弹琴鼓瑟唱消闲的歌曲，

为自己制造乐器，如同大卫所造的；

以大碗喝酒，

用上等的油抹身，

却不为约瑟的苦难担忧！

所以这些人必在被掳的人中首先被掳，

舒身的人荒宴之乐必消灭了。

（阿摩司书 6，4.7）

12.1　送礼、表意学、符号伦理学

为什么是表意学？表意学是鼓励我们问诸如"它表示什么？""它意味着什么？""它什么意思？"，归根到底就是关于"为什么？"等问题的理论。这一理论由一位女性——维多利亚·维尔比夫人提出并不足为奇。这位女性从未进入符号及语言学"创始人"的万神殿或是系谱树，这一点也并不奇怪，尽管她影响了像伯特兰·罗素、查尔斯·S. 皮尔斯、查尔斯·K. 奥格登、乔治·F. 斯托特、约翰·M. 波尔德温、费迪南·S. 席勒、费迪南·藤尼斯、弗雷德里克·范·伊登等学者。

"它意指什么？""什么意义？""为什么？"维尔比引导人们在面对语言的或是非言语的表达时，面对任何人类行为或社会实践时，面对日常生活、专业领

297

域以及智力生活中所有的语言时，面对科学语言、艺术话语、宗教、政治、经济等的语言时问这些问题。正如她在一篇未发表的手稿中说的那样：

> "为什么"是所有词中最奇妙的词。我们用它来进入并探索，征服并支配精神生活的中心。它是真实的孩子的话语。问题先生将一切都完成得令人钦佩，并且留下贸易局去对付并解决当前"流行的罢工"。为什么所有这些努力都趋向失败？因为初等以及所有的"教育"都抑制而不是小心地引导并培养原始的人类天赋，提问并正确地回答为什么的本能。在行动中的动物世界成功地"提问"并"回答"何事、何地以及何时，并且在一定程度上提问哪个以及什么人。但它不能问为什么。什么人可以由父母识别以及通过驯化来识别主人或所有者。但"为什么"是人类所有的。解释性本能退化为来源与起因；将其揭露；对这种"神秘"做出解释，对此我们没有权利，除了作为一个等待回答的问题，以及一个等待解决的问题，黑暗与混淆呼唤启示的黎明与日出。对神秘的呼唤总是对无法忍受阳光的事物的呼唤；而且神秘主义是培养之中虚幻心灵之光，在这心灵之中，平均的或者至少是次要的伟大隐约可见，而真正的伟大则被隐藏起来。神秘主义者取代了他的洞察力——高贵并迷人的洞察力，但永远不是一致的，带来的不是坚定的光线，而是闪烁的微光，为了真正理解世界的历史以及状态，理解人类难以形容，也无法言说的遗产，他的空中世界可能像这样哭诉"'Anch'io sono pittor"（我能描绘完美）！除了一些微不足道的意义，我们为何受到抑制，因为我们的"原因"是次要的并且平常的。动物世界在总体上存活下来了，正是因为尽管它们比人类的层次低，它通常也在其层次上自动解读，而我们所养成的习惯也是自动的。但我们在这里是要处理初始的事物，要原创。除非宇宙——包括每一个对问题的健全刺激物——迫使我们提问并回答每一个理智的问题，我们可能确信我们没有受到教育而是被人为地诱导的，被"劝诱"去学习优秀的、必要的，但却都是次要的特定事实、原则以及方法。它们将我们留在无助的事实中，例如大罢工。它会被平息；会做出一些让步；而且这样的弊病会持续，直至无政府状态培养了暴君，他有足够的表意本能来表现得像拿破仑一样，但却不足以认识到自己肤浅的力量与成功。（Welby，1911年8月23日，参见Petrilli，2009a：514）

作为一个表意学家，维尔比专注于符号与价值之间的关系，这种关系对一切人类语言以及行为都有结构上的意义。这导致她要求询问词语、人类实践的意义，在对世界的最终分析中，人类对为自身建构世界做出了贡献。一个特定的话语、篇章、行为的意义是什么？一个特定的社会项目的意义是什么？教育暗示着什么？为什么贫穷？为什么开发？科学进步包含了怎样的含义？定义是有何用的？为什么是教条主义？孤立差异的意义是什么？为什么同差异保持距离？违背主导的意识形态？为什么剥削？为什么战争？我们如何回答所有这些问题？这就是表意学教我们问的其中一些问题。

直到强调单个个体的价值，提高意味以及价值潜力，保卫并提高人类各方面尊严的需要末尾，维尔比讨论了这种从幼年便开始培养批判意识以及解释能力的需要（Petrilli，Ponzio 2005：第 2 章；Petrilli 2009a：第 4 章）。她的方法强调符号与价值之间的关系，并要求思考有关人权的问题，例如责任、自由、接受能力、倾听与不同于自我的他者的能力。表意学的逻辑可以与新人道主义的逻辑相关联，列维纳斯可能将表意学逻辑描述为与"同一性的人道主义"相对的"他性的人道主义"。（Levinas 1972）在这一框架中，责任与他者相关联，他者反过来与礼物逻辑相关联，与为他者创造爱的能力、照顾他者的能力相关联，最终为了建设更好的新世界，而与他者及为他者而相关联。（在母性感知与礼物逻辑上，作为人类种群特定的人类建模工具的一个特征，参见Vaughan 2013）

从皮尔斯、列维纳斯以及米哈伊·巴赫金这样的学者的观点解读维尔比及其表意学，在今天全球化的世界中重新开始对她的研究并超越她，我们提议进行对世界的批判，即我们自己的世界，这是由同一性逻辑以及基于同一性的差异所引导的。这里我所暗指的就是被理解为封闭的并以自我为中心的同一性的同一性，以及基于同一性逻辑，因此被描述为同一性差异的差异。由封闭的同一性逻辑引导的差异意味着在分离以及支配同一性差异的基础上构建世界，无论这些同一性差异是否有关性别、种族、宗教、意识形态等。而我们所描述的同一性逻辑会不可避免地导致保护差异在这样的逻辑基础上的权利的需要，甚至到接受战争逻辑的程度，因为战争逻辑不可置否地描绘了当今全球世界的特征。

相反，从表意学或是符号伦理学的角度来看（Petrilli，Ponzio 2003，2005，2010），差异可以根据他性以及对话性逻辑，他性－差异来建立。这样的逻辑包含在交互对话以及差异共同参与的基础上团结的能力中，甚至即使冲突中包含不和谐。全球和平与自由要求全球关系包含他者，而且无法基于封闭的同一性、障碍以及与前者相关联的借口而实现；全球和平与自由包含对他者的责任关系，对他者的对话回应关系。根据这一方法，恪守对人权的承诺意味着恪守对他者权利的承诺。

赠予逻辑是贯穿维尔比作品的一个永恒不变的主题，她预言的爱以及关心他人、同情心、正义感、以及耐心这样的价值，都是健康的社会实践的指导价值。更加激进的是，她认为赠予逻辑是符号间关系、表意实践的生成、主体性的建构的一个构成部分。充满同一性逻辑的他性以及多余部分，被认为是解释过程的动态以及表达系统，包括语言发展的决定性因素，这与主体性、人际关系以及世界经验的动态发展是一致的。

我们认为"符号伦理学"表明的一种方法或是态度在今天的全球化背景中变得比以前更为必要。符号伦理学并不是打算独立地作为一门学科，而是作为一种视角，一种符号学研究的方向，一种恢复符号学的古老使命的倾向，这一使命被理解为专注于症状的"症状学"（semeiotics 或 symptomatology）。全球视角下的"关爱生命"，是以符号过程以及生命融合是符号伦理学的一个主要问题为基础的。（Ponzio，Petrilli 2005：562）随着对历史社会以及生物学领域之间，文化与自然领域之间，符号圈（洛特曼）以及生物圈之间的星际交流的干预不断增多，这一全球视角变得更加紧迫。将符号学与古老的医学症状学相关联意味着要为了生命的健康而恢复"症状学"的古老使命。而且考虑到符号过程以及生命融合，正如在西比奥克的全部作品中经重复证实的——生命在全球范围超越整个星球——健康生命的古老使命，正如由"症状学"所实践的，是一般符号科学的使命。从这一视角来看，符号学也是"符号伦理学"。

"关爱"的概念并不暗示治愈或治疗。关注症状的症状学家并不是内科医生，也不是普通的执业医生或专家。症状学家并不开处方。如果有什么的话，他/她质疑我们社会中的医疗化（参见 Szasz 2001）。症状学家并不使用正常的/不正常的、健康的/不健康的范式。对症状的关注与弗洛伊德的分析有一定的相似之处，考虑到在症状分析中解释也发挥了中心的作用，而且倾听他者的倾向是一个决定性的因素。这不是一个医学听诊的问题，倾听他者不是听诊。而且如果症状分析与弗洛伊德的分析相似，那么它与精神病学、精神病学的心理分析、精神病患者、精神病治疗、药物和各式各样的调和物的使用，以及人类生活的精神病化就没有什么共同之处。

维尔比这样写道：

> 很不幸，"诊断"这个术语被习惯性地限定于病理学的领域。要找到一个更好的术语来表示这种"通过什么来知晓"的力量，表意学中的一种训练可以带来这种力量。我们必须从小就将我们是诊断者，我们拥有看到真正的差异以及理解符号的最大能力认为是理所当然的，无论多么模糊，

这揭露了感知与意义。诊断法可被称作表意学的典型过程……［Welby 1983（1903）：51］

类似的，诊断法可以与符号学的伦理符号态度相关联。然而，符号伦理学的灵感恰恰来自维尔比的表意学及其对感知、意义以及意味的关注，还来自查尔斯·S. 皮尔斯对伦理学的兴趣（这一点被许多研究皮尔斯的人忽略），以及来自查尔斯·莫里斯的符号与价值、意指与意味、符号学与价值论之间的关系（参见 Morris 1964）。与严格地认知的、描述的以及意识形态上中立的方法相比，正如症状研究大部分已经以该方法为特征，今天的符号学必须恢复人类符号过程的价值论方面。这种符号学中的伦理倾向还来自理解列维纳斯与巴赫金的文章。

符号伦理学对人类符号学领域的兴趣点在于在他/她具体的单一性以及不可避免地与他者之间的相互关系中的人类个体。符号伦理学始于这样一个假想，即在他/她具体的单一性中的人类个体，无论研究的特定对象是什么，以及无论对他/她的分析多么专业化，都无法忽略他/她与他者命运无法开脱的牵连。在这种意识上，符号伦理学研究的症状总是社会性的，但同时根据一个人与他者、世界以及自身的单一联系，它们也总是单个地被指定的。因此，每一个观念、愿望，每一种情感、价值、兴趣、需要、紧急状态、好或坏，都被符号伦理学当作一种症状来检查，都由词——单个的词、具体化的词，即由声音体现、表达。符号伦理学倾听声音。这暗示了倾听以及对话性相互关联的能力。对话不是我们出于慷慨而向他人让步的条件，它对生命自身有着结构性的意义，是生命力旺盛的条件。（Ponzio 1993，2006a；Cobley 2007）单一性，即我们每一个人的独特性，暗含着他性，而他性暗含着对话性。

正如维尔比所预想的，批判主义、社会意识以及负责任的行为能力在符号学研究中必须是核心主题，这个中心不仅有意询问科学的意义，还意图询问人类生命的意义。对西比奥克的观点进行发展与升华，符号伦理学证明了总体符号学的伦理学含义以及它们对教育，尤其是对当今状态下的交流，即全球化中的交流、总体性交流的理解性以及批判性解释的重要性。

12.2　总体性交流以及生命质量

今天的社会经济世界是"总体性交流"的世界，要理解这一点需要一种同样全球化的方法，一种能够提供联系"符号伦理学"的"总体符号学"的方法。今天的世界以一场计算机引导的新工业革命，全球自由市场，以及贯穿整个生产周期（生产、交换、消费）的无处不在的交流为特征的。资本主义为利益而利用交流。但全球化阶段中的世界特征的是以星球层面的毁灭性潜力为特征。如今贯穿整个星球的生命毁灭危机正在增长。如果符号过程，也就是生命要继续，那么就必须识别危机并与他人交流（尤其是年轻的一代）。我们需要一种全球责任感，它要与正在击溃我们的社会系统一样具有总体性。这意味着要理解交流与生命之间的联系，正如西比奥克的"总体符号学"或"生命符号学"教授我们的。他的星球视角为一种能够超越同时代本身极限的当代方法创造了条件，从符号伦理学的视角来看，这是假定不可推脱的责任的条件。

"总体性交流"指的是在其当前发展阶段中的资本主义的，或是后资本主义的系统。这至少可以从两种意识上理解。事实上，"总体性"这个术语在"总体性交流"中表明：（1）整个星球上交流的延伸；（2）交流的现实趋势来适应世界的现状。（Petrilli，Ponzio 2000）

全球化暗示着交流遍及整个生产周期。也就是说，交流不仅进入了交换关系中，正如在社会经济发展的早期阶段中一样，还进入了生产与消费的关系中。

全球化中的交流可被描述为"交流－生产"。（Petrilli，Ponzio 2005：491－502，520－522）在全球化过程中，交流被理解为介入整个星球上的生命，而不只是人类生命的交流－生产。"总体性交流－生产"表明交流与资本主义市场紧密相连，这是基于平等交换的逻辑，而且随着平等交换市场的整体性扩张，通信网络也在全球范围内扩展。但更加彻底的是，"交流－生产"还指涉了这样一个事实，即整体性中的生命，包括人类生命已经被交流－生产系统纳入整体性中了。

正如人们预期的，如今资本主义系统的特征，在其发展的总体性交流－生产阶段中有可能被我们称为自动化，交流全球化以及市场普遍化层面上的"工业革命"。市场被普遍化了，这并不仅仅是扩张的一种定量现象，也是一种定性现象。以下事实代表了这一点，即在这个系统中有着任何价值的任何事物都必须能够转换成商品，并且随着新商品的不断生产能够取代先前的商品。如今的交流不仅仅关乎生产周期（生产、交换、消费）的中间阶段。更广泛的是，如今的交流还是生产和消费过程中的一种基本形式。换句话说，交流不仅包含在社会生产的交换阶段，还包含在生产与消费阶段中。这意味着在当今，整个社会生产周期就是交流。这就是为什么可以将资本主义生产当前阶段的特征描绘为交流－生产阶段。

从交流已经扩展到整个星球（当然，是享有特权的人的星球）的意义上来说，以及从世界的现状中，也即这个世界中的交流这个意义上来说，被理解为交流－生产的交流是总体性交流。交流－生产与世界相关联，它适应这个客观的世界，对这个世界来说它是合适的。在这种社会经济背景下，资本主义或后资本主义生产系统、交流以及现实、交流以及存在相融合。交流就是现实。政治学中的现实主义必须忠于本体论，忠于存在；如今政治学中的现实主义甚至接受了战争的极值比率，存在的最粗俗野蛮的现实面，受事物力量不可阻挡的法则支配。现实主义政治学（如果它不是现实主义的，那它就不是政治）是适合总体性交流的政治学，是交流－生产完美的存在。今天，政治学与本体论之间的关系是政治学与存在交流的本体论之间的关系，是总体性交流，即总体性交流－生产。

对交流－生产坚持不懈意味着坚持同一种社会系统，即资本主义系统。为了自身的稳固，资本主义社会持续地调整并转变自身以存活下去。意识形态具有使资本主义将存在，交流－生产的存在等同于社会再生产总体上的存在交流的功能。交流－生产的存在与社会再生产总体上的存在是如此紧密一致，使得交流－生产的存在显得自然，事实上，它是人类唯一的可能性，可以说是人类本质的一种固有成分。换句话说，一旦经济、文化以及科学技术领域达到了高层次（根据线性发展的逻辑），存在－交流－生产会对人类构造起到至关重要的作用，作为人类物种存在的一种必要的且不可变更的形态逐渐消失。

世界为交流的持续发展以及控制交流本身制订规划，并与交流－生产的存在的加强和重申携行。这种世界规划方法是基于对交流的生产性特征的认识，以及在资本主义的交流－生产社会中，交流与存在是相同的这样一个事实的认识为基础。这种社会经济规划知道，控制资本只能通过控制交流来实现。

交流－生产意识形态是完全控制交流的意识形态。交流－生产意识形态太过现实，明了以及与未加改变的事物的存在太过一致，致使它不仅仅是作为一种交流－生产的意识形态出现作为一种逻辑出现，而交流－生产意识形态也毫不犹豫地炫耀意识形态终结的好消息。在与总体性交流－生产的关系中，我们提出"意识逻辑"而不单单是逻辑或意识形态。意识形态的功能在于维持这一特别的社会系统，无论善意还是恶意，整个如朝向一般社会再生产的意识形态一样。

相反，为了彻底改造以及重新组织社会关系，社会再生产必须逃离已建立的存在交流秩序。社会再生产需要摆脱以总体性交流－生产为代表的社会系统，因为后者会妨碍并危及社会再生产自身。

维持交流－生产的存在是毁灭性的。生产周期自身的再生产也是毁灭性的。再生产周期会毁灭：（1）不断被新机器取代的机器——不是因为它们报废了，而是因为它们不再具有竞争性；（2）给自动化让路的工作，自动化则加剧了失业；（3）市场上的产品，在市场上，新的消费主义形式受再生产逻辑以及再生产周期自身支配；（4）一旦被购买就会耗尽需求的产品（这意味着物品的设计使其很快就会过时并被淘汰；同样的，新的产品会被持续地引入市场）；（5）无法跟上全球交流－生产系统中的竞争的商品以及市场的发展脚步。

欧盟委员会特别关注了对利益，对"非物质性投资"以及"竞争力"有作用的创造性以及革新的问题，正如受平等交换市场逻辑的影响。在这种逻辑即资本主义的"意识－逻辑"背景下，欧盟委员会（1995）把"革新"等同于"毁灭"就不足为奇了。一个产品的革新性特征与其毁灭能力一致：新的产品必须能够毁灭相似的并且已经出现在市场上的产品，否则就会阻碍这些新产品的流通。今天的世界，革新能力与毁灭能力一致，因此衡量革新的标准得到了调整，以适应平等交换的市场逻辑。

当今交流－生产系统的本质倾向摧毁自然环境，摧毁这个星球上的生命形式。它还摧毁了经济系统以及文化之间的差异。平等交换的市场逻辑刺激了同质化进程，这消除了差异。总体性交流－生产使得行为以及需求习惯同一化（尽管满足它们的可能性永远不是同一的）。更糟糕的是，交流－生产社会消除了要求以及世界层面上的想象的差异。交流－生产的本质倾向摧毁了传统与文化遗产，它们被认为是资本主义逻辑的发展、生产力以及竞争力的威胁，或者是在资本主义逻辑看来，它们是无用的或是无功能的。交流－生产系统毁灭人类所有倾向于逃离资本主义生产逻辑的力量与表达。智识、创造性以及创造力受制于"市场理性"，并且就其本身而论是处于不利地位的（尤其是当生产力投资于"人力资源"时）。今天的交流－生产系统也是毁灭性的，因为它将不发达作为发展的条件来生产，将人类剥削以及穷困推进到一种无法生存的地步。这就是移民这一扩张现象背后的逻辑，因为客观空间的限制，"发达"国家无法再容纳这些移民。毫无疑问，这个问题在今天占到了相比以往任何时候更高的比例。

市场全球化是毁灭性的。全球市场意味着将适用于任何事物，包括各种关系的商品地位全球化，这也是毁灭性的。在今天的世界，非法商品越多，其经济价值就增长地越快，价格就越昂贵。剥削他人的工作也是毁灭性的。工作生产的利润越大，它的成本就越低：在像总体性交流－生产这样强有力的支持系统的帮助下，比起以往，发达国家将自己的注意力更多地转向不发达国家的低成本劳动力（"就在那儿待着，我们会把工作带给你"）。交流－生产世界的耻辱体现在其扩散的对童工的剥削，他们主要从事的都是重体力活以及危险的工作。对于生活在苦难、疾病和战争中的儿童，在街头、在劳动力中、在市场上的孩子们，作为如今不发达的受害者的孩子们，我们要说的、要做的还有很多。

战争证明了世界范围的交流－生产的毁灭性特征，但这往往只是一种丑闻。总体性交流—生产也是战争的交流－生产。战争需要新的市场，以交流生产传统意义上或非传统意义上的武器。战争也必须被认为是正义的且必需的，被当作一种不可避免的反对不断加剧的危险的方法，危险来自"他者"的威胁：从这个角度来看，战争被用作一种为"同一性"以及"差异"权利强加尊重的方式。然而，"他者"无法威胁或毁灭同一性与差异。如今，真正的威胁是在鼓励并促进同一性与差异性的同时又毁灭它们，使它们变成虚构的且变化无常的社会系统。根据一种使战争的交流－生产逻辑适应完美的逻辑，这就是为什么我们倾向于如此热烈地、不合理地坚持这样的价值。

随着身体受控地嵌入全球生产传播系统中，"生命权力"（福柯 1988）的传播得到个体作为一个单独的以及自给自足的实体的观念支持。身体被构想为属于个人的孤立的生物实体。这样的概念基于身体交互性、身体互相依赖、身体暴露以及身体间的互相开放，导致了文化实践以及世界观的准－完全消失。留下的只是民俗学分析家研究的干瘪残渣，保存在人种学博物馆中或是民族文学历史中的考古学遗骸——博物馆化的一种广义情境表达。

正如米哈伊·M. 巴赫金（1963，1968）所讨论的身体是如何被大众文化以及"怪诞现实主义"理解的，在这里是有帮助的。根据怪诞现实主义的逻辑，人类身体并不是被个性化地或是与地球上的其他生命形式分开来理解的。然而，只有怪诞的身体在当今世界范围内存活下来了。例如礼仪、仪式的面具，节日使用的面具，嘉年华使用的面具。在资产阶级意识形态以及个人主义主张出现之前，身体是不明确的、不受控制的，以及是在与其他身体的符号关系中繁荣的，这些特点由"怪诞现实主义"的意识形态，由中世纪的大众文化特点呈现。中世纪的身体是一种交互的身体，是一种在超越个体身体限制的转变与更新的关系中与其他身体相关联的身体。相反，在如今，全球交流－生产强化了身体的个人主义、单独、私有以及静态概念。

正如米歇尔·福柯所证明的，科学间的划分以及分离主义对根据这种新的标准，即根据资产阶级个体化的身体及其意识形态社会需求构想的身体具有功能作用（Bakhtin 1965）（从这一方面来说，我们也必须指出意大利哲学家以及符号学者，罗西－兰迪，以及他在 20 世纪 70 年代做出的敏锐分析，尤见其

1975 年的书《语言学与经济学》）。与意识形态以及社会个人主义相关联的科学的分离有助于控制身体以及帮助它们嵌入形成当今总体性交流—生产系统的社会再生产周期。

在一个受生产以及市场交换逻辑支配的世界中，一切都有商品化的倾向，在这个世界中人类面对着对无功能性以及矛盾性符号脱敏的威胁：从符号形成的身体到与他人交际性交流中看起来无用的符号。全球化中的资本主义正在利用生态的条件，这些条件使得自我与身体之间，自我与环境之间的交流变得越发困难与扭曲（参见 Ponzio，Petrilli 2000；Sebeok，Petrilli，Ponzio 2001）。如果我们要提高生命的质量，那么为生命而恢复这些符号及其意义就十分有必要。作为该项目的一部分，从叙事性的角度看，符号伦理学的一项任务便是重新连接理性的世界观与神话、传说、寓言以及所有专注人类与其周围世界之关系的其他形式的民间传说。生命、符号伦理学的主要功能是丰富人类行为的意义：对于我们无法理解、不想理解或是不再知道如何理解的生命符号，它们的重要性以及与人类健康，生命健康的相关性必须在世界范围内完全得到恢复。

从全球符号的视角看，人类符号过程只是符号过程的一个特殊领域，符号过程与所有其他的符号过程领域相互关联形成巨大的符号网络。生物符号学的研究证明了这一符号网络如何与遍布在整个星球上的多种不同的生命形式汇聚在一起。符号研究必须对所有地球的生物逻辑系统做出解释，从分子机制领域的下限，到命名为"盖亚"的假设实体的上限，"盖亚"是希腊语中的"大地之母"——这个术语由科学家在 20 世纪 70 年代引入，用以命名整个地球生态系统，包括地球上种种生命形式间相互影响的活动。正如西比奥克提到《格列佛游记》中的奇幻世界，符号过程遍布从分子遗传学以及病毒学的小人国到格列佛的人类世界，最终到大人国，到盖亚，我们巨大的地球生物化学生态系统。

早在总体性交流出现在当今资本主义以及全球化世界之前，也就是在由于人工智能，技术的进步以及来自社会经济角度下的全球市场的支持而使得交流网络在世界范围内广泛传播之前，总体性交流已经是生命的一个事实。从生物符号过程的视角来说，总体性交流描绘了生命进化的特征，而且是一种我们无法忽视的生命事实，如果包括人类在内的生命要继续在全球范围内繁盛的话，正如铭记在符号过程的本质中一样。人类交流是全球生物符号过程网络的一个部分，在这个网络中所有的生命形式都相互关联并且互相依靠。相反，从如今将社会再生产投入到全球社会经济系统的所有阶段，即生产、流通以及消费中的角度来理解的总体性交流，换句话说，就是理解为企业引导的资本主义全球化的表现的总体性交流，它既不是不可避免的，也并非是令人满意的——事实上，正如我们所知，正如其对整个星球再三造成的毁灭性影响而被指责的那样，它甚至威胁要摧毁地球上我们所知的生命。

12.3　他性、总体符号学以及符号伦理学

为了在人类符号过程的范围内关照生命，符号伦理学探究已存在的世界的空间、时间以及价值之外的"适当的人"。适当的人指的是一个维度，在这个维度中人类间的关系不能被还原为同一性的范畴，还原为预先确定的主体与客体之间的关系，或是还原为交换、平等、功能性、生产力和利己主义的关系。符号伦理学探索在一个超越给定的存在维度中进行回应的可能性，列维纳斯将此称为"存在之非"。与"存在以外"相对比，"存在之非"表明有关已经特定的，未加改变的世界的外部。这里暗示的是超越已经给定的世界，到达关于这个未加改变的世界的意义的其他意义维度。与同一性的人道主义相比，另一种形式的人道主义，即他异性的人道主义，在他性逻辑的基础上是可能的。（Levinas 1972）

我们提出一种处理生命符号以及符号生命的方法是总体性的，也是立即的去总体化的。这种方法与他性逻辑相关联。它暗示着他者高度的可得性，倾听他者的意愿以及接受能力，以及从定性以及定量角度向他者开放的能力（总体符号学是无所不包的）。符号解释假定了对话性，与他者的对话关系。处理朝向总体并且立刻向本地开放，而不吞噬以及同化后者的符号学的方法是对话性以及交互性的基本条件。我们正在描述的方法享有倾向分散化以及他性的特权，而不是根据封闭同一性的逻辑整体化以及包入全球化中。

正如列维纳斯在其 1961 年划时代的专著《总体与无限》（*Totalité et infini*）中所说的，他性迫使总体性在与他所说的"无穷"相关的进程中重组自己。这一进程还可能与查尔斯·S. 皮尔斯（1931—1966）所理解的"无限衍义"（或是符号活动）概念有关。与无穷的关系不仅仅是一个认知问题。它还包含与他者的共同含义，对他者的责任，这种责任超越了已经建立的秩序，超越惯例与习惯，超越这些所提供的保持一种纯洁的道德意识的借口。与无限的关系就是与绝对他性的关系，一种对总体性来说最难驾驭的关系。与无限的关系暗示着与他者的他性关系，与另一人的他性的关系。这里所指的他者被理解为异己的他者，来自外部的他者，而不是理解为与自我相似的另一个自我、他我（alter ego），另一个属于同一个社群的"我"。相反，我们正在论证的他

者是从陌生以及差异的角度理解的，我们不能对它漠不关心，不论自我、封闭的差异以及同一性所做的所有努力，我们倾向于与之相反。

这种对待符号学的方法不是意识形态的。相反，我们的注意力集中于被理解为"符号学式的动物"的人之上（Deely，Petrilli，Ponzio 2005），因此集中于根据人类特有的责任能力的人类行为之上。"符号学式的动物"表明一种能够生产符号的符号，能够延迟行动，能够沉思以及思考的尽责的媒介：符号学式的动物能够负责地认识整个星球上的符号。从这一角度来说，"总体符号学"并不仅仅暗示一种对待符号过程的认知方法。总体符号学为超越理论的，即伦理的另一维度提供框架。考虑到这种维度关乎我们必须为之奋斗的终点，我们还将它命名为"目的符号学"或"终极符号学"。今天，在提出"符号伦理学""目的符号学"以及"终极符号学"作为我们所进行的工作的部分后，我们现在更倾向于"符号伦理学"这个术语。（Petrilli 1998b；Petrilli，Ponzio 2003，2010）

作为符号学式的动物，人类有着从全球视角对待生命以及交流的能力，因此，问题是："对于生命以及总体的宇宙，我们的责任是什么？"对星球上的生命负责是一种道德原则，一种绝对命令。但从伦理学符号视角来看，我们需要一个答案，因为符号伦理学使我们处于科学研究、理性论证、说明、解释的领域中。作为一个有机体，人类在巨大的生物符号网络中繁荣，与其他存在于生物圈中的有机体互相关联。所有的生命形式都被赋予了一种建模能力，这决定了世界观、交流以及对话性。根据西比奥克，我们能够接受这样一种假设，即人类的模塑系统被赋予了一种"元符号""符号学""语言"或"写作"的物种特有的能力。这里，我们将"写作"理解为"字母出现前的写作"，语言出现前的写作，是以语法学为特征的，存在于言语之前的一种假定，而不是理解为将口头语言符号转换或翻译成书写语言符号。这些术语表明了人类的模塑能力，这种能力优于人类交流，并且是人类语言符号、非语言符号交流的条件。

符号学作为人类特有的能力，是完全理解每一个人为何及在何种意识上对整个星球的符号过程或是生命负有责任的关键。符号学或元符号过程被理解为对符号进行反思的能力，与责任相关联：作为唯一存在的符号学式的动物，人类能够对自我负责。因此，人类从属于责任并且是责任的主体。作为一种符号学式的动物，人类被赋予暂停行动并仔细考虑的能力，被赋予批判地思考以及自觉意识的能力。因此，与其他动物相比，人类在生物符号学上以及系统发生上被赋予一种承担责任、做出选择以及选择立场的能力，一种创造性地介入整个生物圈的符号过程的能力。这意味着人类被赋予了在其欢乐的且对话性的多样性中关心符号过程、关心生命的能力。从这种意义上来说，"符号学式的动物"也是一种"伦理符号学式的动物"。作为人类符号过程的特征，符号学是有责任的以及开放的生存的条件。这暗示着倾听的能力。

符号学暗示着对发展人们负责任地理解生命的能力的关注，因此符号学家必然会致力于"符号过程的健康"（Petrilli，Ponzio 2001，2002）。为了完成这一任务，符号学以及符号学家被要求发展并改善他们的听觉以及批判功能，倾听以及批判的能力。符号伦理学可以在这种意识上做出贡献，在其为符号学提供充分的批判符号以及符号系统工具的范围内。我们相信符号伦理学可以为转变中的符号过程提供一种解释，思考符号活动的动态，思考生成中的符号而不是被固定的符号，符号被凝结成为客观实体，并从存在而不是生成过程来进行思考，且同时思考符号与价值之间的关系。

12.4　送礼的地方，一种符号伦理学的角度

我们认为，符号伦理学与礼物经济理论可以为更好地理解当今的人际关系起到促进作用（Petrilli 2004b，d）。最终的目的是以"社会泛爱主义"（agape＝爱）逻辑为依据的剧烈社会变革，"泛爱主义"是由礼物经济的构想者吉纳维夫·沃恩（Genevieve Vaughan）提出的（参见下文）。正如沃恩在其专著《为了赠予》（*For-Giving*，1997）中所说，礼物赠予存在于"许多地方"，但父权制资本主义却将其变得无形。实际上，礼物赠予是交流的基础，包括如今在其极端发展阶段的资本主义经济的环境中组织起来的交流。事实上，我们仍然可以在资本主义世界的大范围中窥见礼物赠予的痕迹：例如在土著文化的经济中，在妇女免费做家务现象中，或是移民向在家乡的亲人汇款的现象中。根据沃恩的语言学作品，"无形的工作"（Petrilli 2003－2004）无法与礼物赠予分离，事实上语言与礼物赠予，语言的礼物赠予交汇。而且事实上，语言工作或是无形工作如今在全球交流－生产系统中已被认为是一种根本的"资源"，一种基本的"投资"（即一种"无形的投资"），对这个系统的坚持以及存活来说是不可缺少的。

作为对沃恩（1997，2004）构想的礼物赠予范例的一种贡献，我现在要指出一些由礼物逻辑调节并且易在符号学以及符号伦理学方面发展的其他点。

正如美国符号学家查尔斯·S. 皮尔斯用其试推法讨论的，赠予逻辑支配的一个地方是创造性的推论。在推论性过程的语言中，试推法（或是逆推法）在事实上表明了创新的论证以及推理。试推法是从一个解释项到另一个解释项

的转变中的一种特别的论证或推理。逻辑预见了它，但它却超越了同一性的逻辑。试推法的推论过程是革新的、创新的、有创造力的，是一种准备好冒险去假定的论证，一种通过定性的飞跃而暂时地前进的论证，为惯例以及机械必要性留下了最小的余地。与归纳法（受惯例调节）与演绎法（受机械必要性调节）相比，在试推法中，被解释的符号也就是前提，与解释项符号，也就是结论之间的关系，是由相互独立的术语间的相似性以及吸引力调节的。试推法以他性逻辑，即绝对（而不是相对）他性逻辑为基础，并且从实质意义上来说是对话性的。总之，试推法是他性逻辑、对话性以及创造性调节的，并且通过术语间偶然的吸引力而获益。在其克服平等交换以及封闭同一性的逻辑之程度上，试推法与过度、泛滥、放逐、消耗、不获益的给予、没有对象的给予，以及与超越交换的礼物，与渴望相关联。或多或少它都在前进，在"兴趣"的层面并且在符号间对话的以及客观的关系中得到清晰的表达，受创造性的爱之法则调节。因此，试推法是一种泛爱类型的争辩过程。

另一个以礼物赠予为特征并严格地与创造性的推论相连的地方是维多利亚·维尔比所说的"母性感知"（Petrilli 2009a：第 6 章）。维尔比将一种男性与女性共同的能力命名为"母性感知"（同义词还包括"原始感知""种族感知""种族母性"），而它在父权制资本主义社会中可能有性别上的差异。母性感知在被提及时往往会伴随一系列固定不变的术语，包括"直觉""判断""智慧"。对男性与女性来说母性感知是共同的，尽管它在女性中尤为鲜活，这是由于女性的角色所要求的日常实践所致，例如作为母亲或妻子。这里提及的是以他性逻辑以及责任为导向的实践，是基于给予以及对他人的责任，关爱的实践。维尔比同样强调了女性在语言与非语言发展中，因此也是符号秩序构建中，作为母性感知的主要看守者的责任。她还通过"母性感知"的概念标示恢复人类批判能力的需要，以及恢复对象推论过程（尤其是试推法）的赠予逻辑、他性以及对话、无偏见的思考、意义生成方向的转变、预知与预感以及翻译（从广义上理解的跨越空间与时间，跨越不同的符号与符号系统以及与之相关联的价值系统的秩序的翻译）能力的需要。

最后，个人同一性自身可能被表示为另一个以赠予逻辑为特征的地方。维尔比从"我"与"自我"间关系的角度描述个体（Petrilli 2009a：第 6 章）。"我"是多种自我的生成中心并且立即成为存在于我们每个人的自我中的一种多样性。因此，所描述的"我"是关于其全部，其多种"自我"的一个辩证且开放的单位。至于"自我"，"我"代表一种泛滥的、过度的价值，一份礼物。

为了生存——而且真正的存在就是被给予——对肥沃的存在的无能为

力是不存在的；一定有溢出，一定有某种意义上的礼物。确实，在算术意义上，裸露的单位可以被加进并且可以乘。但这仅仅是因为它没有内容，没有身份，因为它没有生产力。完整的身份是有创造力的，是一个给予它自己的给予者。（Welby 1907，Petrilli 2009 a：645）

"我"朝向他者，朝向它是他者程度上的自我；不断超越并转变与它一样的主体的界限，转变此时此地的主体性。自我代表得到鉴定、测量以及计算的事物；相反，我们只能暂时地，且假设地通过近似法接近我，但永远也无法得到，并且只能通过使用可自行支配的方式，也就是利用我们的自我来接近。

在维尔比的描述中（与皮尔斯的描述相似），人类是不同却不分离的部分的一个社群。这些部分或是自我通过互相依靠的对话关系相互关联，而远非互相排斥。换句话说，他们存在于他性逻辑中以及差异间的重视中。这排除了部分间无差别混淆的可能性，以及将他者与自我等同的可能性。混淆就是牺牲差异，正如维尔比所说（参见 Petrilli 2009a：615）。因此，在它代表关于其部分总和的过度、泛滥的程度上，我并不是"个体的"而是"独一无二的"（Welby 1907，同上）。维尔比所理解的"独一无二"与麦克斯·施蒂纳（Max Stirner，1844）的独特、独有及其一元的分裂主义的概念并无关联，但正如列维纳斯（1961）所理解的，它可以通过"非相关的他性"概念以及根据他的"意味"概念翻译。我们知道，维尔比也讨论了意味，她将它作为其用于区分"感知""意义"以及"意味"的意义三角的顶点：

……因为我们可能是独一无二的。这个词可能可以很好地取代令人无法忍受的错误的"个体"。事实上，只有我们的独特性才构成了我们礼物的丰富性。我们可以被分开，但一定不要被分开；我们必须将可分的事物包含到最大的整体中，有机整体中，这个整体在上升到人类层次后可能赋予我们每一个人作为独一无二的人之荣誉。（Welby 1907，参见 Petrilli 2009a：648）

在维尔比的描述中，自我同样被描述为一种方式而不是一种目标（Welby 1910）；从这个角度来说，自我可以被认为是"个体"，即作为非分开的，作为一种不中断生命与知识的方式：

随着科学的不断揭示，苍穹是光自身借以延伸到我们的一种无尽的方式、媒介。现在，"自我"再次成为一种合适的方式、一种媒介，通过它我们激励自己并行动，尽管因为我们无意识的自私，我们将它变成一种目标并用以识别人类。但是尽管如此，我们不会在认为一个人自私的时候赞扬他。只有将他的自我理解为方式而不是目标的人才理解最高形式的同一性。因为真正的人类是一种哥白尼式的意义上首先以及最后通过真知通向生命的道路，以及通过意识和经受过考验的观察走向知识的道路。在这样的道路上必然不能有缺陷、裂缝、缺口或裂口。从这种意识上来说，人类作为一种方式是个体的，即不是分开的或是破碎的。（Welby 1910，参见Petrilli 2009a：133-134）

维尔比认为（1887），生命的秘密在于将其感知为一个礼物，这同样暗示着真知、知识以及解释的礼物。引用她早期论文中的原话便是："礼物的力量……在于赋予一切真知生命，在于解释所有的问题，统一所有的自然。"因此所描述的礼物是感知生命所有的表现形式的能力，是在互联性与至关重要的互相依赖的对话关系中体验自然、整个世界、宇宙的能力；从一种"日心说"的，更广义地来说，甚至是一种宇宙的角度去体验、理解以及意识到存在的能力，这种角度完全是一种哥白尼式的革命。从对话的互相依赖与解释的创造性的动态方面，体验即时交流中的符号间的关系，意味着允许改变、转变以及不间断发展，这意味着反过来操作外部的地方、外部的同一性、外部的存在，以此来提高人类的批判以及做出彻底的社会变革的能力。

至于社会角色、人权、个人身份以及它们内部的和外部的无差别，无差别由受同一性以及平等交换逻辑调节的主导话语秩序建立，伦理学符号对他者尤为感兴趣。这里的他者不是被理解为方式的他者而是作为目标的他者，不是从相对他性，而是从绝对他性的角度理解的他者，是为了其自身中其非功能性、非生产性中的价值的他者，其绝对化他性以及过度的权利中，他者的他者所关心的它的区别中的价值的他者，作为"沉思游戏"（皮尔斯提出的一种表达，并且西比奥克将其作为自己1981年的书的书名）的他者。"不恰当"（Ponzio 2007a）（"fuori luogo"或表示为"hors lieu""out of place""exo-topos"、"u-topos"）的概念表明我们每个人的独特性，表明不可被降为"我"、个体、同一性的自我。（参见 Sebeok，Ponzio 2001；Petrilli 2012b：77-105）我们每一个人，每一个与"我"相对比的自我的独特性都必然包含在与他者的关系中，包含在没有托词，没有替代者的关系中。从这种意义上来说，自我是独特的、无法比较的、不能简化的他者。"不恰当"关乎角色、位置、功能、共同体、所有物、同一性。"不恰当"意味着被揭露，意味着在一个暴露的、易受攻击的、没有遮蔽物，没有保护、辩护，没有借口、没有出路、没有别处的地方寻找自己。不恰当意味着不在流派之中，没有归属，它暗示了除主体角色及其同一性之外，除个体对一种流派、一个群体、一个团体、一个社群的从属之外的他者生命中的一种存在、一种相互关系。不恰当暗示着在话语之外，远离判断、定义、陈腔滥调、对存在的断言，远离接近他者的要求。适当的人指的是一种维度，在这种维度中人际关系无法被还原为同一性的范畴，无法被还原为预先确定的主体与客体间的关系，或者是交换、平等、功能性、生产性、利己主义间的关系。符号伦理学探索在超越所给的存在维度中作出回应的可能性，列维纳斯称之为"存在之非"。

12.5　将母性拉回哲学中

以下内容摘自吉纳维夫·沃恩 2002 年 11 月 25 日所发的邮件，邮件中她对我发给她的名为《主体，身体与仁爱》（"Subject，Body and Agape"，1997）的论文做出了评论。我的论文《维多利亚·维尔比的礼物赠予，母性感知以及主体性：对符号伦理学的研究》（"Gift-giving，mother-sense and subjectivity in Victoria Welby：A Study in Semioethics"）由吉纳维夫·沃恩编辑，并且致力于研究她有关礼物经济的观点（Petrilli 2004g），这篇文章发展了那篇论文中的一些方面，尤其是从"我"（I）或"自我"（ident）与"自我"（ident）间的关系的角度发展了维尔比所分析的"母性感知"以及主体性：

　　我刚阅读完你的论文《主体，身体与仁爱》，它十分激动人心。我之前从未读过你的作品。我最欣赏的一点便是母性感知或表意学将逻辑与爱放在一起的方式。人们一直告诉我，我不应该为礼物赠予的相互作用使用"逻辑"这个词，因此看到维尔比没有将逻辑与他者定向区分开实在太棒了。"他者导向的逻辑"以及"自我导向的逻辑"间的连续性受到了我们可以将母性拉回哲学中的威胁。我承认这是一种挑战，但在战争即将发生的如今这十分必要。我认为存在着从他性方向以及我所认为的礼物赠予的角度解释符号化的伦理，甚至是革命的基础——社会泛爱主义？这个基础在于只有你认识到了社会变革的主要需要，你才能看到生成，包括符号生成基础的需要。市场将需要从我们的话语中抹去，这样的市场仅从有效的需要的角度看待这些需要，将它们工具化以获利并且带有利己主义的（或是少一点评判，更加系统地说是自我导向的）色彩。能看到皮尔斯与维尔比以及列维纳斯如何将这种方法用于他者实在太棒了。我是如此一个天真且无知的"符号学家"，我竟然不知道自己的同盟是谁。

　　我认为维尔比的自我，"我"与法定的，作为与其他所有者互斥的所有者"我"有关，一种拥有事物的存在，可能包括一种拥有自我的关系。这可能不完全符合她所说的，但我认为，它概括了个体以及社群，这一点是十分有趣的，而如今甚至连公司都被认作是和个人存在于同一层面的实体。

我期待阅读你其他的作品。谢谢。

维尔比的思想系统可能在事实上为礼物理论的符号哲学基础做出了贡献，这个理论为的是更好地理解当今世界以及居住于其中的主体，最终为根据"社会泛爱主义"——沃恩提出的恰当的表述——逻辑而进行社会革命。皮尔斯讨论了逻辑与爱之间的关系，这种关系与维尔比提出的不同，维尔比进行的研究十分独立于维多利亚时代的学术机构，正如如今的沃恩一样。尽管有着全然不同的历史以及意识形态背景，维尔比与沃恩之间，在理论与实践上存在许多类似之处：她们都致力于更大的社群，将其作为证实她们观点的理想平台；她们都选择超越自我的社群作为她们实践礼物赠予以及关心他者的客体；她们都含蓄地或是直接地讨论并推动礼物逻辑；她们都超越理论角度，以来自对同一基本信念，即彻底的社会变革的恪守的热情实践着礼物赠予。

如今的世界是一个被战争、仇恨以及复仇欲望撕裂的世界，为了同一性及其目光短浅的利益回应力量、主导以及控制的逻辑，躯体被炸裂，被撕扯成碎片；但彻底的社会变革是可能的，如果我们只倾听准备好指明这条路的声音。正如在列维纳斯在"存在之非"的情况中，倾听"不得其所"的他者的声音暗示着回归倾听并面向他者以及为他者准备时间礼物的词。"格格不入"是一个邂逅他者的地方，是一个有着对他者无限的责任、进行无限的答复/回应的地方。关爱生命意味着研究已然存在的世界的空间、时间以及价值之外的"适当的人"，正如和表意学调和的符号伦理学所表明的那样。

我们需要的是与压倒我们的社会系统一样具有整体性的"整体性责任"意识，而不是一种"整体性漠不关心"。这意味着理解交流与生命之间的联系，正如西比奥克的"整体性符号学"或是"生命符号学"所教给我们的。西比奥克的世界范围的视角为一种研究同时代的方法提供了条件，这种方法能够超越"同时代"自身，超越未改变的世界的限制，从符号伦理学的角度来看，这是没有托词的假设责任的条件。整体性符号学为他性的人道主义做出了贡献，通过证实在共时以及历时层面上将每一个人与每一个他者联系起来的符号网络的延伸以及一贯性。通信网络在全球范围内的传播意味着交流系统正在世界范围层次中日益进步。应对总体符号学，符号伦理学证实了人道主义问题以及他性问题间互相关联性的条件。从表意学或符号伦理学的角度来说，要求是如今的总体性交流网络提倡一种整体性的责任，不是"总体性漠不关心"，而是"对他者的总体性回应"，没有托词的"总体性责任"。

附录1 表意学（1911）

维多利亚·维尔比夫人/著

"表意学"这一术语可被定义为意义科学或对意味的研究，前提是要充分认识到它作为一种实思维方法际方面，这种方式包含在思维活动的所有形式中，包括逻辑形式。

鲍德温的《哲学与心理学词典》（*Dictionary of Philosophy and Psychology*，1901－1905）对表意学给出了如下定义。

（1）表意学暗含着存在于——感知或表意，意义或意图，（3）意味或理想值之间的区别。可以看到，第一种情况主要是语言的（或者说是所感的），第二种是意志的，而第三种是道德的（例如，我们说某一件事"它的意味不能被高估"，并且在这样的情况下，不可能在不造成重大损失的情况下替代这类事件的"感知"或"意义"）。表意学在最广泛的意义上处理符号与它们各自之间的关系。

（2）提出一种思维训练方式，旨在关注被隐含假定所构成的每一种研究形式的首要与终极价值的智力活动，即那些目前被不加区分地称为其意义或感知，其含意或意味。表意学作为一种科学会集中、协调、解释、相互关联，并尽力表现每一种形式的意义，通过这种做法对表意性质的多种应用进行来清晰并明确地区分。

然而，自这部词典出版之后，我们对该学科进行了进一步的思考以及发展，这就有必要进行一些特别修改。我们要明确的不仅是需要强调将所包含的原则以及方法应用到语言上，尽管这一点很明显，还应强调将其应用到人类所有的其他功能类型上。在心灵训练的个额阶段和形式中，在生命需求和突发事件中，都有必要坚持改善心灵态度并且提高解释能力，这种解释能力必须继续运用表意学观点以及方法。

至于语言形式，表意学包括"语义学"，这是法国著名的语文学家米歇尔·布雷阿尔在其著作《语义学探索》（*Essai de sémantique*）正式引入和详细说明的一种研究分支。该书在 1900 年被亨利·卡斯特（Henry Cust）夫人翻译成英文，由波斯特盖特（Postgate. M. Bréal）教授作序。布雷阿尔给出了下列语义学定义：

> 从语言中获取可供思考的养料——我并不畏惧加上这个——作为我们自己语言的规则，然后我们每个人一起协作推动人类语言的发展——这是值得去阐明的，也是我试图通过这部书去呈现的。

在《哲学与心理学词典》中，语义学被定义为："过去的单词意义的学说；系统单词意义变化历史和发展的探讨。"这可被看作是词源方法的改革和延展，它既适用于当代，又是传统或历史的派生词。随着人类兴趣对专业领域的不断增长，由此，词汇在许多方面，一开始在明确引语中，不久就在潜意识或有意采纳中不可思议地引用并一再引用，从而变得丰富起来。就目前来说，在严格语文学的限定下，人们把语义学描述成对于表意学的运用；但它不包括"意义"研究和分类本身，也没有明确表现好坏的根本重要性，表达价值不仅表现在声音和讲稿上，而且在于请求或引发有益关注的所有事实或事件。

表意学家的首要责任是强烈反对要求仅仅改革语言形式，尽管有充分理由说是绝对必要的，但不能认为是像目前提议的那样满足根本需要。仅仅满足清晰表达的改革，对于语言恰当表意的前景是致命的；表达的特点在于其发展只能和生命和思维进行比较，它天然是谨慎、变通、恰当、有创造性的，同时又具备控制力和秩序。

表达-价值术语的分类使用表明了该价值三个主要的层次或分类——感知、意义与意味。

（1）首先会自然地在其最原始指称中与感知相联系；即与对环境的有机回应相联系，并且与所有经验中基本表现要素相联系。我们排斥话语中的无知无觉，并询问一个词是在"什么样的意义中"被使用，或某一陈述是在"什么样的意义中"得到证明。

（2）但"感知"自身是无目的的；而这是"意义"这个词的主要特点，它为其意图传播的特定意义而被恰当地保留下来。

（3）"意味"这个词有效地得到运用，它包含感知与意义，但又是在范围上超越它们，涵盖深远意义的结果、暗示、一些事件或经验的最终后果。

当然，通常使用的表意学术语并非仅有这几个，尽管总的来说，感知与意味最常被使用。对于特定的陈述，我们还有表意、意图、含意、关系、指称、指示、应用、暗示、外延、内涵、重要性、变化、要旨、谎言、趋势、范围、倾向。我们会说"这一事实表明""那一事实意味着""另一事实导致、包含或引发一定的结果"，或证实特定的推论。最终，我们便有了所有表达形式的价值；这使得任何主张或提议、概念、主义或理论都有了价值；科学事实的定义、符号手法的使用、数学公式的构建、演员的表演，甚至是艺术自身，就像文学的所有形式一样。

那么，对这些术语或类似术语的独特而非任意用法，既明确又使之充实，很快便会永久地影响我们的思想。若我们认为它们中的任何一个都是无知觉的、无意义的、无意味的，我们应该立即在日常使用以及教育中否认并拒绝它。实际上，已被接受的俗语可能在无意中不是阐明经验就是与经验相矛盾。例如，但我们会说"经历困难"或经历"磨炼"，我们从不会说"经历幸福"。这就很说明问题。但同样我们会说内部或内在空间，作为外部或外在空间的替代。对与"外部"经验相反的"内部"经验哲学家来说，价值在于封闭空间——指定内部——的特定例子或类似物是无法衡量的。这一点使情况变得复杂难懂。事实上，这样的用法在封闭范围内暗示空间有时不再存在。评论无疑可以避免。

表意学最急切的参照以及最有前景的领域在于教育。正常的孩童，带着与生俱来的探索、赋予意义以及进行比较的偏好，就是天生的表意学家。对他来说，同时丰富和简化语言成为一种吸引人的尝试。甚至他的天然状态也常常会是启发性的。他的长辈需要通过种族经验、获取知识以及规定价值手段等信息宝库来补充缺少的批评；还会通过揭示非规范化的语言以及经历的危险和缺点来教育他。后者迄今几乎远未完成，甚至出现倒退，而今经细查后证据令人难以应付。遗憾的是，经过几个世纪，我们迄今为止所称的教育仍然忽略，甚至在多数情况下是阻碍了我们的本能，既不能仔细观察，又无法鉴别知识范围内实际的或可能的、存在或发生的所有事物的价值并适当地表达它。

我们往往在最不被期待的地方，已经收集了有关表意学语言关系的充足证据。

（1）对语言中的混淆、废除、废弃以及欠缺的普遍无意识。

（2）对特定事实情况的承认，对无力纠正的托辞；对这些情况的抗议以及改进的建议。

（3）对罪恶存在或罪恶深重的直接或间接否认，以及对任何最发达语言群体的协同控制和引导尝试的偏见。

（4）曾经匹配及适宜的意象，以及符号主张、仪式或礼节，面临着不再匹配和格格不入的危险，

（5）教育中完全缺失对心智健康的发展必不可少手段的强调，即对语言障碍以及语言中可用资源的完全开发与扩展的清除。

（6）明确并规范使用我们含糊地称为"意义"的这一术语的重要性；以及通过手势、信号或其他方式传递意图、欲望、印象以及积极的理性或感性思维活动模式的重要性。

（7）最后值得注意的是，在现代文明中，由于我们长久忽略对于实践以及智力福利与进步所十分依赖的因素，导致了当前广泛并普遍的混乱。

正如该证据的价值强调积累性，少数简单的例子必然是从语境中剥离出来的，只会误导人。然而尽管没完没了的混乱和逻辑谬论不仅得到纵容，而且未被纠正或予以警示，人们仍然可以进行选择。

我们会说开始与结束是互补的，然后说"两端"；但从不说两个开始。当我们的意思准确时，我们指说真话：当我们的实际意思是（"已完成"）时，我们们字面理解为（"已有记载"）。有人会谈神秘的事物及其神秘主义，意思是启蒙，预示着新的一天的黎明；而其他人（更公正地说）则通过它来意指神秘的黄昏，进入夜晚的黑暗。当我们无法明确地知晓它是什么或者它是否存在时，我们会谈论未知的事物——依所否认的事物而定的观点；我们赞同或否认长生不老，忽略其相关的先天性；当我们意指起点、焦点时，我们会说起生命、心灵、思想坚实的基础。若睡眠存在的原因是最终的醒来——它不是睡眠，除非实际情况如此，我们会谈论永恒的沉睡；我们对根源以及起源感兴趣，并同样比喻性地将根源赋予运动的动物。我们谈论自然"法则"，却不重视法律系统（以及法庭）关联的文明思想中未被留意的运转部分，该法律系统有着由其颁布并强制执行，但同样也是可废除或修正的法令。自然作为所有秩序以及适应度的标准，再次被不加区分地提及，对自然的亵渎被谴责为最恶劣的罪行，在许多规定中甚至是慈母般的；但自然同样也是鲁莽的残酷行为以及暴虐的嘲弄的恶魔。再者，我们用"热情"这个词表示欲望或渴求的最高活动力，而我们同时会用"消极的"表示其对立面。

这样的例子举不胜举。但我们必须记住，我们自始至终处理的仅仅是英语的习语以及惯用法。每一种语言显然必须被视为有其自身优点。

表意及解释功能的这一事实尽管未得到心理发展以及人类成就状况的更多认可与研究，但它也导致这一功能被认为是理所应当，且只能自行调整。在前文明时代（自它在当时是安全以及实际生存状况起），这它完全能够做得很好。但现代文明持续在添加的无数种形式指出并提供了防护、防备、人工辅助以及特殊设施，已经完全并且危险地改变了情况。通过淘汰，我们已经失去了部分最好的、最普遍的人类特权，认识这一事实已变得十分必要。由此清楚地显现这一阶段特别难以清楚地表明人类如今已经设定的目标，在高于原始平面上恢复并发展其主权，也就是说，精准无误并富有成效地解释一个世界的权力，而这个世界对生命，更多的是对有智慧的生命来说，在本质上是重要的。这些情况不仅适用于语言，也适用于所有形式的人类能力与表达，这首先必须在最为活跃、最高意义与程度上是重要的。人类从一开始便在整理自己的经验；相应地，他必然会整理该经验的表达，该经验存在于其目的性活动的所有阶段中，尤其存在于有声言语以及语言符号的所有阶段中。这立刻便引入了意志元素；它从最需要它并可回报它的功能上被清除，这一点很不可思议。

然而，这里必须强调一点，在试图告别思维定式进行创新时，历史证明其初始阶段对清晰阐述的要求一定不仅是不合理的，而且是无效的。通过认识其起源及来源之初虽被忽略，却具备支配因素所起的作用，在要求所有模式的表达，尤其是语言的新生情况中，通常是这样。事实上，至少数个世纪以来，世界的主导文明已满足于保持话语的永久模式，这种模式曾经完全合适，但现在则怪异地失之偏颇，同时人们还随意安于每况愈下，而且总是易于与语境相矛盾。这就必然造就了语言表达中的清晰以及风格的错误标准。

尽管我们必须准备好努力设想一种近乎全新的心灵态度，但我们会发现这样的努力无疑是值得的。因为从一开始，这就有一种特殊的补偿。对于那些接受传统教育的人来说，如果转向表意学方向的初始困难是最大的，那么相应地，没有任何收获的利益会比这一领域更直接、更多或是有着更大的范围及成就。

对这样一种语言的希冀是显而易见的：一种话语应正当地表达人类的需求并以最高效的方式获得每一种可能的进步，这样的希冀依赖于唤醒并激发一种意识，这种意识是我们尽力朝着真实并健康的方向发展的共同以及首要兴趣。这可以被描述为以下各项的直接且持续的意义：事物的丰富意义，经验的实际关系，作为警告或引导，被认为是参考性的经验迫切而主要的含义；一种属于某个世界的实现了的感知，我们必须成为某种符号，用作一个相关且富有成效的象征性矿藏，以及作为有益行动的常规刺激因素而被推断，被作为行事准则、被使用。当语言的这种原始的或初始感知——同样作为实际的起点，对我们来说变为一种现实时，实际需要对表达进行改革和习得，这就自然而然地跟随恢复对各种表达中的适应性、无限能力以及完美一致性的控制。

然而，在此之前，有一项反对意见将向批判性读者表明，如果我们在这里真正处理的是一种必须声称最重要的第一位的功能，并影响到我们的整个人生观，实践的和理论的人生观，那么在很久以前，这一需要就能得到承认并付诸行动。而事实上，简单几句话很难处理这样的异议，也很难如此冒险地为这一我们现在所关注的显而易见的悖论辩解。但可以指出的是，某种能力的特别发展总是至少会引起另一种能力的部分减退。该原则尤其适用于这种情况。因为人类的主要学识一直几乎完全是逻辑能力，细致分析以及人工手段的协调。在现代文明中，将这些功能应用到大量增长的各种发明物上是造成观点的快速以及直接反应缺失的主要原因：可以说是罗盘指针朝着经验方向移动的敏感性。我们的注意力被强制地引到了其他地方；除此之外，正如前文所指明的，孩童的自然洞察力本可以解救这种情况，却被一种称为教育的学科训练系统性地压制，且主要是抑制及歪曲。

事实上，人类的生物学历史一直是形态上的一系列演变以便催生更高级功能。但就语言而言，人类迄今为止并未实现这一点，甚至在某些方向上失去了已有的优势。尽管人类的天性是可塑的并且适应性强，但作为人类最重要才能的语言却相对僵化不变，或只是灾难性的偶尔变之。古典语言中有一些著名的逆向过程的例子。在希腊语与拉丁语中，人们非常好地控制、充实、变更、意指了自己的表达，以此来满足自己的心理需求。但我们却克制自己，不去效仿并改善这一例子。人类所有的精力都归入有序的方向以及控制，除了他们在一种真正意义上所依赖的精力。这一致命的疏忽已经不幸地影响了人类的心理进步，而有缺陷的教育方法便是导致这种疏忽的主要原因。但毕竟我们于此有着一种相对现代的疏忽与无助。例如，康德苦涩地抱怨他的时代中语言挫败的趋势，和"古典的"希腊语词汇与习语的思想自由形成对比，后者总是在创造新的表达，并且在其听众与读者中，根据自己的需要进行塑造，简而言之，在公众中找寻回应其努力的对等智力。

学生们认真地着手处理这个将表意学应用到教育并贯穿人类所有兴趣范围的迫切问题，他们将很快改善任何由迄今为止试着努力去呼吁引起注意，实际上被忽略并未被使用方法的少数人所给出的教导。但根据这种情况的性质，他们必须准备接受语言，至少是现在欧洲形式的语言，远比人们设想的更没必要地感到挫败：他们自身事实上不断地被拉回到，或者是被迫写作以将其读者拉回到实际上是混淆的温床、无意义的形式主义及无益争论的牢笼的事物中。

不可否认，这种状况是不可容忍的，并且需要有效的补救。单单研究表意学，并且系统地、实际地采用这种自然方法便能够发觉并弥补这一欠缺。表意学事实上是对普遍意义需求的自然回应，这种需求不容置疑，且日益变得明

晰。表意学不建立思想派别，而且不主张技术专业化。表意学直接且最迫切的
应用在于初等、中等以及专业教育上。在最近的几代人中，不满足的认同感以
及自然的解释和表达理想受到阻碍，而不再通过训练得到培养，这种训练不仅
忍受了存在的混乱，还令其长久下去。然而，符号的数是在与日俱增，而表意
学暗示了对一种恢复且强化的解释经验能力的发展以及充分表达并应用这种能
力的实际认识，并强调这种发展的正确线路，若运用得当，它必将成为头等重
要的社会性运作因素。

附录 2　表意学运动

表意学是通过荷兰诗人、精神病专家以及社会改革家范·伊登（Frederik Willem van Eeden，1860－1932）的协调而被引入荷兰的。范·伊登在 1892 年的伦敦国际实验心理学会议上第一次见到维尔比。在会议上，维尔比分发了自己的手册《"内在"与"外在"在心理学中的运用：隐喻是起到推进还是阻碍作用？》（*The Use of "Inner" and "Outer" in Psychology. Does the Metaphor Help or Hinder?*），展现了一些意在例证并批判地质询心理学领域中语言使用的摘录集，正如副标题所表明的，它尤其关注隐喻。范·伊登在许多场合拜访了维尔比，并且一直与之保持书信联系，直至 1912 年维尔比逝世。维尔比的兴趣在于尽可能大范围地发展并传播表意学，而范·伊登的兴趣在于对语言、意义以及交际研究的开拓创新，他乐意将之呈现给他的朋友圈并进行推广（他们之间通信的选段先可参见 Petrilli 2009a：782－795），尤其是他们在 1907 年于伦敦相遇之后，预示着什么将在各种表现形式上及时地成为"表意学运动"。（参见 van Eeden1971－1972）范·伊登将"表意学"（"significa"）这一术语引入了荷兰（参见 van Eeden 1908：224），但却未在其最初的表意学研究专著《交际的逻辑基础》［*Redekunstige Grondslag van Verstandhouding* (*The Logical Foundations of Communication*)］中明确提到维尔比或是她的表意学，该书于 1893 年至 1897 年间出版（参见 van Eeden1897）。首先通过埃里克·葛金（Erich Gutkind，1877－1965），范·伊登又将表意学介绍到德国。和古斯塔夫·兰道尔（Gustav Landauer，1870－1919）、马丁·布伯（Martin Buber，1878－1965）、弗洛伦斯·朗（Florens Christian Rang，1864－1924）等其他学者一起，范·伊登在 1914 年创立了所谓的"福特圈"［Forte Kreis' (Forte Circle)］，却因为第一次世界大战的爆发而没有延续下去。总之，维尔比对于荷兰表意学发展影响深刻，尽管不一定记录她的名字，或至少是不够充分。一个她的不同研究手段和方法中的重要特征是，如（尽管非常宽泛）符号的知识和交际问题的共享利益。尽管荷兰有大量表意学历史文献，维尔比的表意学方法基本上仍未被人们所认识，尤其是在荷兰以外地区。

在一些零散论文发表的酝酿阶段之后，荷兰的表意学运动经历了两个主要的发展阶段：第一阶段始于 1917 年，但其活动只持续到 1926 年；第二阶段，也是最有成效的阶段，从 1937 年延续至 1956 年。

正如数学家与哲学家杰瑞特·曼诺利（Gerrit Mannoury，1867－1956）在其 1969 年的论文《表意学简史》（"A Concise History of Significs"）中所回忆的，1920 年在英国举行了一场有关"意义的意义"的研讨会。会议记录于 1920 年至 1921 年在《心灵》哲学杂志上发表。曼诺利同样回忆起了奥格登与理查兹在 1923 年所著的专著《意义的意义》（参见 Petrilli 2009a：7.2）。这两个事件不仅互相关联，还可以追溯到维尔比及其表意学。在更加严格的哲学与哲学语言领域内，意义理论在不同方向发展，涵盖诸如指称、真知、交际意向性、修辞意义与隐喻意义之间的区别等问题。另一个重要方面是语言批判，特别关于口头语言以及语言行为，它涉及概念上的以及术语上的批判，从更广义的文化角度来看，它对诸如教育、社会变革、心理学、数学、政治话语等领域开放，这一点十分重要。曼诺利坚信荷兰表意学运动以及有关意义的研讨会都源自维尔比的表意学。这也没有排除两个事件起源较为久远的事实，导致在 20 世纪整个过程中形成了关于符号和交际研究的发展。

荷兰第一批对表意学有共同兴趣的人在第一次世界大战期间的 1915 年会面，预期筹备"表意学圈子"（1922—1926），该圈子于 1922 年正式成立［参见 Mannoury1983（1969）：xli－xlii］。1915 年的计划是对于用于鼓动战争的极端口号展开哲学反思。人们为此成立了一个特别委员会，成员们要在中立区相会。而范·伊登、他的老朋友布雷阿尔（Henri Borel，汉学家和作家），以及数学家和逻辑学家（也是神秘主义者和哲学家）布劳威尔（J. Brouwer，1881－1966）、社会工作者布勒默斯提出了一个通用大纲，却遭到大多数成员的反对，由于内部分歧，第一代表意学家小组分道扬镳。尽管这些表意学家的先行者共同努力创建一个表意学国际学派，那些刚被命名的从成立的委员会中被排除。然而，范·伊登、布劳威尔、布雷阿尔、布勒默斯（Henri P. J. Bloemers，尽管后来他退出了）与荷兰诗人、法理学家雅各布·伊斯雷尔·德·哈（Jacob Israël de Haan，1881－1924）一起，还有曼诺利，于 1917 年 9 月 21 日在阿姆斯特丹成立了国际哲学研究所。这是第一个开创了荷兰表意学运动发展初始阶段的正式表意学家团体。活动持续了五年，包括授课、讨论、集会以及与诸如马丁·布伯、葛金、尤根·埃里希以及泰戈尔（Rabindranath Tagore，1861－1941）等外国学者的通信。

根据曼诺利的记述，到 1922 年该国际研究所变成了另一个组织，即表意学圈子，这一学术圈只维持了几年，具体从 1922 年的 5 月 21 日到 1926 年 12 月 2 日。在论文《荷兰表意学运动概要：表意学运动展望》（*Synopsis of the Signific Movement in the Netherlands: Prospects of the Signific Movement*，1946，现见 Petrilli 2009a：834−839）中，布劳威尔讲述，这个研究所由"七人帮"创建，算上范·伊登、布雷阿尔、布勒默斯、德汉、曼诺利、布劳威尔自己，加上医生奥恩斯坦；而表意圈的创始人包括范·伊登、曼诺利、布劳威尔、雅克·范·吉内肯神父（Father Jacques van Ginneken，语言学家，心理学家，神学家，后来成为奈梅亨大学教授）。曼诺利成为表意学运动的领袖，当然这些不同的动议受益于其他荷兰人的参与。表意圈成员定期会面，发表个人与合作的作品。尽管如此，他们对于意义、语言、逻辑概念相互抵触，也针对团体追求的主要目标因意见不合而造成关系紧张，他们的活动也过早终结了。

该研究所主办了一本多语种杂志，在 1918 年发表了由布勒默斯、布雷阿尔、和布劳威尔主笔的《预备宣言》（*Voorbereidend Manifest*）。该杂志大概活跃到了 20 世纪 20 年代中期，直至因为缺乏基金以及缺乏荷兰文化或哲学杂志以及其他出版商对其的兴趣而停刊。在其 1969 年的论文中，曼诺利进一步详述道，《综合：我们时代文化生活月刊》［*Synthese: Maandblad voor het Geestesleven van onze Tijd*（*Synthese: A Monthly for the Cultural Life of our Time*）］于十年后的 1936 年创刊［参见 Mannoury 1983（1969）：xiii］。曼诺利记录了国际哲学研究所以及表意学圈举办的会议以及讨论，这些笔记在十年后发表于《综合》期刊中（参见 Mannoury 1939a，b），而其他人的笔记则以文集的形式，以《表意学对话》［*Signifische dialogen*（*Significal Dialogues*）］为题发表，由表意学圈的多位成员出品［参见 Brouwer，van Eeden，van Ginneken 1937，1939；同参见 Mannoury 1983（1969）：xlii］。曼诺利的报告与《表意学对话》文集都在等待数年后才得以出版。

尽管研究所面临诸多和表意学有关的困难，但研究所孕育的思想却延续了下去。《综合》杂志由不同学科背景的年轻一代表意学家创办，心理学家和表意学家大卫·傅叶谢（David Vuysje，1900−1969），担任主编，从其 1936 年创刊直到 20 世纪 60 年代，该杂志可被看作是表意学运动的官方声音。而它的编辑活动终结于 1963 年，但又由创刊于 1968 年的杂志《方法论与科学》延续下去。曼诺利提到《综合》时解释道："在 1968 年初，编辑总务委员会将杂志名改为《方法论与科学》。"（Mannoury 1983：xlii）

　　傅叶谢成为曼诺利之后的表意运动新领袖，而奥托·纽伊拉特领导维也纳学派和科学统一运动（参见 Schmitz 1990b：223）。这些运动也涉及莫里斯，以及《符号理论基础》《符号、语言和行为》《人类价值的多样性》《意指和意味》等专著的作者。莫里斯除了与曼诺利相熟，还和菲利普·弗兰克、奥托·纽伊拉特一道，莫里斯主持了《方法论与科学》（*Methodology and Science*）的一个特别版面，名为"科学统一论坛"。该版面献给逻辑经验主义者以及他们对语言的批评。1948 年，莫里斯和弗兰克引入另一个名为"逻辑经验主义"的版面，发表有关文章来展现 20 世纪知识史上这一十分重要的现象。巴黎的法国社会学研究所也为该刊就社会逻辑秩序写论文投稿。

　　在布雷阿尔看来，在第一批表意学家于 1915 年散伙后，"少数人"于 1917 年建立了国际哲学研究所，而"多数人"（未能详细说明）在 1916 年创办了国际哲学学校，同名的学校至今在阿姆斯特丹依旧存在。国际哲学研究所还计划创办国际实践哲学与社会学学院，最初由德国社会学家与哲学家费迪南德·滕尼斯设想创立，他因论文《哲学术语（1－3）》［"Philosophical Terminology（I－III）"］而获得维尔比奖（Tönnies 1899－1900）。

　　正如大卫·傅叶谢在 1953 年发表的一篇论文《表意学：趋势、方法论和运用》（"Signific: Its Tendency, Methodology, and Applications"，现见 Petrilli 2009a：848－876）中所描述的，该学院有一个"互相理解"的宏伟项目，其终极目标便是"人类的人性化"。傅叶谢的叙述和布劳威尔在 1946 年的早先说明相一致。

　　国际实践哲学与社会学学院的宏伟项目，最终也是国际哲学研究所建立的宏伟项目的主要支柱，其中包括：语言批判，因而概念批判，对语言、概念以及行为之间关系的研究，和对语言、行为与价值之间关系的研究。正如人们预期的，主要的一个关注点便是"互相理解"：需要新的术语来命名价值，这对获得构成人类社群的个体间的互相理解是必须的。事实上，研究所最主要的任务是根据"语言等级"原则（即不同极之间逐步转变的原则）创建一个新的词汇表。

　　受邀加入研究所活动的学者包括朱塞佩·皮亚诺（Giuseppe Peano，1858－1932）、马丁·布伯（Martin Buber，1878－1965）、弗里茨·毛特纳（Fritz Mauthner，1849－1923）和泰戈尔。大家达成共识，认为表意学是一种研究符号、语言以及交际的新方法，是一种伦理的视角，以及是通向社会变革的道路。然而不幸的是，事实上学院因资金困难等原因而从未落成。

　　理解与误解的问题，从消极意义上因歧义性而导致的错误解释问题，会造成混乱以及不当行为，这些往往是表意学家关注的。这样的关注点将表意学家与维尔比及其研究的核心问题明确地联系起来（参见 Petrilli 2003a，b）。曼诺利自己对维尔比的术语批判特别感兴趣（参见 Mannoury 1949：12ff.），尽管他对维尔比的作品先是赞赏的，但随后立即改持批判态度。虽然荷兰表意学家逐渐忽略维尔比的观点，但她从未被完全遗忘。

正如人们所预期的，期刊《综合》在 1953 年发表了大卫·傅叶谢一篇论文《表意学：趋势、方法论和运用》（"Significs: Its Tendency, Methodology, and Applications"）。他明确提到维尔比的作品并从她出版物中大量引用，回想起"表意学是研究评价过程中语言对于人类行为的影响，这是人类有机体行为最明确的人性的一面"。（参见 Petrilli 2009a：860）傅叶谢继续用以下术语勾勒出影响表意学圈子的原则：

> "表意学"圈子宣告了他们的原则宣言，表意包含的内容远不止语言批评以及语言综合体，在语言和灵魂的需要和趋势之间的连接进行深入了解，这会在总体上影响人的未来社会和心理状况。然而除了这些，它强调表意探查的经验主义趋势，并补充说道，这项探查应当比以前更系统实施，并且除内省式研究潜意识因素外，还包括实验和统计手段。（Vuyjse 1953：259，现见 Petrilli 2009a：868）

傅叶谢在论文中总结了术语表，其中有些被其他符号理论以不同的意义加以运用。以下是我完整汇报的术语表，附在上述论文之后，被傅叶谢称为他的《当前专著》（1953：261-262；现见 Petrilli 2009a：870-871）：

术语表

此术语表包括一些在本专著文本中使用的主要术语。为了阅读本文本提供一个定义，哲学术语可能在其他符号理论中的其他词组中使用。大部分术语也都在文本中进行定义。这本专著是用对话语言写成的，所采用的概念到目前为止没有在表意学术语中被定义。下列给出的本地术语起着原始术语的作用。

交际行为广义上：个人或一群个人（说话人）的行动，旨在影响另一个人或一群人（受话人）的行为；狭义上来说，具有单词－语言使用特征的语言行为，由口头或书面信号表示。

分析表意学见表意学。

概念有相似功能或倾向的心理相关的一类单词。

分散在感情及环境影响下，有关不同个人或一个人的交际行为表意的变异（主体间性和主体内的分散）。

功能要素积极或消极的表意要素，可区分为指示性、情感性和自愿性要素，因为它们与再现、"情感分布"以及说话人和受话人的意图有关。

受话人见交际行为。

语言广义上：一种思维方式影响另一种的过程；狭义上；交际时发声和听觉方式。

心理相关性与一幅词—图或多幅词—图相关的心理联想。

表意广义上（一种交际行为的表意）：说话人有意施加的影响，和受话人经受的影响（积极和消极的表意），以及影响到交际行为的环境影响（症候表意）；狭义上（一个词的表意）：一个词或一个表达在使用该词或该表达的交际行为中的作用。

表意学对交际中的心理或语言现象进行系统的研究，与分析表意学和综合表意学进行区分，前者是对现有交际手段的心理研究，后者旨在延伸和改善使用中的交际手段。

说话人见交际行为。

综合表意学见表意学。

词—意象与词—图的听、读、发音或写（听觉、视觉和运动的词—图）相关的联想。

期刊《综合》的编委会提升为国际表意学研究组，由曼诺利的学生以及追随者于 1937 年创立。大约在表意学圈子解散十年后，这一新的研究小组的目的便是延续前人的工作，但在一个更加广泛的基础上，为荷兰表意学运动赋予新的生命。就曼诺利来说，对批判概念的普遍需要已然出现，这既不是纯粹推测性的，也并非纯粹隐喻性的 [Mannoury 1983（1969）：xlii]。在那时，曼诺利和其追随者，数学家和逻辑学家大卫·范·丹齐格（David van Dantzig，1900−1959）在阿姆斯特丹大学教授表意学课程。

纽拉特同样加入了国际表意学研究组，证明了从 20 世纪 30 年的发展至 50 年代的表意学运动、维也纳学派以及统一科学运动之间的密切关系。事实上，学者们计划是定期交换有关语言现象批判的观点以及出版物，尤其是与统一科学运动之间的交换，这同样意味着与华沙学派的合作。在《表意学：趋势、方法论和运用》一文中，傅叶谢报告了国际表意学研究组有关主要目的和元学科视角的宣言，"表意学分析和综合的一般实践，以及社会逻辑、文化、政治和精确科学基础理论的特别应用"。（Vuysje 1953：260）

随着德国占领荷兰，表意学研究组于 1939 年组织了第一届夏季国际表意学会议后，公开会议便中断了，表意学家们直至 1948 年才再次会面。当时，他们称自己为国际表意学社团（该社团章程见《国际表意学社团 1948》）。欧洲不同国家以及美国的学者参与了该社团。欧洲除荷兰以外，参与的国家还有法国、瑞士、德国、挪威、英格兰。1948 年，《普通语义学评论》（*A Review of General Semantics*）期刊的编委会成员同样宣布了他们与国际表意学社团的合作项目，以及后者与国际语义学社团之间合作的项目。

傅叶谢是这样总结国际表意学社团的：

> 这个新项目追求理论和实践；继续对科学基础理论展开研究，旨在建立有效的科学术语；并促进对群体语言的实证研究（内容分析、口号分析、偏倚分析等）。（Vuysje 1953：260）

1956 年，曼诺利逝世，随后在 1959 年，范·丹齐格逝世，表意学运动接近尾声。尽管傅叶谢在 1961 年被阿姆斯特丹大学聘为表意学校外读者。

从 20 世纪 30 年代开始的表意学运动源于一系列不同因素的碰撞：不同领域科学家之间的合作，他们因对表意学共同的探索而联合起来；表意学被引入阿姆斯特丹大学由德·哈恩（de Haan）［在巴勒斯坦居住期间，德·哈恩于 1924 年被谋杀，见曼诺利论文《今天与明天》1973（1939）英文版的译者注释，参见 Petrilli，2009a：833］以及曼诺利与范·丹齐格教授的课程；有关表意学的出版物以及所有这些作用于其他学者的后果。该运动起源于《综合》，该期刊活跃于 1936 年至 1963 年间，随后于 1968 年由《方法论与科学》（*Methodology and Science*）期刊继续。

其他在表意学研究传统中做出贡献并起到强化作用的重要事件包括以下事实：（1）从 1937 年起，来自所有主要科学领域的代表为荷兰表意学运动做出了贡献；（2）1939 年至 1954 年间举行了十场夏季国际表意学会议。这些会议专注语言批判以及语言与行为之间的关系，并受益于许多西方国家学者的参与（会议记录在《综合》上发表）；（3）荷兰表意学家与维也纳学派、统一科学运动，与阿恩·内斯及其伙伴，与杂志《辩证法》（*Dialectica*）有关的瑞士学者圈，以及与诸如查尔斯·莫里斯等学者紧密合作。在 1938 年，莫里斯的《符号理论基础》作为《芝加哥统一科学百科全书》中的一册出版。（1954 年由罗西－兰迪翻译成意大利语，1999 由我本人提议出版新版，在 2007 年再次修订扩展新版）

自 20 世纪 30 年代起，表意学国际小组成员的精神病学家皮耶特 H. 埃塞尔于 1968 年创办杂志《方法论和科学》，并持续出版到 1995 年。该杂志意在延续《综合》的旨趣，且对表意学保持高度兴趣。正如我们所说，在曼诺利的记述中，　《方法论和科学》是完全国际化的《综合》杂志新版本。[Mannoury 1983（1969）：xlii] 尽管我们无法再谈论一场真正并且彻底的表意学运动，但对于表意学历史研究，以及有关符号、语言以及交际研究理论研究不断在出现。［参见参考书目《有关维尔比、表意学运动以及当前发展》(*On Welby，the Signific Movement and Current Developments*)，Petrilli 2009a] 于是尽管表意学家对项目、目标，甚至对如何理解"表意学"往往持不同意见，所有这些趋势及其所有变化都可在一定程度上追溯到维尔比及其对符号、意义以及语言的研究。表意学研究展现了三个主要的方向：交际以及知识获取过程中"意义"以及"解释"符号分析；对术语的表意学批判，教育以及社会变革。（参见 Schimtz 1990）有关表意学运动及其起源，见《表意与理解》中题为《维尔比的影响：理论与运动》的一章（Petrilli 2009a：第 7 章）。表意学家的一个共同方向是致力于表意过程价值论方面，正如维尔比所预见的，她明确地论证了符号与价值间的关系。表意学方法以及与表意学相关的问题一直是科学争论的中心，直至 20 世纪 50 年代都吸引着国际知识界的注意力。但鉴于人们对价值及其与符号和行为间关系的关注，事实上，符号研究中的这一特别趋势在当今世界中仍富有意义。

术语表

A

abduction 试推法 (Peirce)

act of communication 交际行为

agape 圣爱

agapic comprehension 圣爱的理解

alterity 他异性

ambiguity 歧义

ambivalence 模糊性

analytical significs 分析表意学

anology 类比，类推

answering comprehension 应答性理解

anthroposemiosis 人类符号过程

appellation 询唤

B

Bakhtin Circle 巴赫金圈子

being 存在

belief 信念

biopower 生命权力 (Foucault)

biosensifics 生物感知学

body 身体

C

carnival 狂欢 (Bakhtin)

category 范畴

code semiotics 符码符号学

code 符码

common humanity 共同人性

common sense 共同感知

common speech 共同言语

communication 交际、传播

community 社群

connotation 内涵

consciousness 意识

consensus 共识

conventionality 规约性

D

decodification semiotics 解码符号学

decodification 解码

deduction 演绎

delomes 证素

denotatum 意指对象

designatum 意指

detotalization 去总体化

dialectics 辩证法

dialogicality 对话性

dialogue 对话

dissimilarity 差异性

dynamical object 动态对象

E

effect 效力

endosemiosis 内符号过程

epoché 悬置判断

equivocation 语义双关

ethics 伦理学

ethosemiotics 伦理符号学

excess 过量

existential graphs 存在图

expression 表达

extralocalization 外化

F

fallacy 谬论

father-reason 父性理性

figurative 修辞的

figure 修辞格

first 第一位

firstness 第一性

G

generality 一般性

global semiotics 总体符号学

globalization 全球化

ground 基础

H

heliology 太阳学

heterogeneity 异质性

heteroglossia 杂语

Holy Scripture《圣经》

homo faber 命运人

homo loquens 语言人

Homo 人种

homogeneity 同质性

homological method 同源法

homology 同源

humanity 人性

hypoicon 亚像似符

hypothesis 假设

I

I 我

icon 像似符

iconicity 像似性

idea 观念、理念

ident 自我（Petrilli）

identity 同一性

image 形象

imagery 意象、形象化

immediate object 直接对象

index 指示符

indexicality 指示符特性

induction 归纳

inference 推论

infinity 无限

information 信息

intention 意向

intentionality 意向性

intercorporeity 身体交互性

interpretant 解释项

interpretation 解释

interpreter 解释者

interpretive semiotics 解释符号学

intersemiotic 符际的

J

joyful relativity 快乐相对性（Bakhtin）

judgement 判断

L

langue 语言（Saussure）

legisign 型符

life 生命

likeness 相似符/相似性

linguist 语言学家

linguistic alienation 语言异化

linguistic relativity 语言相对性

linguistics 语言学

living being 生物

logic 逻辑

love 爱

M

materiality 物质性

matrix 母体

meaning 意义

mediation 中介

mental image 心灵意象

metalemma 元词根

metaphor 隐喻

metaphorization 隐喻化

metaphysics 形而上学

method 方法

mind 心灵、思维

model 模型

modeling device 建模工具

modelling system theory 建模系统理论

modelling 建模

monolingualism 单一性语言制

motherhood 母性

mother-sense 母性感知

O

object 对象

organism 有机体

other 他者

otherness 他性

P

paralinguistic 副语言的

parole 言语（Saussure）

perception 知觉

phemes 形素

philologist 语言学家

physicalism 物理主义

plastics 可塑性

play of musement 沉思游戏

pliable 易适应的

plurilingualism 多语制（多样性语言制度）

polysemy 多义性

pragmaticism 实效主义

pragmaticist 实效主义者

pragmatics 语用学

pragmatism 实用主义

predata 前材料（Husserl）

predicative judgement 谓词判断

primal sense 原始感知

primary iconism 初始像似性

primary metaphor 初始隐喻

primary modeling 初始建模

primary sense 初始感知

protosemiosis 原始符号过程

psyche 灵魂

psychic correlate 精神相关性

psychologism 心理主义

Q

qualisigns 质符

quasi-mind 准心灵

R

racial sense 种族感知

raffigurazione 描写（Petrilli & Ponzio）

rappresentazione 表示（Petrilli & Ponzio）

reaction 反应

reality 现实

receiver 接收者

reference 指称

referent 指称物

referential and non-referential semantics
指称与非指称符义学

referential semiotics 指称符号学

religious discourse 宗教话语

representamen 再现体

representation 再现

resemblance 相像

response 回应

responsive understanding 回应性理解

retroduction 溯源法（Peirce）

rhetoric 修辞

rinviato 回用

S

Sacred Scripture《圣经》

second 第二位

secondness 第二性

self 自我

semantic polyvalency 语义多价性

semantics 语义学、符义学

semasiology 符涵学

sematology 语义学

semeiotics 症状学、符号学

semes 义素

semioethics 符号伦理学

semiosis 符号过程

semiotician 符号学家

semiotics 符号学

semiotics 符号学家

sensal 所感的

sensation 感觉

sense 感知

sensifics 感知学

sentience 感觉能力

sign 符号

signal 信号

signans 能指

signatum 所指

signific movement 表意学运动

significance 意味

significatio 符号呈现

signification 表意

significian 表意学家

significs circle 表意学圈子

significs 表意学

similarity 相似性

similitude 比拟

singularity 奇点、单一性

speech 言语

subject 主体

supposition 设定

symbol 符号，规约符，象征

symbolic 符号的

symbolism 象征主义

symbolization 符号化

synechism 持续论

synthetic significs 综合表意学

T

teleosemiotic 终极符号学

telosemiotics（or teleosemiotics）目的符号学

terminology 术语

text 文本

third 第三位

thirdness 第三性

token 个别符

translatability 可译性

triad 三分

truth 真知

truth-value 真值

U

understanding 理解

univocality 单义性

universal language 通用语言

unlimited responsibility 无限责任

utter 发送

utterer 发送者

utterance 言说

V

vague 模糊

vagueness 模糊性

value 价值

verbal and non-verbal language 语言及非语言

verbal reaction 言语反应

参考文献

1852 A YoungTraveller's Journal of a Tour in North and South America during the Year 1850. Withnumerous illustrations by the authoress engraved byT. Bolton. London: T. Bosworth.

1881 *Links and Clues*. London: Macmillan & Co. , 18832.

1885 The Unity of Creation. [1 page]. Grantham: W. Clarke. Now in S. Petrilli 2009.

1886a Death and Life. [7 pages]. Grantham: W. Clarke (Late L. Ridge). Now in S. Petrilli 2009.

1886b Light. [1 page]. Grantham: W. Clarke. (Reprinted in *The Expositor*, Third Series 4 (2): 148−150,

1886. Now in S. Petrilli 2009.

1886c The Evolution of Heliology. The Spectator (April 24): 545. Reprinted as a private publication from The Spectator. Grantham: W. Clarke. Subsequently included in V. Welby, 1897a: 129−136. Also in C. Ladies'CollegeMagazine (Spring 1889): 1−5. Now in S. Petrilli 2009.

1886d The Living Test. [2 pages]. Grantham: W. Clarke. Now in S. Petrilli 2009.

1886e The Ministry of Women: A Suggested Eirenicon. [2 pages]. Grantham: W. Clarke. Now inPetrilli 2009.

1886f Threefold Laws/Law of theThree Stages/TheTriad/TheTendency toTriads. [6 pages, proof copy]. Grantham: W. Clarke. Now in S. Petrilli 2009.

1887 The Secret of Life. Grantham: W. Clarke.

1890a Is there a Break in Mental Evolution? (Paper read at the Leeds Meeting of the British Association for the Advancement of Science, Leeds, 5

September 1890）. Report of the BritishAssociation for the Advancement of Science 60，972—973. Now in S. Petrilli 2009.

1890b Abstract of "An Apparent Paradox in Mental Evolution." A paper (founded on one called 'Isthere a Break in Mental Evolution?' and read before the British Association at Leeds，5September 1890) by V. W. to be read at theAnthropological Institute, on 9 December 1890. [3pages]. Grantham：W. Clarke. Now in S. Petrilli 2009.

1890c New wine in old bottles. *The Open Court* 4/137，2193—2194. Now in S. Petrilli 2009.

1891a An Apparent Paradox in Mental Evolution （Paper read by the Secretary at the AnthropologicalInstitute，9 December 1890）. The Journal of the Anthropological Institute，Vol. 21 （May 1891）：304 — 329. （Hon. LadyWelby）. Includes "Discussion". Now in S. Petrilli 2009.

1891b Breath and the Name of the Soul. The Open Court. A Weekly Journal Devoted to the WorkofConciliating Religion with Science 5：2893 — 2895 （Chicago，30 July 1891）. Now in S. Petrilli 2009.

1891c *Witnesses to Ambiguity. A Collection.* Grantham：W. Clarke （Late L. Ridge）.

1892a The Significance of Folk-Lore. In J. Jacobs and A. Nutt，eds. The International Folk-LoreCongress，1891. Papers andTransactions，394 — 407. London：David Nutt. Now in S. Petrilli 2009.

1892b *The use of the "Inner" and "Outer" in Psychology：Does the Metaphor Help or Hinder?*. Asmall collection of extracts bearing upon this question respectfully submitted to the InternationalCongress of Experimental Psychology，August 1892. For private circulation. Grantham：W. Clarke （Late L. Ridge）.

1893a *A Selection of Passages from "Mind" （January 1876 to July 1892），"Nature" （1870 and 1888to 1892），"Natural Science" （1892），* bearing on changes and defects in the significance of termsand in the theory and practice of logic. （For private circulation only），August 1893. Grantham：W. Clarke （Late L. Ridge）.

1893b Meaning and Metaphor. *The Monist* 3 （4），510—525. Now in S. Petrilli 2009，421—430. Now in S. Petrilli 2009.

1896 Sense, Meaning and Interpretation. *Mind* N. S, 5 (17), 24—37, 5 (18), 186—202. Now in S. Petrilli 2009, 430—449.

1897*Grains of Sense*. London: J. M. Dent & Co. [A selection of passages is included in S. Petrilli 2009]

1898*The Witness of Science to Linguistic Anarchy*. [A collection of extracts, chiefly from Nature, Science and Natural Science]. Grantham: W. Clarke.

1901 Notes on the 'Welby Prize Essay. ' Mind, N. S. 10 (38): 188—204 and 209.

1902a (with F. G. Stout). Sensal. In J. M. Baldwin 1901—1905, Vol. 2: 515. (V. W., G. F. S.)

1902b (with G. F. Stout and J. M. Baldwin). Significs. In J. M. Baldwin 1901—1905, Vol. 2: 529.

1902c Translation. In J. M. Baldwin 1901—1905, Vol. 2, 712.

1903*What Is Meaning? Studies in the Development of Significance*. London: Macmillan. New editionwith the addition of writings by others, see Welby 1983.

1904a Comment on C. F. Salmond's Review of*What is Meaning?*, 9—10. In Reprinted Review of 'What isMeaning?', 1—10. (Originally published in The Press, Christchurch, New Zealand, 30 November 1903). Privately printed, Grantham: W. Clarke. Now in S. Petrilli 2009.

1904b*Significs*. To the Editor of the *Fortnightly Review*. *The Fortnightly Review*, N. S., 76 (455): 947. Now in S. Petrilli 2009.

1905 Eugenics. From V. LadyWelby. [Written Communication on Eugenics: Its Definition, Scopeand Aims. By Mr. Francis Galton.] *Sociological Papers* 1 (1904): 76—78. London: Macmillan. Now in S. Petrilli 2009.

1906a A Confession in Doggerel. *The University Review* 2 (10): 440—444. Now in S. Petrilli 2009.

1906b The King's English. *The University Review* 3 (14): 448—453, August. Now in S. Petrilli 2009.

1906c From the Hon. LadyWelby. [Written Communication on 'Eugenics.' By Mr. Francis Galton.] *Sociological Papers* 2 (1905): 43—

45. London：Macmillan. Now in S. Petrilli 2009.

1910 Jesus or Christ? *The Hibbert Journal* 8 （2）：430－433.

1911a *Significs and Language. The Articulate Form of Our Expressive and Interpretative Resources.* London：Macmillan & Co. Now included with other of her writings in Welby 1985a.

1911bSignifics. In *The Encyclopedia Britannica*. 11 ed. , Vol. XXV, 78－81. Cambridge：TheUniversity Press. In C. Hardwick 1977, 167－175. Now in S. Petrilli 2009, 345－350.

1983 ［1903］ *What Is Meaning? Studies in the Development of Significance.* Ed. And Preface by A. Eschbach, ix－xxxii, Intro. by G. Mannoury, xxxiv－xlii ［= Foundations of Semiotics 2］. Amsterdam/Philadelphia：John Benjamins.

1985a*Significs and Language*, ed. and Intro. by H. W. Schmitz. ［= Foundations of Semiotics 5］. Amsterdam－Philadelphia：John Benjamins. ［Includes Welby's monograph of 1911, *Significs andLaguage* and a selectionof other writings by her. ］

1985b*Significato*, *metafora*, *interpretazione*, It. trans. , ed. , and Intro. by S. Petrilli. Bari：Adriatica.

2007*Senso*, *significato*, *significatività*, It. trans. , Intro. "Il senso e il valore del significare," vii－lx, anded. by S. Petrilli. Bari：Graphis.

2009*Signifying and Understanding. Reading the Works of Victoria Welby and the SignificMovement*, Pref. by P. Cobley. Berlin：Mouton. ［This monograph by S. Petrilli includes a vastselection of published and unpublished writings by Victoria Welby. ］

2010*Interpretare*, *comprendere*, *comunicare*, It. trans. , ed. and Intro. , "Le risorse del significare", 11－96, by S. Petrilli. Rome：Carocci. *Welby Collection* in the York University Archives and Special Collections, Scott Library, York University, Downsview, Toronto , Ontario, Canada. The *Welby Collection* presents 42 boxesdivided into two main sections：Box 1－21：*Correspondence* 1861－1912；Box 22－42：*Subjectfiles.* Wells, Herbert George

2005 ［1905］ *A Modern Utopia.* With an introduction by Francis Wheen. London：PenguinBooks.